शैक्षिक तकनीकी

शैक्षिक तकनीकी
EDUCATIONAL TECHNOLOGY

जे. सी. अग्रवाल
एस. गुप्ता

SHIPRA

ISBN : 978-81-7541-506-5

First Published in India in 2010

शैक्षिक तकनीकी

Educational Technology

Published by:
SHIPRA PUBLICATIONS
H.O.: LG 18-19, Pankaj Central Market, Patparganj,
I.P. Ext., Delhi-110092, Tel: 91-11-65277210, 9810522367
Br.Off.: 115, Munish Plaza, 20, Ansari Road, Darya Ganj,
New Delhi-110002, Tel: 65946453
E-mail: info@shiprapublications.com
www.shiprapublications.com

भूमिका

प्रस्तुत पुस्तक विश्वविद्यालय अनुदान आयोग (University Grants Commission) के पाठ्यक्रम तथा विश्वविद्यालयों द्वारा संशोधित पाठ्यक्रम के अनुसार लिखी गई है।

पाठ्यक्रम में दिए गए विषय पर अनेक पुस्तकें लिखी गई हैं, परन्तु इस पुस्तक की विशेषता यह है कि विषय से सम्बन्धित आधारभूत तथा महत्त्वपूर्ण सामग्री को ही सरल, नवीन वैज्ञानिक तथा मनोवैज्ञानिक स्वरूप प्रदान किया गया है, जिससे छात्र परीक्षा में उत्तम अंक/ग्रेड प्राप्त कर सकें। साथ ही छात्र विषय पर उचित अधिकार भी पा सकें।

इस प्रकाशन को 20 अध्यायों में निम्न प्रकार से बाँटा गया है।

- **इकाई I (UNIT I)** – शैक्षिक तकनीकी (Educational Technology) अध्याय 1 से अध्याय 8 तक = 8
- **इकाई II (UNIT II)** – आधुनिक तकनीकों के मनोवैज्ञानिक आधार (Psychological uses of Modern Technology) अध्याय 9 से अध्याय 11 तक = 3
- **इकाई III (UNIT III)** – शिक्षण के प्रतिमान: अध्यापक व्यवहार (Teaching Models: Teacher Behaviour) अध्याय 12 से अध्याय 15 तक = 4
- **इकाई IV (UNIT IV)** – अभिक्रमित अनुदेशन सामग्री का निर्माण: रेखीय तथा शास्त्रीय (उदाहरण सहित) अन्य शिक्षक तकनीकें (Developing Programme Instructional Material with examples: Linear and Branching: Other Instructional Technologies) अध्याय 16 से अध्याय 18 तक = 3
- **इकाई V (UNIT V)** – शिक्षण तकनीकी अनुदेशन तकनीकी तथा व्यावहारिक तकनीकी (Teaching Technology, Instructional Technology and Behavioural Technology) अध्याय 19 एवं 20 = 2

लेखक उन सभी प्रकाशकों तथा लेखकों के आभारी हैं जिनके प्रकाशनों से प्रस्तुत पुस्तक लिखने में सहायता ली है।

आशा है, पुस्तक शिक्षा में रूचि रखने वाले विशेषकर छात्रों के लिए अत्यन्त उपयोगी सिद्ध होगी।

लेखक

विषय सूची

इकाई I / Unit I
शैक्षिक तकनीकी

इकाई II/Unit II
आधुनिक तकनीकों के मनोवैज्ञानिक उपयोग
Psychological Uses of Modern Technologies

इकाई IV/Unit IV

अभिक्रमित अनुदेशन सामग्री का निर्माण: रेखीय तथा शाखीय (उदाहरण सहित): अन्य शिक्षण तकनीकें

Developing Programmed Instructional Material (with Examples): Linear and Branching: Other Instructional Technologies

इकाई V/Unit V
शिक्षण तकनीकी, अनुदेशन तकनीकी तथा व्यावहारिक तकनीकी
(Teaching Technology, Instructional Technology and Behavioural Technology)

इकाई I
शैक्षिक तकनीकी

1

शैक्षिक तकनीकी का अर्थ, महत्व तथा प्रकार
(Meaning, Significance and Types of Educational Technology)

1.1 शिक्षा में पाँच क्रान्तियाँ
(Five Revolutions in Education)

वर्ष 1967 में एरिक एशबी (ERIC Ashby) ने जब शिक्षा में चार क्रान्तियों का उल्लेख किया तो उन्हें इस बात का आभास भी नहीं होगा कि चौथी क्रान्ति शैक्षिक क्षेत्र में पाँचवीं क्रान्ति को जन्म देगी, जिसके परिणामस्वरूप संसार की लगभग सारी शिक्षा का विवरण अर्थात् शैक्षिक मनोविज्ञान, दर्शन, शिक्षा की विषय वस्तु, पाठ्यक्रम तथा विधियाँ आदि एक डिब्बे में बन्द हो सकेगा तथा कोई भी छात्र अथवा व्यक्ति किसी एक कमरें में बैठकर ऊँची से ऊँची शिक्षा डिग्री अध्यापक को देखे बिना भी प्राप्त कर सकेगा।

अत्यन्त प्राचीन काल में शिक्षा का रूप मौखिक था बाद में शिक्षा का लिखित रूप प्रयोग होने लगा। यह दूसरी क्रान्ति थी जिसके फलस्वरूप स्कूलों में मौखिक शिक्षा के साथ-साथ लिखित शिक्षा ने महत्वपूर्ण स्थान प्राप्त किया। तीसरी क्रान्ति मुद्रण के आविष्कार के साथ आयी तथा पुस्तकें उपलब्ध होने लगी।

इलैक्ट्रॉनिक्स तकनीकी के क्षेत्र में आए विकासशील परिवर्तन चौथी क्रान्ति के सूचक थे। रेडियो तथा टेलीविजन आदि का प्रयोग शिक्षा के क्षेत्र में होने लगा।

कम्प्यूटर, ई.मेल., डिजिटल वीडियो तथा इण्टरनेट के आने पर शिक्षा के क्षेत्र में एक नई क्रान्ति का सूत्रपात हुआ। इन साधनों ने शिक्षा के क्षेत्र में पुरानी अवधारणाओं में आधुनिक सन्दर्भ के साथ अभूतपूर्व क्रान्तिकारी परिवर्तन करके उन्हें एक नया स्वरूप प्रदान किया।

1.2 शैक्षिक तकनीकी का अर्थ तथा परिभाषा
(Meaning and Definition of Educational Technology)

शैक्षिक तकनीकी का अर्थ है शिक्षा के विभिन्न क्षेत्रों में वैज्ञानिक तकनीकी तथा मनोवैज्ञानिक सिद्धान्तों तथा विधियों का उचित प्रयोग ताकि शिक्षण-अधिगम प्रक्रिया को सहज, सरल, सक्षम तथा प्रभावी बनाया जा सके। शिक्षा के क्षेत्र में नवीन तकनीकों का

विकास तथा क्रियान्वयन करके कौशलों का विकास किया जा रहा है। इन दक्षताओं तथा कौशलों को जो विशेषतया विज्ञान तथा तकनीकी पर आधारित है, शैक्षिक तकनीकी का नाम दिया गया है।

शैक्षिक तकनीकी शैक्षिक समस्याओं के समाधान तथा शिक्षा प्रक्रिया तथा शिक्षा के परिणाम में सुधार लाने के लिए मानवीय तथा भौतिक संसाधनों का संयुक्त प्रयोग है।

शैक्षिक तकनीकी के अर्थ को भली-भाँति समझने के लिए यह आवश्यक है कि इसकी विभिन्न परिभाषाओं पर विचार किया जाए:

1. *ब्रिटेन के नेशनल सेण्टर फॉर प्रोग्राम्ड लर्निंग (National Centre for Programmed Learning)* के श्री जी.ओ.एम.लीव (Shri G.O.M. Leive) ने 1967 में शैक्षिक तकनीकी की एक व्यापक और व्यावहारिक परिभाषा दी है, "शिक्षण तथा प्रशिक्षण को सुधारने और उसकी प्रभावकारिता एवं दक्षता को बढ़ाने के लिए अधिगम तथा अधिगम की परिस्थितियों से सम्बन्धित वैज्ञानिक ज्ञान के प्रयोग को शैक्षिक तकनीकी कहते हैं।"

2. *ऑल इण्डिया कॉन्फ्रेंस ऑन प्रोग्राम्ड इन्स्ट्रक्शन एण्ड एजूकेशनल टेक्नोलॉजी, 1969 (All India Conference on Programmed Instruction and Educational Technology)* के अवसर पर डॉ. एस.एस. कुलकर्णी (Dr. S.S. Kulkarni) ने शैक्षिक तकनीकी की परिभाषा इस प्रकार दी है, "शैक्षिक तकनीकी उन सभी प्रणालियों, विधियों एवं माध्यमों का विज्ञान है जिसके द्वारा शिक्षा के उद्देश्यों की प्राप्ति की जा सकती है।"

3. *1970 में रिचमण्ड (W.C. Richmond)* ने इस प्रकार कहा, "शैक्षिक तकनीकी शिक्षण एवं प्रशिक्षण के उद्देश्यों को ध्यान में रखते हुए समुचित रूप से अभिकल्पित अधिगम की उन परिस्थितियों को प्रदान करने से सम्बन्धित है जो अनुदेशन के सर्वोत्तम साधन को जन्म देती है।"

4. *जे.पी. डिसिको* (1971) में शैक्षिक तकनीकी की एक संक्षिप्त परन्तु अत्यन्त सटीक परिभाषा दी है, "शैक्षिक तकनीकी व्यावहारिक शिक्षण की समस्याओं में अधिगम मनोविज्ञान के विस्तृत प्रयोग का एक रूप है।"

5. *1976 में क्लिअरी एवं उनके साथियों (Kilori and others)* ने अपनी पुस्तक 'एजूकेशनल टेक्नोलॉजी, इम्पलीकेशन्स फॉर अर्ली एण्ड स्पेशल एजूकेशन' (Educational Technology, Implications for Early and Special Education) में शैक्षिक तकनीकी को इस प्रकार परिभाषित किया, "शैक्षिक तकनीकी अनुदेशनात्मक सिद्धान्तों के प्रयोग में आने वाली समस्त विधि, प्रणाली एवं तकनीकी समूह से सम्बन्धित है।"

6. *प्रो. शिवकुमार मित्रा (Prof. S.K. Mitra)* के विचार में, "शैक्षिक तकनीकी को तकनीकों और विषयों के ऐसे विज्ञान के रूप में लिया जा सकता है जिसके द्वारा शिक्षण-उद्देश्यों की प्राप्ति की जा सके।"

7. *राबर्ट ए. कॉक्स (Robert A. Cox)* के शब्दों में, "मानव की अधिगम स्थितियों में वैज्ञानिक प्रक्रिया का प्रयोग ही शैक्षिक तकनीकी है।"

8. *ई.ई. हेडोन (E.E. Hedion)* के अनुसार, "शैक्षिक तकनीकी शैक्षिक सिद्धान्त तथा व्यवहार की उस शाखा को कहते हैं, जिसका सम्बन्ध मुख्यत: उन प्रारूपों तथा सन्देशों के प्रयोग से होता है जो अधिगम प्रक्रिया को नियन्त्रित करती हैं"।

9. *जी.ओ.एम. लीथ (G.O.M. Leith)* के अनुसार, "शैक्षिक तकनीकी सीखने और

सिखाने की दिशाओं में वैज्ञानिक ज्ञान का प्रयोग है, जिसके द्वारा शिक्षण एवं प्रशिक्षण की प्रक्रिया की प्रभावपूर्णता एवं दक्षता का विकास कर उसमें सुधार लाया जाता है।"

10. *जैकोटा ब्लूमर (Jacquotta Bloomer)* के अनुसार, "शैक्षिक तकनीकी को व्यावहारिक अधिगम की परिस्थितियों में वैज्ञानिक एवं तकनीकी ज्ञान का विनियोग कहा जाता है।"

11. *रॉबर्ट एम. गेने (Robert M. Gagne)* के अनुसार, "शैक्षिक तकनीकी से तात्पर्य है व्यावहारिक ज्ञान की सहायता से सुनियोजित प्रविधियों का विकास करना, जिससे विद्यालयों की शैक्षिक प्रणाली के परीक्षण तथा शिक्षा कार्य की व्यवस्था की जा सके।"

12. *एस.एस. कुलकर्णी (S.S. Kulkarni)* के अनुसार, "तकनीकी तथा विज्ञान के आविष्कारों तथा नियमों का शिक्षा की प्रक्रिया में प्रयोग को ही शैक्षिक तकनीकी कहा जाता है।"

13. *टॉक्शी साकामाटो (Takshi Sakamato)* के अनुसार, "शैक्षिक तकनीकी वह व्यावहारिक या प्रयोगात्मक अध्ययन है जिसका उद्देश्य कुछ आवश्यक तत्वों, जैसे–शैक्षिक उद्देश्य, पाठ्य-वस्तु, शिक्षण प्रक्रिया को नियन्त्रित करके अधिकतम शैक्षिक प्रभाव उत्पन्न करना है।

14. *प्रो. जी.के. गालब्रैथ* (Prof. G.K. Galbraith) ने अपनी पुस्तक 'New Industrial State' में तकनीकी की दो प्रमुख विशेषताएँ बतायी हैं:

(i) व्यावहारिक कार्यों के लिए वैज्ञानिक या अन्य संगठित ज्ञान का सुनियोजित ढंग से प्रयोग करना।

(ii) ऐसे कार्यों को वर्गों और उपवर्गों में बाँटना।

15. *बी.सी. मैथिस (B.C. Mathis)* के शब्दों में, "शैक्षिक तकनीकी का सम्बन्ध क्रमबद्ध विधियों के और व्यावहारिक ज्ञान के प्रारूप के विकास से विद्यालयों के एक शैक्षिक प्रणाली के रूप में कार्य करने से तथा उनका मूल्यांकन करने से है।"

16. *अमेरिका की शैक्षिक तकनीकी की राष्ट्रीय परिषद् (National Council of Educational Technology of America)* के अनुसार, "मानव के अधिगम में सुधार के लिए प्रणालियों, तकनीकों, विधियों और सहायक सामग्रियों का विकास, प्रयोग और मूल्यांकन ही शैक्षिक तकनीकी है।"

17. *आई.के. डेविस (I.K. Davis)* के विचार में, "शैक्षिक तकनीकी का सम्बन्ध शैक्षिक और प्रशिक्षण के सन्दर्भ में समस्याओं से होता है और उसमें अधिगम के स्रोतों के संगठन में अनुशासित और प्रणाली उपागम के प्रयोग की क्षमता विशेषतया होती है।"

18. *अनविन (Unwin)* का कहना है, "शैक्षिक तकनीकी का सम्बन्ध शिक्षा और प्रशिक्षण की आवश्यकताओं के लिए आधुनिक कौशलों और तकनीकों के प्रयोग से है। इसमें उचित माध्यमों, विधियों और वातावरण के नियन्त्रण द्वारा अधिगम को प्रोत्साहन देना भी सम्मिलित है।"

निष्कर्ष (Conclusion): उपर्युक्त सभी परिभाषाओं की विवेचना करने पर स्पष्ट होता है कि ये सभी परिभाषाएँ एकांगी हैं। कोई परिभाषा शैक्षिक तकनीकी के किसी पहलू पर प्रकाश डालती है और कोई परिभाषा किसी दूसरे पहलू को उजागर करती है। अत: इन परिभाषाओं में व्यापकता के गुणों का अभाव है।

ऊपर दी गई शैक्षिक तकनीकी की परिभाषाओं से यह स्पष्ट है कि यह अति विस्तृत धारणा है। यह विज्ञान पर आधारित एक ऐसी धारणा है, जिसका उद्देश्य शैक्षिक एवं शैक्षणिक प्रक्रियाओं को इस प्रकार नियोजित करना, संगठित करना, अग्रसरित तथा नियन्त्रित करना है जिससे शिक्षक, शिक्षण, अधिगम तथा छात्रों के कार्य को सरल बनाया जा सके तथा अधिकतम शैक्षिक प्रभाव उत्पन्न हो सके।

उपर्युक्त परिभाषाओं के आधार पर हम शैक्षिक तकनीकी के बारे में निम्नांकित निष्कर्षों पर पहुँचते हैं:

1. शैक्षिक तकनीकी, शिक्षा पर विज्ञान तथा तकनीकी के प्रभाव को प्रदर्शित करती है।
2. शैक्षिक तकनीकी में व्यावहारिक पक्ष को महत्व दिया जाता है।
3. शैक्षिक तकनीकी निरन्तर विकासशील विषय है।
4. शैक्षिक तकनीकी का उद्देश्य सीखने-सिखाने की प्रक्रिया में विकास करना है।
5. यह मनोविज्ञान, इन्जीनियरिंग आदि विज्ञानों के नियमों से सहायता लेती है।
6. इसमें क्रमबद्ध उपागम (Systematic Approach) को प्रधानता दी जाती है।
7. इसमें शिक्षक, छात्र तथा तकनीकी प्रक्रियाएँ एक साथ समावेशित रहती हैं।
8. शैक्षिक तकनीकी के विकास के फलस्वरूप शिक्षण में नवीन शिक्षण-विधियों तथा नव शिक्षण-तकनीकियों का प्रवेश हो रहा है।
9. यह शैक्षिक उद्देश्यों की पूर्ति हेतु अधिगम-परिस्थितियों में आवश्यक परिवर्तन लाने में समर्थ है।
10. शैक्षिक-तकनीकी, शैक्षिक, आर्थिक, सामाजिक तथा तकनीकी आवश्यकताओं के अनुरूप उपकरणों के निर्माण में सहायता प्रदान करती है।
11. शैक्षिक तकनीकी शिक्षण-अधिगम प्रक्रिया को सरल तथा सशक्त बनाती है।
12. शैक्षिक तकनीकी स्वयं सीखने की प्रक्रिया पर बल देती है।
13. शैक्षिक तकनीकी शिक्षा के प्रसार में सहायता देती है।

शैक्षिक तकनीकी केवल उपकरणों का प्रयोग नहीं है। साधारणतया शिक्षण में शैक्षिक उपकरणों के प्रयोग को ही शैक्षिक टेक्नोलॉजी समझा जाता है। कुछ लोगों के विचार में शिक्षा के क्षेत्र में या कक्षाओं में ग्रामोफोन, रेडियो, टेपरिकॉर्डर, प्रोजेक्टर, टेलीविजन, शिक्षण मशीन आदि का प्रयोग ही शैक्षिक टेक्नोलॉजी है, किन्तु ऐसा समझना भ्रामक है। शैक्षिक टेक्नोलॉजी का वास्तविक अर्थ ब्रिटेन की नेशनल कौंसिल ऑफ एजूकेशनल टेक्नोलॉजी (National Council of Educational Technology) ने 1967 में इस प्रकार बताया, "शैक्षिक टेक्नोलॉजी मानव-अधिगम के प्रक्रम को सुधारने एवं उन्नत करने के लिए प्रणालियों, तकनीकियों और सहायक उपकरणों का विकास, प्रयोग एवं मूल्यांकन है।"

1.3 शैक्षिक तकनीकी की आवश्यकता (Need for Educational Technology)

जिस प्रकार से हमारे सामान्य जीवन में विज्ञान और तकनीकी ज्ञान तथा विधियों के प्रयोग से कम समय में, कम से कम शक्ति लगाकर अधिक से अधिक लाभ उठाने की

आवश्यकता है, उसी प्रकार शैक्षिक तकनीकी की शिक्षा के क्षेत्र में आवश्यकता अनुभव होती है।

शैक्षिक तकनीकी की शिक्षा में आवश्यकता निम्न कारणों से होती है:

1. शैक्षिक तकनीकी शिक्षण प्रक्रिया को वैज्ञानिक, वस्तुनिष्ठ, स्पष्ट, सरल, रुचिकर व प्रभावशाली बनाती है।

2. शैक्षिक तकनीकी शिक्षण समस्याओं के समाधान के लिए उचित मार्गदर्शन करती है।

3. यह शिक्षण अधिगम प्रक्रिया को प्रभावशाली बनाने के लिए उचित मार्गदर्शन प्रदान करती है, जैसे–शिक्षण लक्ष्यों को निर्धारित करना, छात्रों के प्रारम्भिक व्यवहार की जाँच करना, पाठ्य-वस्तु का चयन व आयोजन करना, उचित शिक्षण विधियों व व्यूह रचनाओं तथा सहायक सामग्री का चुनाव व आयोजन करना आदि सभी क्रियाओं की उचित व्यवस्था के लिए परामर्श देती है।

4. शैक्षिक तकनीकी शिक्षक व शिक्षार्थी के बीच होने वाले विचारों के आदान-प्रदान में 'सम्प्रेषण की एक प्रभावशाली कला' के रूप में महत्वपूर्ण स्थान रखती है।

5. इसके अन्तर्गत विज्ञान, मनोविज्ञान एवं तकनीकी सभी प्रकार की कलाओं, विधियों, सामग्री, कौशलों, सिद्धान्तों व यन्त्रों का प्रयोग सम्मिलित है।

6. शैक्षिक तकनीकी उद्देश्यों को प्राप्त करने के लिए अधिगम परिस्थितियों की व्यवस्था करती है तथा उन पर नियन्त्रण रखती है।

7. प्रभावशाली शिक्षण के लिए नई-नई विधियों के विकास पर बल देती है।

8. जिस प्रकार विज्ञान और तकनीकी हमारे दैनिक जीवन के कार्यकलापों में कम शक्ति व कम मेहनत द्वारा अधिक कार्य में सहायक होती है उसी प्रकार शैक्षिक तकनीकी शिक्षण प्रक्रिया में शक्ति व समय के अपव्यय को नियन्त्रित करती है।

9. व्यवहार परिवर्तन के मापन के लिए तथा शिक्षण प्रक्रिया के परिणामों की जाँच के लिए उचित मूल्यांकन प्रविधियों के विकास पर बल देती है।

10. मूल्यांकन क्रिया के पश्चात् छात्रों के अन्तिम व्यवहार के स्तर की जाँच कर अपेक्षित पुनर्बलन (Reinforcement) और अपेक्षित पृष्ठपोषण (Desirable Feedack) पर भी बल देती है।

11. यह शिक्षण-अधिगम प्रक्रिया को प्रभावशाली बनाने के लिए उचित मार्गदर्शन प्रदान करती है, जैसे–शिक्षण-लक्ष्यों को निर्धारित करना, छात्रों के प्रारम्भिक व्यवहार की जाँच करना, पाठ्यवस्तु का चयन व आयोजन करना, उचित शिक्षण-विधियों व व्यूह रचनाओं तथा सहायक सामग्री का चुनाव व आयोजन करना आदि सभी क्रियाओं की उचित व्यवस्था के लिए परामर्श देती है।

12. शैक्षिक टेक्नोलॉजी शिक्षण-प्रशिक्षण के क्षेत्र में भी महत्वपूर्ण भूमिका निभा सकती है।

अन्त में यह जानना आवश्यक है कि शैक्षिक टेक्नोलॉजी शिक्षक का स्थान नहीं लेती और न ही उसे अपदस्थ करती है, अपितु शिक्षक को इस प्रकार सुसज्जित कर देती है कि वह शिक्षण के मार्ग पर आने वाली प्रत्येक बाधा को हटाते हुए इसे रोचक एवं प्रभावपूर्ण बनाता है।

1.4 शैक्षिक तकनीकी के महत्वपूर्ण उद्देश्य (Important Objectives of Educational Technology)

1. शिक्षण के उद्देश्यों के निर्धारण में सहायक होना।
2. शिक्षण के उद्देश्यों को व्यावहारिक रूप में परिभाषित करना।
3. शिक्षण-अधिगम कार्य को अधिक वैज्ञानिक बनाना।
4. शिक्षण-अधिगम कार्य को अधिक प्रेरक तथा रोचक बनाना।
5. स्वतन्त्र अध्ययन हेतु छात्रों को अधिकतम अवसर सुलभ कराना।
6. शिक्षण-अधिगम प्रक्रिया को वास्तविक तथा प्रभावशाली बनाना।
7. प्रत्येक छात्र को उसकी योग्यता, क्षमता तथा व्यक्तिगत गति के अनुसार सीखने में सहायता करना।
8. ज्ञान का संचय, प्रसार तथा विकास करना।
9. पाठ्य-वस्तु का विश्लेषण करके तत्वों को क्रमबद्ध रूप प्रदान करना।
10. शैक्षिक प्रबन्ध की उन्नत विधियों तथा प्रविधियों का उचित व उपयुक्त प्रयोग करना।
11. छात्रों एवं शिक्षकों की व्यक्तिगत आवश्यकताओं की पूर्ति करना।
12. निर्धारित शिक्षण उद्देश्यों की प्राप्ति के लिए समुचित व्यूह रचनाओं का चयन करना तथा उनका प्रयोग करना।
13. विशिष्ट दक्षता एवं कौशलों की प्राप्ति में सहयोग देना।
14. अधिक से अधिक छात्रों तक अधिक से अधिक सूचनाएँ पहुँचाना।
15. छात्रों को सीमित प्रत्युत्तरों की अनुमति देना तथा उन्हें परिमार्जित करना।
16. निर्धारित उद्देश्यों की प्राप्ति सीमा जानने के लिए छात्रों की उपलब्धियों का मूल्यांकन करना।
17. शिक्षण-अधिगम की प्रक्रिया को आगे बढ़ाने के लिए वांछित पुनर्बलन की प्रविधियों का चयन करके प्रयोग करना।
18. समग्र रूप में शैक्षिक तकनीक का उद्देश्य है–शिक्षण-अधिगम प्रक्रिया को प्रभावी बनाना।

1.5 'शिक्षा की तकनीकी' तथा 'शिक्षा में तकनीकी' ('Technology of Education' and 'Technology in Education')

शैक्षिक तकनीकी के मुख्यत: दो भाग हैं जिन्हें निम्नलिखित ढंग से दर्शाया गया है:

शैक्षिक तकनीकी (Educational Technology)

शिक्षा की तकनीकी
(Technology of Educational)

1. मनोवैज्ञानिक स्रोत
2. वैज्ञानिक स्रोत
3. उपकरण तथा सिद्धान्तों पर आधारित

शिक्षा में तकनीकी
(Technology in Educational)

1. मुख्यत: उपकरण आधारित
2. वैज्ञानिक स्रोत

शैक्षिक तकनीकी के लिए प्रायः शिक्षा की तकनीकी या शिक्षा में तकनीकी शब्द का प्रयोग किया जाता है, परन्तु ऐसा करना उचित नहीं है। ऐसा करना एक भूल है। वास्तव में शैक्षिक तकनीकी इन दोनों रूपों को अपने में समाहित किये हुए है। विज्ञान और तकनीकी प्रगति के फलस्वरूप ही शैक्षिक तकनीकी का विकास हुआ है।

जब हम विज्ञान एवं तकनीकी प्रगति के प्रतिफल नवीन वैज्ञानिक साधनों, उपकरणों, मशीनों आदि का प्रयोग शिक्षा में करते हैं तो यह शिक्षा में तकनीकी है। इसके अन्तर्गत सभी प्रकार की दृश्य-श्रव्य सामग्री, संचार एवं सम्प्रेषण साधन, जन सम्पर्क माध्यम, जैसे–रेडियो, टेलीविजन, टेपरिकॉर्डर, शिक्षण मशीन, कम्प्यूटर आदि सम्मिलित हैं। जिस प्रकार से वैज्ञानिक उपकरणों के प्रयोग से कृषि, बागवानी एवं उद्योगों के क्षेत्र में प्रगति लाने का चमत्कारपूर्ण प्रयास किया गया है उसी प्रकार 'शिक्षा में तकनीकी' भी शिक्षा के क्षेत्र में उद्देश्यों की प्रभावपूर्ण प्राप्ति के लिए वैज्ञानिक उपकरणों का प्रयोग है।

'शिक्षा की तकनीकी' इससे कहीं अधिक व्यापक है। इसमें शिक्षा के क्षेत्र में तकनीकी उपकरणों का प्रयोग तो शामिल है ही लेकिन इसके साथ-साथ शैक्षिक समस्याओं के समाधान, शैक्षिक लक्ष्यों की प्राप्ति एवं शैक्षिक प्रक्रिया को प्रभावशाली बनाने के लिए शिक्षा मनोविज्ञान के क्षेत्र में खोजे गये विभिन्न तकनीकी एवं मनोवैज्ञानिक के सिद्धान्तों, विधियों, प्रणालियों एवं क्रियाओं का सुव्यवस्थित एवं नियोजित प्रयोग भी सम्मिलित है।

इस प्रकार शैक्षिक तकनीकी वास्तव में शिक्षा की तकनीकी ही है। यह एक ऐसी प्रणाली है जिसके द्वारा शिक्षा की सभी समस्याओं का पूरी तरह से विश्लेषण करके, सम्पूर्ण शिक्षण अधिगम प्रक्रिया को इस प्रकार से सुनियोजित, सुव्यवस्थित एवं नियन्त्रित किया जाता है जिससे सर्वोत्तम परिणामों की प्राप्ति हो और शैक्षिक प्रक्रिया को अधिक से अधिक प्रभावशाली बनाया जा सके।

शिक्षा की तकनीकी	*शिक्षा में तकनीकी*
1. सभी प्रकार के तकनीकी उपकरण	1. विज्ञान पर आधारित सभी प्रकार के कठोर उपागम
2. अभिक्रमित अध्ययन	2. आकाशवाणी
3. सूक्ष्म अध्ययन	3. दूरदर्शन
4. शिक्षण प्रतिमान (Models of Teaching)	4. ओवरहैड प्रोजेक्टर
5. व्यक्तिगत अध्ययन (Personalized System of Instruction)	5. एपीस्कोप
6. टोली अथवा समूह अध्यापन (Team Teaching)	6. मायाद्वीप
	7. टेपरिकॉर्डर
	8. सी.टी.वी.
	9. फिल्म्स
	10. स्लाइड
	11. रिकॉर्ड प्लेयर

(*क्रमशः*)

शिक्षा की तकनीकी	*शिक्षा में तकनीकी*
	12. शिक्षण मशीन
	13. संगणक मशीन अथवा कम्प्यूटर
	14. स्लाइड प्रोजक्टर
	15. अपारदर्शी प्रक्षेपी
	16. इण्टरनेट
	17. दूरभाष

1.6 शैक्षिक प्रौद्योगिकी (तकनीकी) का क्षेत्र (Scope of Educational Technology)

विभिन्न विद्वानों ने शैक्षिक तकनीकी के क्षेत्र की विभिन्न प्रकार से व्याख्या की है:

I. *डैरक रौन्ट्रा* (*Derek Rowntra, 1973*) ने इसके निम्नलिखित क्षेत्र बताये हैं:

1. अधिगम के लक्ष्य तथा उद्देश्य चिह्नित करना।
2. अधिगम वातावरण का नियोजन करना।
3. विषय-वस्तु की खोज करना तथा इसे संरचित (Structuring) करना।
4. उपयुक्त शिक्षण व्यूह रचनाओं (Teaching Strategies) तथा अधिगम संचार (Learning Media) का चयन करना।
5. अधिगम व्यवस्था की प्रभावशीलता का मूल्यांकन करना।
6. भविष्य में प्रभावशीलता बढ़ाने के लिए मूल्यांकन के आधार पर वांछित सूझ-बूझ प्राप्त करना।

II. *शैक्षिक तकनीकी के तीन बिन्दु*: कुछ विद्वान शैक्षिक तकनीकी का क्षेत्र अग्र प्रकार से प्रदर्शित करते हैं:

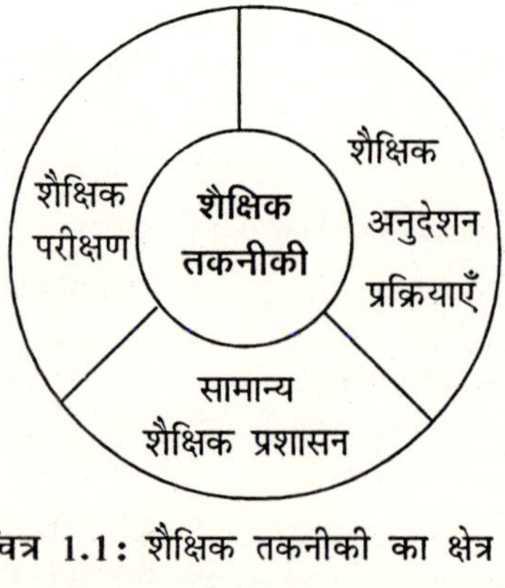

चित्र 1.1: शैक्षिक तकनीकी का क्षेत्र

III. *तकाशी सकामाटो* (*Takashi Sakamato*) ने अपने एक लेख 'जापान में शैक्षिक तकनीकी का विकास' (The Development of Educational Technology in Japan) में शैक्षिक तकनीकी के कार्य-क्षेत्र (Scope) को तीन क्षेत्रों में बाँटा है:

(A) (i) **शैक्षिक तकनीकी (Educations Technology)**	**विषय-वस्तु (Contents)** श्रव्य-दृश्य प्रस्तुतीकरण यंत्रों का प्रयोग (Application of Audio-Visual Presentation Equipments)
(ii) **शैक्षिक तकनीकी**	(i) शैक्षिक प्रणाली परिस्थिति का अध्ययन और शैक्षिक उपयोग (Study of Educational System Situation and Educational Application) (ii) शैक्षिक सूचनाओं को इकट्ठा करना (Educational Information Retrieval) (iii) शैक्षिक सूचनाओं की क्रियाविधि (Educational Data Processing)
(B) **शैक्षिक तकनीकी**	(i) सीखने का कार्यक्रम (Programme of Learning) (ii) शैक्षिक क्रियाओं का संगठन (The Optimal Organisation of Instructional Activities) (iii) समूहों का उचित संगठन (Appropriate Organization of Groups)
(C) **शैक्षिक तकनीकी**	(i) शिक्षण-यंत्रों का प्रारूप बनाना, जैसे—कुर्सी, श्यामपट्ट (Design for Teaching Tools) (ii) सुविधाओं की योजनाओं, जैसे—स्कूल भवन, कक्षा-कक्ष (Planning of Facilities)

IV. *जे.डी. फिन, लम्सडेन एवं बी. क्लाइड मैथिस (J.D. Finn, Lumsdeine an B. Claude Mathis)* के अनुसार शैक्षिक तकनीकी के कार्य-क्षेत्र को दो भागों में बाँट सकते हैं:

(i) *हार्डवेयर शैक्षिक तकनीकी (Hardware Educational Technology)*: यह शैक्षिक तकनीकी का वह भाग है जिसमें शिक्षण-मशीनों, दूरदर्शन, टेप-रिकॉर्डर आदि जो शिक्षण में काम आ सकते हैं, सम्मिलित हैं।

(ii) *शैक्षिक इंजीनियरिंग (Educational Engineering)*: इसके अन्तर्गत शिक्षण और सीखने की प्रक्रियाओं का विस्तृत विश्लेषण किया जाता है। इस कार्य के लिए आधुनिक मनोविज्ञान, समाजशास्त्र, प्रणाली उपागम व दूसरे विषयों की सहायता ली जाती है। इनकी सहायता से प्रणाली का विश्लेषण किया जाता है।

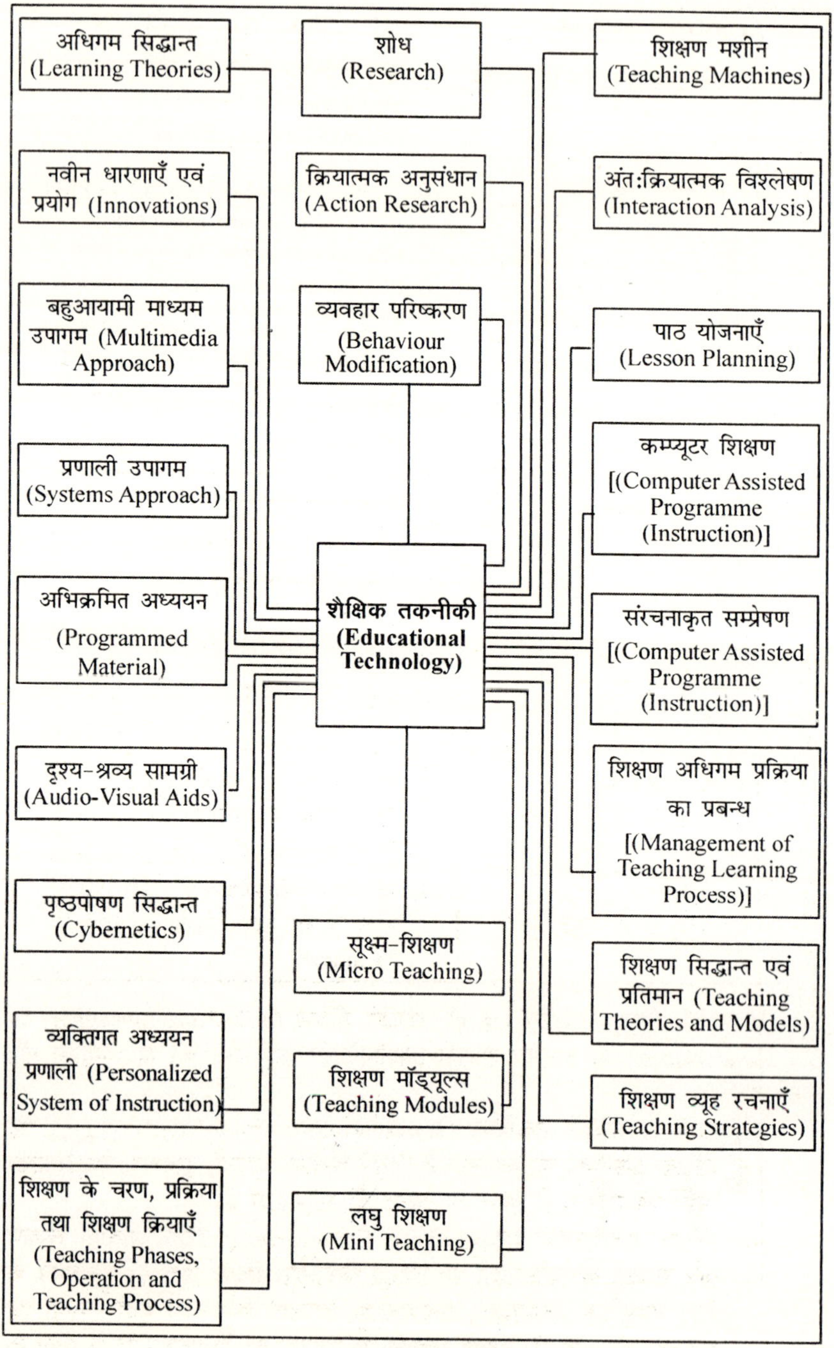

चित्र 1.2: शैक्षिक तकनीकी के क्षेत्र

1.7 शैक्षिक तकनीकी के स्रोत (Sources of Educational Technology)

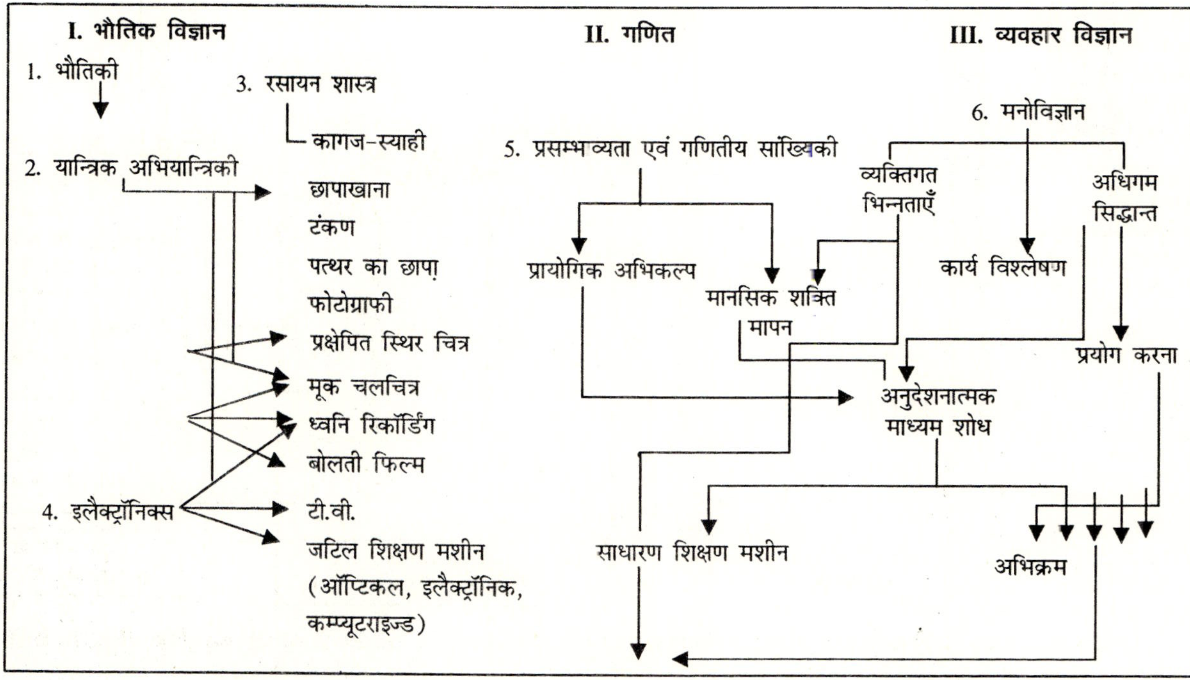

चित्र 1.3: शैक्षिक तकनीकी के स्रोत (Sources of Educational Technology)

1.8 शैक्षिक तकनीकी की विषय-सामग्री के विभिन्न विषय स्रोत
(Different Subject Sources for the Subject Matter of Educational Technology)

शिक्षा तकनीकी की विषय सामग्री के विभिन्न विषय स्रोत (BRANCHES FOR STUDYING EDUCATIONAL TECHNOLOGY)

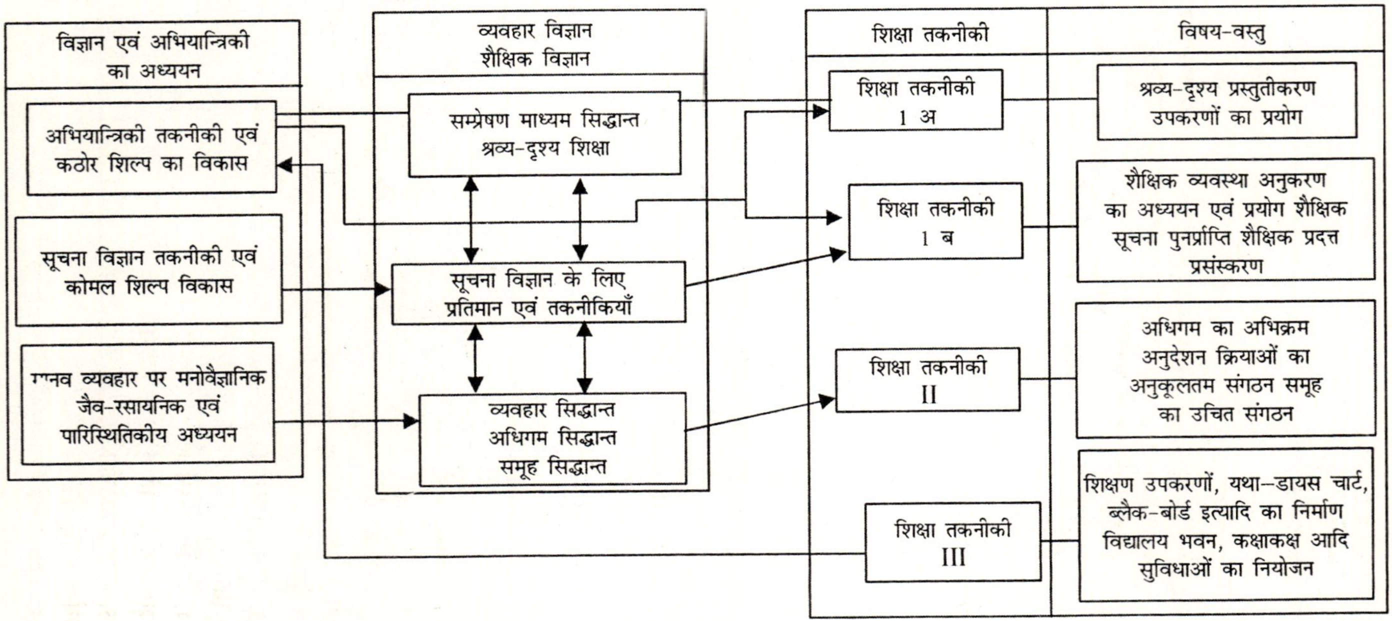

चित्र 1.4: शैक्षिक तकनीकी के अध्ययन में विभिन्न विषय (Sources of Educational Technology)

V. *कुलश्रेष्ठ* (1980) ने अपने शोध प्रपत्र में शैक्षिक तकनीकी की विस्तृत विवेचना करते हुए निम्नांकित 'डायग्राम 1.2' के माध्यम से शैक्षिक तकनीकी विषय के विभिन्न क्षेत्रों को प्रदर्शित किया है।

VI. *डॉ. एस.एस. कुलकर्णी* (*Dr. S.S. Kulkarni*) के अनुसार शैक्षिक तकनीकी का कार्यक्षेत्र निम्नलिखित है:

(i) *शिक्षण-अधिगम का विश्लेषण* (*Analysis of Teaching-Learning*) करना। इस लागत (Input) से लेकर उत्पादन (Output) तक संलिप्त तत्वों का विश्लेषण किया जा सकता है।

(ii) इन तत्वों (Components) या भागों के कार्यों की जाँच करना।

(iii) इन तत्वों की इस ढंग से व्यवस्था करना जिससे प्रभावशाली परिणाम प्राप्त हों।

शैक्षिक तकनीकी की परिभाषाओं तथा विशेषताओं को दृष्टि में रखकर शैक्षिक तकनीकी के कुछ सामान्य कार्य-क्षेत्रों की ओर संकेत किया जा सकता है, जैसे:

1. शिक्षण-अधिगम प्रक्रियाओं का अध्ययन तथा विश्लेषण।
2. शैक्षिक उद्देश्यों का निर्धारण।
3. पाठ्यक्रम निर्माण।
4. शिक्षण-अधिगम सामग्री का निर्माण तथा विकास।
5. शिक्षण-अधिगम युक्तियों एवं व्यूह-रचनाओं का चुनाव, विकास तथा उपयोग।
6. उचित दृश्य-श्रव्य सहायक सामग्री का चयन, विकास एवं उपयोग।
7. हार्डवेयर उपकरण एवं जनसम्पर्क माध्यमों का प्रभावपूर्ण चयन तथा उपयोग।
8. शिक्षा की उप-प्रणालियाँ (Sub-System of Education) का प्रभावपूर्ण उपयोग।
9. मूल्यांकन द्वारा उचित नियन्त्रण।
10. अध्यापक प्रशिक्षण में उपयोग।

1.9 सारांश (Summary)

1. शैक्षिक तकनीकी, शिक्षण कार्य को उद्देश्य-केन्द्रित बनाने में तथा छात्र-केन्द्रित रखने में सहायता एवं प्रभावशाली निर्देशन प्रदान करती है।

2. शैक्षिक तकनीकी, छोटे तथा बड़े समूह में एवं व्यक्तिगत स्तर पर भी, शिक्षण एवं अधिगम सम्बन्धी उद्दीपन तथा अनुक्रिया प्रदान करके, शिक्षक की गुणात्मक योग्यता का विस्तार करती है।

3. शैक्षिक तकनीकी, शिक्षक को पाठ प्रस्तुतीकरण को प्रभावशाली बनाने में सहायता करती है।

4. शैक्षिक तकनीकी, शिक्षण-प्रक्रिया को सरल, सुगम तथा रोचक बनाकर छात्रों के ज्ञान एवं अनुभव की वृद्धि में सहायक होती है।

5. शैक्षिक तकनीकी शिक्षण में विविधता लाने के लिए विभिन्न विधाओं एवं साधनों का प्रयोग करती है।

6. शैक्षिक तकनीकी छात्रों की कक्षा कार्य में सक्रिय भागीदारी सुनिश्चित करती है।

7. शैक्षिक तकनीकी शिक्षक को ऐसी प्रक्रियाओं और साधनों का ज्ञान देने का प्रयास करती है जो उपचारात्मक शिक्षण, शोध तथा अन्य सम्बन्धित कार्यों में मदद देती है।

8. स्व-अनुदेशित कार्यक्रमों (Self-Instructional Programmes) के माध्यम से शैक्षिक तकनीकी व्यक्तिगत अनुदेशन (Individual Instruction) के क्षेत्र में महत्वपूर्ण भूमिका निभाती है।

9. शैक्षिक तकनीकी शिक्षण-अधिगम-प्रक्रिया को अधिक जीवन्त, रोचक, प्रेरक तथा सक्रिय बनाकर शिक्षण में सुधार लाकर, शिक्षण की गुणवत्ता में वृद्धि करती है।

10. शैक्षिक तकनीकी, जनसंचार के साधनों का उपयोग करते हुए दूर-दराज क्षेत्रों में एक साथ बहुत बड़ी जनसंख्या तक पत्राचार तथा दूरस्थ शिक्षा आदि के द्वारा शिक्षा पहुँचाने में सहायता देती है।

11. शिक्षार्थियों के आर्थिक, सामाजिक तथा भौगौलिक स्तर पर बिना ध्यान दिये हुए शैक्षिक तकनीकी सभी के लिए समान शिक्षा के अवसर प्रदान करने के लिए एक शक्तिशाली साधन है।

12. टेलीविजन, रेडियो, कैसेट, वीडिओ आदि साधनों के माध्यम से शैक्षिक तकनीकी सेवारत (In-service) शिक्षकों एवं कर्मचारियों के लिए अनवरत शिक्षा के द्वार खोलती है।

13. शैक्षिक तकनीकी घर में बैठे-बैठे उपाधियाँ प्राप्त करने में सहायक होती है।

1.10 शैक्षिक तकनीकी का महत्व (Significance of Educational Technology)

मैक्नॉन तथा रॉबर्ट्स (McKnown and Roberts) ने श्रव्य-दृश्य साधनों के महत्व को इन विचारों में प्रदर्शित किया है, "बुद्धिमत्तापूर्ण चयन किए गए तथा उपयोग किए गए श्रव्य-दृश्य साधन छात्रों की रुचि जागृत करते हैं तथा इसका विकास करते हैं। इस प्रकार उनके अधिगम को प्रेरित करते हैं। उपयुक्त अभिप्रेरित अधिगम का अर्थ है—परिष्कृत अभिवृत्तियाँ (Improved attitudes), स्थायी प्रभाव (Permanent Impression), संवृद्ध अनुभव (Rich experience) तथा अन्तत: अधिक परिपूर्ण जीवन (Wholesome living)।"

शिक्षण सहायक सामग्री अथवा साधनों के महत्व के बारे में शिक्षा आयोग (1964-66) ने कहा है, "शिक्षण की गुणवत्ता को सुधारने के लिए प्रत्येक स्कूल को शिक्षण सहायक साधन प्रदान करना आवश्यक है इससे निस्सन्देह देश में शैक्षिक क्रान्ति आएगी।"

राष्ट्रीय शिक्षा नीति (1986) में भी शिक्षण-अधिगम प्रक्रिया को अधिक प्रभावी, स्थायी तथा वास्तविक बनाने हेतु शैक्षिक तकनीकी पर विशेष बल दिया है।

शैक्षिक तकनीक की महत्ता तथा आवश्यकता निम्नलिखित बिन्दुओं से स्पष्ट होती है:

1. *रुचि और ध्यान को बढ़ाने में सहायक (Helpful in Enhancing Interest and Concentration)*: शैक्षिक तकनीकी साधनों का प्रयोग शिक्षण-अधिगम के नीरस वातावरण में एक विचित्र प्रकार की ताजगी और रस भर देता जिसके परिणामस्वरूप छात्र कठिन से कठिन बातों को सीखने-समझने में पर्याप्त रुचि और उत्साह दिखाते हैं। इस प्रकार की रुचि और उत्साह उन्हें पढ़ने में पूरा ध्यान केन्द्रित करने की प्रक्रिया में भरपूर सहयोग देता है और परिणामस्वरूप सीखने-सीखाने के क्षेत्र में बहुत ही प्रभावपूर्ण परिणाम सामने आते हैं।

2. *उचित बिम्ब और प्रभाव छोड़ने में सहायक* (*Helpful in Forming Mental Images*): सीखने की प्रक्रिया में बालकों को जो अनुभव होते हैं और उनके द्वारा कैसे मानस प्रतिबिम्ब (Mental image) ऊपर छोड़ा जाता है यह बात अधिगम परिणामों की दृष्टि से बहुत महत्व रखती है। शैक्षिक तकनीकी साधन यथेष्ट प्रभाव एवं अनुभूत मानस बिम्बों के रूप में अपने पीछे स्थायी चिन्ह छोड़ने का कार्य करते हैं जिनके द्वारा स्थायी एवं प्रभावपूर्ण अधिगम अनुभव प्राप्ति में बहुत सहायता मिलती है।

3. *अधिगम और प्रशिक्षण के सकारात्मक स्थानान्तरण में सहायक* (*Helpful in Positive Transfer of Learning and Training*): छात्रों द्वारा एक समय में शिक्षण-अधिगम प्रक्रिया के दौरान जो कुछ भी सीखा जाता है उसका पूरा-पूरा लाभ तभी मिलता है जब वे उसे अन्य विषयों या क्षेत्रों से सम्बन्धित बातों को सीखने या जीवन में वास्तविक रूप में उसका प्रयोग कर सकने में समर्थ हो सकें। यह कार्य तभी हो सकता है जबकि बालकों में एक परिस्थिति में सीखी हुई बातों को दूसरी परिस्थितियों में स्थानान्तरण करने की क्षमता विकसित हो जाए। शैक्षिक तकनीकी सामग्री का प्रयोग इस क्षमता के उचित विकास में बहुत ही उपयोगी सिद्ध हो सकता है।

4. *एक उत्तम अभिप्रेरणा स्रोत का कार्य करना* (*A Source of Good Motivator*): बालक स्वभाव से ही क्रियाशील होते हैं और उन्हें वस्तुओं और प्रक्रियाओं को देखने-सुनने में रुचि होती है। इस प्रकार शैक्षिक तकनीकी साधनों की सहायता से पढ़ना-पढ़ाना उनकी मूल प्रवृत्तियों, स्वाभाविक रुचियों, बुनियादी प्रेरणा स्रोतों तथा प्रयोजनों से मेल खाता है और इस प्रकार शैक्षिक तकनीकी साधन शिक्षण अधिगम प्रक्रिया में एक बहुत ही प्रभावपूर्ण अभिप्रेरणा स्रोत सिद्ध हो सकते हैं।

5. *दृश्य-श्रव्य ज्ञानेन्द्रियों का प्रभावपूर्ण उपयोग* (*Effective use of Audio-visual Senses*): ज्ञानेन्द्रियों को ज्ञान का द्वार कहा जाता है। शैक्षिक तकनीकी साधनों के प्रयोग से दो महत्वपूर्ण ज्ञानेन्द्रियों-चक्षु एवं श्रवणेन्द्रियाँ (Sight and Sense Organs) का उपयोग कर (देखकर तथा सुनकर) ज्ञान प्राप्त करने के बहुमूल्य अवसर मिलते हैं।

6. *अधिगमकर्ताओं को पुनर्बलन प्रदान करना* (*Providing Reinforcement to Learners*): अधिगम प्रक्रिया में अधिगमकर्ता को उचित पुनर्बलन प्रदान करने की दृष्टि से भी शैक्षिक तकनीकी साधनों को विशेष महत्व है। स्व-शिक्षा तथा आत्म-अनुदेशन (Auto-instruction) से सम्बन्धित सभी शिक्षण उपकरण तथा सामग्री यही भूमिका निभाते हैं। अभिक्रमित अधिगम सामग्री (Programme Learning Material), शिक्षण मशीन, कम्प्यूटर आदि का प्रयोग अधिगमकर्ता को अधिगम प्रक्रिया में यथेष्ट पुनर्बलन प्रदान करने में महत्वपूर्ण भूमिका निभाता है। इसी प्रकार बालक जो पुस्तकों में पढ़ता है अथवा अध्यापक द्वारा जो कुछ मौखिक रूप से उसे पढ़ाया जाता है उन्हीं बातों को जब वह विभिन्न शैक्षिक तकनीकी साधनों के माध्यम से देखता है तो जो कुछ उसने पहले सीखा होता है उसके उचित अभ्यास, परीक्षण और उपयोग के रूप में उसे अपने अधिगम अनुभवों के पुनर्बलन के लिए उचित अवसर प्राप्त होते रहते हैं।

7. *प्रत्यक्ष अनुभव प्रदान करने का सर्वोत्तम विकल्प* (*Best Alternative to Direct Experience*): अनुभव को सबसे अच्छा शिक्षक माना जाता है। परन्तु बहुत बार न तो प्रत्यक्ष अनुभव प्राप्त करना सम्भव हो पाता है और न ऐसा करना समय, शक्ति और धन

की दृष्टि से विवेकपूर्ण ही माना जा सकता है। इस दृष्टि से प्रत्यक्ष अनुभव जैसे ही वैकल्पिक अनुभव देने हेतु शैक्षिक तकनीकी साधन बहुत ही महत्वपूर्ण भूमिका निभाते हैं और इस प्रकार शिक्षण और अधिगम को अधिक से अधिक यथार्थ, सार्थक और जीवन्त बनाने का प्रयत्न करते हैं।

8. *विषय-वस्तु की स्पष्टता (Clarity of the Subject-Matter)*: विभिन्न विषयों से सम्बन्धित बहुत से ऐसे संप्रत्ययों (Concepts), विचारों, प्रक्रियाओं आदि को जिन्हें पुस्तकों से पढ़कर समझना अथवा व्याख्यान विधि द्वारा पढ़ाना काफी मुश्किल होता है, शब्दों के माध्यम से उन्हें स्पष्ट रूप से समझना या समझाना विद्यार्थी और अध्यापक दोनों के लिए एक समस्या उत्पन्न कर देता है। इस स्थिति में शैक्षिक तकनीकी साधन सहायक होते हैं। इनके प्रयोग से कठिन से कठिन विषय-वस्तु भी सरल, स्पष्ट और सार्थक बन जाती है। उदाहरण के लिए, जलपम्प, साइकल पम्प, आँख, कान आदि की रचना और कार्य-प्रणाली का अध्ययन करते समय अगर इनके चित्र, मॉडल, फोटोग्राफ या फिल्मस्ट्रिप आदि का प्रयोग किया जाए तो सीखने-सिखाने के कार्य को बहुत ही स्पष्ट एवं सार्थक बनाया जा सकता है।

9. *व्यक्तिगत विभिन्नताओं की संतुष्टि में सहायक (Helpful in Meeting Individual Differences)*: अधिगम अनुभव अर्जित करने की दृष्टि से छात्रों में बहुत अधिक विभिन्नताएँ देखने को मिल सकती हैं। कोई सुनकर ठीक प्रकार सीखता है तो कोई देखकर। किसी को व्यक्तिगत रूप से स्वयं या किसी के निर्देशन में अकेले पढ़ने में सुविधा होती है तो किसी को समूहगत या कक्षा अध्ययन में पढ़ना ठीक लगता है। कोई बहुत धीरे-धीरे सीखता है तो कोई अतिशीघ्र। इस प्रकार की वैयक्तिक विभिन्नताओं की अधिगम सम्बन्धी माँग की शैक्षिक तकनीकी सामग्री, साधन और स्वशिक्षण से जुड़े हुए उन्नत उपकरणों जैसे शिक्षण मशीन तथा कम्प्यूटर आदि से अच्छी तरह पूरा किया जा सकता है।

10. *भाषागत अभिव्यक्ति की कमियों को दूर करना (Removing Language Expression Drawbacks)*: शिक्षण-अधिगम प्रक्रिया में विचार सम्प्रेषण (Communication of ideas) का विशेष महत्व है। इस सम्प्रेषण में मौखिक तथा लिखित रूप में सम्पन्न-भाषागत अभिव्यक्ति बड़ी ही महत्वपूर्ण भूमिका निभाती है। परन्तु मात्र शब्दों और संकेतों के माध्यम से सम्पन्न यह अभिव्यक्ति शिक्षण-अधिगम प्रक्रिया में अधिक प्रभावशाली सिद्ध नहीं होती। भाषागत अभिव्यक्ति का यह उपयोग कई बार ऐसी समस्याएँ जैसे पढ़ने-पढ़ाने में अरुचि, बिना अर्थ जाने उसे ज्यों की त्यों प्रस्तुत करने तथा जो कुछ भी पढ़ा जाता है उसे भूल जाने अथवा प्रयोग न कर सकने आदि को जन्म देता है। इन सभी समस्याओं को उत्पन्न न होने देने के लिए शैक्षिक तकनीकी साधनों का उपयोग काफी महत्वपूर्ण भूमिका निभा सकता है।

11. *कक्षा में उचित अन्त: सम्बन्ध और शैक्षिक वातावरण बनाने में सहायक (Helpful in Developing Classroom Interaction and Creating Educational Environment)*: शिक्षण-अधिगम कार्य की सफलता कक्षागत स्वस्थ अन्त:सम्बन्धों और अनुकूल कक्षा वातावरण पर निर्भर करती है। शैक्षिक तकनीकी साधनों के उपयोग से कक्षा

का वातावरण सजीव हो उठता है। उसमें निष्क्रियता तथा बोझिलपन नहीं रह पाता। छात्र और अध्यापकों तथा स्वयं छात्रों के परस्पर विचारों के आदान-प्रदान और स्वस्थ अन्त: क्रियाओं के अधिक अनुकूल अवसर प्राप्त होते हैं तथा कक्षा का वातावरण शैक्षिक दृष्टि से अधिक उपयुक्त बन जाता है।

12. *विशिष्ट विद्यार्थियों की आवश्यकता पूर्ति में सहायक (Helpful in Meeting the Needs of Exceptional Children)*: सामान्य कक्षा शिक्षण द्वारा प्राय: सामान्य बालकों की ही अधिगम सम्बन्धी आवश्यकताओं की पूर्ति होती है, परन्तु शैक्षिक तकनीकी साधनों के प्रयोग द्वारा इस दिशा में अति विशिष्ट बालकों को भी लाभ पहुँचाया जा सकता है। जिन बच्चों को सुनाई नहीं देता उन्हे टेपरिकॉर्डर, रेडियो आदि साधनों के प्रयोग से पर्याप्त अधिगम अनुभव अर्जित कराये जा सकते हैं। मन्द बुद्धि बालकों को आवश्यक बातें समझने में सरल और स्पष्ट शैक्षिक तकनीकी सामग्री के माध्यम से ऐसे अधिगम अनुभव अर्जित कराये जा सकते हैं जिनसे उनके बौद्धिक स्तर को विकसित करने में सहायता मिल सके।

13. *अनुशासनहीनता की समस्या के समाधान में सहायक (Helpful in Meeting the Problem of Indiscipline)*: अनुशासनहीनता की समस्या बहुत कुछ सीमा तक परिस्थिति और वातावरणजन्य होती है। बालकों में कार्य करने की अपार शक्ति होती है परन्तु अगर इस शक्ति का सही उपयोग न हो तो उनमें उपद्रव, तोड़फोड़, शैतानी आदि अनुशासनहीनता गलत कार्यों की ओर मुड़ने की सम्भावनाएँ बढ़ जाती हैं। यदि छात्रों को निष्क्रिय रूप से ज्ञान ग्रहण करने के लिए मजबूर किया जाए और ज्ञान प्राप्ति में स्वयं अनुभव करने के लिए कोई भी अवसर न प्रदान किया जाए तो ऐसे नीरस और ऊब भरे वातावरण में उनकी शिक्षण-अधिगम प्रक्रिया के प्रति विद्रोह स्वाभाविक ही है। शैक्षिक तकनीकी साधनों के उपयोग से जहाँ कक्षा का वातावरण सजीव एवं रुचिकर बनता है वहाँ छात्रों को शिक्षण-अधिगम प्रक्रिया में सक्रिय सहयोगी बनकर अपनी शारीरिक और मानसिक शक्तियों के उपयोग के रचनात्मक अवसर प्राप्त होते रहते हैं। परिणामस्वरूप अनुशासनहीनता से सम्बन्धित समस्याओं के पैदा होने की सम्भावनाएँ बहुत कम हो जाती हैं।

14. *मानसिक शक्तियों के विकास में सहायक (Helpful in Developing Mental Powers)*: कक्षा में अध्यापक द्वारा जब मौखिक रूप से पढ़ाया जाता है अथवा छात्रों द्वारा पुस्तकों की सहायता से पढ़ा जाता है तो इस प्रकार पढ़ने-पढ़ाने से छात्रों की मानसिक योग्यताओं और शक्तियों का उचित विकास नहीं हो पाता। इस प्रकार का शिक्षण बालकों में केवल रटने की प्रवृत्ति का जन्म दे सकता है। शैक्षिक तकनीकी साधनों के प्रयोग से शिक्षण-अधिगम को अधिक सजीव बनकर छात्रों की कल्पना शक्ति, निरीक्षण शक्ति, तर्क-शक्ति, विचार-शक्ति, एकाग्रता आदि को विकसित करने के बहुमूल्य अवसर मिलते हैं। इनके अतिरिक्त छात्रों में मौलिकता, अन्वेषणशीलता, सृजनात्मकता आदि उच्च मानसिक योग्यताओं और क्षमताओं के पोषण और विकास के लिए भी शैक्षिक तकनीकी साधनों के प्रयोग से समुचित अवसर प्राप्त होते हैं।

15. *वैज्ञानिक अभिवृत्ति तथा खोज प्रवृत्ति को बढ़ावा देने में सहायक (Helpful in Developing Scientific Temper and Research Attitude)*: शैक्षिक तकनीकी साधनों का प्रयोग छात्रों में वैज्ञानिक अभिवृत्ति तथा खोज प्रवृत्ति को विकसित करने में पर्याप्त सहयोग दे सकता है।

16. *उन्नत शिक्षण विधियों एवं तकनीक के उपयोग का अवसर प्रदान करना (Providing Opportunities for the Use of Developed Teaching Methods and Techniques)*: अध्ययन-अध्यापन की उन्नत शिक्षण विधियों एवं तकनीकों में वैज्ञानिक ढंग से शिक्षा प्रदान करने तथा बालकों और परिस्थितियों को मनोवैज्ञानिक रूप से समझकर शिक्षण-अधिगम प्रक्रिया को संचालित करने पर बल दिया जाता है। शैक्षिक तकनीकी साधनों का प्रयोग इन दोनों ही कार्यों में यथेष्ट सहयोग प्रदान करता है। छात्रों को वस्तुओं और क्रियाओं का उपयुक्त निरीक्षण, परीक्षण तथा प्रयोग कर स्वयं परिणाम निकालने का अवसर मिल सकता है और उनकी मनोवैज्ञानिक आवश्यकताओं की सन्तुष्टि भी हो सकती है तथा परिणामस्वरूप शैक्षिक तकनीकी साधनों का प्रयोग उन्नत शिक्षण विधियों एवं परिष्कृत शिक्षा तकनीक के लाभकारी उपयोग की सम्भावना को बढ़ाने में सहयोगी सिद्ध हो सकता है।

17. *सक्रियता को प्रोत्साहित करना (Encouraging Activity)*: दृश्य-श्रव्य साधनों के प्रयोग से छात्रों में सक्रियता तथा सजीवता आती है। छात्र प्रश्न पूछने तथा टिप्पणियाँ करने में स्वतन्त्रता का अनुभव करते हैं।

18. *छात्रों में निर्माण कौशल का विकास (Developing Constructive Skill)*: अध्यापक द्वारा प्रदर्शित की गई शिक्षण-अधिगम सामग्री का छात्र स्वयं निर्माण करना सीखते हैं। इस प्रकार उनमें स्वयं अधिगम के प्रति प्रेरणा का विकास होता है।

संक्षेप में: सहायक सामग्री की निम्नलिखित उपयोगिता हैं—1. विभिन्न अवधारणाओं तथा विचारों में स्पष्टता। 2. छात्रों का ध्यान आकर्षण। 3. छात्रों की रुचि में बढ़ावा। 4. उचित अभिप्रेरणा (Motivation) की उपलब्धि। 5. ज्ञानेन्द्रियों का अधिकतम उपयोग। 6. छात्रों को पुनर्बलन (Reinforcement) मिलना। 7. सार्थक अनुभव का प्रावधान। 8. पेचीदा प्रयोगों का अवलोकन। 9. शिक्षण सूत्रों पर आधारित। 10. समय की बचत। 11. शक्ति का उपयुक्त उपयोग। 12. कार्यक्रम में भिन्नता। 13. ज्ञान की स्थिरता। 14. ज्ञान का प्रत्यस्मरण होना। 15. छात्रों की वैयक्तिक विभिन्नता के अनुरूप होना। 16. सक्रियता (Activity) को प्रोत्साहन मिलना। 17. कक्षा अनुशासन में सहायक होना। 18. वैज्ञानिक रुचि के विकास में सहायक होना। 19. श्रम की महत्ता पर बल। 20. खोज की प्रवृत्ति में विकास। 21. विभिन्न प्रकरणों में तालमेल। 22. अधिक के स्थानान्तरण (Transfer of Learning) में सहायक होना। 23. कक्षा अन्तर्क्रिया (Classroom interaction) में योगदान।

1.11 शैक्षिक तकनीकी की सीमाएँ
(Limitations of Educational Technology)

शैक्षिक तकनीकी शिक्षा के क्षेत्र में जहाँ बहुत लोकप्रिय हो रही है, वहाँ इसकी कुछ सीमाएँ भी है। ये सीमाएँ इस प्रकार हैं:

1. शैक्षिक तकनीकी ने ज्ञानात्मक पक्ष के विकास में अभूतपूर्व योगदान प्रदान किया है, परन्तु भावात्मक एवं संवेगात्मक क्षेत्र में इसका योगदान अत्यन्त सीमित है। भावात्मक पक्ष का विकास केवल शिक्षकों के द्वारा ही सम्भव है।

2. शैक्षिक तकनीकी के प्रयोग के लिए प्रारम्भ में बड़ी संख्या में धनराशि तथा साधनों की आवश्यकता होती है। इसमें अनेक प्रकार की सामग्री खरीदनी पड़ती है, विभिन्न प्रकार के प्रबन्ध करने होते हैं, फलस्वरूप प्रारम्भिक व्यय की धनराशि काफी

ज्यादा हो जाती है, जिसके लिए अनेक दिक्कतें आती हैं। यद्यपि बाद में यह सारा व्यय छात्रों को बड़ी संख्या में शिक्षित करने को देखते हुए अपेक्षाकृत कम ही होता है। यह तथ्य अनेक मूल्य-विश्लेषण के अध्ययनों से स्पष्ट है।

3. शैक्षिक तकनीकी के प्रयोग के लिए विशेष प्रकार के प्रशिक्षण की व्यवस्था अति आवश्यक है। इस प्रशिक्षण के बिना शिक्षक कम्प्यूटर, इण्टरनेट आदि का सही ढ़ग से पूरा लाभ उठा नहीं पाते।

4. शैक्षिक तकनीकी के द्वारा सभी प्रकार की शैक्षिक समस्याओं का समाधान सम्भव नहीं है।

5. शैक्षिक तकनीकी व्यक्ति को मशीन की भाँति लगभग एक यन्त्र के रूप में बदलने का कार्य करती है।

1.12 शैक्षिक तकनीकी तथा अध्यापक (Educational Technology and the Teacher)

शैक्षिक तकनीकी की उपयोगिता दिन-प्रतिदिन बढ़ती जा रही है। विश्व के प्रत्येक देश की शैक्षिक संस्थाओं में साधनों की उपलब्धता के अनुसार इसके भरपूर प्रयोग के प्रयास किये जा रहे हैं।

शैक्षिक तकनीकी के प्रयोग से अध्यापक अपने छात्रों के व्यवहारों का अध्ययन कर सकता है, समझ सकता है और उनमें वांछित सुधार लाने का प्रयास कर सकता है। उसे विषय-वस्तु के साथ-साथ व्यवहार, अध्ययन और व्यवहार सुधार की प्रणालियों का ज्ञान भी होना चाहिए। शैक्षिक तकनीकी इस क्षेत्र में अध्यापक को समर्थ बनाती है। शैक्षिक तकनीकी शिक्षक को शिक्षण उपागमों, शिक्षण व्यूह-रचनाओं तथा शिक्षण विधियों के विषय में वैज्ञानिक तथा मनोवैज्ञानिक ज्ञान प्रदान करती है। किस समय, किस प्रकरण को स्पष्ट करने के लिए कौन-सी श्रृव्य-दृश्य सामग्री का प्रयोग किया जाए, रेडियो, टेलीविजन का उपयोग कर किस प्रकार से रेडियो विजन तथा कैसेट विजन का प्रयोग किया जाए, तथा छात्रों को अपने सीखने की गति के अनुसार अध्ययन करने के लिए कैसे अभिक्रमित अध्ययन सामग्री तैयार की जाए—इन सबकी जानकारी शैक्षिक तकनीकी ही अध्यापक को कराती है।

शिक्षक अपनी शैक्षिक प्रशासन तथा प्रबन्ध से सम्बन्धित समस्याओं का अध्ययन करने के लिए प्रणाली उपागम (Systems Approach) का प्रयोग कर सकता है। वह कक्षा में व्यक्तिगत भिन्नताओं (Individual Differences) की समस्या के समाधान के रूप में अभिक्रमित अनुदेशन का उपयोग कर सकता है।

शैक्षिक तकनीकी अध्यापक को सीखने की प्रभावपूर्ण विधियों तथा सिद्धान्तों का ज्ञान प्रदान कराती है, सीखी हुई विषय-वस्तु को स्थायी करने की विभिन्न प्रक्रियाओं का अध्ययन करती है और छात्रों में सीखने के प्रति प्रेरणा जाग्रत करने में तथा उनकी रुचि बनाये रखने में सहायता करती है। सीखने के क्षेत्र में छात्रों को उनकी गति के अनुसार ही सीखने के सिद्धान्त का पालन करती है। शैक्षिक तकनीकी सीखने और सिखाने दोनों ही प्रक्रियाओं का वैज्ञानिक विवेचन कर शिक्षण अधिगम व्यवस्था बनाए रखती है। शिक्षण के नये प्रतिमानों की देन शैक्षिक तकनीकी की ही है जो हमें अधिगम और शिक्षण के स्वरूप को समझाते हैं।

इसमें कोई सन्देह नहीं कि शिक्षक का कोई भी कार्य हो–चाहे पाठ-योजना बनाने का, शिक्षण बिन्दुओं के चयन का, पढ़ाने की अच्छी विधियों को चुनने का या छात्रों को समझने का अथवा अपनी शिक्षण समस्याओं को सुलझाने का और अपने शिक्षण व्यवसाय के रूप में विकसित करने का–शैक्षिक तकनीकी, शिक्षक को प्रत्येक पद पर, प्रत्येक पहलू पर तथा प्रत्येक बिन्दु पर निर्देशन देती है और उसकी पूर्ण रूप से सहायता करती है। आज के युग में शिक्षक बिना शैक्षिक तकनीकी का सहारा लिये एक कदम भी आगे नहीं बढ़ सकता।

प्रशिक्षण पाठ्यक्रमों में प्रभावशाली शिक्षक तैयार करने के लिए माइक्रों टीचिंग, मिनी टीचिंग, सीमुलेटेड टीचिंग तथा टी. ट्रेनिंग आदि नवीन विधियों का प्रयोग करने के लिए शैक्षिक तकनीकी दिशा निर्देश प्रदान करती है।

संक्षेप में, शैक्षिक तकनीकी एक शिक्षक को सफल अध्यापक बनाने और अपने कार्यों को सही ढंग से सम्पादित करने में निम्न रूप से सहायता करती है:

1. शैक्षिक तकनीकी शिक्षण को वैज्ञानिक आधार प्रदान करके इसे सुव्यवस्थित स्वरूप प्रदान करती है। इससे शिक्षक को अपनी शिक्षण क्रियाओं की उचित व्यवस्था करने में सहायता मिलती है।

2. उद्देश्यों के आधार पर शैक्षिक तकनीकी, कक्षा शिक्षण सम्बन्धी विशिष्ट उद्देश्यों का निर्धारण करने और उन्हें व्यवहारपरक शब्दावली में लिखने में शिक्षक की सहायता करती है।

3. शैक्षिक तकनीकी, विज्ञान, कला व मानवीय गुणों को आत्मसात् करने वाले पाठ्यक्रम का निर्माण करती है। शिक्षक इसी आधार पर छात्रों के लिए अनुदेशनात्मक सामग्री का चयन और विश्लेषण करता है तथा उसे क्रमबद्ध रूप से व्यवस्थित करता है। इस कार्य के लिए शैक्षिक तकनीकी शिक्षण सिद्धान्तों व शिक्षण सूत्रों के रूप में अध्यापक की सहायता करती है।

4. शैक्षिक तकनीकी उचित शिक्षण युक्तियों व साधनों का पता लगाती है और शिक्षक को उचित शिक्षण अधिगम सामग्री व साधनों की संरचना, कार्य-प्रणाली व प्रयोग की जानकारी कराती है।

5. शैक्षिक तकनीकी अधिगम मनोविज्ञान के विकास द्वारा बच्चों की व्यक्तिगत विभिन्नता का पता लगाती है। इसकी सहायता से शिक्षक छात्रों की व्यक्तिगत विभिन्नताओं (मानसिक स्तर, रुचियों, योग्यताओं एवं आवश्यकताओं) के आधार पर शिक्षण प्रक्रिया का नियोजन करता है और पूर्व निर्धारित उद्देश्यों की प्राप्ति में सफलता प्राप्त करता है।

6. शैक्षिक तकनीकी शैक्षिक वातावरण में उपस्थित प्रतिकूल परिस्थितियों की सम्भावना का पता लगाकर उन्हें दूर करने के तरीके बताती है जिससे शिक्षक को शैक्षिक वातावरण पर नियन्त्रण बनाये रखने में सहायता मिलती है।

7. शैक्षिक तकनीकी दूरदराज के पिछड़े इलाकों में रहने वाले जन सामान्य को शिक्षा की सुविधाएँ प्रदान करने के लिए नई-नई युक्तियों को खोजती है व उनका विकास करती है। इसी के कारण आज शिक्षक शिक्षा के क्षेत्र में रेडियो, टेलीविजन, टेपरिकॉर्डर आदि का प्रयोग कर रहे हैं और दूरदराज में बैठे लोग इसका लाभ उठा रहे हैं।

8. शैक्षिक तकनीकी छात्रों में अपेक्षित व्यवहार परिवर्तन लाने का कार्य करती है। इस सम्बन्ध में कक्षा शिक्षण अधिगम के परिणामों की जाँच करने के लिए विभिन्न मूल्यांकन तकनीकों को विकसित करती है, जिनकी सहायता से शिक्षक अपने शिक्षण अधिगम कार्य

के परिणामों की जाँच कर सकता है। शैक्षिक तकनीकी की सहायता से शिक्षक के व्यवहार का मूल्यांकन व मापन हो सकता है। इसके सन्तोषजनक परिणाम न आने पर शिक्षक अपनी शिक्षण प्रक्रिया में सुधार लाने का प्रयास करता है।

9. छात्रों की कमजोरियों का निदान कर उनमें सुधार लाने के लिए शैक्षिक तकनीकी ने अनेक प्रविधियाँ विकसित की हैं। इनके प्रयोग से अध्यापक अपने छात्रों को उचित प्रतिपुष्टि प्रदान करता है और शिक्षण अधिगम प्रक्रिया में यथेष्ट सुधार लाकर उद्देश्य प्राप्त करने का प्रयास करता है।

10. शैक्षिक तकनीकी नवीन शिक्षण विधियों, तकनीकों एवं व्यूह-रचनाओं को विकसित करती है और उनके प्रयोग के बारे में अध्यापक का मार्गदर्शन करती है। इससे शिक्षक को अपने शिक्षण कार्य के लिए विषय-वस्तु के प्रस्तुतीकरण से सम्बन्धित विशिष्ट विधियों, युक्तियों व व्यूह-रचनाओं का चयन करने व प्रयोग करने में सहायता मिलती है।

इसमें कोई सन्देह नहीं कि शैक्षिक तकनीकी अध्यापक की कार्य-कुशलता में वृद्धि करती है। शिक्षण अधिगम प्रक्रिया को रोचक, सरल व प्रभावशाली बनाने में शिक्षक की बहुत अधिक सहायता करती है। शिक्षा की संरचना व उसकी प्रकृति को स्पष्ट करके शैक्षिक तकनीकी अध्यापक को नये-नये अनुसंधान के लिए प्रेरित करती है जिससे शिक्षण में गुणात्मक उन्नति सम्भव हो सके। शैक्षिक तकनीकी अध्यापक को अपनी प्रतिभा प्रदर्शन करने का अवसर प्रदान करती है। इसके प्रयोग से अध्यापक के समय तथा शक्ति की बचत होती है। शैक्षिक तकनीकी अध्यापक को अनेक समस्याओं का उचित समाधान तलाश करने में सहायता प्रदान करती है।

शैक्षिक तकनीकी के विकास ने शिक्षण अधिगम प्रक्रिया को अत्यन्त सरस व सरल बना दिया है। आज अध्यापक कम से कम शक्ति लगाकर, कम से कम समय में अधिक से अधिक छात्रों को शिक्षा प्रदान कर सकता है।

नोट: खण्ड V भी देखें।

2

कठोर तथा कोमल तकनीकें: अन्तर तथा शैक्षिक तकनीकों में योगदान (Hardware and Software Technologies: Distinction and Use in Educational Technologies)

2.1 कठोर अथवा हार्डवेयर तथा कोमल अथवा सॉफ्टवेयर तकनीकों के प्रकार (Types of Hardware and Software Techniques)

शिक्षा के विभिन्न क्षेत्रों में अनेक प्रकार की तकनीकों का प्रयोग किया जा रहा है। मोटे-तौर पर इन्हें दो भागों में बाँटा जाता है। ये भाग इस प्रकार हैं:

1. शैक्षिक तकनीक I अथवा हार्डवेयर (कठोर) तकनीकी (Educational Technology I or Hardware Technology).
2. शैक्षिक तकनीकी II अथवा मृदुल तकनीकी (Educational Technology II Software Technology)

वैसे कुछ विद्वान तृतीय शैक्षिक नीति अथवा उपागम प्रणाली (System Approach) को भी शैक्षिक तकनीकी मानते हैं।

2.2 शैक्षिक तकनीकी प्रथम अथवा हार्डवेयर (कठोर) उपागम (Educational Technology-I or Hardware Technology)

शैक्षिक तकनीकी प्रथम या कठोर उपागम को दृश्य-श्रव्य सामग्री या मशीनी प्रणाली के रूप में भी जाना जा सकता है। भौतिक विज्ञान और अभियान्त्रिकी (Engineering) इस तकनीकी का उद्‌गम स्रोत है। शिक्षा में तकनीकी और शिक्षा की तकनीकी जिन दो सम्प्रत्ययों का वर्णन शैक्षिक तकनीकी के सन्दर्भ में किया जाता है, उनमें से यह शिक्षा में तकनीकी के लिए प्रयुक्त की जाती है। विज्ञान एवं तकनीकी विकास के फलस्वरूप रेडियो, टेलीविजन, टेपरिकॉर्डर, प्रोजेक्टर एवं कम्प्यूटर आदि जिन मशीनी उपकरणों का आविष्कार किया गया है उन सभी की इस प्रकार की शैक्षिक तकनीकी में महत्वपूर्ण भूमिका होती है। इसी तकनीकी ने शिक्षण अधिगम प्रक्रिया का मशीनीकरण कर दिया है।

शिक्षण मशीन (Teaching machine) तकनीकी के द्वारा ही ज्ञान को संचित करना (Preservation), दूसरी पीढ़ी तक पहुँचाना या सम्प्रेषित करना (Transmission) और ज्ञान का विस्तार करना (Advancement) सम्भव हो सका है।

शैक्षिक तकनीकी प्रथम ने शिक्षा जगत में अनेक क्रान्तिकारी परिवर्तन किये है। दूर-दूर तक फैले, उपेक्षित और पिछड़े हुए इलाकों में रहने वाले जनसमुदाय तक शिक्षा सुविधाएँ पहुँचाने का कार्य इस तकनीकी के सम्प्रेषण एवं संचार-साधनों के द्वारा ही किया गया है।

2.3 शैक्षिक तकनीकी द्वितीय अथवा सॉफ्टवेयर (मृदुल) उपागम (Educational Technology-II or Software Technology)

यह तकनीकी उपागम सामाजिक विज्ञान, मनोविज्ञान और विशेषकर अधिगम के मनोविज्ञान की आधारशिला पर खड़ा है। मेल्टन (1959) के अनुसार यह तकनीकी इस मान्यता पर आधारित है कि अधिगम का मनोविज्ञान अनुभव के फलस्वरूप व्यवहार में हर प्रकार के स्थायी परिवर्तन, जिसमें बच्चों का स्कूली अनुभव आदि भी सम्मिलित है, को अन्तर्निहित करता है। तकनीकी एवं मशीनी उपक्रम (रेडियो, टेलीविजन, शिक्षण मशीन आदि) जो कठोर उपागम हैं, उनके माध्यम से प्रयोग में लायी जाने वाली शिक्षण सामग्री, अभिक्रमित अनुदेशन सामग्री (Programmed Instructional Material), शिक्षण विधियाँ, युक्तियाँ आदि मृदुल अथवा सॉफ्टवेयर उपागम है।

मृदुल उपागम तकनीक के माध्यम से नवीन विशिष्ट शिक्षण विधियों, प्रविधियों, तकनीकों, युक्तियों एवं व्यूह-रचनाओं का निर्माण एवं विकास किया जाता है। यह तकनीक शिक्षण-अधिगम प्रक्रिया को रुचिकर, सरल, प्रभावशाली तथा मृदुल बनाती है। इसलिए इसे मृदुल उपागम नाम दिया गया है।

इस तकनीकी के अन्तर्गत ही कार्य विश्लेषण (Task Analysis), शैक्षिक उद्देश्यों को व्यवहारपरक शब्दावली में लिखना (Writing Educational Objectives in Behavioural Terms), छात्रों के प्रारम्भिक व्यवहार का परीक्षण करना (Testing Entering Behaviour of the Students), पुनर्बलन देना (Reinforcement) एवं शिक्षण-कार्यों का मूल्यांकन करना (Evaluation of the Teaching Activities) आदि क्रियाओं के बारे में विचार-विमर्श किया जाता है। इस प्रकार शिक्षण अधिगम से सम्बन्धित सभी प्रकार की क्रियाओं का सम्पादन इसी तकनीकी के द्वारा किया जाता है। इसीलिए अनुदेशात्मक तकनीकी, शिक्षण तकनीकी एवं व्यवहार तकनीकी इसी तकनीकी की परिधि के अन्तर्गत आती है।

इसमें कोई सन्देह नहीं कि कठोर तथा मृदुल दोनों प्रकार के उपागमों को एक-दूसरे से अलग नहीं किया जा सकता। उदाहरण के तौर पर किसी अभिक्रम का निर्माण और निर्मित अभिक्रम मृदुल उपागम के अन्तर्गत आता है किन्तु अभिक्रमित सामग्री को पुस्तक, शिक्षण मशीन या कम्प्यूटर की सहायता से अधिगमकर्ता के सम्मुख प्रस्तुत किया जाता है, जो कठोर उपागम के अन्तर्गत आते हैं। अतः कठोर उपागम और मृदुल उपागम शैक्षिक तकनीकी के सिक्के के दो पहलू हैं।

कठोर उपागम (Hardware)	मृदुल उपागम (Software)
1. ऐपीस्कोप (Episcope)	1. स्लाइड्स (Slides)
2. डाइस्कोप (Diascope)	2. फिल्म पट्टियाँ (Film Strips)
3. मायाद्वीप (Magic Lantern)	3. चित्रात्मक साधन (Graphic Aid
4. एपीडाइस्कोप (Epidiascope)	4. चित्र (Picture)
5. स्लाइड प्रक्षेपी (Slide Projector)	5. मानचित्र (Maps)
6. फिल्मपट्टी प्रोजेक्टर (Film Strip Projector)	6. मॉडल (Model)
7. अपरदर्शी प्रक्षेपी (Opaque Projector)	7. नमूने (Specimens)
8. शिरोपरि प्रक्षेपी (Overhead Projector)	8. अभिक्रमित सामग्री (Programmed Material)
9. रेडियो (Radio)	
10. टेलीविजन (Television)	
11. रिकॉर्ड प्लेयर (Record Player)	
12. टेपरिकॉर्डर (Tape Recorder)	
13. चलचित्र (Motion Picture)	
14. शिक्षण मशीन (Teaching Machine)	
15. संगणक (Computer)	
16. इण्टरनेट (Internet)	
17. दूरभाष (Telephone)	

2.4 कठोर शिल्प तथा कोमल शिल्प उपागमों के उपयोग, आवश्यकता तथा महत्व
(Uses, Need and Importance of Hardware and Software Approaches)

1. ये उपागम विषय-वस्तु को अधिक ग्राह्य तथा सरल बनाने में महत्वपूर्ण भूमिका निभाते हैं।

2. ये विषय-वस्तु को ज्यादा आकर्षित, रोचक जीवन्त बनाने में समर्थ होते हैं।

3. इन दोनों उपागमों का प्रयोग छात्रों की रुचि जाग्रत करने, उन्हें जिज्ञासु बनाने तथा उन्हें प्रेरित करने के लिए किया जाता है।

4. इन उपागमों के प्रयोग से पाठ्य-वस्तु छात्रों को अधिक संरचनाकृत तथा स्पष्ट महसूस होती है।

5. ये छात्रों की व्यक्तिगत भिन्नता पर ध्यान रखकर उचित शिक्षण प्रणालियों का उपयोग प्रभावशाली बनाने में महत्वपूर्ण भूमिका का निर्वाह करते हैं।

6. इन उपागमों के प्रयोग से छात्र अधिक उत्साहित होकर कक्षा कार्यों में सक्रिय हो जाते हैं।

7. ये दोनों उपागम शिक्षकों तथा छात्रों के समय, शक्ति तथा स्रोतों का सही उपयोग करने में सहायक होते हैं। कम समय एवं कम शक्ति से अधिक से अधिक प्रभावशाली शिक्षण अधिगम करना इनकी विशिष्ट विशेषता है।

2.5 कठोर शिल्प तथा कोमल शिल्प उपागमों के उपयोग के सिद्धान्त (Principles of Using Hardware and Software Approaches)

ये दोनों उपागम शिक्षण-प्रक्रिया को प्रभावशाली बनाने के लिए निम्नांकित सिद्धान्तों पर विशेष बल प्रदान करते हैं।

1. उपयोगिता का सिद्धान्त (Principle of Utility)
2. उद्देश्य का सिद्धान्त (Principle of Purposiveness)
3. चयन का सिद्धान्त (Principle of Selection)
4. बचत का सिद्धान्त (Principle of Economy)
5. उपलब्धता का सिद्धान्त (Principle of Availability)
6. सरलता का सिद्धान्त (Principle of Simplicity)
7. उद्दीपन का सिद्धान्त (Principle of Stimulation)
8. स्व-तैयारी का सिद्धान्त (Principle of Self-preparation)
9. स्पष्टता का सिद्धान्त (Principle of Clarity)
10. सहभागिता का सिद्धान्त (Principle of Partnership)
11. शुद्धता का सिद्धान्त (Principle of Accuracy or Correctness)

शैक्षिक सॉफ्टवेयर प्रयोग के मापदण्ड (Criteria for the Use of Educational Software)

शैक्षिक आवश्यकताओं की पूर्ति के लिए सॉफ्टवेयर को निम्न मापदण्डों के अनुरूप होना चाहिए:

1. सॉफ्टवेयर पाठ्यचर्या के अनुकूल हो।
2. विषय-वस्तु परिशुद्ध व सुगठित तथा प्रस्तावित समूह की आयु एवं समझ के स्तर के अनुकूल हो।
3. कम्प्यूटर का विवेकपूर्ण रूप से प्रयोग किया गया हो।
4. विभिन्न माध्यमों का उपयुक्त प्रयोग किया गया हो।
5. यह अत्यधिक अन्तरसक्रिय हो जो विद्यार्थियों को सम्मिलित करने में सक्षम हो।
6. इसके साथ पर्याप्त दस्तावेज तथा उपयुक्त सहायक सामग्री हो।
7. इसके लिए विद्यार्थियों को कम्प्यूटिंग का गहन अध्ययन आवश्यक न हो।
8. कार्यक्रम सुगम व मित्रतापूर्ण हो।
9. इसमें विद्यार्थी अपनी प्रगति के अनुसार चल सकता है तथा कम्प्यूटर का नहीं अपितु शिक्षार्थी का नियन्त्रण हो।
10. अन्त में सॉफ्टवेयर ऐसा होना चाहिए जिससे विद्यार्थी अपने समय और क्षमता के अनुरूप लाभ पा सकें।

2.6 सॉफ्टवेयर के विकास की पद्धति (Process of Development of Software)

शैक्षिक सॉफ्टवेयर का विकास एक सामूहिक कार्य है। मल्टीमीडिया पैकेज के विकास में विभिन्न चरण निम्नलिखित हैं:

1. प्रसंग का चयन।
2. समस्याओं का विश्लेषण।
3. रूपरेखा तैयार करना।
4. कोडिंग करना।
5. प्रलेखन–(i) तकनीकी, (ii) प्रयोक्ता।
6. मूल्यांकन।
7. सुधार करना।
8. पूर्ण रूप प्रदान करना।

सॉफ्टवेयर के विकास के लिए प्रसंगों के चयन के लिए अनुभवी तथा कार्यरत अध्यापक उपयुक्त हैं। ये प्रसंग वे होते हैं जिनको पढ़ाने में वे कठिनाई महसूस करते हैं, शायद वे नीरस, अमूर्त या कठिन हैं। इसके पश्चात् सिस्टम विश्लेषक समस्याओं का विश्लेषण करके अभिकल्पक को सूचित करता है जो इसका अभिकल्प तैयार करता है। तब प्रोग्रामर इस अभिकल्प को उचित प्लेटफार्म, उपयुक्त प्रोग्राम भाषा तथा माध्यम, जो एक अच्छे शैक्षिक बहुमाध्यमी पैकेज के मापदण्डों को पूर्ण करते हों, का प्रयोग करके कोडिंग करता है।

कोडिंग/प्रोग्रामिंग पूर्ण होने के बाद प्रलेखन तैयार किया जाता है। तकनीकी प्रलेख प्रोग्राम को रूपान्तरित करने तथा संशोधन में किसी भी प्रोग्रामर की सहायता करेगा। प्रयोक्ता प्रलेख प्रयोक्ता को बिना किसी कठिनाई के प्रोग्राम प्रयोग करने में सहायता प्रदान करेगा।

तैयार किया गया सॉफ्टवेयर प्रलेख के साथ प्रयोगात्मक रूप से क्षेत्रीय परीक्षण द्वारा मूल्यांकन के लिए प्रकाशित किया जाता है। यदि कोई भी त्रुटि, तथ्यपूर्ण या प्रोग्रामिंग की पाई जाती है तो वह प्रोग्रामर को सूचित किया जाता है, जिसे दूर किया जाता है। इसके पश्चात् माध्यम और प्रलेख से युक्त सॉफ्टवेयर पैकेज को संवेष्ट करके प्रकाशित कर दिया जाता है।

2.7 कठोर एवं कोमल शिल्प उपागम की तुलना (Comparison between Hardware and Software Approach)

सॉफ्टवेयर उपागम हार्डवेयर उपागमों से इस प्रकार से भिन्न है कि शैक्षिक तकनीकी के हार्डवेयर उपागम में शिक्षण यन्त्रों का प्रयोग किया जाता है जबकि सॉफ्टवेयर उपागमों में अधिगम सामग्री का, जैसे–अभिक्रमित अनुदेशन सामग्री एवं शिक्षण अधिगम के मनोविज्ञान पर आधारित शिक्षण अधिगम की युक्तियाँ और प्रविधियाँ आदि।

हार्डवेयर उपागम में मशीनों का प्रयोग पाठ्य-वस्तु के प्रस्तुतीकरण को प्रभावशाली बनाने के लिए किया जाता है जबकि सॉफ्टवेयर उपागमों में मशीनों का प्रयोग न करके, शिक्षण तथा अधिगम के सिद्धान्तों के प्रयोग के आधार पर शिक्षण अधिगम को प्रभावशाली बनाया जाता है।

ये दोनों हार्डवेयर तथा सॉफ्टवेयर पक्ष एक-दूसरे से अलग नहीं किए जा सकते। ये दोनों परस्पर गुम्फित हैं, ये दोनों शैक्षिक तकनीकी को बढ़ावा देते हैं तथा एक-दूसरे के लिए पूरक कहलाते हैं। उदारहण के लिए नीचे हार्डवेयर उपागम तथा उनसे सम्बन्धित सॉफ्टवेयर को प्रदर्शित किया जा रहा है:

क्र. स.	कठोर शिल्प (हार्डवेयर उपागम)	संबंधित कोमल शिल्प (सॉफ्टवेयर उपागम,
1.	चॉक बोर्ड (श्यामपट्ट)	चॉक का कार्य
2.	ओवरहैड प्रोजेक्टर	ट्रान्सपेरेन्सीज
3.	स्लाइड प्रोजेक्टर	स्लाइड्स
4.	वी.सी.आर.एवं मोनीटर	वीडियो प्रोग्राम
5.	कम्प्यूटर	कम्प्यूटर प्रोग्राम
6.	ओडियो रिकॉर्डर	रिकॉर्डेड सामग्री
7.	खाली कागज	लिखित सामग्री

(कुमार 1996 पर आधारित सारणी)

अनुदेशन उनमें से एक है। अनुदेशन के द्वारा केवल ज्ञानात्मक उद्देश्यों की प्राप्ति होती है जबकि शिक्षा प्रक्रिया का उद्देश्य ज्ञानात्मक, भावात्मक व क्रियात्मक तीनों प्रकार के उद्देश्यों की प्राप्ति है। अनुदेशन तकनीकी का सम्बन्ध शिक्षक के स्मृति-स्तर (Memory level) से होता है। जबकि शैक्षिक तकनीकी शिक्षण के तीनों स्तरों (स्मृति स्तर, बोध स्तर व चिन्तन स्तर) को अपने में समाहित किये हुए हैं। अनुदेशनात्मक तकनीकी का सम्बन्ध केवल सूचना प्रदान करने वाले सम्प्रेषणात्मक साधनों से होता है, जैसे–दृश्य-श्रव्य साधन, अभिक्रमित अनुदेशन (Programmed Instruction), कम्प्यूटर तथा अन्य मशीनरी साधन। इनका प्रयोग कक्षा के कमरे या उसके बाहर भी किया जा सकता है। शैक्षिक तकनीकी इन सभी साधनों के उचित प्रयोग तथा अनुदेशन प्रक्रिया को मितव्ययी व प्रभावशाली बनाने वाले साधनों के विकास के लिए खोजों, अन्वेषणों एवं अनुसन्धानों को प्रेरित करने की प्रक्रिया है। शैक्षिक तकनीकी एक विशद् एवं व्यापक धारणा है जो अनुदेशनात्मक तकनीकी को अपने में समाहित किये हुए है। शैक्षिक तकनीकी का उद्देश्य व कार्यक्षेत्र दोनों ही अनुदेशनातमक तकनीकी से अधिक व्यापक हैं। शैक्षिक तकनीकी का उद्देश्य शिक्षा की सभी समस्याओं का समाधान करने और अधिगम प्रक्रिया को अधिक से अधिक प्रभावशाली बनाने के लिए समस्त उपलब्ध भौतिक व मानवीय साधनों को वैज्ञानिक ढंग से नियोजित, व्यवस्थित व नियन्त्रित करना है, जबकि अनुदेशनात्मक तकनीकी का उद्देश्य पूर्व निश्चित अनुदेशनात्मक उद्देश्यों की अच्छे से अच्छे ढंग से प्राप्ति के लिए उचित अनुदेशनात्मक विधियों, युक्तियों, अनुदेशनात्मक साधनों आदि का सही ढंग से निर्धारण व आयोजन करना है।

2.8 हार्डवेयर तकनीकी तथा सॉफ्टवेयर तकनीकी में अन्तर
(Difference Between Hardware Technology and Software Technology)

हार्डवेयर तकनीकी *(Hardware Technology)*	सॉफ्टवेयर तकनीकी *(Software Technology)*
1. उत्पत्ति (Origin)	
1. हार्डवेयर तकनीकी का आधार भौतिक विज्ञान (Physical	1. सॉफ्टवेयर तकनीकी का उत्पन्न व्यावहारिक विज्ञानों (Beha-

(क्रमशः)

हार्डवेयर तकनीकी (*Hardware Technology*)	सॉफ्टवेयर तकनीकी (*Software Technology*)
Science) तथा व्यावहारिक अभियांत्रिकी (Behavioural Engineering) है।	vioural Sciences) से हुआ है।
2. नामावाली (Nomenclature)	
2. हार्डवेयर तकनीक विशेषतया संचार माध्यम तकनीकी है। इसका सम्बन्ध शैक्षिक संदेश सम्प्रेषण से है। सिल्वरमैन (Silverman) ने इसे सापेक्ष तकनीकी नाम दिया है।	2. सॉफ्टवेयर का सम्बन्ध मुख्यत: अनुदेशनात्मक तथा शिक्षण तकनीकी से है। सिल्वरमैन (Silverman) ने इस तकनीक को रचनात्मक शिक्षा तकनीकी का नाम दिया है।
3. उदाहरण (Examples)	
3. प्रमुख उपकरण तथा यन्त्र है:	3. सॉफ्टवेयर तकनीकी द्वारा निर्मित सामग्री के निम्नलिखित उदाहरण हैं:
(i) रेडियो	(i) शिक्षण-अधिगम प्रविधि (Teaching Learning Strategy) जोकि अधिगम मनोविज्ञान पर आधारित है। (Learning psychology)
(ii) आकाशवाणी (टेलीविजन) (Television)	(ii) चार्ट (Charts)
(iii) वीडियो (Video)	(iii) पोस्टर (Posters)
(iv) स्लाइडें तथा फिल्म प्रक्षेपक (प्रोजैक्टर) (Slides and Film Projectors)	(iv) चित्र (Charts)
(v) शिक्षण यन्त्र (Teaching Machines)	(v) मॉडल (प्रतिमान)
(vi) कम्प्यूटर (Computer)	(vi) स्लाइड (Slides)
	(vii) फिल्मस (Films)
	(viii) आडियों तथा वीडियों केस्ट (Audio and Video Cassettes)
	(ix) सॉफ्टवेयर पैकेज (Software Packages)

(क्रमश:)

हार्डवेयर तकनीकी (*Hardware Technology*)	सॉफ्टवेयर तकनीकी (*Software Technology*)
4. सिद्धांत (Principle)	
4. हार्डवेयर तकनीकी पृष्ठपोषण (Feed-Back) सिद्धान्त पर आधारित है।	4. सॉफ्टवेयर तकनीकी में सामाजिक अधिनियमों का प्रयोग किया जाता है। पुनर्बलन तथा पृष्ठपोषण (Reinforcement and Feed Back) दोनों का ही उपयोग किया जाता है।
5. अवधारणा (Assumption)	
5. मानव व्यवहारों में पृष्ठपोषण प्रविधि की जाती है।	5. मानव व्यवहार में परिवर्तन किया जा सकता है।
6. माध्यम (Medium)	
6. मशीनों के उपयोग से प्रसारण में सहायता मिलती है।	6. दूरवर्ती शिक्षा विकल्प के रूप में उभरी है। मुक्त विश्वविद्यालयों की स्थापना हुई है।
7. उपागम (Approach)	
7. हार्डवेयर तकनीकी में उत्पादन-जन्म उपागम (Production-Oriented Approach) की प्रमुख प्रधानता रहती है। सॉफ्टवेयर द्वारा तकनीकी के माध्यम से शिक्षण-अधिगम सामग्री तथा प्रविधि के रूप में जो कुछ निर्मित किया जाता है वह प्रभावी शिक्षण-अधिगम के लिए हार्डवेयर उपकरणों तथा यन्त्रों द्वारा प्रयोग किया जाता है।	7. सॉफ्टवेयर तकनीकी में प्रक्रिया-जन्म उपागम (Process-Oriented Approach) की प्रमुख प्रधानता रहती है। इसमें उत्पादित सामग्री की हार्डवेयर प्रयोग द्वारा उपयोग के किए जाने के लिए उपलब्ध किया जाता है।
8. शिक्षण पर प्रभाव (Teaching Impact)	
8. हार्डवेयर तकनीकी शिक्षण को यन्त्रवत (Mechanised) बनाती है।	8. सॉफ्टवेयर तकनीकी शिक्षण को प्रभावी बनाती है।
9. अधिगम पर प्रभाव (Impact on Learning)	
9. अधिगम यन्त्रवत बन जाता है।	9. अधिगम में कुशलता आ जाती है।

(क्रमशः)

<table>
<tr><th>हार्डवेयर तकनीकी
(Hardware Technology)</th><th>सॉफ्टवेयर तकनीकी
(Software Technology)</th></tr>
<tr><td colspan="2">10. निवेश (Input)</td></tr>
<tr><td>10. हार्डवेयर तकनीकों में व्यापारिक (Buisness) दृष्टिकोण की प्रधानता रहती है: जैसे रेडियो तथा टेलीविजन आदि का प्रयोग</td><td>10. सॉफ्टवेयर तकनीकी में विशेष रूप से छात्रों की आवश्यकताओं अर्थात् शिक्षा के उद्देश्यों की पूर्ति में सामग्री है।</td></tr>
<tr><td colspan="2">11. आकर्षण तथा उपयोगिता (Appeal and Use)</td></tr>
<tr><td>11. हार्डवेयर तकनीकी जनता को आकर्षित करती है तथा लाभ प्रदान करती है।</td><td>11. सॉफ्टवेयर तकनीकी अपेक्षाकृत जनता को न आकर्षित करती है तथा न ही लाभ प्रदान करती है।</td></tr>
<tr><td colspan="2">12. एक दूसरे की पूरक (Supplement to each other)</td></tr>
<tr><td>12. हार्डवेयर तकनीकों का प्रयोग सॉफ्टवेयर तकनीकों के बिना किया नहीं जा सकता। उदाहरणार्थ मशीनी रूप में कम्प्यूटर हार्डवेयर का कोई उपयोग नहीं जब तक एक मशीन के रूप में संचालन किए जाने तथा अपनी बहु-आयामी उपयोगिताओं के लिए सॉफ्टवेयर सेवा को उपयोग में न लाए।</td><td>12. वास्तव में सॉफ्टवेयर तकनीकी तभी सर्वाधिक उपयोगी तथा लाभप्रद सिद्ध होती है जब इसे हार्डवेयर उपकरणों तथा यन्त्रों की सहायता प्राप्त होती है फिर भी इसमें इसमें हार्डवेयर के बिना उपयोगकर्ताओं को सेवा प्रदान करने की क्षमता रहती है। उदाहरणार्थ वैयक्तिक तथा सामूहिक अनुदेशन (Individual and Collective Instruction) दोनों प्रकार के अनुदेशनों के लिए हम सीधा अभिक्रमिक अधिगम (Programmed Learning) अधिगम सामग्री (Learning Material) ग्राफ (Graph), टेक्टर (Text) इत्यादि का प्रयोग कर सकते हैं।</td></tr>
<tr><td colspan="2">13. हार्डवेयर तथा सॉफ्टवेयर के प्रमुख सरोकार
(Chief Concerns of Hardware and Software)</td></tr>
<tr><td>हार्डवेयर के प्रमुख सरोकार निम्न हैं:</td><td>सॉफ्टवेयर तकनीक के प्रमुख सरोकार हैं:</td></tr>
<tr><td>(i) बेहतर परिणाम प्राप्त करना।</td><td>(i) अधिगम सामग्री के कार्यों को सुगम बनाना।</td></tr>
</table>

(*क्रमशः*)

हार्डवेयर तकनीकी (*Hardware Technology*)	सॉफ्टवेयर तकनीकी (*Software Technology*)
(ii) व्यय को कम खर्च करके अधिक छात्रों तक हार्डवेयर तकनीकी पहुँचाना।	(ii) अधिक से अधिक अधिगम सामग्रियों का जिनका सम्बन्ध अधिगम से है, उन्हें निर्मित करना।
(iv) उच्च रूप से श्रृव्य दृक्ष्य सामग्री विकसित उपकरणों का प्रयोग करना।	उत्पादन में तथा उपयोग में सॉफ्टवेयर तकनीकी अधिगम मनोविज्ञान का उपयोग करना।
	3. शिक्षा के खर्चे के घटाव में पीछे रह जाना।
14. कुशलता (Efficiency)	
14. हार्डवेयर तकनीकी के कारण अध्यापकों की कुशलता माइक्रोफोन, स्लाइड तथा चित्र प्रक्षेपकों आदि की सहायता से बढ़ जाता है।	
15. तकनीकी द्वारा निर्मित सामग्री का प्रकृति (Nature of Material Produced)	
15. प्राय: हार्डवेयर उपकरणों के निर्माण में कठोर सामग्री प्रयोग में लायी जाती है।	15. अपेक्षाकृत निर्माण में सामग्री कोमल होती है।
16. संचालन प्रणाली (Working System)	
16. संचालन प्रणाली कुछ सीमा तक जटिल बन जाती है।	16. संचालन प्रणाली अपेक्षाकृत मृदल तथा कोमल बन जाती है।
17. शिक्षण एवं अधिगम से सम्बन्ध (Relationship with Teaching and Learning)	
17. हार्डवेयर शिक्षण सामग्री का सम्बन्ध शिक्षण सहायक सामग्री के प्रयोग से होता है।	17. सॉफ्टवेयर अधिगम सामग्री का सम्बन्ध कोमल सहायक सामग्री के प्रयोग से होता है।

(क्रमश:)

हार्डवेयर तकनीकी (Hardware Technology)		सॉफ्टवेयर तकनीकी (Software Technology)	
18. रख-रखाव (Maintenance)			
18.	हार्डवेयर सामग्री के रख-रखाव के लिए अपेक्षाकृत कुशल कर्मचारियों की आवश्यकता पड़ती है।	18.	सॉफ्टवेयर तकनीकी के रख-रखाव में अपेक्षाकृत कुशल कर्मचारियों की अपेक्षाकृत कम आवश्यकता पड़ती है।
19. लचीलापन (Flexibility)			
19.	हार्डवेयर तकनीकी में लचीलापन बहुत कम रहता है।	19.	लचीलापन अधिक रहता है।
20. मुख्य उपकरण (Main Equipments)			
20.	विभिन्न प्रकार के प्रक्षेपक (Projectors) मुख्य तौर पर प्रयोग किए जाते हैं।		मुख्यतः तीन-आयामी वस्तुएँ (Three Dimensional Objects) प्रयोग में लायी जाती है।

3

कठोर तकनीकें: महत्वपूर्ण उपकरण तथा उनका प्रयोग (Hardware Technologies: Important Accessories and Their Application)

3.1 भूमिका: कठोर तकनीकी का अर्थ तथा उपयोगिता (Introduction: Meaning of Hardware Technology and Its Uses)

कठोर शिल्प उपागम के अन्तर्गत शिक्षण सहायक सामग्री पर विशेष जोर दिया जाता है। यह उपागम भौतिक विज्ञान तथा इंजीनियरिंग के सिद्धान्तों एवं व्यवहारों पर आधारित है। अधिकतर शिक्षाशास्त्रियों का विश्वास है कि मशीन की तकनीकी से शैक्षिक तकनीकी जुड़ी हुई है। जब तक शिक्षण के क्षेत्र में टेपरिकॉर्डर, टी.वी., प्रोजेक्टर जैसे उपकरण नहीं होंगे तब तक शिक्षा अधूरी ही रहेगी। कठोर शिल्प उपागम इन उपकरणों के अनिवार्य उपयोग की धारणा को बलशाली बनाता है। *डेवीज* ने भी स्वीकार किया है कि कठोर शिल्प उपागम शिक्षण प्रक्रिया का क्रमशः मशीनीकरण करके, शिक्षा के द्वारा कम खर्च तथा कम समय में अधिक छात्रों को शिक्षित करने का प्रयास चल रहा है। *मैरिलम निक्सन* (1971) ने भी शिक्षण तकनीकी को अनेक क्षेत्रों से सम्बन्धित माना है।

कठोर शिल्प उपागम में कम्प्यूटर ने शिक्षा के क्षेत्र में अभूतपूर्व क्रान्ति ला दी है। इण्टरनेट के उपयोग ने तो सभी को चकाचौंध कर दिया है।

हार्डवेयर (कठोर शिल्प) के अन्तर्गत चॉकबोर्ड, रेडियो, ओवरहैड प्रोजेक्टर, स्लाइड प्रोजेक्टर, वी.सी.आर., टी.वी. तथा मोनीटर, कम्प्यूटर, कैलकुलेटर, कम्प्यूटर प्रिन्टिग मशीन, ओडियो व विज्युल रिकॉर्डर आदि को रखा जा सकता है।

इस उपागम के फलस्वरूप पत्राचार पाठ्यक्रम तथा मुक्त विश्वविद्यालय (Correspondence Education and Open University System) का जन्म हुआ। शोध कार्यों में प्रपत्रों के संकलन, विश्लेषीकरण आदि के लिए कम्प्यूटर तथा मशीनों का उपयोग भी इसी उपागम को महत्व देता है। *सिलवरमैन* (*Silverman*, 1968) ने इसे एक और नया नाम सापेक्षिक तकनीकी (Relative Technology) दिया है।

3.2 सीखने के उद्देश्य और कठोर उपागम सामग्री (Learning Objectives and Hardware Approach Material)

क्रम	सीखने के उद्देश्य	कठोर उपागम सामग्री
1.	ज्ञानात्मक उद्देश्य	प्रत्येक प्रकार की सामग्री प्रयोग की जा सकती है।
2.	भावात्मक उद्देश्य	ग्रामोफोन, रेडियो, टेपरिकॉर्डर, टेलीविजन, भाषा प्रयोगशाला आदि।
3.	क्रियात्मक उद्देश्य	भाषा प्रयोगशाला, प्रतिमान, टेपरिकॉर्डर, ग्रामोफोन, दूरदर्शन आदि।

3.3 विभिन्न प्रकार के कठोर उपागम अथवा श्रव्य-दृश्य साधन (Different Types of Hardware or Audio-Visual Aids)

कठोर उपागम (Hardware)

श्रव्य उपागम
- रेडियो, ट्रान्जिस्टर
- टेपरिकॉर्डर
- शिक्षण मशीन

दृश्य उपागम
- प्रोजेक्टर
- एपीडायस्कोप
- फिल्म स्ट्रिप्स
- स्लाइड्स
- कम्प्यूटर

दृश्य-श्रव्य उपागम
- फिल्म (चलचित्र)
- दूरदर्शन (टी.वी.)
- वीडियो टेप

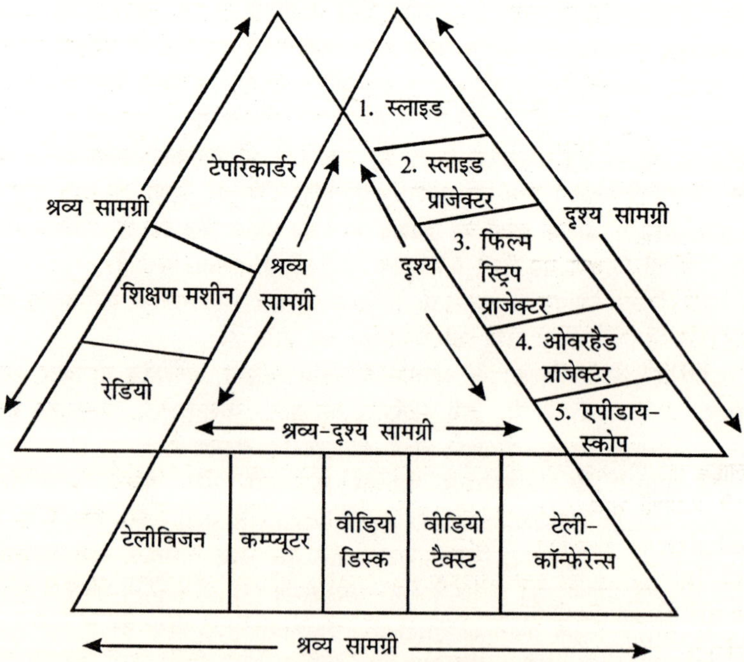

चित्र 3.1: कठोर उपागम के प्रमुख प्रकार

3.4 श्रव्य-दृश्य शिक्षण सहायक सामग्री

I दृश्य सामग्री (Visual)

1. प्रतिरूप (Model)
2. चित्र तथा पोस्टर (Pictures and Posters)
3. श्यामपट्ट (Blackboard)
4. मायादीप (Magic Lantern)
5. पत्र-पत्रिकाएँ तथा समाचार-पत्र (Magazines and Newspapers)
6. चित्रदर्शक (Epidiascope)
7. वास्तविक पदार्थ (Real Object)
8. रेखाचित्र तथा खाके (Sketches and Diagrams)
9. अणुवीक्ष्ण यन्त्र (Micro-scope)
10. मानचित्र (Maps)
11. एलबम या स्क्रैपबुक
12. सन्दर्भ पुस्तकें, एटलस आदि
13. ग्लोब
14. चार्ट एवं ग्राफ

II श्रव्य सामग्री (Audio)

1. ग्रामोफोन (Gramophone)
2. आकाशवाणी (Radio)
3. टेपरिकॉर्डर (Tape-recorder)
4. लिंग्वाफोन (Linguaphone)
5. भाषा प्रयोगशाला (Language Lab)
6. स्टीरियो रिकॉर्डर तथा टेप्स
7. टेलीफोन वार्ता (Telephonic Conversation)

III श्रव्य-दृश्य सामग्री (Audio-Visual)

1. दूरदर्शन (T.V.)
2. चलचित्र (Film)
3. क्लोज सर्किट टेलीविजन (Close Circuit T.V.)
4. वीडियो कैसेट्स (Video Cassettes)
5. प्रयोगशालाएँ
6. कार्यशालाएँ
7. प्रदर्शन
8. रोल प्लेयिंग (Role Playing)
9. ड्रामा
10. खेल
11. रेडियो विजन (Radio Vision)

3.5 विभिन्न प्रकार के हार्डवेयर का विवरण (Description of Different Types of Hardware)

यहाँ पर निम्न प्रकार के हार्डवेयर का संचालन तथा लाभ-कहानियाँ आदि दी जा रही है:

1. स्लाइड
2. फिल्म स्ट्रिप
3. स्लाइड तथा फिल्म स्ट्रिप प्रोजेक्टर
4. विभिन्न प्रकार के प्रोजेक्टरों के चित्र

3.6 स्लाइड (Slide)

स्लाइड की परिभाषा की दृष्टि से ऐसी प्रक्षेपित दृश्य सामग्री की संज्ञा दी जा सकती है जो किसी पारदर्शी तत्व (Transparent surface) जैसे घिसा हुआ शीशा या प्लास्टिक (Etched glass or plastic) सेल्यूलोज ऐसिटेट फिल्म तथा सिल्होइट (Silhouette) आदि का ऐसा भाग है जो एक विशिष्ट आकार वाला होता है और जिस पर तस्वीरें या रेखाचित्र होते हैं और जिन्हें प्रेषित प्रकाश के माध्यम से अच्छी प्रकार देखा जा सकता है तथा प्रोजेक्टर आदि प्रक्षेपित उपकरणों द्वारा पर्दे पर बड़ा करके दिखाया जा सकता है।

अधिकतर स्लाइडें 35 mm वाली, 5 × 5 cms या 3¼" × 4" आकार की होती हैं और ये स्लाइड प्रोजेक्टर के माध्यम से प्रदर्शित की जाती हैं।

स्लाइड के प्रकार: आजकल ब्लैक एण्ड व्हाइट तथा रंगीन दोनों प्रकार की स्लाइडों का प्रचलन है। परन्तु देखा गया है कि रंगीन स्लाइडें अपेक्षाकृत ज्यादा प्रभावशाली हैं।

स्लाइडें अधिकतर तीन वर्गों में वर्गीकृत की जाती हैं: 1. हस्तनिर्मित स्लाइडें, 2. फोटोग्राफिक प्रक्रिया से बनी स्लाइडें, 3. कम्प्यूटर द्वारा निर्मित स्लाइडें।

स्लाइड प्रदर्शन: स्लाइड प्रदर्शित करते समय स्लाइड में दिये गये स्कैच फोटो या सन्देश की छोटी से छोटी बातें भी छात्रों को बताई जानी चाहिए। स्लाइड प्रदर्शन के पश्चात् निर्दिष्ट विषय पर एक सक्रिय परिचर्चा का आयोजन किया जाना चाहिए।

स्लाइड का शैक्षिक मूल्य (Educational Value): स्लाइडों के द्वारा पढ़ने-पढ़ाने की प्रक्रिया बहुत ही सहज, आकर्षक और प्रभावपूर्ण बन जाती है। इनकी सहायता से पौधे में प्रकाश के प्रति अनुक्रिया को बहुत ही रोचक ढंग से समझाया जा सकता है। पाठ्य-पुस्तक के लगभग सभी विषयों तथा प्रकरणों पर स्लाइडें उपलब्ध हो सकती हैं तथा इन्हें सावधानी से विद्यालय में इस तरह सँभालकर रखा जा सकता है कि जब आवश्यकता हो, प्रक्षेपित उपकरणों (Projective equipments) में प्रयुक्त कर पढ़ने-पढ़ाने के काम में लाया जा सके। अपने में निहित विशेष गुणों के कारण ये शिक्षण प्रक्रिया में निम्न प्रकार प्रभावशाली सिद्ध हो सकती हैं:

1. छात्रों को शिक्षण-अधिगम प्रक्रिया में सक्रिय साझीदार बनाने में सहायक होती हैं।
2. ध्यान आकर्षित करने में सहायक होती हैं।
3. रुचि उत्पन्न करने तथा बनाये रखने में सहायता देती हैं।
4. नीरसता एवं उचाट को दूर करने तथा रचनात्मक अनुशासन बनाये रखने में योगदान देती हैं।
5. कक्षा के वातावरण को सरल, क्रियाशील तथा पढ़ने-पढ़ाने के अधिक उपयुक्त बनाने में सहयोग देती हैं।
6. पाठ की प्रस्तावना, उसके प्रस्तुतीकरण तथा विकास में सहायक होती हैं।
7. पढ़ाई हुई सामग्री के पुनः प्रस्तुतीकरण, अभ्यास तथा पुनः निरीक्षण में सहायक होती हैं।
8. जो कुछ पढ़ा दिया जाता है उसे कितना कुछ विद्यार्थी समझ पाये हैं, इसकी जाँच में सहायक होती हैं।
9. एक साथ सम्पूर्ण कक्षा के विद्यार्थियों को अधिक से अधिक अच्छी प्रकार ज्ञानार्जन में सहायक होती हैं।
10. ये विषय-वस्तु को सरल, आकर्षक तथा स्पष्ट बनाती हैं।

स्लाइडों के प्राप्ति स्रोत (Sources for Obtaining Slides): साधारण तथा फोटोग्राफिक स्लाइडें (Simple and Photographic Slides) निम्न स्रोतों द्वारा उपलब्ध हो सकती हैं:

(i) व्यावसायिक फर्मों से खरीदी जा सकती हैं।

(ii) अध्यापक प्रशिक्षण संस्थानों, विश्वविद्यालय, प्रान्तीय एवं राष्ट्रीय शिक्षा अनुसंधान तथा प्रशिक्षण परिषदों और दृश्य-श्रव्य पुस्तकालयों आदि से उधार ली जा सकती हैं।

(iii) अध्यापकों की देखरेख में छात्रों की सहायता से निर्मित की जा सकती हैं।

स्लाइडों का निर्माण: स्लाइडों को निर्माण की दृष्टि से मुख्य रूप से दो भागों में बाँटा जा सकता है—साधारण स्लाइड (Simple Slides) और फोटोग्राफिक स्लाइड (Photographic Slides)।

साधारण स्लाइडों के निर्माण की प्रक्रिया: इनके निर्माण की प्रक्रिया निम्न प्रकार से है:

(i) जिस आधार भूमि (Base) पर स्लाइड बनाई जाती है, पहले उसका चुनाव किया जाता है। इसके लिए साधारण शीशा (Plane glass), घिसा हुआ शीशा अथवा प्लास्टिक (Etched Glass or Etched Plastic), सेलोप्लेन (Celloplane), सिल्हौटी (Silhouette), पारदर्शी सैल्यूलोज एसीटेट फिल्म (Clear Transparent Cellulose Acetate Film) और अर्ध पारदर्शी कागज (Transluscent Paper) आदि में से कोई भी एक हो सकता है।

(ii) स्लाइड के शीशे आदि किसी चयनित आधार भूमि पर कोई चित्र, आरेख तथा लिखावट आदि सीधे ही नहीं बनाई जाती बल्कि इस कार्य के लिए ट्रेसिंग पेपर (Tracing Paper) की सहायता ली जाती है। इसके लिए सबसे पहले ट्रेसिंग पेपर पर स्लाइड के प्रोजेक्शन क्षेत्र (Area of Projection) की सीमा परिधि (Boundary) बना ली जाती है। आधा इंच का हाशिया चारों ओर छोड़कर बीच के क्षेत्र को जिसकी माप लगभग 2" × 2" या 3¼" × 4" हो सकती है, रेखांकन तथा आकृति निर्माण के लिए रखा जाता है। इसके बाद योजनानुसार स्लाइड पर जो भी चित्र, आकृति बनानी हो, बनाई जाती है तथा चिन्ह, संकेत और नाम आदि का यथास्थान उल्लेख कर दिया जाता है।

(iii) अब ट्रेसिंग पेपर पर बनी मूल आकृति चित्र अथवा रेखांकन कार्य को स्लाइड बनाने के लिए चुनी गई पारदर्शी शीशे की शीट पर रख दिया जाता है तथा ड्राइंग पेन अथवा पेन्सिल की सहायता से पारदर्शी शीट पर ट्रेसिंग पेपर पर बनी आकृति आदि की नकल उतारने, कलात्मक कार्य करने अथवा अक्षर और संख्याएँ आदि लिखने का प्रयत्न किया जाता है।

(iv) जब पारदर्शी शीट पर ट्रेसिंग (Tracing) तथा अन्य कलात्मक और लेखन कार्य पूरा हो जाये तो उसे उसी आकार के गत्ते या कार्डबोर्ड के टुकड़े पर रखकर टेप (Tape) की सहायता से चिपका दिया जाता है और इस तरह साधारण स्लाइड के निर्माण कार्य को पूरा कर लिया जाता है।

फोटोग्राफिक स्लाइड का निर्माण: फोटोग्राफिक स्लाइडें कैमरे द्वारा फोटेग्राफी प्रक्रिया के परिणामस्वरूप तैयार की जाती है। काली और सफेद (Black and White) तथा रंगीन (Coloured) दोनों ही प्रकार की फिल्मों पर इन्हें तैयार किया जा सकता है। स्लाइड बनाने की प्रक्रिया कैमरे द्वारा व्यक्तियों, वस्तुओं, घटनाओं तथा प्रक्रियाओं का फोटोग्राफ उतारने से प्रारम्भ हो जाती है। इसके बाद फोटोग्राफी की विभिन्न क्रियाओं डवलपिंग (Developing), फिक्सिंग (Fixing), धोने (Washing) तथा सुखाने (Drying) आदि के द्वारा फोटोग्राफिक

फिल्म पर उतरे फोटोग्राफों के नैगेटिव (Negative) विकसित कर लिये जाते हैं। नैगेटिव को फिर अंधेरे कमरे में एक विशेष प्रक्रिया द्वारा पारदर्शी शीशे की प्लेट पर मुद्रित (Print) करने का प्रयत्न किया जाता है। इसे भी फिर विकास की प्रक्रिया (Developing, Fixing, Washing and Drying) से गुजारकर पोजीटिव बिन्दु (Positive Point) को शीशे से ढक दिया जाता है ताकि प्लेट पर बनी हुई आकृति सुरक्षित रखी जा सके। तदुपरान्त शीशे के उस तल पर जिस पर आकृति बनी होती है और जो ढकने के लिए काम आता है उन दोनों को टेप से जोड़ दिया जाता है और इस तरह स्लाइड उपयोग के लिए तैयार हो जाती है।

3.7 फिल्म स्ट्रिप (Film Strip)

फिल्म स्ट्रिपस का अर्थ: फिल्म स्ट्रिपस (Film strips) से तात्पर्य फिल्म की उन लम्बी पट्टियों (Strips) से है जिन पर एक निश्चित क्रम अथवा लड़ी (Sequence) के रूप में अनेक फोटोग्राफ बने होते हैं। इस आधार पर अलग-अलग स्लाइडों को एक अविच्छिन्न (Continuous) लड़ी के रूप में दिखाने से भी फिल्म स्ट्रिप सम्बन्धी प्रयोजन पूरा हो सकता है। एक फिल्म स्ट्रिप पर जितने भी चित्र या फोटोग्राफ बने होते हैं उन्हें किसी उपयुक्त प्रोजेक्टर की सहायता से क्रमबद्ध रूप में इस प्रकार दिखाया जा सकता है कि सम्बन्धित घटना, प्रक्रिया या विषय-वस्तु का सुनियोजित ढंग से क्रमबद्ध विवरण प्राप्त करने में सुविधा हो।

कैमरे की सहायता से हम किसी दृश्य, व्यक्ति या वस्तु का एक फोटोग्राफ फिल्म पर उतार सकते हैं। कैमरे में डाली गई फिल्म में 12 या 24 अलग-अलग फोटोग्राफ लेने की गुजांइश होती है। अधिक फोटोग्राफ लेने के लिए ज्यादा लम्बाई वाली फिल्म की जरूरत पड़ सकती है। जैसे एक प्रक्रिया अथवा दृश्य को उसके अपने स्वाभाविक क्रम में पूरी तरह दिखाने के लिए बहुत सारे क्रमबद्ध फोटोग्राफों की जरूरत पड़ सकती है। इस कार्य को तभी किया जा सकता है जबकि फिल्म की लम्बाई अधिक हो। फिल्म स्ट्रिप या पट्टियाँ (Film strips) इसी जरूरत को पूरा करने के लिए काम में लाई जाती हैं।

फिल्म स्ट्रिप का निर्माण: फिल्म स्ट्रिप पारदर्शक सैलोलाइड की बनी होती है, जिसे रोल करके सरलता से एक स्थान से दूसरे स्थान पर ले जाया जा सकता है। फिल्म स्ट्रिप का चलचित्र (Film) की भाँति नियमित रूप से प्रस्तुत किया जाता है।

पहले मूक फिल्म स्ट्रिप बनाई जाती थीं, अब ऑडियो रिकॉर्डिंग के द्वारा कमैन्ट्री भी इनके साथ-साथ दी जाती है जिससे इनका प्रदर्शन अधिक सजीव और रोचक हो जाता है।

आजकल जो फिल्म स्ट्रिपें उपलब्ध हैं, उनके साथ शिक्षण सामग्री का विवरण भी अलग से एक मुद्रित पुस्तिका के रूप में दिया होता है, जिसे पढ़कर शिक्षक अधिक क्षमता के साथ तथा अधिक आत्म-विश्वास के साथ छात्रों को ज्ञान प्रदान कर सकते हैं।

फिल्म स्ट्रिप का प्रदर्शन: फिल्म स्ट्रिप दिखाने से पूर्व शिक्षक को चाहिए कि वह फिल्म स्ट्रिप के प्रदर्शन तथा अपनी समालोचना (Commentry) का पूर्व अभ्यास अवश्य करे ताकि फिल्म स्ट्रिप का प्रभावशाली प्रदर्शन किया जा सके तथा प्रदर्शन के पश्चात् परिचर्चा का आयोजन भी अवश्य करना चाहिए जिसे Open Session के रूप में छात्रों के समक्ष प्रस्तुत करना चाहिए।

प्रभावशाली प्रदर्शन के लिए यह अत्यन्त आवश्यक है कि फिल्म स्ट्रिप प्रोजेक्टर के संचालन में भी शिक्षक को निपुणता प्राप्त करनी चाहिए।

3.8 स्लाइड अथवा फिल्म स्ट्रिप प्रोजेक्टर (Slide or Film Strip Projector)

स्लाइड प्रोजेक्टर, फिल्म स्ट्रिप प्रोजेक्टर का एक उन्नत रूप है। फिल्म स्ट्रिप प्रोजेक्टर में एक फिल्म होती है जिसमें एक ही स्ट्रिप में बहुत से फोटोग्राफ होते हैं जबकि स्लाइड प्रोजेक्टर में सम्बन्धित प्रकरणों पर अलग-अलग आँकड़ों, डायग्राम, स्कैच, फोटोग्राफ तथा सन्देश आदि अलग-अलग स्लाइडों पर अंकित किये जाते हैं। आवश्यकतानुसार इन स्लाइडों को एक-एक करके पर्दे पर प्रक्षेपित किया जाता है तथा सम्बन्धित विषय-वस्तु की व्याख्या की जाती है।

स्लाइड प्रोजेक्टर की संरचना: इसके निम्न मुख्य भाग होते हैं:

(a) विद्युत व्यवस्था, (b) प्रक्षेपी लेन्स, (c) प्रक्षेपी बल्ब, (d) स्लाइड ट्रे एवं (e) प्रक्षेपण पटल।

अब नये स्लाइड प्रोजेक्टर्स में अनेक विशेषताएँ आ रही हैं, उदाहरणार्थ:

1. अब स्लाइड प्रोजेक्टर में एक साथ 120 स्लाइडें आ जाती हैं, जिन्हें हाथों से या स्वयं चालित (Automatic) सुविधा से आगे-पीछे सरलता से किया जा सकता है।
2. इनमें रिमोट कन्ट्रोल (Remote Control) स्विच, फोकस (Focus) करने की तथा जूमिंग (Zooming) की सुविधाएँ भी उपलब्ध हो गयी हैं।
3. इसमें स्लाइड प्रदर्शन के लिए स्वचालित मैकेनिज्म आ गया है, जिससे स्लाइडें अपने आप निश्चित समय पर स्वयं आगे बढ़ जाती हैं।
4. स्लाइड प्रदर्शन के साथ रिकॉर्ड की गयी कमैन्ट्री भी साथ-साथ चलने की सुविधा इनमें आ गयी है।

प्रयोग में सावधानियाँ: (i) स्लाइड तथा फिल्म स्ट्रिप को रखने, बदलने तथा घुमाने में सावधानी बरतनी चाहिए। (ii) जो कुछ दिखाया जाए वह सार्थक तथा उद्देश्यपूर्ण होना चाहिए। (iii) दिखाई जाने वाली वस्तु को उसी समय दिखाया जाना चाहिए जब विषय-वस्तु को अधिक स्पष्ट करने या समझाने के लिए उसकी आवश्यकता का अनुभव किया जाए। (iv) कन्डेन्सर लैन्स तथा प्रोजेक्शन लैन्स आदि को सावधानी से निकालकर साफ करते रहना चाहिए। (v) स्विच को खोलने तथा बन्द करने में पर्याप्त सावधानी रखनी चाहिए। (vi) ठण्डा करने वाले पंखे का उपयोग समय पर और सावधानीपूर्वक किया जाना चाहिए।

ओवरहैड प्रोजेक्टर में उपयोग की जाने वाली ट्रान्सपेरेन्सीज में अंकित संदेश/विवरण/चित्र आदि की छवि (Image) साफ, पठन योग्य तथा स्पष्ट होनी चाहिए। इसके लिए निम्न बातों का ध्यान रखना चाहिए:

1. ट्रान्सपेरेन्सीज पर लिखे शब्दों का आकार कम से कम 6 cm अवश्य होना चाहिए।
2. अंकित लाइनें थोड़ी मोटी होनी चाहिए।
3. कक्षा में यदि 1 मीटर का पर्दा लगाया गया है तो कक्षा में छात्रों की अन्तिम लाइन और पर्दे के मध्य 6 मीटर से अधिक दूरी नहीं होनी चाहिए।

4. ट्रान्सपेरेन्सीज पर लिखने के लिए 'मार्कर पैन' का प्रयोग करना चाहिए। साधारण स्कैच पैन इस पर काम नहीं करते, उनसे लिखा हुआ, हाथ लगने पर मिट जाता है।
5. शिक्षक को कक्षा में ओवरहैड प्रोजेक्टर का प्रयोग करने से पूर्व पूर्वाभ्यास (रिहर्सल) करना आवश्यक है।
6. प्रक्षेपण शीशे तथा लैंस की बाहरी सतह को ब्रुश से साफ कर लेना चाहिए।
7. लैंस को हाथ से छूना नहीं चाहिए।
8. वोल्टेज (Voltage) को स्थिर रखने के लिए वोल्टेज स्टेबलाइजर का प्रयोग करना चाहिए।
9. ओवरहैड प्रोजेक्टर का प्रयोग लगातार लम्बे समय तक नहीं करना चाहिए।

ओवरहैड प्रोजेक्टर के निम्न प्रमुख भाग होते हैं:

(1) कैबिनेट, (2) प्रोजेक्शन लैम्प, (3) ठण्डा करने की व्यवस्था तथा (4) फोकस व्यवस्था।

3.9 विभिन्न प्रकार के प्रोजेक्टरों के चित्र (Figures of Different Types of Projectors)

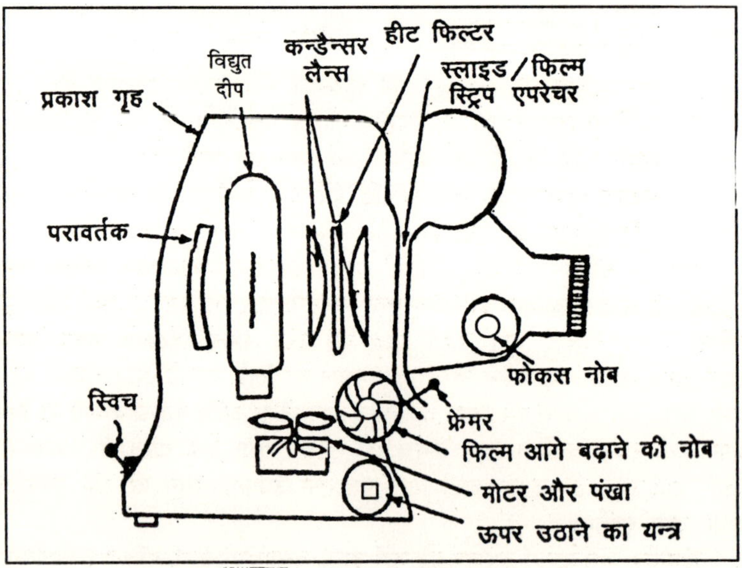

चित्र 3.2: स्लाइड एवं फिल्म-स्ट्रिप प्रोजेक्टर
(Slide and Film Strip Projector)

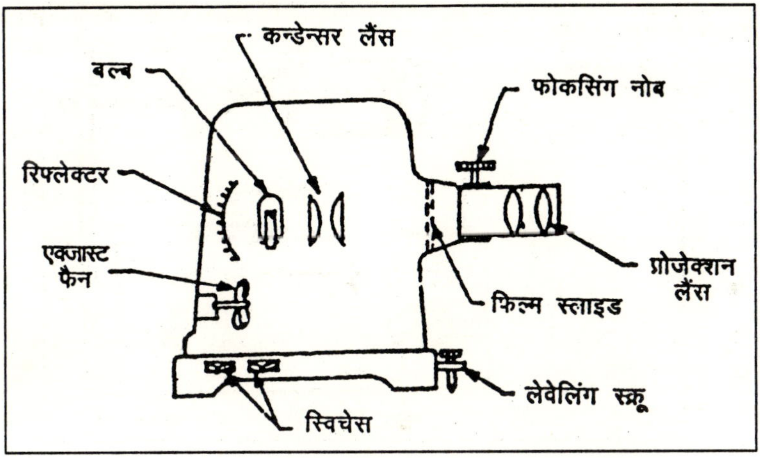

चित्र 3.3: एक सामान्य स्लाइड एवं फिल्म-स्ट्रिप प्रोजेक्टर
(A Common Slide and Film-strip Projector)

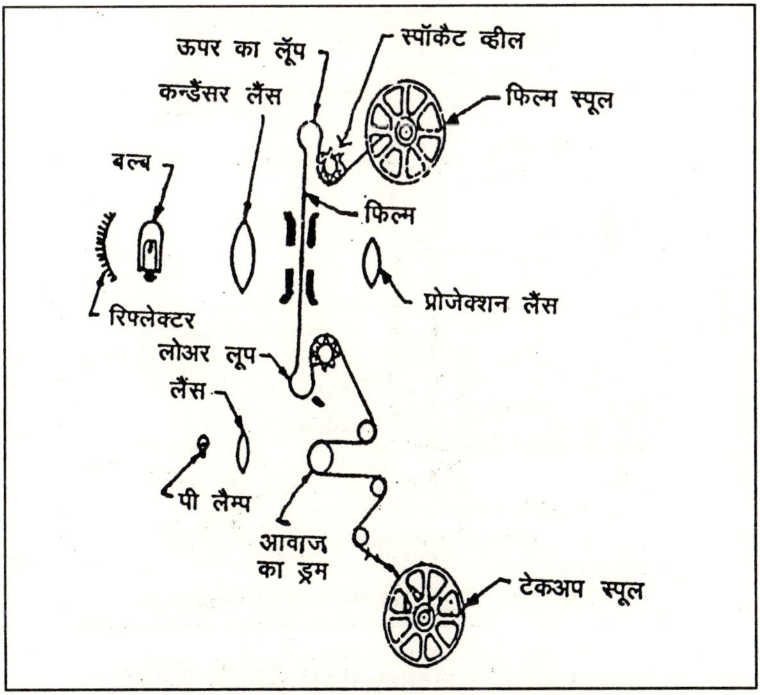

चित्र 3.4: थ्रेडिंग एक फिल्म मोशन पिक्चर प्रोजेक्टर पर
(Threading a Film on a Motion Picture Projector)

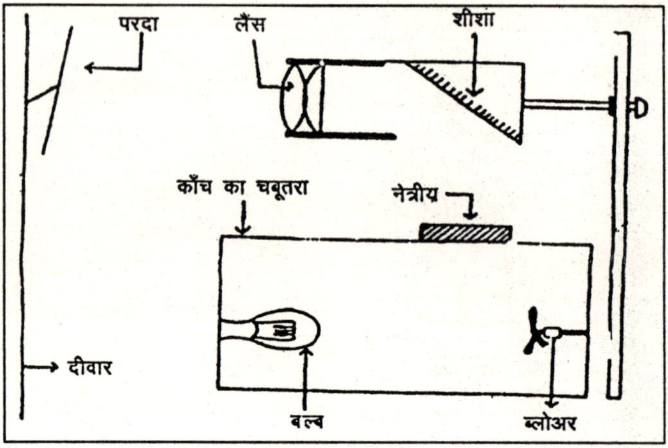

चित्र 3.5: ओवरहैड प्रोजेक्टर (Overhead Projector)

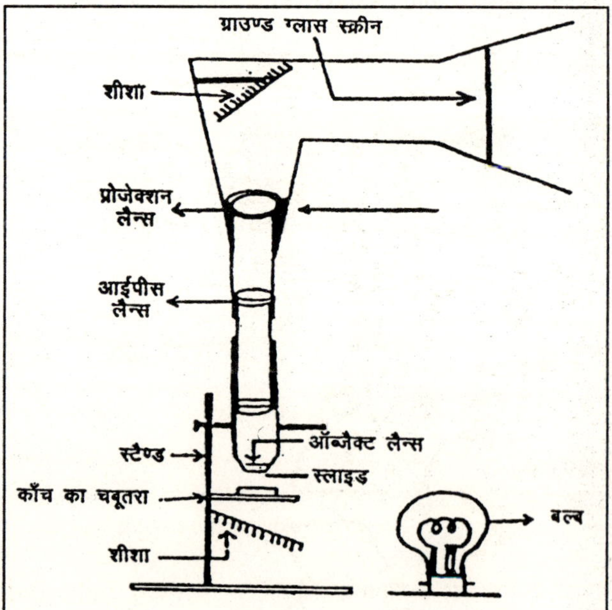

चित्र 3.6: माइक्रो प्रोजेक्टर (Micro Projector)

3.10 ओवरहैड प्रोजैक्टर अथवा शिरोपरि प्रोजेक्टर (Overhead Projector—OHP or Still OHP)

जैसा कि नाम से स्पष्ट है, इसमें दर्शायी जाने वाली सामग्री का प्रतिबिम्ब (Image) दिखाने वाले के पीछे तथा उसके सिर के ऊपर से आता है।

ओवरहैड प्रोजेक्टर शिक्षा के क्षेत्र में एक सम्प्रेषण की उत्तम विधि है। इसमें विषय से सम्बन्धित विषय-वस्तु पर विभिन्न ट्रान्सपेरेन्सीज (Transparencies) तैयार की जाती हैं और इन्हें पर्दे पर या दीवार पर प्रक्षेपित किया जाता है। प्रोजेक्टर को कक्षा में प्रदर्शन मेज पर रखा जाता है। शिक्षक छात्रों की ओर उन्मुख होकर प्रोजेक्टर में तैयार ट्रान्सपेरेन्सीज रखता है और प्रोजेक्टर का संचालन करता है।

ओवरहैड प्रोजेक्टर समस्त प्रक्षेपित होने वाले प्रोजेक्टर्स में सबसे सरल प्रक्षेपति होने वाला प्रोजेक्टर है। इसके द्वारा 18 cm × 22.5 cm आकार की तैयारी ट्रान्सपेरेन्सीज को बड़ा करके प्रक्षेपण 1.5 m × 1.5 m आकार में सरलता से लाया जा सकता है। इसमें शिक्षक छात्रों के सामने रहता है। ट्रान्सपेरेन्सीज हाथ से भी बनाई जा सकती है, उन पर सन्देश, डायग्राम तथा स्कैच आदि विवरण अंकित किया जाता है। आवश्यकता पड़ने पर इन्हें टाइप कराकर फोटोकॉपीयर (जीरोक्स मशीन) द्वारा भी तैयार किया जा सकता है।

ओवरहैड प्रोजेक्टर के प्रयोग में ध्यान देने योग्य बातें: आज के युग में ओवरहैड प्रोजेक्टर का प्रयोग विभिन्न सेमीनारों, वर्कशॉप, सम्मेलनों आदि के साथ-साथ कक्षा शिक्षण में भी बहुत उपयोगी पाया गया है।

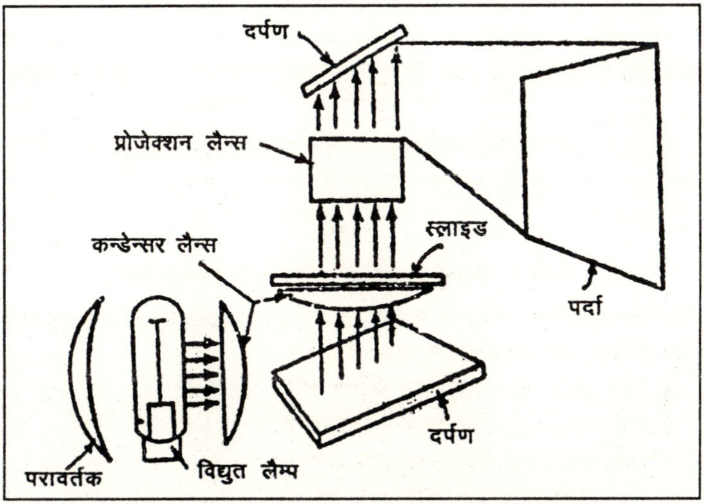

चित्र 3.7: शिरोपरि प्रक्षेपी (Overhead Projector)

शिरोपरि प्रोजेक्टर के लाभ: 1. श्यामपट्ट पर लिखी या चित्रित किसी भी सामग्री के स्पष्टीकरण के लिए अध्यापक को बार-बार उसके निकट जाने की जरूरत पड़ती है, परन्तु यहाँ अध्यापक इस परेशानी से बच सकता है। वह यहाँ प्रक्षेपित सामग्री के ऊपर किसी पेन्सिल या संकेतक का प्रयोग कर यह कार्य अच्छी तरह कर सकता है।

2. इस उपकरण के प्लेटफार्म का उपयोग विभिन्न प्रकार की शिक्षण सामग्री के प्रदर्शन हेतु किया जा सकता है। रंगीन प्लास्टिक के ऊपर विभिन्न चित्रात्मक सामग्री उभारी जा सकती है तथा फिर उसे इस उपकरण द्वारा आसानी से प्रक्षेपित किया जा सकता है। किसी खेल, जैसे—फुटबाल, हॉकी, क्रिकेट आदि की क्रियात्मक जानकारी, किसी संयंत्र

या कारखाने में उपकरणों की व्यवस्था और किसी विज्ञान विषय से सम्बन्धित प्रयोगात्मक कार्य आदि बातों को भी आसानी से पर्दे पर दिखाया जा सकना इस प्रकार के प्रोजेक्टर द्वारा पूरी तरह सम्भव है। एक पारदर्शी तश्तरी (Transparent disk) में चित्रात्मक सामग्री ही नहीं बल्कि तरल पदार्थों को भी इस उपकरण के प्लेटफार्म पर रखकर तथा पर्दे पर प्रक्षेपित कर आसानी से प्रदर्शित किया जा सकता है तथा उनके बारे में सभी आवश्यक जानकारी प्रदान की जा सकती है।

3. इस प्रोजेक्टर में आकृति का प्रक्षेपण (Projection) अध्यापक के कन्धे के ऊपर से होता है। अतः वह पढ़ाते समय कक्षा के विद्यार्थियों का स्वाभाविक रूप से सामना कर सकता है, उनकी क्रियाओं तथा गतिविधियों का अवलोकन कर सकता है तथा उनके प्रति अपनी अनुक्रिया व्यक्त करने में समर्थ हो सकता है। इस तरह शिक्षण-अधिगम परिस्थितियों पर नियन्त्रण करने के कार्य में इस प्रकार के प्रोजेक्टर का उपयोग अन्य प्रक्षेपी उपकरणों से अधिक लाभकारी ठहराया जा सकता है।

4. यह प्रोजेक्ट प्रकाशयुक्त कमरे में भी काम कर सकता है। इसमें कमरे को अंधेरा करने की जरूरत नहीं पड़ती और इस कारण स्वच्छ वायु के आने तथा गन्दी वायु को बाहर निकालने के लिए किसी अतिरिक्त व्यवस्था की आवश्यकता नहीं पड़ती।

5. इस प्रकार के प्रोजेक्टर का संचालन भी बड़ा सरल होता है। विद्युत बटन को दबाना, प्रोजेक्शन मंच पर स्लाइड या दृश्य सामग्री को रखना तथा पर्दे पर आकृति को फोकस करना ये तीनों कार्य ही यहाँ सम्पन्न करने होते हैं और इनका संचालन भी आसान ही होता है।

6. स्लाइड कैरियर की व्यवस्था भी इस उपकरण में अच्छी तरह की जाती है। अध्यापक द्वारा स्लाइडों के प्रक्षेपण को पर्दे पर देखा भी इस तरह जा सकता है जैसे कि विद्यार्थी देखते हैं।

3.11 चलचित्र प्रक्षेपण (Movie Projector)

चलचित्र प्रक्षेपकों के लाभ अथवा उपयोग (Advantages of Film Projectors): चलचित्र प्रक्षेपकों के निम्नलिखित लाभ हैं:

1. यह जीवन के वास्तविक अनुभव प्रदान करता है।
2. यह ध्यान आकर्षित करने का उत्तम साधन है।
3. यह गहन तथा विस्तृत अनुभव प्रदान करता है।
4. यह छात्रों को ध्वनि तथा दृश्य का चुम्बकीय आकर्षण अनुभव कराता है।
5. यह अनुदेशन की विधि में विभिन्नता प्रदान करता है।
6. चल चित्र प्रक्षेपक वस्तुओं की सजीवता को बढ़ाता है।
7. यह ऐतिहासिक घटनाओं का पुनः निर्माण करता है। हम किलों, संग्रहालयों तथा महलों आदि को देखते हैं।
8. बहु-उद्देश्य परियोजनाओं, समुदाय सम्बन्धी परियोजनाओं तथा अन्य गतिविधियों की फिल्मों द्वारा जानकारी मिलती रहती है।
9. प्रक्षेपकों द्वारा महान व्यक्तियों के जीवन से छात्रों को परिचित कराया जाता है।
10. चलचित्र प्रक्षेपकों द्वारा छात्रों को अन्य देशों के रीति-रिवाजों तथा विभिन्न क्षेत्रों में उपलब्धियों जैसे व्यवसाय, उद्योग, विज्ञान, तकनीकी आदि की जानकारी दी

जाती है। इस प्रकार विश्वशांति तथा विश्व सहयोग के मूल्यों को बढ़ावा दिया जाता है।

11. जीवन यापन–ऐसे दृश्य अथवा घटनाएँ जिनका पर्याप्त विवरण देना कठिन होता है। वह चलचित्र प्रक्षेपक द्वारा दिया स्पष्ट किया जा सकता है। जैसे:–'एक पंजाबी की जीवन शैली' 'रेगिस्तान में जीव' तथा 'टुण्ड्रा में जीवन' आदि।
12. चलचित्र प्रक्षेपकों द्वारा ऐतिहासिक घटनाओं की निरन्तरता बनी रहती है।

चलचित्र प्रक्षेपक का संचालन अन्य कार्य
(Operation and Maintenance of a Movie Projector)

(1)	(2)	(3)	(4)	(5)
रील चढ़ाना (Threading)	आरम्भ करना तथा चलाना (Starting and Running)	लपेटना (Rewinding(	जोड़ना (Splicing)	डिब्बी का प्रयोग (Use of Container)

I. *चल चित्र प्रक्षेपकों में रील चढ़ाना (Threading in Movie Projectors)*

1. चर्खियों को फिट करना।
2. संचालक बेल्टों को फिर करना।
3. फिल्मों की रील को चर्खियों पर लपेटना।
4. फिल्म के सुराखों को स्प्रॉकेट के दान्तों के साथ उचित रूप से बैठाना।
5. फिल्म, ध्वनि का डिब्बी पर कसी होना जिस से ध्वनि ठीक रहे।

II. *आरम्भ करना तथा चलाना (Starting and Running)*

इसमें निम्नलिखित क्रियाओं का पालन किया जाना चाहिए:

1. फिल्म की लपेटी गई स्थिति की जाँच की जाए।
2. विस्तारक (Amplifier) का स्विच दबा कर उसे चलाया जाए।
3. प्रक्षेपक मोटर (Projector Motor) का स्विच दबाकर उसे चलाया जा सकता है।
4. यह निश्चित किया जाए कि ब्लोअर (Blower) काम कर रहा है तथ बल्ब (Bulb) क्षेत्र के ऊपर ठंडी हवा महसूस की जा रही है।
5. बल्ब को जला दिया जाए।
6. फिल्म को केन्द्रीकृत किया जाए।
7. आवश्यकता अनुसार फिल्म को समायोजित किया जाए।
8. ध्वनि को आवश्यक स्तर तक बढ़ाना चाहिए।
9. ध्वनि की गुणवत्ता बढ़ाने के लिए सुर नियन्त्रण का संचालन किया जाना है।
10. फिल्म के चलते-चलते जैसे-जैसे वह चर्खी में लिपटती है तब उसके प्रवाहों (Perforations) का कोमल होना आवश्यक है। ऐसा करने से यह निश्चित हो जाता है कि फिल्म बिना किसी खराबी के उचित रूप से डाली गई है।

11. पर्दे पर फिल्म की समाप्ति पर निम्न कार्य किए जाते हैं:
    (a) लैम्प को बन्द कर दिया जाता है।
    (b) पूरी फिल्म के रील पर लिपटने के पश्चात् मोटर का स्विचबन्द कर दिया जाता है।
    (c) ध्वनि को शून्य कर दिया जाता है।
    (d) विस्तारक को बन्द कर दिया जाता है।
    (e) फिल्म को लपेटने वाले स्विच को लपेटने की स्थिति में कर दिया जाता है। फिल्म को पहली स्थिति में लपेट लिया जाता है।
    (f) प्रक्षेपक को कुछ समय तक ठंडा होने के लिए छोड़ दिया जाता है तथा उसके पश्चात् ही डिब्बे में बन्द किया जाता है।

III. *लपेटना (Rewinding)*: लपेटने के लिए हाथ से चलाए जाने वाले साधन का प्रयोग भी किया जा सकता है।

IV. *जोड़ना (Splicing)*: फिल्म स्प्लाइसर तथा सीमित का प्रयोग करके फिल्मों को जोड़ा जाता है। स्प्लाडसर का प्रयोग करने से यह निश्चित हो जाता है कि जोड़ पर छेदों (Perforations) के बीच दूरी बदलती नहीं है फिल्म सीमेन्ट की बोतलों को खोला नहीं जाना चाहिए।

V. *डिब्बी का प्रयोग (Use of Container)*: ध्यान दिया जाए कि फिल्मों को सदा लपेटी हुई स्थिति में ही डिब्बियों में रखा जाए ताकि प्रयोग के लिए तैयार रहें।

VI. *ध्वनि पुनरूपत्ति (Sound Reproduction)*: निम्नलिखित बातों पर ध्यान दिया जाए:

1. ध्वनि ट्रैक में दर्ज की गई ध्वनि को फोटो-इलेक्ट्र सैल का प्रयोग करने वाली ध्वनि में बदल दिया जाता हैं।
2. ध्वनि को गति देने वाले ट्रैक पर उत्तेजक लैंप द्वारा प्रकाश डाला जाता है।
3. एक दरार द्वारा प्रकाश को बहुत पतले आचेत तक सीमित रखा जाता है।
4. ध्वनि ट्रैक द्वारा भेजे गए प्रकाश को एक फोटो इलेक्ट्रिक सैल पर फैंका जाता है।
5. विस्तारक के विकास को लाउड स्पीकर से जोड़ दिया जाता है।
6. प्रक्षेपण के दौरान ध्वनि न होने के निम्नकारण हो सकते हैं:
    (i) ध्वनि नियन्त्रण शून्य की स्थिति पर होता है।
    (ii) उत्तेजक बल्ब में उर्जा प्रदान नहीं की गई।
    (iii) उत्तेजक बल्ब में फ्यूज हो जाता है।
    (iv) लाउड स्पीकर से सम्पर्क नहीं जोड़ा गया।
    (v) विस्तारक का स्विच नहीं दबाया गया।
7. फिल्म का पूरी होना (Completion of Film): फिल्म पूरी होने पर निम्नलिखित कार्य किए जाते हैं:
    (i) बल्ब को बन्द कर दिया जाता है।
    (ii) ध्वनि को शून्य पर कर दिया जाता है।
    (iii) विस्तारक को बन्द कर दिया जाता है।
    (iv) फिल्मों को पहली स्थिति में लपेट लिया जाता है।

चलचित्र प्रक्षेपकों के लाभ (Advantages of Movie Projectors): चलचित्रों के सभी लाभ चलचित्र प्रक्षेपकों के लाभ हैं। इनका विवरण आगे दिया जा रहा है। यहाँ पर लाभों का सारांश दिया जा रहा है:

1. ध्यान आकर्षित होना।
2. सजीवता को बढ़ाना।
3. जीवन के वास्तविक अनुभवों का मिलना।
4. कक्षा-कक्ष में अतीत को वर्तमान में लाना।
5. छात्रों की रुचियों तथा अभिरुचियों में परिवर्तन लाना।
6. चिन्तन को बढ़ावा देना।
7. क्रिया (Action) को विकसित करना।
8. अनुदेशन प्रक्रिया में विविधता लाना।
9. विश्व सहयोग बढ़ाना।
10. विश्व शान्ति को बढ़ाना।

वलचित्र प्रक्षेपकों की सीमाएँ (Limitations of Film Projector)

1. चलचित्र प्रक्षेपक महंगे होने के कारण प्रत्येक स्कूल इसे खरीद नहीं सकता।
2. चलचित्र प्रक्षेपक चलाने के लिए प्रशिक्षित स्टाफ चाहिए जो प्राय: स्कूलों को उपलब्ध नहीं होता है।
3. प्रक्षेपक के समय में विशिष्ट तथ्यों पर चर्चा करना कठिन होता है।
4. प्राय: स्कूलों में बिजली के अभाव के कारण प्रक्षेपकों का प्रयोग नहीं किया जा सकता।
5. स्कूलों में प्रक्षेपकों को चलाने की सुविधाएँ नहीं होती है।

3.12 शैक्षिक फिल्में (Educational Films)

चलचित्र अर्थात् फिल्म एक प्रभावशाली शैक्षिक साधन है। इसका प्रयोग करने में छात्रों की श्रव्य व दृश्य दोनों इन्द्रियों का प्रयोग होता है। इसके महत्वपूर्ण लाभ यहाँ दिए जा रहे हैं:

1. फिल्मों की सहायता से छात्रों की मनोवृत्तियों को आसानी से उचित रूप से विकसित किया जा सकता है।
2. विभिन्न विषयों के कुछ प्रकरणों की यथार्थ जानकारी देने में चलचित्र को एकमात्र साधन के रूप में प्रयोग में लाया जा सकता है।
3. छात्रों में विभिन्न प्रकार के कार्य कौशल विकसित करने में इनसे विशेष सहायता मिलती है।
4. फिल्म को बार-बार दिखाने की सुविधा होने से कठिन से कठिन प्रकरण का भी आसानी से अधिगम किया जा सकता है।
5. चलचित्र के द्वारा प्रयोगात्मक व क्रियात्मक प्रदर्शनों के द्वारा छात्र प्रयोगात्मक प्रकरणों का भली-भाँति अधिगम कर सकते हैं।
6. श्रेष्ठ कोटि की बनी हुई फिल्में छात्रों में समस्या समाधान की योग्यता विकसित करती हैं।

7. विभिन्न ऐतिहासिक फिल्में प्राचीनकाल का वास्तविक चित्र प्रस्तुत कर छात्रों को काल विशेष की यथार्थ जानकारी कराने में सहायक होती हैं।
8. विभिन्न प्रकार की सामाजिक कुरीतियों को दूर करने में भी फिल्मों की सहायता ली जा सकती है।
9. महापुरुषों की जीवनगाथा, विभिन्न स्थलों की भौगोलिक स्थिति तथा वैज्ञानिक आविष्कारों आदि से परिचित कराने में फिल्में एक श्रेष्ठ दृश्य-श्रव्य उपकरण का कार्य करती हैं।
10. राष्ट्रीय तथा अन्तर्राष्ट्रीय महत्व के विभिन्न विषयों से भी छात्रों को फिल्मों की सहायता से आसानी से परिचित कराया जा सकता है।

फिल्मों की सीमाएँ (Limitations of Films)

1. फिल्मों पर अधिक व्यय होता है।
2. फिल्में लम्बे समय तक पर्दे पर नहीं दिखलाई जा सकतीं।
3. शैक्षिक फिल्में सुगमता से उपलब्ध नहीं होती हैं।
4. अच्छी शैक्षिक फिल्मों का निर्माण बहुत कम मात्रा में हुआ है।
5. फिल्म दिखाते समय अनेक महत्वपूर्ण बातों पर उचित ध्यान देना कठिन हो जाता है।

चलचित्रों का उचित उपयोग: चलचित्र का शैक्षिक सहायक साधन के रूप में सफलतापूर्वक प्रयोग करने के लिए निम्न बातों को ध्यान में रखना चाहिए:

1. शिक्षक को चलचित्र के प्रयोग से सम्बन्धी सभी उपकरण व प्रक्रिया की पूर्ण जानकारी होनी चाहिए।

2. शिक्षक को शैक्षिक फिल्मों की प्राप्ति के स्रोत की पूर्ण जानकारी होनी चाहिए जिससे फिल्में खरीदने या उधार लेने में कोई परेशानी न हो।

3. फिल्म छात्रों को दिखाने से पहले अध्यापक को स्वयं उसे एक बार देख लेना चाहिए। इससे अध्यापक को फिल्म की विषय-वस्तु की पूर्ण जानकारी हो जाएगी और इसके आधार पर छात्रों के लिए शिक्षण योजना बनाने में सुविधा रहेगी।

4. फिल्म दिखाने से पहले छात्रों को मानसिक व शैक्षिक रूप से तैयार कर लेना चाहिए।

5. चलचित्र का प्रदर्शन जिस कमरे में किया जाए वहाँ पूरी तरह से अँधेरा कर देना चाहिए परन्तु कमरा खुला, बड़ा व हवादार होना चाहिए।

6. फिल्म दिखाते समय अधिगम परिस्थिति व भौतिक वातावरण पर शिक्षक का पूरा नियन्त्रण होना चाहिए।

7. फिल्म दिखाते समय फिल्म के प्रमुख अंशों की ओर छात्रों का ध्यान आकर्षित करना चाहिए। कभी-कभी फिल्म बीच में रोककर विषय का स्पष्टीकरण करना चाहिए तथा प्रश्न आदि की सहायता से छात्रों को क्रियाशील बनाने का प्रयास करना चाहिए।

8. फिल्म का प्रदर्शन पूरा होते ही छात्रों से महत्वपूर्ण अंश लिखने के लिए कहना चाहिए।

9. यदि कोई बात छूट गई हो तो उसे पुनः दिखाकर स्पष्ट करना चाहिए। छात्रों की अधिक जानकारी के लिए व्यक्तिगत सामूहिक रूप से परामर्श देना चाहिए।

10. मौखिक व लिखित परीक्षण के माध्यम से छात्रों के अधिगम व शैक्षणिक उद्देश्यों की पूर्ति का मूल्यांकन करना चाहिए।

शैक्षिक फिल्मों के मुख्य प्रकार (Main Types of Educational Films)

1. अनुदेशात्मक फिल्में अथवा बुनियादी शिक्षण फिल्में (Instructional or Basic Teaching Films)
2. पूरक शिक्षण फिल्में (Supplementary Teaching Films)
3. दस्तावेजी फिल्में (Documentary Films)
4. रूपक फिल्में (Feature Films)
5. समाचार फिल्में (News Reels)
6. नाट्य फिल्में (Dramatic Films)
7. विवरणात्मक फिल्में (Narrative Films)
8. बच्चों की फिल्में (Children's Films)
9. व्यापारिक फिल्में (Commercial Films)
10. अभ्यास फिल्में (Drill Films)
11. लयात्मक फिल्में (Rhythemic Films)

शैक्षिक फिल्मों के स्रोत

1. मानव शिक्षा विभाग संसाधन मंत्रालय, भारत सरकार, नई दिल्ली।
2. सूचना एवं प्रसारण मंत्रालय, भारत सरकार, नई दिल्ली।
3. चिल्डर्न फिल्म सोसाइटी, नई दिल्ली।
4. संचार तथा सूचना टेक्नोलोजी मंत्रालय, नई दिल्ली।
5. ब्रिटिश कॉन्सल लाइब्रेरी, नई दिल्ली।
6. राज्यों के मार्गदर्शन तथा परामर्श ब्यूरोज।

3.13 एपीडायस्कोप (Epidiascope—Still Motion Projector)

एपीडायस्कोप (चित्र 3.8) शब्द दो शब्दों से मिलकर बना है–(1) Episcope तथा (2) Discope। एपीस्कोप का अर्थ है अपारदर्शक वस्तु का पर्दे पर बहुत साफ प्रक्षेपण। डायस्कोप से अभिप्राय है स्लाइड का प्रक्षेपण। एपीडायस्कोप के माध्यम से पारदर्शक तथा अपारदर्शक दोनों तरह की वस्तुओं की छवि (Image) पर्दे पर प्रक्षेपित की जाती है। इसके द्वारा जो भी चित्र या विवरण दिखाया जाता है, वह जिस प्रकार का होगा जिस रंग का होगा वह बिल्कुल वैसा ही दिखायी देता है।

इसमें पुस्तक की डायग्राम आदि को बड़ा करके दिखाया जा सकता है तथा चार्ट आदि बनाने में भी इसका प्रयोग किया जाता है।

एपीडायस्कोप के प्रयोग के समय निम्न बातों पर शिक्षक को ध्यान देना चाहिए:

1. जिस स्थान पर एपीडायस्कोप का प्रयोग किया जा रहा है, वहाँ पूर्ण अन्धकार होना चाहिए।

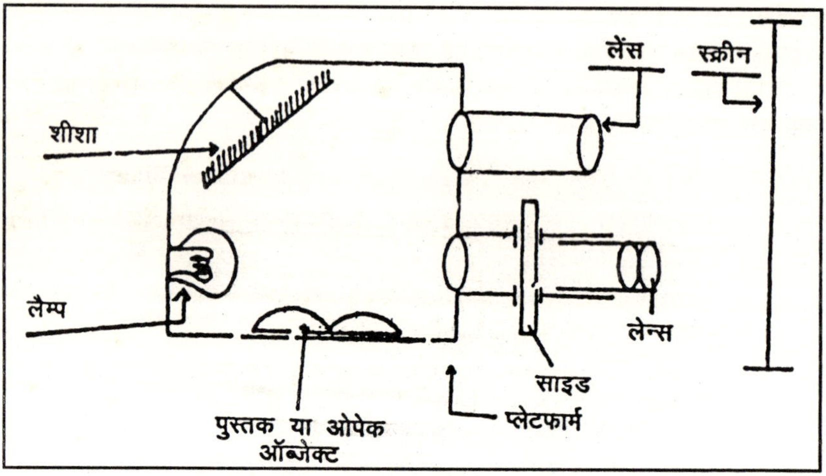

चित्र 3.8: एपीडायस्कोप (Epidiascope)

2. जिन वस्तुओं का प्रक्षेपण किया जा रहा है, उन्हें अधिक देर तक लैम्प के हैड पर नहीं रखना चाहिए।

एपीडायस्कोप का शैक्षिक उपयोग

कक्षा-शिक्षण की दृष्टि से एपीडायस्कोप एक काफी उपयोगी दृश्य उपकरण है। इसके शैक्षिक उपयोग संक्षेप में निम्न प्रकार है:

1. केवल यही एक ऐसा उपकरण है, जिससे पारदर्शक तथा अपारदर्शक दोनों ही प्रकार की दृश्य सामग्री को पर्दे पर आसानी से प्रक्षेपित किया जा सकता है।

2. आवश्यकतानुसार इसे एपीस्कोप या डायस्कोप किसी भी तरह प्रयोग में लाया जा सकता है।

3. चित्र आदि का प्रक्षेपण पर्दे पर स्थिर होता है। अत: कितने ही समय तक तथा किसी भी समय आवश्यकतानुसार किसी भी चित्रात्मक सामग्री को बड़ा करके पर्दे पर दिखाया जा सकता है। (चित्र 3.9)

4. सामाजिक अध्ययन, इतिहास, भूगोल, अर्थशास्त्र तथा विज्ञान आदि स्कूल विषयों को पढ़ाने में आवश्यक नमूनों, मॉडल आदि को पर्दे पर आसानी से बड़ा करके दिखाने में भी यह उपकरण काफी उपयोगी सिद्ध होता है।

5. सजीव पदार्थों, जैसे–अमीबा तथा अन्य कीट-पतंगों, जीव-जन्तुओं, पेड़-पौधों आदि के सूक्ष्म भागों आदि को बड़ा करके पर्दे पर दिखाने के कार्य में यह पर्याप्त सहायता करता है।

6. किसी भी प्रक्रिया (Process) का क्रमिक विकास, जैसे–मेंढक, तितली, मक्खी, मच्छर की जीवन-लीला, बीजों का अंकुरण आदि को प्रदर्शित करने के लिए एपीडायस्कोप द्वारा दिखाये जाने वाली स्लाइडें महत्वपूर्ण भूमिका निभा सकती हैं।

7. ज्यामिति आरेख बनाने, मानचित्रों के खाका आदि तैयार करने तथा आसानी से न खींचे जा सकने वाले चित्र आदि को निर्मित करने में इसका एपीस्कोप भाग पर्याप्त सहायता

कर सकता है। पुस्तकों या अन्य मुद्रित सामग्री तथा कलाकारों द्वारा चित्रित सामग्री को सीधे ही (बिना स्लाइड बनाये) पर्दे पर लगी हुई कागज, ड्राइंग पेपर, चार्ट पेपर आदि की शीट पर प्रक्षेपित कर मानचित्र, आरेख, ग्राफ आदि चित्रात्मक सामग्री का निर्माण आसानी से किया जा सकता है।

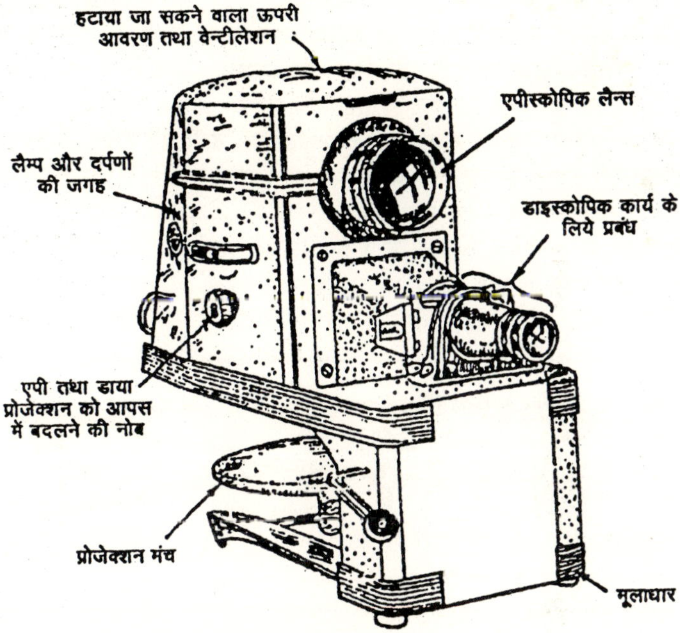

चित्र 3.9: एपीडायस्कोप (Epidiascope)

इस प्रकार एपीडायस्कोप विद्यालय पाठ्यक्रम के सभी विषयों तथा प्रकरणों में निहित पाठ्य-वस्तु को सहज, सरल, रोचक तथा आकर्षक ढंग से प्रस्तुत करने में बहुत ही प्रभावपूर्ण भूमिका निभा सकने की क्षमता रखता है।

प्रयोग में सावधानियाँ

1. प्रक्षेपित सामग्री का उचित चयन करना।
2. छात्रों को सामग्री के प्रेक्षपण के पहले तैयार करना।
3. सामग्री प्रक्षेपित करते समय आवश्यकतानुसार छात्रों से अन्तर्क्रिया करना/वार्तालाप करना।
4. प्रेक्षपण के पश्चात् प्रक्षेपित सामग्री के शैक्षिक उपयोग का मूल्यांकन करना।

3.14 मैजिक लालटेन (Magic Lantern)

मैजिक लालटेन, गाँवों में जहाँ बिजली उपलब्ध नहीं है, वहाँ शिक्षण के क्षेत्र में अत्यन्त लाभदायक सिद्ध हुई है। स्कूलों में मैजिक लालटेन के माध्यम से अनेक प्रकरण स्लाइडों के प्रोजेक्शन के द्वारा पढ़ाये जा सकते हैं।

मैजिक लालटेन शिक्षण को सजीव, प्रभावी तथा बोधगम्य बनाने का एक अच्छा साधन है। इस यन्त्र को प्रयोग में लाने के लिए स्लाइडों का ही उपयोग किया जाता है। प्राचीन समय में जब आरम्भ में वस्तुएँ प्रोजेक्ट होकर पर्दे पर चित्रित होकर लोगों को दिखायी गयीं तो उन्हें यह जादू-सा महसूस हुआ। फलस्वरूप इस यन्त्र का नाम "जादुई लालटेन" या 'मैजिक लालटेन' दिया गया। वैज्ञानिक भाषा में इसे डायस्कोप (Diascope) कहा जाता है। इसकी सहायता से जो भी सामग्री प्रदर्शित की जाती है, उसे एक पारदर्शक स्लाइड पर अंकित किया जाता है और फिर उसे दिखाया जाता है। स्लाइड को प्रोजेक्ट करने के लिए एक उपकरण की जरूरत पड़ती है, जिसमें प्रकाश पानी और कारबाइट की प्रक्रिया के फलस्वरूप उत्पन्न होता है। यह प्रकाश गैस बत्ती की तुलना में ज्यादा अच्छा होता है। प्रोजेक्ट चित्रों को प्रदर्शित करने की यह पुरानी विधि है। आजकल के दूसरे प्रोजेक्टर इसी लालटेन के उन्नत रूप हैं।

मैजिक लालटेन (चित्र 3.10) के प्रयोग से पूर्व छात्रों को सम्बन्धित बातें बता दी जानी चाहिए। स्लाइड दिखाते समय भी महत्वपूर्ण बिन्दुओं की व्याख्या की जाती रहनी चाहिए। पर्दे पर स्लाइड तब तक रोके रखें जब तक छात्रों को सभी बातें स्पष्ट न हो जायें।

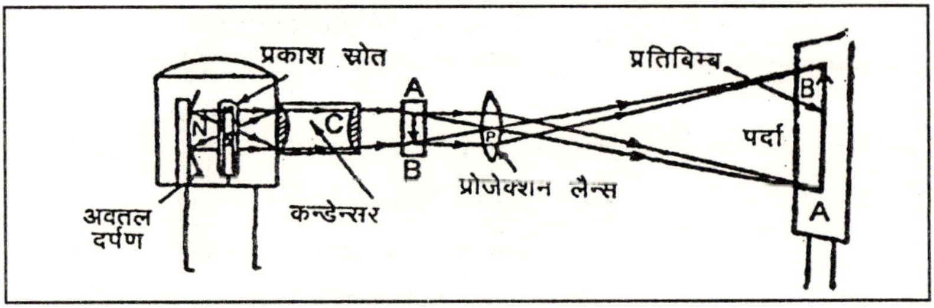

चित्र 3.10: मैजिक लालटेन (Magic Lantern)

इस यन्त्र के उपयोग के पश्चात् वार्तालाप सत्र में छात्रों के साथ चर्चा आयोजित की जानी चाहिए जहाँ छात्रों को शंका-समाधान का अवसर मिल सके। पाठ-पुनरावृत्ति में भी इस उपकरण का उपयोग किया जा सकता है।

मैजिक लालटेन की रचना (Construction): मैजिक लालटेन उपकरण में हल्के वजन का एक धातु का डिब्बा होता है। जिसके अन्दर उचित अन्तर पर बायें से दायें क्रमशः निम्न प्रकार की व्यवस्था की जाती है:

1. *परावर्तक (Reflector)*: प्रायः इसके लिए अवतल दर्पण (Concave mirror) का प्रयोग किया जाता है।

2. *प्रकाश का शक्तिशाली स्रोत (A Strong Source of Light)*: इसके लिए प्रायः 100 से लेकर 200 वॉट का चपटे फिलामेण्ट वाला (Flat filament) विद्युत लैम्प प्रयुक्त किया जाता है।

3. *कण्डेन्सर (Condenser)*: इसके लिए दो समतल उत्तल लैन्स (Double Plano-convex Lens) काम में लाये जाते हैं।

4. *स्लाइड कैरियर* (Slide Carrier): यह स्लाइड रखने के लिए प्रयुक्त किया जाता है।

4

श्रव्य–दृश्य रिकॉर्डिंग उपकरण
(Audio–Visual Recording Instruments)

4.1 श्रव्य–दृश्य रिकॉर्डिंग उपकरणों का अर्थ
(Meaning of Audio-Visual Recording Instruments)

दृश्य–श्रव्य रिकॉर्डिंग उपकरण वे उपकरण है जिनमें विभिन्न प्रकार की ध्वनियाँ जैसे जानवरों या चिड़ियों की आवाजें, महापुरूषों का प्रवचन, प्रसिद्ध कलाकारों तथा बड़े लोगों के भाषण, महान कविताओं की कविताएँ तथा संगीत आदि रिकॉर्ड आदि करके दूसरे व्यक्तियों को सुनायी जा सकती है। इनके बोलने की गति–स्वर का उतार–चढ़ाव, उच्चारण आदि के क्षेत्रों में इनका प्रयोग प्रभावशाली ढंग से किया जाता है।

4.2 दृश्य–श्रव्य रिकॉर्डिंग उपकरणों के प्रकार
(Types of Audio-Visual Recording Instruments)

(1)	(2)	(3)	(4)	(5)
टेपरिकॉर्डिंग (Tape Recorder)	वीडियो कैसेट रिकॉर्डर (Video Cassette Recorder-VCR)	रिकॉर्ड डिस्क प्लेयर (Record Disk Player)	सी.डी. कैम्पैक्ट डिस्क–रिकॉर्डर (CD Compact Disk Recorder)	वीडियो कैमरा (Video Camera)

4.3 टेपरिकॉर्डर (Tape Recorder)

टेपरिकॉर्डर एक ऐसा शैक्षिक माध्यम है जिससे श्रवणेन्द्रिय के माध्यम से शैक्षिक विचारों तथा तथ्यों को रिकॉर्ड कर लिया जाता है तथा छात्रों तक पहुँचाया जाता है।

टेप रिकॉर्डर की शैक्षिक उपयोगिता (Educational Advantages of Tape Recorder)

टेप रिकॉर्डर श्रव्य साधनों में अपना महत्वपूर्ण स्थान रखता है। इसकी शैक्षिक उपयोगिता निम्न प्रकार से देखी जा सकती है:

1. इसकी सहायता से वार्तालाप का अभ्यास, सशक्त अभिव्यक्ति का अभ्यास तथा नाटकीयता की प्रभावशाली विधियों का विकास आसानी से किया जा सकता है। इसमें विद्यार्थी अपने पूर्व शिक्षण (Pre-teaching) के स्तर तथा उत्तर शिक्षण व अभ्यास (Post-teaching and Practice) के स्तर की भाषा सुनकर, उसमें आए सुधार का स्वयं मूल्यांकन कर सकते हैं।

2. टेप रिकॉर्डर भाषा सम्बन्धी मौखिक अभिव्यक्ति के गुणों को विकसित करने में अत्यन्त सहायक सिद्ध हो सकता है। छात्र अपनी बोलचाल सम्बन्धी त्रुटियों को दूर करने में इसकी सहायता ले सकते हैं। छात्र अपनी वार्ता को टेप करके, फिर पुनः सुनकर स्वयं अपनी त्रुटियों का पता लगाकर उन्हें सुधारने का प्रयास कर सकते हैं।

3. उच्चारण सम्बन्धी दोषों को दूर करने में तो इसका प्रयोग बहुत ही प्रभावशाली सिद्ध हुआ है। एक शब्द का उच्चारण बार-बार करके छात्रों को उसके शुद्ध उच्चारण का अभ्यास कराया जा सकता है।

4. इसकी सहायता से देश-विदेश के महान व्यक्तियों के भाषणों तथा विचारों को सुरक्षित रखकर, आवश्यकतानुसार समय-समय पर छात्रों को सुनवाया जा सकता है।

5. कुछ विशेष विषय, जैसे—संगीत, नृत्य, अभिनय आदि सीखने में यह विशेष सहायता करता है।

6. इसका प्रयोग विद्यालय की विभिन्न पाठ्यक्रम सहगामी क्रियाओं का संगठन, संचालन एवं मूल्यांकन करने में सहायता कर सकता है।

7. रिकॉर्डिंग सुविधा के कारण कोई भी अध्यापक अपने शिक्षण कार्य को रिकॉर्ड कर, उसका स्वयं मूल्यांकन कर सकता है।

8. कोई भी वार्ता छात्रों को यदि एक बार सुनकर समझ नहीं आ पाती है तो उसे दुबारा भी सुनवाया जा सकता है।

9. स्कूलों में समय-समय पर आयोजित होने वाले कार्यक्रमों, सम्मेलनों, कार्यशालाओं, विचारगोष्ठियों आदि की कार्यवाही को रिकार्ड करने में इसकी सहायता ली जा सकती है।

10. इसके द्वारा रेडियो तथा दूरदर्शन पर प्रसारित होने वाले कार्यक्रमों को रिकॉर्ड कर सुरक्षित रखा जा सकता है।

11. फिल्म पट्टियों तथा स्लाइडों के लिए व्याख्यात्मक वर्णन (Commentary) तैयार करने में इसकी सहायता ली जा सकती है।

12. सूक्ष्म शिक्षण (Micro-teaching) में टेप रिकॉर्डर सहायता देता है।

13. नाट्यकला सीखने में टेप रिकॉर्डर से बहुत सहायता मिलती है।

14. विदेशी भाषा सीखने में टेप रिकॉर्डर बहुत उपयोगी है।

15. शिक्षण-अधिगम क्रियाओं के गठन एवं मूल्यांकन के लिए टेपरिकॉर्डर का प्रयोग किया जाता है।

16. सेमिनार तथा गोष्ठियों के कार्यक्रमों को रिकॉर्ड करने में सहायता मिलती है।

4.4 टेप रिकॉर्डर का उचित प्रयोग कैसे किया जाए?
(How to Use a Tape Recorder Effectively?)

वैसे तो इसका प्रयोग बहुत सरल है, फिर भी इसका प्रयोग करते समय कुछ विशेष बातों को ध्यान में रखना चाहिए, जो निम्न प्रकार से हैं:

1. टेप रिकॉर्ड में विभिन्न क्रिया निर्देश तथा नियन्त्रण बटन (Control Switches) जैसे चलाओ (Play), रोको (Stop), रिकॉर्ड (Record), आगे बढ़ना (Forward) आदि लगे होते हैं। अध्यापक को इन सभी से पूरी तरह परिचित होना चाहिए।

2. टेप रिकॉर्ड कक्षा में ऐसे स्थान पर रखना चाहिए, जिससे कक्षा के सभी छात्रों को आवाज स्पष्ट सुनाई दे।

3. टेप रिकॉर्ड को हमेशा समतल (Flat) तथा सख्त धरातल (Sturdy Surface) पर उचित स्थिति में रखना चाहिए, जैसे–मेज आदि।

4. जब टेप रिकॉर्ड को चलाया जाए तो शुरू में आवाज धीमी रखें, फिर चलाने वाले बटन (Play Control Switches) की सहायता से आवश्यकतानुसार आवाज को ऊँचा किया जाए। बाद में ध्वनि नियन्त्रण (Tune Control) की सहायता से अनुकूल आवाज को व्यवस्थित किया जा सकता है।

5. किसी भी विषय-वस्तु की रिकॉर्डिंग करते समय गति नियन्त्रण (Volume Control) को दबा देना चाहिए और बोलने वाले को स्पष्ट तथा सशक्त आवाज में विचार व्यक्त करने के लिए कहना चाहिए।

6. टेप रिकॉर्ड का प्रयोग करने से पूर्व छात्रों को मानसिक रूप से तैयार कर लेना चाहिए। सुनवाये जाने वाले विषय पर कुछ वार्तालाप कक्षा में होना चाहिए जिससे बच्चे उस विषय को विस्तार में जानने के लिए उत्सुक हो जाएँ।

7. जिस समय टेप रिकॉर्ड से बच्चों का शिक्षण किया जाए, उस समय छात्रों को किस प्रकार के व्यवहार को प्रदर्शित करना है, इस सम्बन्ध में भी पहले से ही स्पष्ट निर्देश दे देने चाहिए।

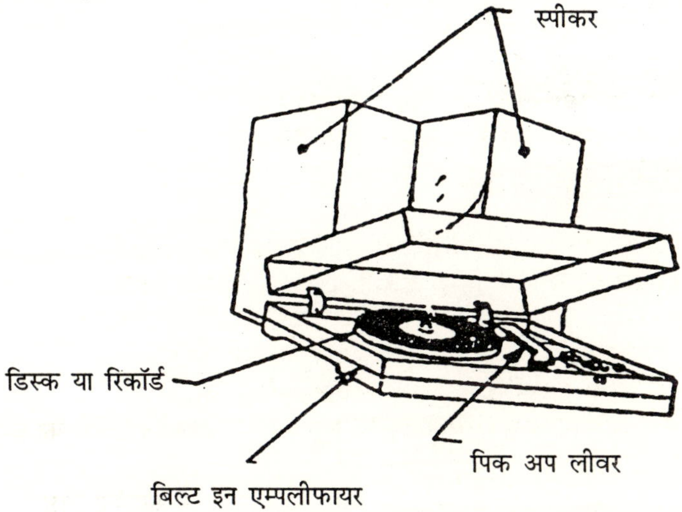

चित्र 4.1: रिकॉर्ड डिस्क प्लेयर (Record Disk Player)

8. टेप रिकॉर्ड का प्रयोग करते समय अध्यापक को भी पूरी तरह से ध्यान रखना चाहिए कि सभी बच्चे ध्यानपूर्वक सुन रहे हैं। अध्यापक को स्वयं भी सावधानीपूर्वक वार्ता को सुनना चाहिए जिससे उसे भी विषय-वस्तु का पूर्ण ज्ञान हो जाए।

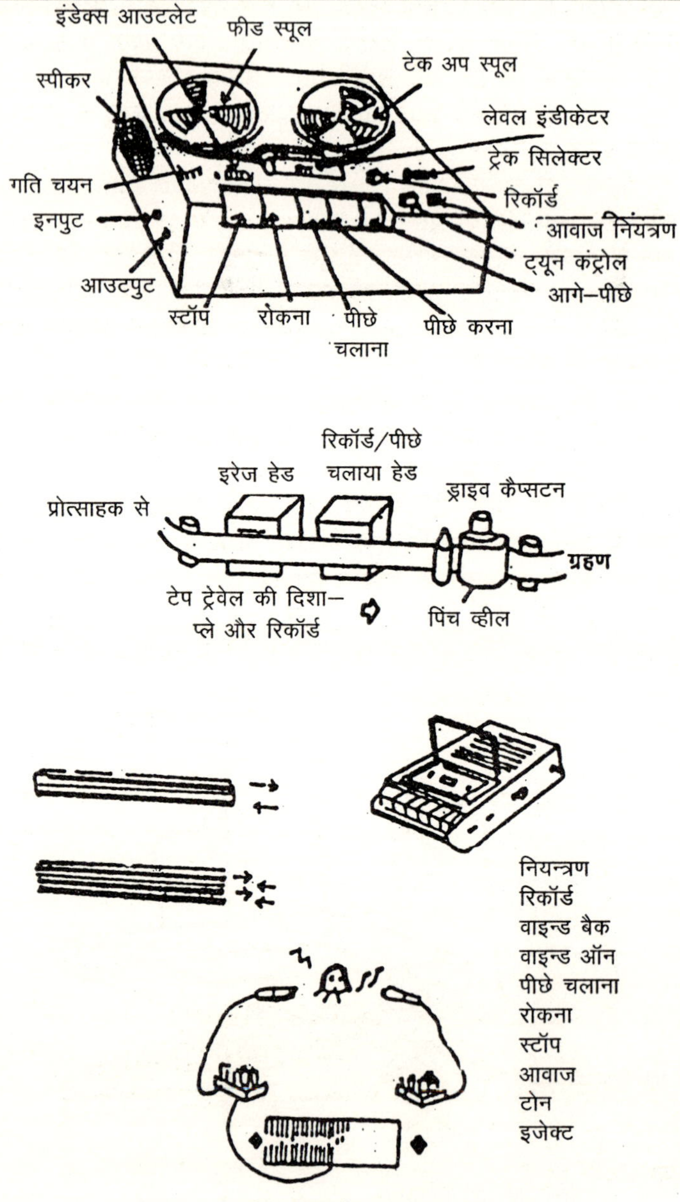

चित्र 4.2: टेप रिकॉर्डर (Tape Recorder)

9. टेप रिकॉर्ड का प्रयोग करने के पश्चात् अध्यापक को परीक्षण द्वारा यह पता लगाना चाहिए कि छात्रों ने विषय-वस्तु को ध्यान से सुना है या नहीं तथा शिक्षण अधिगम उद्देश्यों की प्राप्ति किस सीमा तक हुई है।

10. वार्ता सुनने के पश्चात् टेप रिकॉर्ड में से कैसेट को निकालकर अलग रखना चाहिए। ध्वनि प्रसारक सहित टेप रिकॉर्ड को ठीक ढंग से बन्द करके उचित स्थान पर रखना चाहिए। यह भी ध्यान रखें कि पुनः घुमाव नियन्त्रण (Rewind Control) के द्वारा पूरी टेप फिर से पलट दी जाए, जिससे यदि कभी दोबारा प्रयोग करना पड़े तो परेशानी न हो।

4.5 वीडियो कैसेट रिकॉर्डर तथा वीडियो कैसेट डिस्क (Video Cassette Recorder VCR and Video Cassette Disc VCD)

VCR तथा VCD अन्य सॉफ्टवेयर तकनीकियों के पारस्परिक मेल से निर्मित इस प्रकार के इलैक्ट्रॉनिक उपकरण हैं, जिनसे टेप रिकार्डर की तरह मूल ध्वनियों तथा आवाजों की रिकार्डिग तथा पुनः उत्पादन की ही व्यवस्था नहीं होती, बल्कि इन ध्वनियों तथा आवाजों से जुड़ी हुई वस्तुओं या व्यक्तियों या स्थानों को मूर्त रूप से देखने तथा उनसे सम्बन्धित दृश्यात्मक अनुभवों की भी प्राप्ति होती है। इस प्रकार VCR तथा VCD की सहायता से जब भी तथा जैसे भी हमें घटनाओं के वास्तव रूप में उनके श्रव्य तथा दृश्य दोनों प्रकार के जीवन्त अनुभवों की प्राप्ति होती है।

वीडियो कैसेट रिकॉर्डर की उत्पत्ति (Origin of VCR)

चार्ल्स गिन्वर्ग (Charles P. Ginsberg) के नेतृत्व में कार्यरत ऐम्पेकारेशन, यू.एस. के अनुसन्धानकर्ताओं ने इस उपकरण की खोज की वर्ष 1951 में वीडियो कैसेट द्वारा टेलीविजन कैमरे से सजीव दृश्यों को विद्युत आवेगों से परिवर्तित करके कैसेट की मैग्नेटिक टीप में कैद करने की पहल की गई।

वीडियो टेप/कैसेट (Video Tape/Cassette)

वीडियो टेप पर की गई रिकार्डिंग न केवल मूल आवाजों तथा ध्वनियों को संरक्षित करने का महत्वपूर्ण खजाना है बल्कि इन आवाजों तथा ध्वनियों से जुड़े दृश्यों और दृश्यात्मक अनुभवों का संरक्षण करने का भी खजाना है। इस प्रकार वीडियो टेपों से हमें बोलती-चालती आकृतियों को सुनने और देखने में सहायता मिल सकती है। इन टेपों को स्कूल के पाठ्यक्रम के विभिन्न विषयों के शिक्षण तथा अधिगम के लिए उपयोगी अनुभव प्राप्त करने में सहायता मिलती है।

टेपों के प्रकार (Types of Tapes): बाजार में अनेक प्रकार के टेप उपलब्ध हैं जो विभिन्न आयुवर्ग तथा ग्रेडों के छात्रों की विभिन्न शैक्षिक रुचियों तथा उपयोगिताओं के अनुसार है। मनोरंजन कार्य सम्बन्धी भी कई प्रकार के टेप हैं। कैसेट किराए पर लिए जाते हैं। वीडियो कैसेटों पर की गई रिकॉर्डिंग एक मॉनीटर तथा एक से अधिक मॉनीटरों पर भी की जा सकती है। इससे विभिन्न कक्षाओं में बैठे छात्र भी देख सकते हैं।

4.6 वीडियो कैमरा, वी.सी.आर तथा वी.सी.डी. का संचालन (Opertion of a Video Camera, VCR and VCD)

इन प्रकरणों का संचालन बहुत सरल है। वास्तव में इनका संचालन एक साधारण की तरह है। इनमें संचालन सम्बन्धी इस प्रकार की क्रियाएँ होती हैं:

(i) रोको (Stop), (ii) चलाओ (Play), (iii) रिकॉर्ड (Record), (iv) आगे बढ़ो (Farward) आदि। इनका संचालन ढंग ऑडियो टेप रिकार्डिंग जैसा होता है।

4.7 वी.सी.आर. तथा वी.सी.डी. के शैक्षिक लाभ तथा प्रयोग (Educational Uses of VCR and VCD)

स्कूल में लगभग सभी विषयों में ऊपर लिखित का प्रयोग किया जा सकता है तथा शिक्षण-अधिगम प्रक्रिया को प्रभावी बनाया जा सकता है।

1. *भाषाओं में प्रयोग* (*Use in Languages*): अनेक मूल भाषाओं के रिकॉर्ड प्रयोग में लाए जाते हैं। इसी प्रकार विदेशी भाषाओं के रिकॉर्ड भाषाओं को समझने में बहुत सहायक होते हैं।

2. *साहित्य* (*Literature*): साहित्य में तो रिकॉर्डों का विशेष महत्व है। कवियों ने तो स्वयं द्वारा रचित कृतियों को रिकॉर्ड किया है। प्रसिद्ध अभिनेताओं ने महत्वपूर्ण नाटकों के रिकॉर्ड बनाए हैं।

3. *सामाजिक अध्ययन* (*Social Studies*): सामाजिक अध्ययन में शिक्षक, छात्रों को ऐतिहासिक स्मारकों, सामाजिक रीति-रिवाजों, भौगोलिक तथा ऐतिहासिक स्थानों तथा राजनीतिक व्यवस्थाओं आदि की जानकारी करा सकते हैं।

4. *विज्ञान* (*Science*): विज्ञान के शिक्षक विषय से सम्बन्धित सैद्धान्तिक तथा व्यावहारिक आधारों का समावेश करते हुए अपने विशिष्ट पाठ से सम्बन्धित तथ्यों, प्रक्रियाओं तथा परिणामों को समझाने के लिए रिकॉर्डिंग की सहायता लेते हैं।

5. *कला, हस्तकला एवं शारीरिक शिक्षा में प्रयोग* (*Use in Art, Craft and Physical Education*): कला, हस्तकला तथा शारीरिक शिक्षा आदि में वी.सी.आर. वीडियो कैमरा आदि के माध्यम से शिक्षक अपने विषयों के सिद्धान्तों तथा व्यवहारों के सम्बन्ध में छात्रों को आवश्यक ज्ञान तथा कौशल प्रदान करते हैं।

6. *संगीत* (*Music*): संगीत में रिकॉर्ड्स बहुत उपयोगी सिद्ध होते हैं। त्रुटियों को पहचानने में, जिन्हें छात्र अपने कानों से नहीं पकड़ सकते, रिकॉडरों का प्रयोग किया जाता है।

7. *मूल्य शिक्षा* (*Value Education*): मूल्य शिक्षण में मूल्यों को बढ़ावा देने के लिए रिकॉर्डरों का प्रयोग किया जाता है।

8. *नाट्य-कला* (*Dramatics*): नाट्य-कला के शिक्षक रेडियो कार्यशाला तथा टेलीविजन कार्यशाला के निदेशक ध्वनि रिकॉर्डर का प्रयोग आवाज के परीक्षण और विश्लेषण आदि में करते हैं।

9. *पाठ्य तथा पाठान्तर क्षेत्रों में प्रशिक्षण* (*Training in Curricular and Co-curricular Areas*): रिकॉर्ड किए गए अनुभवों का उपयोग छात्रों को निम्न क्षेत्रों में कौशल सिखाने के लिया किया जा सकता है।

(i) मॉडल बनाना (ii) रेखाचित्र बनाना,(iii) रेखाचित्रीय प्रदर्शन के गणितीय कौशल, (iv) नृत्य, खेल-कूद, कौशल (v) ड्रिल कौशल आदि।

10. *पाठ्य तथा पाठ्यान्तर क्रियाओं के रिकॉर्ड* (*Record of Curricular and Co-curricular Activities*): विद्यालय में अनेक प्रकार की गतिविधियों जैसे-भाषण, गोष्ठियों, सम्मलेनों, वार्षिक उत्सवों, खेल समारोहों के रिकॉर्ड बनाए जाते हैं।

5

दूरदर्शन तथा रेडियो एक शिक्षण साधन के रूप में
(T.V. and Radio as Teaching Aids)

दूरदर्शन सम्प्रेषण संचार क्रिया का एक प्रभाव तथा शक्तिशाली माध्यम है। दूरदर्शन के शैक्षिक कार्यक्रमों की लोकप्रियता बढ़ती जा रही है। दूरदर्शन शिक्षण के प्रयोग को दो प्रकार से बाँटा जा सकता है:

5.1 शैक्षिक दूरदर्शन का स्थान के आधार पर वर्गीकरण (Classification of Educational T.V. on the Basis of Place)

1. खुला परिपथ दूरदर्शन (Open Circuit Television), 2. बन्द परिपथ दूरदर्शन (Closed Circuit Television)।

खुला परिपथ दूरदर्शन: इसका प्रसारण केन्द्र द्वारा वायु के माध्यम से कार्यक्रमों का ग्रहण किया जाता है तथा विभिन्न स्थान को प्रेषित किया जाता है। हमारे देश में सामान्यतया इसी माध्यम से दूरदर्शन का प्रयोग किया जाता है।

बन्द परिपथ दूरदर्शन: बन्द परिपथ दूरदर्शन का प्रयोग उच्च स्तर की शैक्षिक संस्थाओं तक ही सीमित है। यह एक प्रकार से स्थानीय व्यवस्था है जो कि किसी विशेष क्षेत्र में आने वाली एक या अधिक शैक्षिक संस्थाओं तक सीमित है।

5.2 शिक्षा के आधार पर शैक्षिक दूरदर्शन प्रसारण का वर्गीकरण (Classification of Educational T.V. on the Basis of Type of Education)

1. अनौपचारिक शैक्षिक प्रसारण, 2. औपचारिक शैक्षिक प्रसारण।

अनौपचारिक शैक्षिक प्रसारण (Informal Education Broadcast)

इन प्रसारणों का सीधा सम्बन्ध तो स्कूली पाठ्यक्रम से नहीं होता है, परन्तु छात्रों का ज्ञानवर्धन करने में ये प्रसारण बहुत सहायक होते हैं। इन प्रसारणों में नृत्य, नाटक, संगीत, बच्चों के लिए कार्यक्रम, महिलाओं के लिए कार्यक्रम, ग्रामीण भाइयों के कार्यक्रम, देश-विदेश की घटनाओं से सम्बन्धित कार्यक्रम, खेल-जगत से सम्बन्धित कार्यक्रम, सामाजिक विषयों पर कार्यक्रम आदि आते हैं।

औपचारिक शैक्षिक प्रसारण (Formal Education Broadcast)

ये प्रसारण प्रत्यक्ष रूप से शैक्षिक संस्थाओं से सम्बन्धित होते हैं। इस प्रकार के कार्यक्रमों में प्रसारित होने वाले पाठों को विषय-विशेषज्ञों द्वारा तैयार कराया जाता है। ये प्रसारण निम्नलिखित वर्गों के लिए हो सकते हैं: (i) ग्रामीण तथा पिछड़े क्षेत्रों में शैक्षिक सुविधाओं के विस्तार के लिए। (ii) स्कूली छात्रों के पाठ्यक्रम से सम्बन्धित विषयों पर। (iii) स्कूली छात्रों के पाठ्यक्रम के पूरक के रूप में। (iv) विश्वविद्यालयों के छात्रों के पाठ्यक्रम से सम्बन्धित विषयों पर। (v) प्रौढ़ शिक्षा के लिए। (vi) अध्यापकों के प्रशिक्षण के लिए।

5.3 टेलीविजन कार्यक्रम (Television Programme)

- सामान्य शैक्षिक कार्यक्रम (General Educational Programme)
  - (a) स्वास्थ्य सम्बन्धी कार्यक्रम
  - (b) जीवन स्तर उन्नयन सांस्कृतिक कार्यक्रम
  - (c) सामान्य ज्ञान संवर्धन कार्यक्रम
- शैक्षणिक अनुदेशात्मक कार्यक्रम (Instructional Programme)
  - (a) पूर्ण दूरदर्शन शिक्षण
  - (b) पूरक दूरदर्शन शिक्षण
  - (c) दूरदर्शन शिक्षण साधन के रूप में
  - (d) दूरदर्शन अधिकांश शिक्षण संसाधन के रूप में
  - (e) अनौपचारिक दूरदर्शन

5.4 दूरदर्शन के शैक्षिक लाभ (Educational Merits of T.V.)

1. *विभिन्न इन्द्रियों का प्रयोग*: दूरदर्शन पर प्रसारित होने वाले कार्यक्रमों में छात्रों की श्रवण तथा दृश्य दोनों इन्द्रियों का प्रयोग होता है। इस कारण पाठ मनोरंजक, रुचिकर, आकर्षक तथा आसान हो जाते हैं।

2. *एकीकरण*: ये कार्यक्रम अधिगम-प्रक्रिया को सुधारने में बहुत सहायक सिद्ध होते हैं क्योंकि दूरदर्शन पर प्रसारित शिक्षा-कार्यक्रमों में दृश्य-श्रव्य सामग्री तथा उपकरणों की पूर्ण योजना, क्रमिक प्रस्तुतीकरण और एकीकरण सम्मिलित होता है।

3. *मितव्ययी*: दूरदर्शन एक ही समय में लाखों विद्यार्थियों को शिक्षा देता है। इस कारण यह एक मितव्ययी साधन है।

4. *विस्तृत जानकारी*: चूँकि दूरदर्शन पर जो भी कार्यक्रम प्रसारित किए जाते हैं वे विशेषज्ञों द्वारा तैयार किए जाते हैं, इसलिए ये कार्यक्रम छात्रों को विषय की विस्तृत तथा गहन जानकारी प्रदान करने में सहायता करते हैं।

5. *अनेक छात्रों का एक ही समय में अध्ययन*: दूरदर्शन की सहायता से एक ही समय में अधिक से अधिक छात्रों को शिक्षा प्रदान की जा सकती है।

6. *शिक्षा का दूर-दराज क्षेत्रों में प्रसार*: दूरदर्शन-कार्यक्रम दूरदराज क्षेत्रों में भी प्रसारित किए जाते हैं, इस प्रकार इन क्षेत्रों में रहने वाले लोग विस्तृत जानकारी प्राप्त कर सकते हैं।

7. *अध्यापक के कौशलों का विकास*: दूरदर्शन कार्यक्रम को देखकर अध्यापक भी अपने अध्ययन-कौशलों को सुधारने के लिए मार्गदर्शन प्राप्त कर सकते हैं।

8. *विशिष्ट व्यक्तियों से सम्पर्क*: दूरदर्शन पर छात्र उच्च स्तर के कलाकार, संगीतज्ञ, खिलाड़ी, उच्च कोटि के वैज्ञानिक, शिक्षाशास्त्री, समाज-सुधारक तथा अपने-अपने क्षेत्र के विशिष्ट व्यक्तियों के विचार और कार्य को सुन व देख सकते हैं। अत: उनकी यह समीपता छात्रों के लिए मनोवैज्ञानिक तथा शैक्षिक रूप से अत्यन्त लाभदायक सिद्ध होती है।

9. *विभिन्न स्थलों का ज्ञान*: छात्र स्कूल में बैठे-बैठे संसार के विभिन्न स्थलों की सैर कर लेते हैं।

10. *राष्ट्रीय एकता*: छात्र विभिन्न देशों व प्रदेशों का रहन-सहन, वेशभूषा, नृत्य, संगीत तथा भाषा आदि के कार्यक्रमों से समान लाभ प्राप्त कर सकते हैं।

11. *ग्रामीण क्षेत्रों में प्रसार*: साधनहीन दूर स्थित ग्रामीण क्षेत्रों में पढ़ने वाले छात्र दूरदर्शन द्वारा प्रसारित कार्यक्रमों से समान लाभ प्राप्त कर सकते हैं।

12. *शैक्षिक समस्याओं का समाधान*: दूरदर्शन के शैक्षिक कार्यक्रमों के माध्यम से शिक्षा की विभिन्न समस्याओं, जैसे—अध्यापकों का अभाव, भवनों की कमी, सामग्री का पर्याप्त मात्रा में उपलब्ध न होना आदि के हल होने में सहायता मिलती है।

13. *समुदाय केन्द्र*: दूरदर्शन स्कूलों को समुदाय की कुछ गतिविधियों का केन्द्र बनाने में भी सहायता कर सकता है।

5.5 दूरदर्शन कार्यक्रमों की सीमाएँ (Limitations of T.V. Programmes)

1. बिना सरकारी अनुदान के दूरदर्शन की व्यवस्था करना सामान्यत: शैक्षिक संस्थाओं के लिए कठिन है।

2. दूरदर्शन के खराब हो जाने पर इसकी मरम्मत के लिए किसी विशेषज्ञ की आवश्यकता पड़ती है तथा इस पर काफी व्यय होता है।

3. दूरदर्शन-प्रसारण दिखाने के लिए एक बड़े कमरे या हॉल की आवश्यकता होती है, परन्तु स्थान के अभाव के कारण यह सुविधा अनेक शैक्षिक संस्थानों में उपलब्ध नहीं हो पाती। इस कारण छात्र पास से कार्यक्रम देखते हैं जिससे उनके नेत्रों पर बहुत जोर पड़ता है और दृष्टि-दोष होने का भय बना रहता है।

4. प्राय: शैक्षिक संस्थाओं में दूरदर्शन पर प्रसारित होने वाले कार्यक्रमों को दुहराया नहीं जा सकता।

5. दूरदर्शन एक तरफा (One way) सम्प्रेषण है। छात्र अध्यापक से प्रश्न नहीं पूछ सकते।

6. दूरदर्शन शिक्षण में छात्र प्राय: निष्क्रिय रहते हैं।

7. दूरदर्शन शिक्षण से वर्ष का कोर्स पूरा नहीं हो सकता है।

5.6 दूरदर्शन का शिक्षण में प्रयोग करने की उचित व्यवस्था (Proper Arrangement for the Use of T.V. in Education)

1. अध्यापक को चाहिए कि दूरदर्शन पर प्रसारित होने वाले कार्यक्रमों की सूची बना ले।

2. दूरदर्शन-प्रसारण दिखाने से पहले अध्यापक अपने-आपको पूर्ण रूप से तैयार कर ले ताकि आवश्यकता पड़ने पर छात्रों की समस्याओं का समाधान किया जा सके।

3. दूरदर्शन-कार्यक्रम दिखाने से पहले अध्यापक द्वारा छात्रों को उचित निर्देश दे दिए जाने चाहिए ताकि छात्र आवश्यकतानुसार महत्वपूर्ण बिन्दुओं पर विशेष ध्यान दे सके।

4. दूरदर्शन-कार्यक्रम दिखाने से पूर्व यह निश्चित कर लिया जाए कि दूरदर्शन सैट ठीक प्रकार से कार्य कर रहा है।

5. दूरदर्शन-प्रसारण से पहले कमरे अथवा हॉल के भौतिक वातावरण का निरीक्षण कर लेना चाहिए ताकि छात्र प्रसारण-कार्यक्रम से पूरा-पूरा लाभ उठा सकें।

6. दूरदर्शन उपकरण इस प्रकार रखा जाए कि सभी छात्र ठीक प्रकार से देख सकें तथा सुन सकें।

7. दूरदर्शन-प्रसारण के अवसर पर उचित अनुशासन होना चाहिए।

8. छात्रों को उचित दिशा निर्देश दिये जाएं जिससे वे महत्वपूर्ण बिन्दु पर नोट ले सकें।

9. अध्यापक स्वयं भी प्रसारण-कार्यक्रम को सावधानी से देखें।

10. प्रसारण-कार्यक्रम होने के पश्चात् कक्षा में अध्यापक के निर्देशन में उस कार्यक्रम पर चर्चा की जानी चाहिए। छात्रों की पाठ सम्बन्धी शंकाओं का समाधान भी अध्यापक को करना चाहिए।

11. प्रसारित कार्यक्रम के गुण-दोषों के बारे में सम्बन्धित वर्गों को सूचित किया जाए ताकि अगले प्रसारण-कार्यक्रमों में सुधार किया जा सके।

5.7 शैक्षिक दूरदर्शन तथा अध्यापक (Educational T.V. and the Teacher)

शैक्षिक टेलीविजन के क्षेत्र में शिक्षक की विशेष भूमिका होती है। सर्वप्रथम शिक्षक को विभिन्न पत्र-पत्रिकाओं अथवा दूरदर्शन केन्द्रों से आवश्यक सामग्री प्राप्त करके सभी शैक्षिक कार्यक्रमों की जानकारी प्राप्त करनी चाहिए। यह जानकारी वह अपने छात्रों को दे। तत्पश्चात् मनोवैज्ञानिक रूप से शैक्षिक प्रसारण देखने के लिए छात्रों को प्रेरित करे तथा उनके देखने के लिए छात्रों की आयु, मानसिक स्तर आदि का ध्यान रखे। शिक्षक को कार्यक्रम आने से पूर्व टेलीविजन सैट पहले एक बार चलाकर देखना चाहिए, यदि उसमें कोई खराबी है तो ठीक करा लेनी चाहिए। तभी सैट को कक्षा में लाना चाहिए। छात्रों के बैठने का स्थान भी निर्धारित किया जाना चाहिए। प्रसारण के समय पूर्ण अनुशासन होना चाहिए। कार्यक्रम से सम्बन्धित प्रमुख बिन्दु पहले छात्रों को स्पष्ट करने चाहिए। उसे यह भी देखना चाहिए कि आवश्यकतानुसार छात्र नोट्स लेते रहें। प्रसारण के समय भी छात्रों के अनुशासन पर एक नजर रखनी चाहिए, साथ ही उनके बैठने के ढंग पर भी ध्यान देना चाहिए।

प्रसारण कार्यक्रम के पश्चात् प्रसारण विषय पर छात्रों के साथ विचार-विमर्श किया जाना चाहिए और छात्रों की शंकाओं का समाधान होना चाहिए। शैक्षिक प्रसारण में रह गए तथ्यों को अपनी वार्ता से पूरा करना चाहिए।

शैक्षिक प्रसारण छात्रों के लिए प्रभावशाली तो बन सकता है, परन्तु शिक्षक का स्थान नहीं प्राप्त कर सकता।

तालिका 5.1: सभी स्तरों पर शैक्षिक दूरदर्शन तथा अध्यापकों के कार्य
(Educational Television (ETV) at All Stages and the Role of the Teacher)

अध्यापक द्वारा प्रसारण सम्बन्धी तैयारी करना	*प्रस्तुतीकरण की अवस्था में अध्यापक के कार्य*	*प्रसारण सम्बन्धी अनुवर्ती कार्य*
(i) प्रसारण केन्द्रों से सम्बन्धित सभी मुद्रित सामग्री प्राप्त करना। (ii) प्रसारित होने वाले कार्यक्रमों की सूची से अवगत होना। (iii) छात्रों को दूरदर्शन से लाभ प्राप्त करने के लिए शैक्षिक तथा मनोवैज्ञानिक तौर पर भली प्रकार तैयार करना। (iv) दूरदर्शन कक्ष में भौतिक सुविधाओं तथा साधनों की व्यवस्था करना।	(i) दूरदर्शन को ठीक प्रकार से चलाना ताकि आवाज तथा आकृति स्पष्ट हो। (ii) कक्षा में प्रसारण समय में अनुशासन बनाए रखना। (iii) छात्रों को संक्षिप्त रूप में नोट्स लेने अथवा चित्र आदि के लिए कहना।	(i) प्रसारण कार्यक्रम के तुरन्त पश्चात् छात्रों को नोट्स अथवा स्केचों की कमी को पूरा करने के लिए कहना। (ii) छात्रों के साथ प्रसारण पर विचार-विनिमय करना। (iii) प्रत्येक छात्र की शंका का निवारण करना। (iv) छात्रों को प्रसारण कार्यक्रम में देखे गए प्रयोगों के लिए क्रियात्मक कार्य करने का अवसर देना। (v) मूल्यांकन करना। (vi) प्रसारण में छूट गई बातों की जानकारी देना।

5.8 बन्द परिपथ दूरदर्शन–क्लोज्ड सर्किट टेलीविजन (Closed Circuit Television—CCTV)

साधारणतः टेलीविजन प्रसारण में शैक्षिक कार्यक्रम पहले स्टूडियो में रिकॉर्ड किया जाता है, फिर ट्रान्समीटर द्वारा रिले किया जाता है। टी.वी. रिसीवर एण्टीना के द्वारा प्रसारित कार्यक्रमों को प्राप्त कर टेलीविजन पर दिखाया जाता है। क्लोज्ड सर्किट टेलीविजन (बन्द परिपथ दूरदर्शन) में प्रसारण, केवल कक्षाओं/स्कूल भवन तक सीमित रहता है इसीलिए इसे क्लोज्ड सर्किट टेलीविजन कहा जाता है। इसमें प्रसारण रिले के को-एक्सिल केबिल द्वारा टी. वी. सैट या मॉनीटर तक आता है। ये कार्यक्रम या तो सीधे ही प्रसारित होते हैं या पहले से रिकॉर्ड करके फिर प्रसारित किये जाते हैं। इनका उद्देश्य केवल पूर्ण निश्चित प्रकरणों पर कार्यक्रम प्रसारित करना होता है। इस तरह के प्रसारण में माइक्रोवेव का सीमित प्रयोग किया जाता है, इसीलिए इसका प्रसारण भी किसी विशेष स्थान तथा दर्शकों तक सीमित रहता है।

शिक्षक-प्रशिक्षण के क्षेत्र में छात्राध्यापकों के शिक्षण में सुधार हेतु यह अत्यन्त सक्षम साधन है। मेडिकल कॉलेजों में विशेष ऑपरेशन प्रक्रिया प्रदर्शित करने के लिए यह एक सशक्त उपकरण है।

C.C.T.V. की विशेषताएँ (Characteristics of CCTV)

1. C.C.T.V. के प्रयोग से अनुदेशन का विस्तार क्षेत्र बढ़ जाता है।

2. शैक्षिक संस्थाओं में जिन वस्तुओं या प्रक्रियाओं का प्रदर्शन सभी छात्र एक साथ नहीं देख पाते, C.C.T.V. के माध्यम से ये प्रदर्शन सभी छात्रों को एक साथ दिखाये जा सकते हैं और उनकी बारीकियों को सरलता से समझाया जा सकता है।

3. C.C.T.V. के माध्यम से शैक्षिक संस्थाएँ अपनी-अपनी सारणी के अनुसार शिक्षण प्रक्रिया समावेशित कर सकती हैं।

4. अच्छे शिक्षकों के पाठ प्रदर्शन C.C.T.V. के माध्यम से कई कक्षाओं तथा अन्य शैक्षिक संस्थाओं तक पहुँचाए जा सकते हैं जिससे शिक्षा व शिक्षण का स्तर ऊँचा किया जा सकता है।

विकसित देशों में तो C.C.T.V. (चित्र 5.1)का शैक्षिक कार्यक्रमों में बहुत प्रयोग किया जाता है, परन्तु भारत जैसे विकासशील देश में इसका बहुत ही कम प्रयोग हो रहा है।

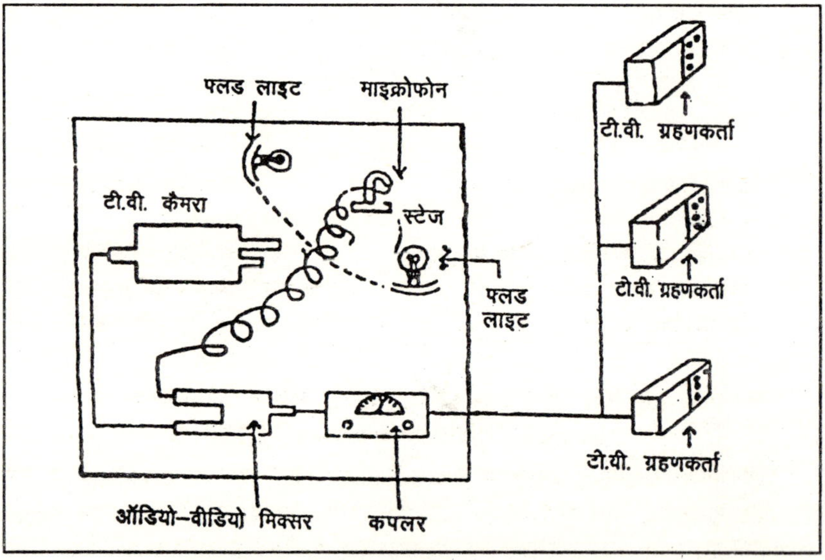

चित्र 5.1: साधारण सर्किट टी.वी. सिस्टम
(Simple Closed Circuit T.V. System)

5.9 भारत में शैक्षिक दूरदर्शन प्रसारण (E.T.V. in India)

1. रेडियो तथा टेलीविजन लगभग पिछले पाँच दशकों से हमारे देश में शिक्षा-प्रणाली के विकास के लिए काम में लाया जा रहा है।

2. पहली बार 1961 में दिल्ली के स्कूलों में टेलीविजन का प्रयोग किया गया था। बाद में इस योजना का मुम्बई, चेन्नई और श्रीनगर के दूरदर्शन-केन्द्रों ने अनुकरण किया। ये केन्द्र प्रायः मध्य स्तर और उसके ऊपर के बच्चों के लिए ही प्रसारण करते हैं। लेकिन उनमें से कुछ प्राथमिक स्कूलों के लिए भी काम करते हैं।

3. सुदूर ग्रामीण क्षेत्रों प्राथमिक स्तर के अधिकतम बच्चों तक इन कार्यक्रमों को पहुँचाने के लिए पहली बार 1975-76 में टेलीविजन का बड़े पैमाने पर प्रयोग किया गया। उसके लिए सैटेलाइट प्रशिक्षण टेलीविजन परीक्षण (एस.आई.टी.ई.) के समय एक अमरीकी सैटेलाइट–ए.टी.सी.-6 की सहायता ली गई थी। यह परीक्षण एक वर्ष तक चलता रहा। इससे छः राज्यों–आन्ध्र प्रदेश, बिहार, कर्नाटक, मध्य प्रदेश, उड़ीसा और राजस्थान के बीस जिलों के 2330 गाँवों के बच्चों को लाभ हुआ। स्कूलों में उन बच्चों द्वारा प्रतिदिन बीस मिनट का कार्यक्रम टेलीविजन पर देखा गया। 1975 में दशहरे की छुट्टियों में बारह दिन तक सैटेलाइट का प्राथमिक स्कूलों के शिक्षकों को विज्ञान में प्रशिक्षित करने के लिए प्रयोग किया गया। उसमें चौबीस हजार से भी अधिक शिक्षकों ने भाग लिया। 1975 की गर्मी की छुट्टियों में वही प्रशिक्षण अन्य शिक्षकों को भी दिया गया।

उक्त परीक्षण के बाद जयपुर, रायपुर और मुजफ्फरपुर में स्थित ग्राउण्ड ट्रांसमीटरों की सहायता से कुछेक स्कूलों के लिए ये कार्यक्रम प्रसारित किये जाते रहे।

4. अप्रैल, 1982 में भारतीय राष्ट्रीय सैटेलाइट (इन्सेट) की स्थापना की गई। उसकी सहायता से प्राथमिक शिक्षा के स्तर को सुधारने के लिए टेलीविजन का बड़े पैमाने पर प्रयोग किया जा रहा है। शैक्षिक टेलीविजन सेवा आन्ध्र प्रदेश और उड़ीसा से आरम्भ की गई थी। बाद में उसका महाराष्ट्र, गुजरात, उत्तर प्रदेश और बिहार में विस्तार किया गया। इन राज्यों के कुछ चुने हुए जिलों के स्कूलों के लिए भारत सरकार ने छः हजार से अधिक टेलीविजन उपलब्ध कराये हैं।

5. अक्टूबर, 1974 के मध्य से शैक्षिक टेलीविजन कार्यक्रम अधिक शक्तिशाली तथा कम शक्तिशाली प्रेषित्रों की सहायता से उक्त छः राज्यों तथा हिन्दी-भाषी राजस्थान और मध्य प्रदेश में भी प्रसारित किये जा रहे हैं। इन प्रसारण-क्षेत्रों में आने वाले अन्य स्कूलों के लिए राज्य सरकारें अतिरिक्त सामुदायिक टेलीविजन का प्रबन्ध कर रही हैं। अब देश में लगभग 200 टेलीविजन प्रेषित्र हैं। उनसे सत्तर प्रतिशत जनता इन प्रसारणों को देख सकती है।

6. केन्द्रीय शैक्षिक प्रौद्योगिकी संस्थान, नई दिल्ली तथा राज्य शैक्षिक प्रौद्योगिकी संस्थान अनेक प्रकार के शैक्षिक कार्यक्रम तथा सामग्री का निर्माण कर रहे हैं, जिन्हें विभिन्न भाषाओं में प्रयोग किया जा रहा है।

7. शैक्षिक टेलीविजन योजना के अन्तर्गत प्राथमिक स्कूलों में रंगीन टी.वी. सेट, रेडियो तथा कैसेट प्लेयर बड़े पैमाने पर वितरित किए जा रहे हैं।

8. विश्वविद्यालय अनुदान आयोग (UGC) तथा इन्दिरा गाँधी राष्ट्रीय मुक्तविद्यालय (IGNOU) अनेक प्रकार के दूरदर्शन शैक्षिक कार्यक्रम प्रसारित कर रहे हैं।

5.10 पाठों का वर्गीकरण (Classification of Lessons)

तीन प्रकार के पाठः ज्ञान पाठ (Knowledge Lesson), कौशल पाठ (Skill Lesson) तथा रसानुभूति अथवा भावात्मक पाठ (Appreciation Lesson)।

5.11 रेडियो शैक्षिक साधन के रूप में (Radio as a Teaching Aid)

एक महान विद्वान श्री.आर.जी.रेनॉल्ड ने रेडियो की शिक्षण-प्रक्रिया में उपयोगिता बताते हुए लिखा है, "रेडियो शिक्षा का बहुत ही महत्वपूर्ण साधन है।" कक्षा शिक्षण के

पूरक के रूप में इसकी सीमाएँ बहुत बढ़ जाती हैं। इसकी शिक्षण सम्भावनाएँ स्कूल दिवस के पाँच या छः घण्टे तक ही सीमित नहीं है। यह प्रातः काल से रात तक उपलब्ध रहता है। रेडियो द्वारा प्रदत्त शैक्षिक तथा सांस्कृतिक उपहार दूर स्थित समुदायों के प्रौढ़ों तथा बालकों को संसार के कला और ज्ञान के उत्तम भण्डार से परिचित कराता है। किसी दिन शैक्षिक उपकरण के रूप में इसका प्रयोग इतना सामान्य हो जायेगा जितना कि पाठ्य-पुस्तकों तथा ब्लैकबोर्ड का है।

रेडियो प्रसारण के मुख्य लाभ (The Main Advantages of Radio Broadcasts)

रेडियो द्वारा शैक्षिक प्रसारण के मुख्य लाभ नीचे दिये जा रहे हैं:

1. स्कूली पाठ्यक्रम में कई पाठ अथवा विषय-इतने कठिन होते हैं कि उन्हें आसानी से विद्यार्थियों को समझाया नहीं जा सकता है, इस प्रकार के पाठों को रेडियो प्रसारण से सुगमता से समझाया जा सकता है। छोटा परिवार, सुखी-परिवार, दहेज प्रथा, घर की स्वच्छता जैसे विषयों को रेडियो नाटक द्वारा रुचिकर ढंग से प्रस्तुत किया जा सकता है।

2. रेडियो प्रसारण द्वारा गम्भीर से गम्भीर विषयों की ओर छात्रों को आसानी से आकर्षित किया जा सकता है। रेडियो प्रसारण में वास्तव में शिक्षा का सशक्त साधन सिद्ध हाने की क्षमता है क्योंकि ये प्रसारण एक ओर तो शिक्षा को यथार्थ जीवन अनुभवों से जोड़ते हैं और दूसरी ओर स्वस्थ मनोरंजन का आनन्द प्रदान करते हैं।

3. रेडियो के द्वारा प्रसिद्ध विचारकों, विद्वानों, लेखकों, विषय-विशेषज्ञों, शिक्षाशास्त्रियों के विचार, भाषण, बातचीत, वाद-विवाद आदि को सुनने के अवसर छात्रों को प्राप्त होते हैं। इनसे छात्रों के विचार-भण्डार में वृद्धि और विकास होता है। छात्रों की विचार-शक्ति का भी विकास होता है।

4. जनसंचार माध्यम के रूप में रेडियो एक कम खर्चीला साधन है। एक ही समय में लाखों छात्र विभिन्न स्कूलों तथा स्थानों पर रहने वाले, इसके द्वारा प्रसारित होने वाले कार्यक्रमों से लाभान्वित हो सकते हैं। नयी योजनाएँ जैसे खुला (मुक्त) विश्वविद्यालय, खुला स्कूल, पत्राचार शिक्षा तथा दूरगामी शिक्षा आदि को क्रियान्वित करने के लिए यह एक किफायती, सरल तथा प्रभावशाली साधन सिद्ध हो सकता है। रेडियो प्रसारण पर होने वाला व्यय इसकी उपयोगिता की तुलना में बहुत ही कम है।

5. मानवीय तथा भौतिक सामग्री की कमी के कारण शिक्षा के क्षेत्र में जिन समस्याओं का सामना करना पड़ता है, उनका समाधान करने में रेडियो प्रसारण पूरी तरह से समर्थ है।

6. छात्रों की संख्या दिन-प्रतिदिन बढ़ती जा रही है। शैक्षिक पाठ्यक्रम विस्तृत होते जा रहे हैं। अच्छी पाठ्य-पुस्तकों, सुनियोजित शैक्षिक कार्यक्रमों, उपयुक्त शैक्षिक साधनों तथा अनुभवी तथा योग्य अध्यापकों का अभाव है। ऐसी स्थिति में रेडियो द्वारा प्रसारित किये जाने वाले शैक्षिक कार्यक्रम ही सीखने-सिखाने की प्रक्रिया को प्रभावी बना सकते हैं।

7. रेडियो प्रसारण कक्षा-शिक्षण के पूरक के रूप में बहुत सहायक है। इससे छात्रों के सामान्य ज्ञान-विज्ञान में वृद्धि होती है।

8. रेडियो प्रसारण द्वारा छात्रों में पर्यावरण तथा सामाजिक जागरुकता बढ़ती है। छात्रों में प्रजातन्त्र के मूल्यों के प्रति आस्था उत्पन्न करने में रेडियो प्रसारण सहायक होते हैं।

9. प्रौढ़ शिक्षा तथा अनौपचारिक शिक्षा में रेडियो प्रसारण का विशेष महत्व है।

रेडियो प्रसारण के अधिकतम उपयोग के उपाय (Making the Best Use of Radio Broadcasts)

वांछित परिणामों को प्राप्त करने के लिए रेडियो प्रसारण के कार्यक्रमों की उचित व्यवस्था करना बहुत आवश्यक है। इस सम्बन्ध में निम्नलिखित बातें काफी सहायक सिद्ध हो सकती हैं:

1. अध्यापकों को विभिन्न आकाशवाणी केन्द्रों द्वारा प्रकाशित होने वाली कार्यक्रम सम्बन्धी पत्रिका तथा अन्य सामग्री से भली-भाँति परिचित होना चाहिए ताकि प्रसारित होने वाले कार्यक्रमों की पूरी जानकारी मिल सके।

2. अध्यापकों को अपने पाठों को रेडियो पाठों से एकीकृत करने के लिए पाठों के प्रसारण से पहले पूरी योजना बना लेनी चाहिए।

3. अध्यापक को स्वयं भी पाठ ध्यान से तथा रुचिपूर्वक सुनना चाहिए ताकि वह प्रसारण के उपरान्त छात्रों की समस्याओं का समाधान कर सके।

4. रेडियो सेट कक्षा में ऐसे स्थान पर रखा जाना चाहिए जिससे सभी छात्रों को उसकी आवाज स्पष्ट सुनाई दे।

5. कमरे की सारी परिस्थितियाँ अनुकूल होनी चाहिए। बाहर से किसी प्रकार का शोर नहीं आना चाहिए।

6. प्रसारण के समय अनुशासन पर ध्यान दिया जाए ताकि छात्र पूरे ध्यान से उसे सुन सकें।

7. प्रसारण से पूर्व रेडियो सेट का ठीक ढंग से परीक्षण कर लिया जाए और यह निश्चित किया जाए कि उसकी ध्वनि स्पष्ट है।

8. सभी छात्रों को प्रसारण के विषय, समय व तिथि की पूर्व-सूचना अवश्य दी जानी चाहिए।

9. पाठ प्रसारित होने से पूर्व छात्रों को मनोवैज्ञानिक व शैक्षिक दोनों रूपों में यथासम्भव तैयार करना चाहिए। प्रसारित होने वाले पाठ से सम्बन्धित पूर्व ज्ञान प्रसारण होने से पहले ही छात्रों को दे दिया जाए ताकि छात्रों में नवीन ज्ञान को प्राप्त करने की उत्सुकता जागृत हो जाए और वे मानसिक रूप से उसे ग्रहण करने के लिए तैयार हों।

10. रेडियो प्रसारण पाठों को प्रभावपूर्ण बनाने में अनुवर्ती कार्यक्रम का अपना महत्व है। प्रसारण के उपरान्त छात्रों के साथ पाठ-सम्बन्धी वार्तालाप अवश्य करना चाहिए। रेडियो द्वारा प्रसारित कार्यक्रम का जो अंश छात्रों को स्पष्ट न हो सका हो, अध्यापक द्वारा पुनः उसे समझाया जाए। छात्रों की शंकाओं का उसे निवारण करना चाहिए।

6

कम्प्यूटर, प्रकार तथा कार्य
(Computer, Types and Functions)

6.1 कम्प्यूटर का कमाल (Wonders of Computer)

संसार के किसी भी कोने में एक कमरे के अंदर बैठकर पुस्तकालय, चिड़ियाघर तथा संग्रहालय आदि देखने की कल्पना करें तथा उन स्थानों पर कैसे पहुँचा जाए, इसकी जानकारी लीजिए। संसार के दूसरे भाग में बैठे व्यक्ति से बातचीत करने की कल्पना कीजिए। आप या कोई भी परस्पर एक-दूसरे की बातचीत को देख सकता है। आधुनिक संसार में यह सब कम्प्यूटर प्रौद्योगिकी के द्वारा ही संभव हुआ है।

कम्प्यूटर अब ज्यादा से ज्यादा उन्नत हो रहा है तथा वह अलग-अलग उद्देश्यों, जैसे–संप्रेषण, विज्ञापन, उद्योग, प्रकाशन, शिक्षण-अधिगम, अनुसंधान, चिकित्सा इत्यादि जैसे क्षेत्रों में प्रयोग हो रहा है।

विद्यालयी शिक्षा में कम्प्यूटर का प्रभाव बहुरूपीय तथा क्रांतिकारी होने जा रहा है।

शिक्षा के क्षेत्र में यह सभी कार्यविधियों को प्रभावित करता जा रहा है। यही नहीं, इसमें कुछ पूर्णतः अप्रत्याशित दृश्यों तथा तथ्यों को भी सम्मुख लाने की क्षमता है।

6.2 अबाकस से सुपर कम्प्यूटर्स (Abacus to Super Computers)

1. अबाकस (Abacus): गिनने को सुविधाजनक बनाने के लिए आज से करीब तीन हजार वर्ष पूर्व अबाकस का प्रयोग प्रारम्भ हुआ। विश्व में अबाकस का प्रयोग किस देश में हुआ, इस पर अभी मतभेद है। कुछ लोग चीन को इसकी जन्मस्थली मानते हैं तो कुछ लोग मैसोपोटामिया को तो कुछ लोग यूनान को। अबाकस लकड़ी का चौखटा होता है जिसमें समान दूरी पर कुछ सलाइयाँ या तार समानान्तर रूप में लगे रहते हैं। प्रत्येक सलाख या तार में पाँच या उससे अधिक मनके होते हैं। इन मनकों को एक तरफ सरकाकर जोड़ने या भाग देने की क्रिया की जाती है। इसमें सुधार कर वर्तमान में एक तरफ दो तथा दूसरी तरफ पाँच मनके रखे जाते हैं। जिधर दो मनकों का मूल्य 5 के गुणक में तथा जिधर पाँच मनके होते हैं उन मनकों का मूल्य एक के गुणक में होता है। आगे एक अबाकस का नमूना प्रस्तुत है:

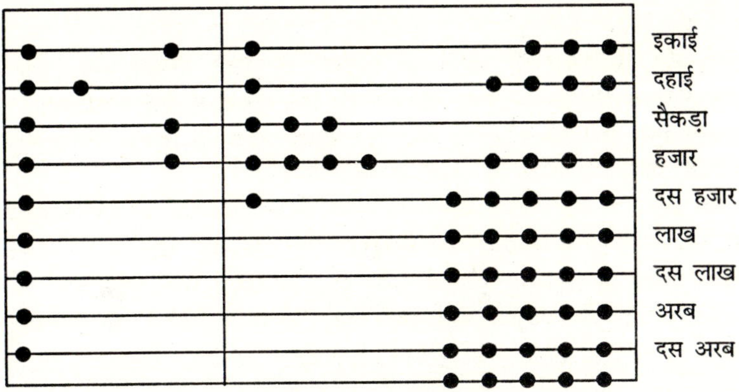

चित्र 6.1: अबाकस

उपरोक्त चित्र में दिया गया अबाकस 19817 की संख्या प्रदर्शित कर रहा है।

2. नेपियर बोन्स (Napier Bones): स्काटिश गणितज्ञ जोन नेपियर ने हाथी दाँत की ग्यारह छड़ें लीं तथा उन पर अंक लिखे। दी हुई संख्या की छड़ों को पास-पास रखकर नेपियर ने जोड़ना, घटाना, भाग देना तथा गुणा करना सरल बनाया। नेपियर ने ही बाद में लॉगरिथ्म (Logarithm) पद्धति का विकास किया। किन्तु यह दोनों ही विधियाँ काफी जटिल तथा थकाने वाली सिद्ध हुईं, अतः अधिक प्रचलित नहीं हो पाई।

3. पास्कल का गणना यन्त्र (Pascal's Calculator): फ्रांस के ब्लेस पास्कल (Blaise Pascal) ने सर्वप्रथम यांन्त्रिक कैलकुलेटर का निर्माण किया। इसमें कुछ गीयर्स, दाँतेदार पहिए तथा चक्करों का प्रयोग किया गया। यह यंत्र सरल था इसलिए खूब प्रचलित हुआ।

पास्कल का अनुकरण करते हुए सन् 1677 में जर्मनी के प्रो. लिबनित्ज (Leibnitz) ने अपना यन्त्र बनाया जिसमें कैलकुलेटर के कुछ अंकों को दाईं या बाईं ओर सरकाया (Shift) जा सकता था।

4. डिफरेन्स इंजन (Difference Engine): सन् 1823 ई. में चार्ल्स बाबेज (Charles Babbage) ने सर्वप्रथम आधुनिक कम्प्यूटर के आधार का काम करने वाले यंत्र का विकास किया। इसका 'डिफरेन्स इंजन' दिया गया। यह 20 डिजिट्स तक की सारण की सही गणना करने की शक्ति रखता था। अपने डिफरेन्स इंजन की सफलता से उत्साहित होकर बाबेज ने 1833 में एनालाइटीकल इंजन का विकास किया। इसमें आगत, निर्गत, नियंत्रण, गणना तथा मेमोरी की व्यवस्था थी। इस प्रकार यहीं से आधुनिक कम्प्यूटर का सूत्रपात माना जा सकता है। बाबेज की छात्रा लेडी अडा लवलेस (Lady Ade Lovelace) ने बाइनरी नम्बर प्रणाली का विकास कर कम्प्यूटर जगत में क्राँति ला दी। लेडी लवलेस को हम प्रथम प्रोग्रामर कह सकते हैं।

इसके पचास वर्षों के बाद सन् 1880 ई. को डॉ. हरमन हॉलरिथ (Dr. Herman Hollrith) ने कम्प्यूटर विकास की दिशा में एक इलेक्ट्रिक यंत्र बनाया जिसने पंच कार्ड (Punch Card) की सहायता से गणनाएँ करना सरल बनाया।

बीसवीं सदी में इलेक्ट्रिक वाल्व के प्रयोग ने कम्प्यूटर के विकास में और भी अधिक सहायता की। इस प्रकार के वाल्वों की सहायता से पहला कम्प्यूटर सन् 1946 ई. में एनीयक नाम से अमरीका में बना। यह कम्प्यूटर एक सेकंड में पाँच हजार जोड़ या तीन सौ पचास गुणा-भाग की संक्रियाएँ करने की क्षमता रखता था। इसके उपरांत इलेक्ट्रिक वाल्वों के आधार पर विश्व में अनेक कम्प्यूटर बने।

सन् 1958 ई. में इंटीग्रेटेड चिप बनाया गया जिसने कम्प्यूटर जगत में तहलका मचा दिया। चिप के प्रयोग ने कम्प्यूटरों को आधुनिक रूप दिया। इसी समय डाट मैट्रिक्स प्रिंटर भी बनने प्रारम्भ हो गए सन् 1974 में इंटेल (Intel) नामक चिप बनी। इंटेल के प्रयोग से कम्प्यूटर और भी उपयोगी बने। इसके बाद 1976 में मॉनीटर का विकास हुआ। कालान्तर में प्लेटिम बनाया गया। इसका आज चौथा संस्करण (Version) उपलब्ध है। इसके उपयोग ने कम्प्यूटर के लिए नाना प्रकार के प्रोग्रामों के विकास में सहायता दी है। इसके क्षेत्र को व्यापकता दी है, गति बढ़ाई है तथा आकार को अत्यंत छोटा करके इसे सुविधाजनक बनाया है।

6.3 सम्प्रेषण तकनीक के विकास का इतिहास
(History of Development of Communication Technology)

इसमें कोई संदेह नहीं कि सम्प्रेषण तकनीक के विकास का प्राचीन इतिहास है। यद्यपि इस तकनीक का प्रचलन बहुत ही सीमित था। महाभारत काल में हस्तिनापुर में बैठे हुए संजय द्वारा कुरूक्षेत्र युद्ध में होने वाली गतिविधियों का विवरण महाराज धृतराष्ट्र को दिया गया। इसे इतिहास में कई इतिहासकारों ने कोरी कल्पना की संज्ञा दी।

500 ई.पू. मिस्त्र में अंकगणम (Abacus) का प्रयोग प्रारम्भ हुआ। परंतु 500 ई.पू. तथा 1600 शताब्दी के बीच इस प्रकरण में कुछ हुआ हो, इसका उल्लेख नहीं के बराबर है।

यहाँ पर संक्षेप में सम्प्रेषण तकनीकी के विकास का क्रम दिया जा रहा है।

6.4 कम्प्यूटर का संक्षिप्त परिचय
(Brief Introduction to Computer)

कम्प्यूटर शब्द की उत्पत्ति के कम्प्यूट (Compute) शब्द से हुई है। इसका अर्थ है गणना करना। प्रारंभिक काल में कम्प्यूटर का उपयोग मात्र गणनात्मक कार्यों के लिए होता था, किंतु सूचना क्रांति के कारण वर्तमान काल में कम्प्यूटर के बहुआयामी प्रयोग हैं। "कम्प्यूटर वह मशीन है जो निर्देशित प्रोग्राम द्वारा नियंत्रित कोडेड सूचना (डेटा) पर कार्य करती है।" कम्प्यूटर वास्तव में एनालॉग अथवा डिजीटल मशीन ही है। एनालॉग कम्प्यूटर में किसी भौतिक विधि या राशि को इलेक्ट्रॉनिक परिपथों की सहायता से विद्युत संकेतों में अनुरूपित किया जाता है, जबकि अंकीय (Digital) कम्प्यूटर सभी प्रकार की सूचनाओं को द्विआधारी (0 अथवा 1) पद्धति में बदलकर अपना कार्य करते हैं। यह सभी प्रकार की गणनाएँ जोड़कर करते हैं। तीसरे प्रकार के संकर कम्प्यूटर (Hybrid Computer) में अंकीय एवं एनालॉग कम्प्यूटर की विशेषताओं का फायदा उठाया जाता है। इसका उपयोग स्वचालित उपकरणों में बहुतायत से किया जाता है। संकर कम्प्यूटर का प्रयोग एक सहायक कम्प्यूटर के रूप में किया जाता है जो कि मुख्य यन्त्र के किसी भी हिस्से में

छिपाकर लगा दिया जाता है। आज कम्प्यूटर की दुनिया में डिजिटल कम्प्यूटर का ही बोलबाला है।

6.5 कम्प्यूटर के विकासक्रम का इतिहास (Computer's Development History)

1614 ई. – गणितज्ञ जॉन नेपियर ने लघुगणक का आविष्कार किया।

1642 ई. – ब्लेज पास्कल ने कैलकुलेटर 'पास्कल लाइन' का निर्माण किया जिससे जोड़ एवं घटाव किया जा सकता था।

1666 ई. – गॉटफ्रीड लीबनित्ज ने कम्प्यूटर सिद्धांत का प्रथम नियम प्रतिपादित किया।

1672-1674 ई. – गॉटफ्रीड लीबनित्ज ने अपने प्रथम कैलकुलेटर 'द स्टैप्स रेकनर' का निर्माण किया। इस कैलकुलेटर से गुणा और भाग भी किया जा सकता था।

1679 ई. – लीबनित्ज ने संकेत पद्धति के द्विवर्णी तंत्र का विकास किया जिसका प्रयोग आज भी कम्प्यूटरों में होता है।

1820 ई. – प्रथम वृहद् स्तर पर प्रयोग किए जाने वाले कैलकुलेटर 'अर्थोमीटर' का चार्ल्स थॉमस डि कोल्मर द्वारा विकास हुआ।

1822 ई. – चार्ल्स वैबेज ने लघुगणकों की गणना के लिए 'डिफेंस मशीन' की प्रथम प्रतिकृति का विकास किया।

1833 ई. – चार्ल्स वैबेज ने 'एनालिटिकल मशीन' की प्रथम डिजाइन तैयार की। इस डिजाइन को आधुनिक कम्प्यूटरों का पूर्ववर्ती माना जाता है।

आई.बी.एम., बेल टेलीफोन और स्पेरी-रैंड ने व्यावसायिक कम्प्यूटरों का उत्पादन आरंभ किया।

1950 ई. – इकेर्ट और मऊचली ने EDVAC (इलेक्ट्रॉनिक डिस्क्रीट वैरीएवल ऑटोमेटिक कम्प्यूटर) का विकास किया जिसमें संग्रहण के लिए चुम्बकीय डिस्क का प्रथम बार प्रयोग किया गया।

1951 ई. – व्यावसायिक रूप से उत्पादित 'फेरण्टी मार्क 1' नामक कम्प्यूटर का निर्माण हुआ।

1953 ई. – प्रथम उच्च गति के प्रिंटर का निर्माण।

1956 ई. – प्रथम बार 'आर्टीफिशियल इण्टेलीजेंस' शब्द का प्रयोग।

दूसरी पीढ़ी के कम्प्यूटरः ट्रांजिस्टर्स (Second Stage of Development of Computers: Transistors)

1958 ई. – कण्ट्रोल डेटा कॉर्पोरेशन ने 'CDC 1604' नामक कम्प्यूटर का निर्माण किया जिसमें पूर्णतया ट्रांजिस्टरों का प्रयोग किया गया था। अमेरिका के जैक किल्बी और रॉबर्ट नॉयसे ने प्रथम इण्टीग्रेटेड सर्किट का निर्माण किया।

1960 ई. – डिजीटल इक्विपमेंट कॉर्पोरेशन (DDC) द्वारा विकसित व्यावसायिक

कम्प्यूटर में की-बोर्ड और मॉनीटर का प्रयोग किया गया। आँकड़े संग्रह करने के लिए हटाई जा सकने वाली चुम्बकीय डिस्क का प्रयोग हुआ।

तीसरी पीढ़ी के कम्प्यूटरः इंटीग्रेटेड सर्किट (Third Stage of Development Computer : IC)

1963 ई. – डिजीटल इक्विपमेंट कॉर्पोरेशन ने प्रथम मिनी कम्प्यूटर का निर्माण किया। बेल पॉवर कम्पनी ने इलेक्ट्रॉनिक कैलकुलेटर का निर्माण किया।

1965 ई. – आई.बी.एम. ने प्रथम इंटीग्रेटेड सर्किट कम्प्यूटर का विपणन किया। डार्टमाउण्ट कॉलेज, अमेरिका के जॉन केमेनी और थॉमस कुट्र्ज ने कम्प्यूटर भाषा BASIC (बिगनर्स ऑल परपज सिम्बोलिक इंस्ट्रक्शन कोड) का आविष्कार किया। प्रथम सुपर कम्प्यूटर 'कण्ट्रोल डेटा CD 6600' का विकास।

1969 ई. – इंटरनेट के प्रथम भाग 'APRANET' को सैन्य कार्यों के लिए स्थापित किया गया।

1970 ई. – डेटा संग्रह के लिए फ्लॉपी डिस्क का विकास हुआ।

1971 ई. – प्रथम माइक्रोप्रोसेसर 'इंटेल 4004' का विकास और प्रथम इलेक्ट्रॉनिक पॉकेट कैलकुलेटर का विकास हुआ।

1973 ई. – जीरॉक्स द्वारा हाथ से पकड़े जाने वाले माउस का विकास जिसके द्वारा कम्प्यूटर को निर्देश दिए जा सकते हैं। ऐसे 'बिट मैप्ड' मॉनीटर का विकास जिस पर बेहतर तरीके से ग्रॉफिक्स दर्शाये जा सकते थे।

1975 ई. – प्रथम पी.सी. (पर्सनल कम्प्यूटर) 'MITS एल्टएयर 8800' का विपणन जिसकी शक्ति 256 बाइट्स थी। क्रे-1 सुपर कम्प्यूटर का निर्माण जो प्रति सेकंड 10 करोड़ गणना कर सकता था।

1977 ई. – बिल गेट्स व पॉल एलेन ने माइक्रोसॉफ्ट कॉर्पोरेशन की स्थापना की।

1984 ई. – एप्पल ने मैकिंटोश कम्प्यूटरों की बाजार में बिक्री प्रारंभ की। अमेरिका के विभिन्न विश्वविद्यालयों को सूचना उपलब्ध कराने के लिए इंटरनेट की शुरूआत।

1985 ई. – 1.2 अरब गणना करने वाले क्रे-2 सुपर कम्प्यूटर का विकास।

1988 ई. – प्रथम ऑप्टिकल माइक्रोप्रोसेसर जिसमें बिजली की जगह प्रकाश का प्रयोग होता है, का विकास।

1989 ई. – ऐसी सिलिकॉन चिप का विकास जो 20 करोड़ डॉलर अक्षर संग्रहित कर सकती थी।

1990 ई. – माइक्रोसॉफ्ट कॉर्पोरेशन द्वारा विण्डोज 3 का विकास।

1991 ई. – ऐसे समानान्तर सुपर कम्प्यूटर का विकास जो प्रति सेकंड 9.03 अरब गणना कर सकता था।

1992 ई. – फिलिप्स ने CD-T (कॉम्पैक्ट डिस्क एंटरेक्टिव) का विकास किया, जिसके द्वारा घरेलू उपभोक्ता मल्टीमीडिया का उपयोग कर सकते थे।

1993 ई. – इंटेल ने पेण्टियम चिप का विकास किया जिसमें 31 लाख ट्रांजिस्टर लगे थे। जापान की फूजित्सू कम्पनी ने 256 मेगाबाइट वाली चिप का विकास किया।

1995 ई. – माइक्रोसॉफ्ट द्वारा विण्डोज 95 का विकास।

1998 ई. – माइक्रोसॉफ्ट द्वारा विण्डोज 98 का विकास।

2000 ई. – माइक्रोसॉफ्ट द्वारा विण्डोज 2000 का विकास।

2003 ई. – माइक्रोसॉफ्ट द्वारा विण्डोज 100 का विकास। एप्पल द्वारा सबसे तेज काम करने वाले पी.सी. 'पावर मैक जी. 5' का विकास।

6.6 कम्प्यूटर संरचना (Parts of a Computer)

कम्प्यूटर की बनावट के लिए निम्न चित्र देखें–

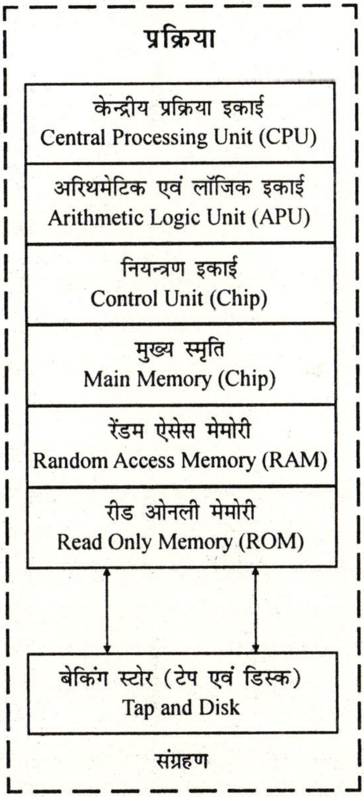

चित्र 6.1: कम्प्यूटर के आधारभूत तत्व (Basic Elements of Computer)

कम्प्यूटर हार्डवयेर (Hardware) उपागम है। इसमें जो कार्य होता है उसके लिए सॉफ्टवेयर (Software) उपागम का प्रयोग किया जाता है। यह अनुदेशन का कार्य प्रभावशाली ढंग से करता है।

6.7 कम्प्यूटर के प्रमुख भाग (Main Parts of a Computer)

1. अदा (Input) भाग में की-बोर्ड (Key-board) होता है जिससे आँकड़ों तथा विवरणों को कम्प्यूटर की प्रक्रिया भाग में प्रेषित किया जाता है।

2. प्रक्रिया (Process) भाग में अनुदेशन की आवश्यकतानुसार आँकड़ों की गणना तथा विवरण अंकित किया जाता है। यह कम्प्यूटर का मध्य भाग या केन्द्रीय भाग कहलाता है जो क्रियाशील रहता है तथा आँकड़ों एवं विवरणों को व्यवस्थित रखता है।

3. प्रदा (Output) भाग में आँकड़ों तथा विवरणों के मध्य हुई प्रक्रिया को सम्पादित कर परिणाम प्रस्तुत किया जाता है।

6.8 कम्प्यूटर के समस्त भाग (All Parts of a Computer)

(i) केन्द्रीय प्रक्रिया यूनिट (Central Processing Unit)
(ii) कैबिनेट (Cabinet)
(iii) अदा इकाई (Input Unit)
(iv) की-बोर्ड (Key-board)
(v) प्रदा इकाई (Output Unit)
(vi) विजुअल डिस्प्ले मॉनीटर (Visual Display Monitor)
(vii) डिस्क संचालक (Disk Drives)
(viii) फ्लॉपी डिस्क ड्राइव (Floppy Disk Drive)
(ix) विनचेस्टर डिस्क ड्राइव (Winchester Disk Drive)

6.9 कम्प्यूटर की प्रमुख भाषाएँ (Main Languages of Computer)

कम्प्यूटर प्रोग्रामिंग में सम्प्रेषण के लिए अनेक भाषाओं का प्रयोग किया जाता है। उनमें प्रमुख हैं–FORTRAN, COBOL, BASIC, PASCAL ADA, ALGOL तथा LISP आदि।

6.10 कम्प्यूटर के हार्डवेयर तथा सॉफ्टवेयर (Hardware and Software of a Computer)

कम्प्यूटर पर अनेक प्रकार के कार्य किए जा सकते हैं। कम्प्यूटर से कोई भी काम कराने के लिए हमें दो तत्वों की आवश्यकता होती है। ये तत्व इस प्रकार हैं–

1. **हार्डवेयर:** कम्प्यूटर के कलपुर्जों, मशीनों आदि को हार्डवेयर कहा जाता है। हार्डवेयर को हम आँखों से देख सकते हैं। हाथों से छू सकते हैं। टर्मिनल, सी.पी.यू. (Central Processing Unit), प्रिन्टर, हार्ड डिस्क, फ्लापी ड्राइव आदि कम्प्यूटर के हार्डवेयर हैं।

2. **सॉफ्टवेयर:** सॉफ्टवेयर उन प्रोग्रामों को कहा जाता जिनको हम हार्डवेयर पर चलाते हैं तथा जिनके द्वारा हमारे सारे काम किए जाते हैं। बिना सॉफ्टवेयर के कम्प्यूटर से कोई काम करा पाना असम्भव हैं।

सॉफ्टवेयर मुख्यत: दो प्रकार के होते हैं:

1. सिस्टम सॉफ्टवेयर (System Software)
2. एप्लीकेशन सॉफ्टवेयर (Aplication Software)

6.11 हार्डवेयर (Hardware)

कम्प्यूटर में सामान्यतः पाये जाने वाले हार्डवेयर को हम चार वर्गों में विभक्त कर सकते हैं:

(A) आगत उपकरण (Input Devices)

(B) निर्गत उपकरण (Output Devices)

(C) केन्द्रीय संगणक इकाई (Central Processing Unit—CPU)

(D) मेमोरी (Memory)

नीचे इनका संक्षिप्त परिचय प्रस्तुत है–

(A) आगत उपकरण (Input Devices)

कम्प्यूटर में सामान्यतः निम्नांकित आगत उपकरण होते हैं। ये उपकरण अपने-अपने ढंग से सूचनाएँ सी.पी.यू. को प्रदान करते हैं:

1. की-बोर्ड (Key-board)
2. माउस (Mouse)
3. स्कैनर (Scanner)
4. लाइट पेन (Light Pen)
5. ट्रैक बाल (Track Ball)
6. जॉय स्टिक (Joy Stick)
7. टेबलेट (Tablate)

1. *की-बोर्ड (Key-board)*

कम्प्यूटर के लिए 'की-बोर्ड' बड़ा महत्वपूर्ण होता है। यह विभिन्न प्रकार के निर्देश कम्प्यूटर को देता है। यह टाइपराइटर के की-बोर्ड के समान ही होता है किन्तु इसमें टाइपराइटर की 'की' से कहीं अधिक 'की' होती हैं। टाइपराइटर में जो 'की' होती हैं, उनके अलावा कम्प्यूटर में पेज अप, पेज डाउन, होम, डिलीट की, मोडीफायर कीज (Shift, Ctrl तथा Alt), एण्टर की, प्रिन्ट की, स्क्रोल की, कर्सर कंट्रोल की, होम की, एण्ड की, एस्केप की तथा 10 या 12 फंक्शन (Function Keys) आदि है।

कम्प्यूटर की कुछ प्रमुख कीज (Keys)

1. *एस्केप की* (Esc): यह 'की' सामान्यतः सबसे ऊपर बाईं ओर के कोने में होती है। इस 'की' का प्रयोग एकदम पहले कराई गई एण्ट्री या दिए गए कमाण्ड को रद्द कराने के लिए किया जाता है।
2. *फंक्शन की (Function Key)*: ऊपर F_1 से लेकर F_{12} तक फंक्शन कीज होती हैं। अलग-अलग प्रोग्रामों में इनके अलग-अलग कार्य होते हैं। जैसे–अक्षरों के साइज बड़ा कराना, छोटा करना आदि-आदि। DOS में F_3 जो कार्य करेगी वह दूसरे प्रोग्रामों में F_3 के कार्य से भिन्न होगा।
3. *टाइपराइटर की (Typewriter Key)*: ये 'की' एक सामान्य टाइपराइटर में पाई जाने वाली 'की' के समान ही होती है। इनमें अक्षर की, संख्या की तथा विरामादि चिन्हों से संबंधित की होती है।

4. *कर्सर कंट्रोल की* (*Cursor Control Key*): ये चार 'की' एक समूह होता है जिन पर →, ←, ↑ तथा ↓ के चिह्न लगे रहते हैं। इनकी सहायता से हम कर्सर के स्क्रीन पर ऊपर, नीचे, दाएँ तथा बाएँ ले जाने का कार्य करते हैं।
5. *कर्सर करैक्टर की* (*Cursor Character Key*): कम्प्यूटर में चार कर्सर करैक्टर कीज होती है–Home, End, PgUp, PgDn। इनमें Home 'की' के दबाने से कर्सर टाइप हो रही लाइन के बिल्कुल प्रारंभ में आ जाता है तथा End 'की' दबाने से पंक्ति में कर्सर अन्तिम अक्षर के बाद आ जाता है। PgUp दबाने से पहले वाला पेज तथा PgDn दबाने से अगले पेज को पटल पर लाया जाता है।
6. *कैप लॉक* (*Cap Lock*): इसके दबाने से अक्षर कैपिटल रूप में पटल पर आते हैं। यह जब तक दबा रहेगा तब तक अक्षर कैपिटल ही आते रहेंगे।
7. *शिफ्ट की* (*Shift Key*): इसके दबाने से भी कैपिटल अक्षर टाइप होते हैं।
8. *न्यूमेरिक की पैड* (*Numeric Key Pad*): की-बोर्ड के दाईं ओर ये कुछ की होती हैं जिन पर 0 से लेकर 9 तक की संख्याएँ होती हैं। यदि हम ऐसा कार्य कर रहे हैं जिसमें संख्याओं की अधिक आवश्यकता है तो इन 'की' से कार्य लेना सुविधाजनक रहता है। किसी-किसी 'की' के यहाँ एक से अधिक कार्य भी हो सकते हैं। उदाहरण के लिए Alt को दबाकर 0228 दबाया जाए तो हिन्दी में उससे 'क्त' बनेगा।
9. *एण्टर की* (*Enter Key*): इसे दबाने से नई पंक्ति या नया पैराग्राफ शुरू होता है। इसके बार-बार दबाने से नया पैराग्राफ या लाइन उतनी ही नीचे चली जाती रहेगी।
10. *डिलीट की* (*Delete Key*): इस 'की' को दबाने से पटल पर जो कुछ भी टाइप किया है वह मिट जाता है।

उपरोक्त 'की' के अलावा कम्प्यूटर में कुछ विशेष कार्यों के लिए Ctrl तथा Alt की भी होती है। इन्हें विशेष कार्यों के लिए दूसरी 'की' के साथ दबाना पड़ता है। उदाहरण के लिए, पेजमेकर 6.5 में टाइप करते-करते यदि हम Ctrl + 2 दबा दें तो अक्षर बड़े दिखाई देंगे और Ctrl + 1 दबा दें तो छोटे।

इनके अलावा टाइपराइटर की ही भाँति कम्प्यूटर में भी टैब (Tab) तथा बैक स्पेस (Back Space) की होती है।

2. माउस *(Mouse)*

आधुनिक कम्प्यूटरों में माउस एक महत्वपूर्ण आगत उपकरण है। इसका संबंध एक तार द्वारा सी.पी.यू. से होता है। यह हथेली के नीचे रखा जाता है जिसके आगे के भाग के दाईं और बाईं ओर को दबाने योग्य बटन होते हैं। इसकी सहायता से हम कम्प्यूटर को विभिन्न प्रकार के निर्देश देते हैं।

कम्प्यूटर पटल पर हमें कर्सर एक तीर (↑) के रूप में दिखाई देता है। माउस की सहायता से हम कर्सर को समुचित पर ले जाकर हथेली के अँगूठे वाली तरफ से बटन को दबाएँ तो कम्प्यूटर तदनुसार कार्य प्रारंभ कर देगा। उदाहरण के लिए, यदि उसे Start पर क्लिक करें तो कम्प्यूटर हमें स्टार्ट के संबंध में सूचना देगा। सूचनाओं में एक सूचना

Programme की होगी। यदि हम कर्सर को Programme पर ले जाकर क्लिक करें तो हमारे कम्प्यूटर में जितने भी प्रोग्राम फीड हैं, उनकी सूचना आ जाएगी। यदि वांछित प्रोग्राम/उदाहरण के लिए Coral पर कर्सर ले जाकर Coral के सब-प्रोग्रामों की सूचना पटल पर आ जाएगी। इनमें फिर Coral Draw पर कर्सर ले जाकर क्लिक करें तो कोरल ड्रा प्रोग्राम कार्य करने के लिए उपलब्ध हो जाएगा।

3. *स्कैनर (Scanner)*

स्कैनर भी एक आगत उपकरण है जो कम्प्यूटर में सूचनाओं का प्रेषण सीधे ही कर देते हैं। इसके लिए की-बोर्ड तथा माउस के द्वारा कम्प्यूटर को सूचनाएँ देने की आवश्यकता नहीं होती है। इसकी सहायता से कोई भी रेखाचित्र, आकृति, फोटो चित्र आदि कम्प्यूटर को अपने मूल रूप में प्रेषित किए जा सकते हैं।

स्कैनर दो प्रकार के होते हैं: (1) ऑप्टीकल स्कैनर (Optical Scanner) तथा (2) मैग्नेटिक इंक करैक्टर रीडर (Magnetic Ink Character Reader—MICR).

4. *लाइट पेन (Light Pen)*

कम्प्यूटर को सूचनाएँ तथा निर्देश देने का एक उपकरण लाइट पेन (Light Pen) है। लाइट पेन से सीधे ही हम मॉनीटर पटल पर कुछ भी अंकित कर सकते हैं। इससे पटल पर न कोई खरोंच आती है और न बाद के लिए कोई निशान ही बचता है। किंतु लाइट पेन से काम करने के लिए कम्प्यूटर में कुछ अतिरिक्त व विशेष चीजों की आवश्यकता होती है।

5. *ट्रैक बाल (Track Ball)*

माउस के नीचे चारों ओर घूमने वाली एक बड़ी गोली (Ball) होती है। जब माउस को इधर-उधर घुमाते हैं तो वह गोली भी घूमती है। गोली के घूमने से पटल का कर्सर भी तदनुसार घूमता है। इसी सिद्धांत पर यह ट्रैक बाल का कार्य करता है। ऐसा लगता है मानों उल्टा रख दिया है और बाल ऊपर आ गया है। इस बाल को हम अँगुलियों की सहायता से इधर-उधर घुमाकर कर्सर की दिशा तय कर सकते हैं।

6. *ज्वॉय स्टिक (Joy Stick)*

कम्प्यूटर में ज्वॉय स्टिक मुख्य रूप से कम्प्यूटर गेम के लिए काम आता है। यह भी माउस के समान ही काम करता है।

ज्वॉय स्टिक में ऊपर व नीचे दो बाल (Ball) होती हैं तथा एक हत्था (Handle) होता है। हत्थे के ऊपरी सिरे में एक पुश बटन होता है। हत्थे को दाएँ-बाएँ तथा आगे-पीछे घुमाकर तथा बटन दबाकर मॉनीटर पटल पर माउस के समान ही सूचनाएँ दी जा सकती हैं। अलग-अलग कम्पनियों के ज्वॉय स्टिक का आकार अलग-अलग प्रकार का होता है।

7. *टैबलेट (Tablet)*

टैबलेट एक छोटे आकार (8" × 6" × 1") का एक पैड होता है जिस पर स्टारस (Styrus) पेन से जो कुछ अंकित किया जाता है वह सीधे मॉनीटर पटल पर आ जाता है। चित्र, ड्रांइग आदि का कार्य करने के लिए उपयोगी है।

ध्वनि आगम प्रणाली (Voice Input System)

कम्प्यूटरों को उपरोक्त वर्णित उपकरणों से सूचना तथा निर्देश देना समय-साध्य तथा कठिन कार्य है। इससे मुक्ति दिलाने के लिए कम्प्यूटर वैज्ञानिक इस प्रयास में हैं कि मनुष्य बोले तथा उसकी ध्वनि के आधार पर कम्प्यूटर कार्य करे। आज इस कार्य में उन्हें सफलता भी मिल गई है। अब मनुष्य कम्प्यूटर में विशेष उपकरण लगवाकर कार्य कर सकता है। उदाहरण के लिए, टाक राइटर (Talk Writer) 6000 शब्दों को 95 प्रतिशत् शुद्धता के साथ सुन व समझ सकता है तथा निर्देशों का पालन कर सकता है। इनके अतिरिक्त पर्यावरण, तापमान, गति, कम्पन आदि के संबंध में सूचनाएँ ग्रहण करने तथा उन्हें प्रदर्शित करने के लिए ट्रान्सड्यूक्स (Transducs), सीसीडी (CCD) कैमरा तथा ऑप्टीक्राम (Opticram) का प्रयोग अब किया जाने लगा है।

6.12 निर्गत उपकरण (Output Devices)

कम्प्यूटर को जो सूचनाएँ तथा निर्देश दिया जाता है। उनके अनुसार कम्प्यूटर ने क्या कार्य किया है इसको जानने के लिए कम्प्यूटर हमारे पास विविध माध्यमों से सूचनाएँ तथा गणनाएँ आदि प्रेषित करता है। इनको प्रेषित करने के उपकरण ही निर्गत (Output) उपकरण कहलाते हैं। इन उपकरणों को हम चार वर्गों में विभक्त कर सकते हैं:

1. प्रिंटर्स (Printers)
2. मॉनीटर पटल (Monitor Screen)
3. प्लाटर (Plotter)
4. ध्वनि (Voice)

इन चारों का ही संक्षिप्त विवरण प्रस्तुत है:

1. प्रिंटर्स (Printers): कम्प्यूटर को जो भी सूचनाएँ तथा निर्देश दिए गए हैं उनके आधार पर तैयार सामग्री को कम्प्यूटर प्रिंटर से प्रिंट करके हमें देते हैं। कम्प्यूटर पर जो भी डॉक्यूमेंट हमने सूचनाओं तथा निर्देशों के आधार पर तैयार किया है उसे ज्यों का त्यों प्रिंटर से प्रिंट करके देता है। इससे हमें अक्षर, संख्याएँ, रेखाचित्र, डिजाइन कुछ भी प्राप्त हो सकता है। प्रिंटर सामान्यत: तीन प्रकार के होते हैं:

(i) डॉट मैट्रिक्स (Dot Matrix)
(ii) इंक जेट (Ink Jet)
(iii) लेजर (Laser)

इनका संक्षिप्त परिचय निम्न है–

(i) *डॉट मैट्रिक्स प्रिंटर्स* (*Dot Matirx Printers*): डॉट मैट्रिक्स डेजी ह्वील (Daisy Wheel) तथा इंक जेट (Ink Jet Printers) को हम करैक्टर प्रिंटर्स (Character Printers) के वर्ग में रखते हैं क्योंकि ये एक समय में एक ही अक्षर टाइप करते हैं। डेजी ह्वील में एक पहिया होता है जो तेजी से घूमता है तथा जो अक्षर टाइप होना होता है उसके सामने पहिए पर लगी सलाई जैसे ही सामने आती है, पीछे से एक हथौड़ानुमा यंत्र उस पर चोट करता है। फलत: रिबन पर वह अक्षर छप जाता है। यह एक ही आकार के अक्षर टाइप कर पाता है। इसमें सुधार करते हुए 70 के दशक में डॉट मैट्रिक्स प्रिंटर्स का विकास हुआ। इनसे प्रिंटिग तेज तथा स्पष्ट होती है तथा अक्षरों का आकार भी छोटा-बड़ा किया जा

सकता है। इसमें एक प्रिंट हेड होता हे जिस पर छोटी-छोटी पिन (Pins) होती है। कुछ प्रिंट हेड पर 9 पिनों की 11 पंक्तियाँ होती हैं तो कुछ में 24 पिन जितनी अधिक होंगी, प्रिंटिंग उतनी ही तीव्र व अच्छी होगी। इन पिनों पर रिबन के ऊपर चोट देने से बिन्दुओं के द्वारा अक्षर बनते हैं। ये प्रिंटर सामान्यत: 100 अक्षर से 1200 अक्षर प्रति सेकेंड प्रिंट कर सकते हैं। आजकल बाजार में अनेक कम्पनियों के डॉट मैट्रिक्स प्रिंटर्स उपलब्ध हैं।

(ii) *इंक जेट प्रिंटर्स (Ink Jet Printers)*: डॉट मैट्रिक्स तथा डेजी ह्वील में प्रहार के द्वारा प्रिंटिंग होती है, इसलिए ये प्रिंटिंग करते समय आवाज करते हैं। प्रहार के कारण इनसे कार्बन प्रति प्राप्त की जा सकता है। इसके स्थान पर इंक जेट में पिन या सलाइयाँ न होकर उनके स्थान पर बहुत ही पतले टाइप (Jet) होते हैं। इनमें स्याही भरी रहती है। प्रिंटिंग के समय इन पाइपों से छोटी-छोटी बूँदों के रूप में फुहार निकलकर अक्षर बनते हैं इससे बने अक्षर डॉट मैट्रिक्स प्रिंटर्स की तुलना में कहीं अधिक स्पष्ट तथा सुंदर होते हैं। यह कागजों के अलावा अन्य आधारों पर भी प्रिंट कर सकता है।

(iii) *लेजर प्रिंटर्स (Laser Printers)*: लेजर प्रिंटर्स फोटोकॉपी तथा लेजर तकनीक का मिला-जुला रूप है जिसमें एक घूमने वाले मिरर से लेजर किरण निकलकर एक विशेष प्रकार के लेंस से होकर सिलीकॉन के बने फोटो सेन्सिटिव ड्रम पर गिरती है। यहीं प्रिंट होने वाली सामग्री बनती है। इस बेलन के ऊपर टोनर (Toner) मशीन के द्वारा समुचित मात्रा में डाला जाता है। टोनर के कण वांछित बिंदुओं पर चिपक जाते हैं। बाद में यह बेलन कागज पर घूमता है तो कागज पर अक्षर छप जाते हैं। लेजर मशीन में यह कागज गर्म होता है जिससे टोनर के कारण पिघलकर स्थायी रूप से कागज पर चिपक जाते हैं। यदि कागज गर्म न हो तो छपाई स्थायी नहीं हो पाती है।

2. मॉनीटर पटल (Monitor Screen): सूचनाओं तथा तथ्यों के निर्गत उपकरणों में दूसरा प्रमुख उपकरण है-मॉनीटर (Monitor)। यह देखने में टी.वी. (T.V.) जैसा दिखता है जिसका तार द्वारा संबंध सीपीयू (CPU) से होता है। जैसे बाजार में कई आकार के टी.वी. उपलब्ध रहते हैं। वैसे ही कम्प्यूटर मॉनीटर भी 10" से 19" आकार तक के पाए जाते हैं।

जिस प्रकार टी.वी. श्याम-श्वेत (Black and White) अथवा रंगीन (Coloured) हो सकते हैं वैसे ही कम्प्यूटर के मॉनीटर भी तीन प्रकार के होते हैं-

(1) श्वेत-श्याम (Black and White) इन्हें मोनोक्राम (Monocrome) पटल कहते हैं। इनमें किसी भी प्रकार का रंग नहीं होता है। पटल पर केवल श्वेत-श्याम आकृतियाँ या सूचनाएँ ही प्रदर्शित होती हैं। (2) आर.जी.बी. (R.G.B.) अर्थात् वे पटल जिन पर लाल (Red), हरा (Green) या नीलें (Blue) रंग में आकृतियाँ उभरती हैं। इसमें केवल तीन रंग ही होते हैं। इस प्रकार के मॉनीटर आँखों पर काफी प्रतिकूल प्रभाव डालते हैं। इसलिए इनका प्रयोग अब नहीं किया जाता है। (3) रंगीन (Coloured) पटल वे पटल हैं जिन पर सूचनाएँ व आकृतियाँ विभिन्न रंगों में उभरती हैं। कम्प्यूटर चलाने वाला व्यक्ति मनचाहे रंगों का प्रयोग कर वांछित रंग में पटल पर सूचनाएँ तथा आकृतियाँ ले सकता है। वर्तमान में इस प्रकार के पटलों का सर्वाधिक प्रयोग हो रहा है। इसके दो कारण हैं-प्रथम तो इनमें उभरे चित्रादि सुंदर होते हैं तथा द्वितीय ये अधिक प्रभावी एवं स्पष्ट होते हैं।

मॉनीटर का संबंध सी.पी.यू. तथा विद्युत बोर्ड दोनों से होता है। सी.पी.यू. द्वारा दिए कमांड को मॉनीटर महीन बिंदुओं द्वारा पटल पर प्रदर्शित करता है। इन बिन्दुओं को पिक्सल

(Pixel) कहा जाता है। पिक्सल जितने अधिक तथा जितने अधिक पास-पास होंगे, चित्र उतना ही अधिक स्पष्ट व साफ होगा। सामान्यत: एक मॉनीटर में 640 पिक्सल (Pixel) वाली 200 रेखाएँ होती हैं। पिक्सलों की रेखाएँ महीन बिन्दुओं द्वारा मिलकर चित्र बनाती हैं। इन बिन्दुओं (Pixel) के मिलन को रिजोलूशन (Resolution) कहते हैं। सामान्यत: यह रिजोलूशन 640 × 200 का हो सकता है। रिजोलूशन किस प्रकार का बनेगा, यह कमांड मॉनीटर को सी.पी.यू. से प्राप्त होता है।

3. प्लाटर (Plotter): प्लाटर कम्प्यूटर की एक निर्गत (Output) प्रणाली है जिसका उपयोग डिजाइन, नक्शे, ग्राफ तथा इंजीनियरिंग आकृति बनाने के लिए किया जाता है। प्लाटर का उपयोग करने के लिए कम्प्यूटर में विशेष सॉफ्टवेयर डलवाने पड़ते हैं। इसमें कम्प्यूटर एक या अधिक पेन (Pen) की सहायता से कमांड देकर कागज पर आकृतियाँ बनवाता है। इनसे रंगीन ट्रांसपेरेन्सी फिल्म आदि पर भी बनवाई जा सकती हैं। आकृति बनाने में कितना समय लगता है यह आकृति के आकार तथा जटिलता पर निर्भर करता है किन्तु यह निर्विवाद है कि अन्य साधनों की अपेक्षा यह समय बहुत ही कम लेता है। परंपरागत विधियों से कोई आकृति बनाने में यदि एक पखवाड़ा लगता है तो कम्प्यूटर प्लाटर्स की सहायता से उसी आकृति को कुछ ही समय में बनाया जा सकता है। साथ ही प्लाटर द्वारा बनाई गई आकृति शुद्ध, स्पष्ट तथा अच्छे प्रकार की होती है।

4. ध्वनि (Voice): कम्प्यूटर में कुछ विशेष उपकरण, यथा–मल्टी मीडिया, स्पीकर आदि लगवाकर ध्वनि भी पैदा की जा सकती हे और हम स्पीकर्स की सहायता से उसे सुन भी सकते हैं। यह भी एक निर्गत उपकरण है। निर्देश देने पर कम्प्यूटर्स के साथ लगे स्पीकरों से समय, महीना, बैंक बैलेन्स, ट्रेन में रिजर्वेशन की स्थिति आदि के संबंध में हम सूचनाएँ सुन सकते हैं।

6.13 केन्द्रीय संगणक इकाई (Central Processing Unit—CPU)

यह कम्प्यूटर का मुख्य भाग है जिसमें आवश्यक तथ्य (Data) संग्रहीत होते हैं, सॉफ्टवेयर का भंडारण होता है तथा दिए गए कमांडों के आधार पर तथ्यों की गणना तथा अन्य ऑपरेशन होते हैं। यह कम्प्यूटर का मस्तिष्क कहा जा सकता है। यह एक क्रमबद्ध तरीके से किन्तु बड़ी तीव्र गति से तथ्यों का प्रोसेसिंग करता है। इसे हम माइक्रो प्रोसेसर भी कहते हैं। सी.पी.यू., की-बोर्ड तथा माउस के माध्यम से प्राप्त आदेशों के आधार पर गणनाएँ तथा प्रोसेसिंग कार्य करता है और अपने कार्य को वांछित निर्गत उपकरणों के माध्यम से हम तक पहुँचाता है।

सी.पी.यू. की शक्ति तथा कार्य करने की गति को मेगा हट्र्ज के रूप में मानते हैं। हट्र्ज से हमारा तात्पर्य है एक सेकेंड में घड़ी की एक टिक। मेगा हट्र्ज का तात्पर्य है एक सेकेण्ड में 10,00,000 टिक होना। कम्प्यूटर में प्रत्येक टिक का हिसाब रखने के लिए एक विशेष उपकरण लगा रहता है। यह इन्हीं टिक के अनुसार सभी अंकगणितीय (Arithmetical) तथा तार्किक (Logical) गणनाएँ करता है। इसके लिए इसमें पृथक् से एक प्रभाग (Unit) होता है जिसे हम Arithmetical and Logical Unit—ALU कहते हैं। इस प्रकार सी.पी.यू. में सामान्यत: तीन प्रभाग होते हैं:

1. मेमोरी प्रभाग,

2. नियंत्रण प्रभाग,
3. अंकगणितीय एवं तार्किक प्रभाग।

6.14 मेमोरी (Memory)

कम्प्यूटर में तथ्यों (Data) तथा निर्देशों के भंडारण की व्यवस्था रहती है। इसी व्यवस्था को हम कम्प्यूटर मेमोरी कहते हैं। जिस प्रकार मनुष्य किन्हीं तथ्यों को अपने मस्तिष्क में धारण करता है तथा आवश्यकता पड़ने पर धारित तथ्यों पर आधार पर कार्य करता है या व्यवहार करता है, ठीक उसी प्रकार से कम्प्यूटर भी तथ्यों तथा निर्देशों को धारण करता है तथा कमांड्स मिलने पर धारित तथ्य व निर्देशों के आधार पर संगणनाएँ तथा प्रोसेसिंग का कार्य करता है।

कम्प्यूटर की मेमोरी दो प्रकार की होती है–

1. प्राइमरी मेमोरी,
2. सेकण्डरी मेमोरी।

1. प्राइमरी मेमोरी (Primary Memory)

इसे प्रधान (Main), आंतरिक (Internal) या अस्थायी मेमोरी भी कहा जाता है। यह कम्प्यूटर के अंदर ही डाली (Install) जाती है। प्राइमरी मेमोरी सी.पी.यू. के अंदर ही रहती है। इसमें वे डाटा या प्रोग्राम भंडारित रहते हैं जिन पर प्रोसेसिंग चल रही होती है। कम्प्यूटर बंद करते ही डाटा हट जाते हैं। इसकी भंडारण क्षमता सीमित होती है किंतु इससे डाटा प्राप्त करने की गति बड़ी तीव्र होती है। प्रोसेसिंग के बाद यह मिट जाती है, अतः स्वभाव से यह अस्थायी (Volatile) होती है। यह कम्प्यूटर की मुख्य मेमोरी होती है यह दो प्रकार की होती है:

(i) *रैम* (*Random Access Memory*): इसे संक्षेप में रैम (RAM) भी कहते हैं। कम्प्यूटर को दिए जाने वाले तथ्य तथा सूचनाएँ सर्वप्रथम इसी में संग्रहीत होते हैं। कम्प्यूटर में यह मेटल ऑक्साइड (Metal Oxide) के सेमी कंडक्टर से बनाया जाता है। कम्प्यूटर बंद करते ही इस मेमोरी की सूचनाएँ भी समाप्त हो जाती हैं। इन सूचनाओं को लिखा या पढ़ा जा सकता है। ये दो प्रकार की होती हैं:

1. स्टेटिक रैम (Static RAM)
2. डायनेमिक रैम (Dynamic RAM)

डायनेमिक रैम में जो भी डाटा जाता है वह कुछ ही मिली सेकेंड में समाप्त हो जाता है जबकि स्टेटिक रैम में डाटा उस समय तक रहता है जब तक उसमें विद्युत आपूर्ति होती रहती है। कम्प्यूटर डायनेमिक रैम को Refresh करने के लिए स्वयं की व्यवस्था नहीं होती जिसे हम रिफ्रेश सर्किट कहते हैं।

(ii) *रोम* (*Read Only Memory—ROM*): जैसा कि इसके नाम से ही स्पष्ट है, इस प्रकार की मेमोरी को केवल पढ़ा (Read only) जा सकता है। कम्प्यूटर में यह एक चिप के रूप में उपस्थित रहता है। इस मेमोरी में जो भी सूचनाएँ भंडारित की जाती हैं उन्हें न तो परिवर्तित किया जा सकता है और न ही इसमें नई सूचनाएँ ही डाली जा सकती हैं। यह स्वभाव से स्थायी होती है तथा कम्प्यूटर में तब भी बनी रहती है जब कम्प्यूटर बंद रहता है। कम्प्यूटर के निर्माण के समय ही सी.पी.यू. में कुछ प्रोग्रामों को रोम (ROM) में भंडारित कर दिया जाता है, इससे ही कम्प्यूटर को निर्देश प्राप्त होते रहते हैं।

वर्तमान में रोम (ROM) के तीन रूप पाए जाते हैं:

(a) प्रोम (*Programable Read Only Memory—PROM*): कम्प्यूटर का निर्माण करते समय ही इस मेमोरी को सी.पी.यू. में डाला जाता है। भविष्य में इसमें किसी प्रकार का परिवर्तन तथा परिवर्धन संभव नहीं है।

(b) इप्रोम (*Erasable Programme Read Only Memory—EPROM*): कम्प्यूटर का निर्माण करते समय ही प्रोम के समान ही इस मेमोरी को भी कम्प्यूटर में डाला जाता है। किन्तु पराबैंगनी (Ultraviolet) प्रकाश से इसे बाद में मिटाया (Erase) किया जा सकता है।

(c) इइप्रोम (*Electrical Erasable Programme Read Only Memory—EEPROM*): इइप्रोम को मिटाने के लिए हमें पराबैंगनी प्रकाश की आवश्यकता होती है और इसे मिटाना भी अपेक्षाकृत जटिल तथा कठिन होता है। किन्तु इप्रोम को केवल विद्युत प्रवाह के द्वारा ही सरलता से मिटाया जा सकता है।

2. द्वितीयक या सहायक मेमोरी (Secondary Memory)

यह बाहरी उपकरणों से कम्प्यूटर में डाली जाने वाली मेमारी है। कम्प्यूटर की प्रारंभिक मेमोरी सीमित होती है जबकि हमें कम्प्यूटर से और भी अनेक प्रकार के कार्य लेने होते हैं। इनके लिए अन्य बाहरी उपकरणों से सहायक या वैकल्पिक मेमोरी प्रदान की जाती है। इन उपकरणों में बड़ी मात्रा में तथ्य संग्रहित किए जा सकते हैं तथा इन उपकरणों को सरलता के साथ एक स्थान से दूसरे स्थान को ले जाया जा सकता है तथा इन्हें विभिन्न कम्प्यूटरों में प्रयोग भी किया जा सकता है। इस प्रकार के उपकरणों को हम तीन वर्गों में विभक्त कर सकते हैं:

- (i) मैग्नेटिक डिस्क (Magnetic Disc)
  - (a) फ्लॉपी डिस्क (Floppy Disc)
  - (b) हार्ड डिस्क (Hard Disk)
- (ii) मैग्नेटिक टेप (Magnetic Disc)
- (iii) ऑप्टीकल डिस्क (Optical Disc)
  - (a) सी.डी. रोम (CD ROM)
  - (b) डब्ल्यू.ओ.आर.एम. डिस्क (WORM Disc)
  - (c) मैग्नेटो-ऑप्टीकल डिस्क (Magneto-optical Disc)

(i) *मैग्नेटिक डिस्क (Magnetic Disc)*

मैग्नेटिक डिस्क तथ्यों (Data) को संग्रहित करने तथा उन्हें पढ़ने (Write/Read) का सर्वोत्तम साधन है। यह डिस्क धातु की पतली गोलाकर प्लेटों से बनी होती है जिसके एक तरफ या दोनों तरफ चुंबकीय पदार्थ की परत रहती है। ये सभी प्लेटें एक धुरी पर लगी रहती हैं जो सभी परतों को समान गति से घुमाती हैं। इस डिस्क की ऊपरी तथा नीचे वाली दोनों बाहरी परतों पर तथ्य संग्रहित नहीं किए जा सकते हैं यह छः परतों की डिस्क है और इसमें ही तथ्य संग्रहित किए जा सकते हैं।

(a) *फ्लॉपी डिस्क (Floppy Disc)*: जिस प्रकार से टेपरिकॉर्डर का कैसेट या वी.सी.आर. का वीडियो टेप कार्य करता है उसी प्रकार से कम्प्यूटर में सूचनाओं का संग्रहण,

अध्ययन तथा स्थानान्तरण का कार्य फ्लॉपी करती है। फ्लॉपी में हम विभिन्न सूचनाएँ संग्रहित कर सकते हैं, उसे सी.पी.यू. में डालकर उसमें संग्रहित सूचनाओं को निर्गत कर सकते हैं तथा फ्लॉपी के माध्यम से इन सूचनाओं की एक स्थान से दूसरे स्थान तथा एक कम्प्यूटर से दूसरे कम्प्यूटर तक ले भी जा सकते हैं।

फ्लॉपी डाटा को संग्रहित करने का अच्छा साधन है। एक फ्लॉपी में करीब 300 पेज की पुस्तक के मैटर को संग्रहित किया जा सकता है और यह डाटा (करीब 300 पेज का) कुछ ही सेकेण्ड में फ्लॉपी में सरलता से संग्रहित किया जा सकता है। इस प्रकार फ्लॉपी इनपुट व आउटपुट दोनों ही रूपों में प्रयुक्त की जा सकती है। फ्लॉपी डिस्क में तथ्य वृत्तों (Circles) में संग्रहित किए जाते हैं। इन वृत्तों को ट्रैक (Track) कहा जाता है। जब हम इनमें कम्प्यूटर की सहायता से तथ्य संग्रहित करते हैं तो कम्प्यूटर सर्वप्रथम फ्लॉपी में चुंबकीय विधि से ट्रैक्स तथा सेक्टर (Sectors) बनाता है। इसके उपरांत सेक्टर तथा ट्रैक्स के अनुसार सूचनाएँ फ्लॉपी में संग्रहित की जाती हैं।

बाजार में 5.25" × 3.5" आकार की फ्लॉपी उपलब्ध हैं। इनकी क्षमता किलोवाट या मेगावाट में होती है। 1000 बाइट का एक किलोबाइट तथा 10 लाख बाइट का एक मेगाबाइट होता है। एक बाइट एक करेक्टर को संग्रहित करता है।

5.25 इंच वाली फ्लॉपी प्लास्टिक की एक चुंबकीय डिस्क होती है। यह कठोर प्लास्टिक के कवर से सुरक्षित रहती है। इनकी संग्रहण क्षमता 360 केवी से लेकर 2.44 एमबी तक होती है। प्लास्टिक कवर में रखी गोल घूमने वाली फ्लॉपी के पाँच भाग होते हैं:

1. *लेबल एरिया (Lable Area)*: फ्लॉपी के प्लास्टिक कवर के ऊपर एक स्टिकर लगा रहता है जिस पर हम यह लिख सकते हैं कि फ्लॉपी में कौन-सी सूचनाएँ संग्रहित हैं, जैसे—विद्यालय में छात्रों के नाम आदि।
2. *नॉच (Notch)*: फ्लॉपी के एक तरफ किनारे पर एक छोटा-सा चौकोर कट लगा रहता है जिसे Write Protect Notch कहते हैं। यदि इस कट (Cut) पर पारदर्शी कागज का Write Protect Label लगा दें तो फ्लॉपी में संग्रहित सूचनाओं को मिटाया नहीं जा सकता है और न उसमें नई सूचनाएँ ही डाली जा सकता हैं।
3. *हेड एपर्चर (Head Aperture)*: फ्लॉपी के प्लास्टिक कवर में लेबल के दूसरी दिशा में 0 आकार की एक आकृति कटी होती है। फ्लॉपी ड्राइव का रीड राइट हेड इसी कटे स्थान से फ्लॉपी में तथ्य लिखता है तथा यहीं पर से पढ़ता है।
4. *स्पिण्डल एसेस छिद्र (Spindle Access Hole)*: फ्लॉपी के ठीक मध्य में एक बटन के आकार का गोल स्थान होता है फ्लॉपी को जब ड्राइव में लगाया जाता है तो ड्राइव इसी स्थान को जोर से दबाकर कवर के अंदर की फ्लॉपी को घुमाता है।
5. *इंडेक्स छिद्र (Index Hole)*: फ्लॉपी में स्पिण्डल एसेस छिद्र के पास ही एक छोटा-सा छिद्र और होता है। जब फ्लॉपी को ड्राइव में लगाया जाता है तो सबसे पहला ट्रैक इसी छिद्र के द्वारा बनाया जाता है।
6. *मेटेलिक ड्राइव हब (Metallic Drive Hub)*: 3.5" वाली फ्लॉपी में स्पिण्डल एसेस होल के स्थान पर मेटेलिक ड्राइव हब होता है जो फ्लॉपी को घुमाता है।

7. *सुरक्षा कवच (Protection Window)*: 3.5" की फ्लॉपी में डिस्क के दाहिनी ओर नॉच (Notch) के समान एक कट (Cut) लगा रहता है। इसके पास ही एक स्लाइडर (Slider) होता है। यदि स्लाइडर को एक ओर खिसका दिया जाए तो प्रोटेक्शन विण्डों के भाग पर देखा जा सकता है। इस स्थिति में फ्लॉपी में न तो सूचनाएँ डाली जा सकती हैं और न उन्हें मिटाया ही जा सकता है।
8. *फ्लॉपी लगाना*: आपके पास चाहे 5.25" की फ्लॉपी हो या 3.5" की, जब आप इसे अपने कम्प्यूटर में लगाएँ तो लेबल वाला भाग अपनी ओर तथा ऊपर की ओर करके फ्लॉपी के ड्राइव में धीरे से सावधानीपूर्वक खिसका दें। कम्प्यूटर चालू हो तो आवश्यक कमाण्ड देकर फ्लॉपी को आप पढ़ सकते हैं या फ्लॉपी में तथ्य संग्रहित कर सकते हैं या फ्लॉपी के मैटर को अपने कम्प्यूटर में डाल (Install) सकते हैं। जब तक फ्लॉपी पर कार्य होता है, सी.पी.यू. में लाल या हरी बत्ती जलती रहती है। इस स्थिति में फ्लॉपी नहीं निकालनी चाहिए। इससे मैटर खराब (Corrupt) हो सकता है।

(b) *हार्ड डिस्क (Hard Disc)*: फ्लॉपी डिस्क के ही समान हार्ड डिस्क होती है किन्तु यह आकार में बड़ी तथा तीव्र गति से चलने वाली होती है। ये कम्प्यूटर में स्थायी रूप से लगी होती है। इसलिए इन्हें फ्लॉपी डिस्क के समान इधर-उधर नहीं ले जाया जा सकता, इसलिए इन्हें फिक्स्ड डिस्क (Fixed Disc) भी कहा जाता है। हार्ड डिस्क में अनेक डिस्कें एक से ऊपर एक समानान्तर रूप में लगी रहती है जिन्हें चलाने का काम हार्ड डिस्क ड्राइवर (Hard Disc Driver—HDD) करता है। इनकी भण्डारण क्षमता 4.3 जी.वी. से लेकर 320 जी.वी. तक होती है। इन्हें धूल आदि से बचाने के लिए वायुरोधी (Air Tight) पैक में रखा जाता है तथा इनका घूमना सहजता के साथ हो, इसके लिए इनके ऊपर विशिष्ट चिकनाई लगाई जाती है। इसमें प्रत्येक प्लेट से सूचनाएँ पढ़ने के लिए अलग-अलग हेड होते हैं।

(ii) मैग्नेटिक टेप (Magnetic Tape)

मैग्नेटिक टेप का प्रयोग कम्प्यूटर में डाले गए तथ्यों को सुरक्षित रूप से भंडारित करे के लिए किया जाता है। यह फीता सामान्यत: एक इंच बिना जोड़ वाली प्लास्टिक की लंबी पट्टी होती है जिस पर कैसे मैग्नेटिक परत चढ़ी होती है। यह पट्टी ही मैग्नेटिक टेप कहलाती है। विद्युत स्पंदनों की सहायता से फीते पर अतिसूक्ष्म चिह्यों के रूप में संग्रहित किया जाता है। पट्टी पर कितने अक्षर संग्रहित किए जा सकते हैं यह पट्टी की गुणवत्ता पर निर्भर करता है। एक इंच में 556 से 6250 अक्षर तक फीते की गुणवत्ता के अनुसार संग्रहित किए जा सकते हैं। कैसेट के फीते के समान ही इस फीते पर कुछ भी लिखा जा सकता है, उसे मिटाया जा सकता है तथा नया लिखा जा सकता है। इस पर अक्षर एक क्रम से (In a Sequence) लिखे जाते हैं, इसलिए इन्हें एक क्रम में ही पढ़ा जा सकता है जबकि डिस्क को हम कहीं से भी लिख व पढ़ सकते हैं।

(iii) ऑप्टीकल डिस्क (Optical Disc)

इसे हम कम्पैक्ट डिस्क (Compact Disc—CD) भी कहते हैं। यह तथ्यों को संग्रहित करने से पूर्व इन्हें मशीनी भाषा में बदलती है फिर परिवर्तित रूप को लेजर किरण की

चित्र 6.2: की-बोर्ड

चित्र 6.3: माउस

चित्र 6.4: ज्वॉय स्टिक

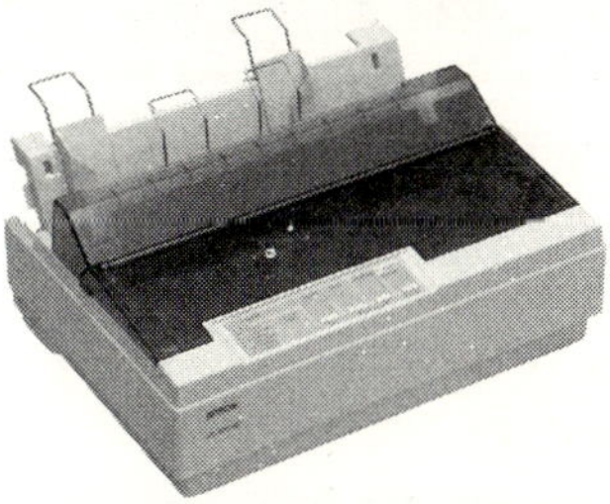

चित्र 6.5: डॉट मैट्रिक्स प्रिंटर

चित्र 6.6: इंक जेट प्रिंटर्स

चित्र 6.7: लेजर प्रिंटर

चित्र 6.8: मॉनीटर पटल

चित्र 6.9: फ्लॉपी डिस्क

चित्र 6.10: हार्ड डिस्क

सहायता से डिस्क की परत पर उसे स्टोर कर लेती है। इस डिस्क का व्यास करीब 4.5 इंच का होता है। यह सिल्वर गोल्डन कलर की होती है। इसमें संग्रहण क्षमता 600 मेगावाट तक की हो सकती है। इस डिस्क पर तथ्यों के पढ़ने-लिखने का कार्य लेजर किरण ही करती है। इस पर तथ्यों का रिकॉर्ड करने के बाद इसे क्लोज (Close) कर दिया जाए तो इसमें संग्रहित सूचनाओं में परिवर्तन तथा संशोधन नहीं किया जा सकता है। ऑप्टीकल डिस्क तीन प्रकार की होती है:

(a) *सीडी रोम* (*CD ROM*): इसमें संग्रहित तथ्य स्थायी होते हैं। इन्हें केवल पढ़ा जा सकता है, इसलिए इसे कम्पैक्ट डिस्क (CD) को केवल पढ़ने योग्य मेमोरी (Read Only Memory ROM) कहा जाता है।

(b) *वॉर्म डिस्क* (*Worm Disc*): इस पर केवल एक बार लिखा जाता है। (Wire ones) किन्तु उसे कई बार पढ़ा (Read many) जा सकता है। इसमें संग्रहित तथ्यों में संशोधन संभव नहीं है।

(c) *मैग्नेटो-ऑप्टीकल डिस्क* (Magneto-Optical Disc): इसमें ऑप्टीकल तथा मैग्नेटिक दोनों तकनीकों का प्रयोग होता है।

6.15 सॉफ्टवेयर (Software)

कम्प्यूटर के पास अपना स्वयं का कोई मस्तिष्क नहीं होता है, इसलिए स्वयं चिंतन करके वह कोई कार्य स्वत: नहीं कर पाता है। कम्प्यूटर के कठोर उपागम (Hardware) किस प्रकार तथा क्या कार्य करें इस संबंध में उन्हें निर्देश देने पड़ते हैं। यह निर्देश एक प्रोग्राम के रूप में होते हैं। ये प्रोग्राम ही सॉफ्टवेयर कहलाते हैं तथा ये सॉफ्टवेयर ही हार्डवेयर से तदनुसार कार्य कराते हैं। उदाहरण के लिए, यदि इसको कोई पत्र लिखना है तो हम वर्ड प्रोसेसर प्रोग्राम का प्रयोग करेंगे, कोई ड्रांइग करनी है तो कोरल ड्रॉ का प्रयोग करेंगे। यहाँ वर्ड प्रोसेसर या कोरल ड्रॉ सॉफ्टवेयर हैं। सॉफ्टवेयर कुछ प्रोग्राम हैं या प्रोग्रामों

का समूह है जो किसी कार्य विशिष्ट के सम्पादन के लिए कम्प्यूटर की गतिविधियों, क्रियाओं तथा संचालन को नियंत्रित कर हमें वांछित परिणाम देते हैं।

यह उल्लेखनीय है कि हार्डवेयर तथा सॉफ्टवेयर अकेले कुछ नहीं कर सकते हैं। ये दोनों एक-दूसरे की सहायता से ही हमें वांछित परिणाम निर्गत कर सकते हैं। सॉफ्टवेयर्स को हम दो वर्गों में विभक्त कर सकते हैं–

(i) सिस्टम सॉफ्टवेयर (System Software)

(ii) अनुप्रयोग सॉफ्टवेयर (Application Software)

(i) सिस्टम सॉफ्टवेयर (System Software)

इस वर्ग में सॉफ्टवेयर का प्रयोग कम्प्यूटर के विभिन्न अवयवों के संचालन तथा उन्हें नियंत्रित करने के लिए किया जाता है। ये कम्प्यूटर की समग्र क्षमता को बढ़ाते हैं, अतः ये किसी एक कार्य के लिए न होकर एक कम्प्यूटर को समग्र रूप से नियन्त्रित एवं संचालित करते हैं। इनके द्वारा ही प्रोसेसिंग टाइम, संग्रहण स्पेस आदि का प्रबंधन तथा व्यवस्थापन किया जाता है। इस प्रकार के सॉफ्टवेयर सामान्यतः तीन प्रकार के होते हैं–

(अ) ऑपरेटिंग सिंस्टम (Operating System)

(ब) सिस्टम सपोर्ट प्रोग्राम (System Support Programmes)

(स) भाषा अनुवादक (Language Translators)

(अ) *ऑपरेटिंग सिस्टम* (*Operating System*): ये सॉफ्टवेयर कम्प्यूटर में चल रहे प्रोग्रामों पर नियंत्रण रखते हैं, तथ्यों को संग्रहित करते हैं तथा कम्प्यूटर के कार्यों पर नियंत्रण रखते हैं। यह आगत व निर्गत प्रणालियों पर नियंत्रण करते हैं। डॉस (DOS), डीबेस (dBase), यूनिक्स (Unix) तथा विण्डोज (Windows) आदि प्रोग्राम इसी वर्ग में आते हैं।

(ब) *सिस्टम सपोर्ट प्रोग्राम* (*System Support Programmes*): इन्हें हम यूटीलिटी प्रोग्राम तथा सर्विस प्रोग्राम कहते हैं। ये उन कार्यों को करते हैं जो विभिन्न कार्यों में उभयनिष्ठ होते हैं। इससे श्रम तथा समय की बचत होती है।

(स) *भाषा अनुवादक* (*Language Translators*): कुछ प्रोग्राम अनुप्रयोग के प्रोग्राम के निर्माण में सहायक होते हैं, ये कम्प्यूटर के समझने योग्य भाषा प्रदान करते हैं। ये कम्पायलर (Compiler), इण्टरप्रेटर (Interpreter) तथा असेम्बलर के रूप में हो सकते हैं। कम्पायलर पूरे प्रोग्राम को एक साथ पढ़ते हैं और जब वे पाते हैं कि उससे कोई त्रुटि नहीं है तो उसे मशीनी भाषा में बदलकर संग्रहित करते हैं। इसके विपरीत इंटरप्रेटर एक समय में एक तथ्य या कथन को ही पढ़ता हैं तथा उसके त्रुटिहीन होने पर उसे एक्जीक्यूट (Execute) करता है। कोरल, फोरट्रॉन, पास्कल इसी वर्ग में आते हैं।

(ii) अनुप्रयोग सॉफ्टवेयर (Application Software)

सॉफ्टवेयर केवल एक कार्य विशेष के लिए ही होते हैं जैसे आरक्षण का कार्य करना, एकाउंट्स का कार्य करना आदि। यह उल्लेखनीय है कि अनुप्रयोग सॉफ्टवेयर तभी कार्य करेगा जब हार्ड डिस्क पर सिस्टम सॉफ्टवेयर की व्यवस्था हो। अनुप्रयोग सॉफ्टवेयर भी दो प्रकार के होते हैं:

(क) *यूजर्स एप्लीकेशन पैकेज* (*User's Application Package*): इस प्रकार के

सॉफ्टवेयर एक व्यक्ति या क्षेत्र विशेष के लिए ही उपयोगी होता है, दूसरे के लिए नहीं। उदाहरणार्थ, एक प्रोग्राम आरक्षण के लिए तो उपयोगी है किन्तु वही प्रोग्राम बुक कीपिंग के लिए अनुपयोगी नहीं है।

(ख) *एप्लीकेशन पैकेज* (*Application Package*): ये पैकेज सामान्य कार्यों के लिए हैं। कुछ प्रोग्राम कई प्रकार के कार्य कर सकते हैं। जैसे वर्ड प्रोसेसिंग, स्प्रैडशीट्स, डीबेस आदि।

प्रॉम्प्ट्स (Prompts)

जब हम कोई कार्य करने के लिए अपना कम्प्यूटर चालू करते हैं तो सबसे पहले हम सी.पी.यू. तथा मॉनीटर के विद्युत प्रवाह स्विचों को ऑन करते हैं। इससे सी.पी.यू. तथा मॉनीटर में विद्युत प्रवाह चालू हो जाता है। कम्प्यूटर सबसे पहले सेल्फ टेस्ट (Self Test) करता है। वह अपनी मेमोरी (RAM) को चेक करता है, उसके प्रत्येक बाइट को चेक करता है तथा इसके बाद अन्य अंगों को चैक करता है। चेकिंग की स्थिति को वह मॉनीटर के पटल पर प्रदर्शित भी करता है। कम्प्यूटर का यह कार्य बूटिंग (Booting) कहलाता है।

बूटिंग (Booting) का कार्य पूरा होने पर मॉनीटर पटल पर कुछ सूचनाएँ दिखाई देती हैं। इन सूचनाओं के सबसे अन्त में नीचे की लाइन में C> दिखाई देता है। यही प्राम्प्ट (Prompt) कहलाता है। इसके बाद ही आप कम्प्यूटर को कमांड (Command) दे सकते हैं। कभी-कभी C> के स्थान पर A> प्रॉम्प्ट दिखाई देता है। यह तब होता जब आप फ्लॉपी डिस्क से डॉस (DOS) के प्रक्रम को A से बूट करना चाहते हैं। प्राम्प्ट के प्रदर्शन से तात्पर्य है कि अब आपका कम्प्यूटर कार्य करने को तैयार है।

इसके बाद आप कम्प्यूटर को कोई कमांड देंगे। आप जो भी कमांड देंगे वह प्राम्प्ट के आगे प्रदर्शित होगा। उदाहरण के लिए, यदि डॉस पर कार्य कर रहे हैं और आप डॉस की सभी मूल फाइलों के नाम पता करना चाहते हैं तो आप DIR (Director Command) टाइप करें तो यह पटल नीचे लिखे अनुसार दिखाई देगा–

C>DIR

इसके बाद पटल पर सभी मूल तथा उप-डायरेक्टरीज की सूची दिखाई देगी।

6.16 कम्प्यूटर के प्रकार (Types of Computers)

आज विश्व में अनेक प्रकार के कम्प्यूटर देखने को मिलते हैं। इन्हें पाँच प्रकार में बाँटा जा सकता है:

1. डिजिटल (Digital) कम्प्यूटर्स
2. एनालॉग (Analog) कम्प्यूटर्स
3. हाईब्रिड (Hybrid) कम्प्यूटर्स
4. प्रकाशीय (Optical) कम्प्यूटर्स
5. एटॉमिक (Atomic) कम्प्यूटर्स

1. अंकीय (डिजीटल) कम्प्यूटर (Digital Computer)

अंकीय कम्प्यूटर सभी प्रकार की सूचनाओं को द्विआधारीय पद्धति में बदलकर अपना कार्य करते हैं। ये सभी प्रकार की गणनाएँ गिनकर करते हैं। ये प्रति सेकेण्ड लाखों-करोड़ों

गणनाएँ कर सकते हैं। लेकिन इनकी यह विशेषता होती है कि इनकी गणना अत्यंत शुद्ध होती है। ये वे डिजिट (Digit) अर्थात् संख्याओं पर कार्य करते हैं। सरल शब्दों में ये गिनने वाले यंत्र हैं और केवल जोड़ने (Add) का कार्य करते हैं। जोड़ने की प्रक्रिया द्वारा ही ये घटाने, भाग देने तथा गुणा आदि करने की प्रक्रिया करते हैं। इनको चार भागों में विभक्त किया जाता है:

1. माइक्रो कम्प्यूटर्स
2. मिनी कम्प्यूटर्स
3. मेनफ्रेम कम्प्यूटर्स
4. सुपर कम्प्यूटर्स

इनमें से माइक्रो कम्प्यूटर्स सबसे अधिक उपयोगी तथा सुविधाजनक है। इसलिए इनका प्रचलन हर क्षेत्र में खूब बढ़ गया है। माइक्रो कम्प्यूटर्स को हम चार वर्गों में विभक्त कर सकते हैं:

(i) पर्सनल कम्प्यूटर्स (PC)
(ii) होम कम्प्यूटर्स (HC)
(iii) एजूकेशनल कम्प्यूटर्स (EC)
(iv) ब्रीफकेस कम्प्यूटर्स (BC)

2. अनुरूप (एनालॉग) कम्प्यूटर (Analog Computer)

एनालॉग कम्प्यूटर में किसी यौगिक विधि या राशि को इलेक्ट्रॉनिक परिपथों की सहायता से विद्युत संकेतों में अनुरूपित किया जाता है। जिस प्रकार अंकीय कम्प्यूटर राशियों को गिनकर कार्य करता है, उसी प्रकार अनुरूप कम्प्यूटर मापकर या नापकर अपना कार्य करता है। इन कम्प्यूटरों की मदद से की गई गणनाओं की यथार्थता बहुत शुद्ध नहीं होती फिर भी 99% शुद्धता प्राप्त की जा सकती है।

3. संकर (Hybrid) कम्प्यूटर

इनमें अंकीय एवं अनुरूप दोनों कम्प्यूटरों की विशेषताओं का फायदा उठाया जाता है। इनका उपयोग स्वचालित उपकरणों में बहुतायत से किया जाता है। संकर कम्प्यूटर का प्रयोग एक सहायक कम्प्यूटर के रूप में किया जाता है जो कि मुख्य यंत्र के किसी भी हिस्से में छिपाकर लगा दिया जाता है।

4. प्रकाशीय (Optical) कम्प्यूटर

ये पंचम पीढ़ी के कम्प्यूटर होते हैं जिनमें एक अवयव को दूसरे जोड़ने का काम ऑप्टिकल फाइबर के तंतुओं के जरिए किया जाता है।

5. एटॉमिक कम्प्यूटर (Atomic Computer)

अमेरिका के कार्नेजी यूनिवर्सिटी में ऐसे एटॉमिक कम्प्यूटर पर शोधकार्य चल रहा है जो किसी खास प्रोटीन परमाणुओं को एकीकृत परिपथ में बदल दे और कम्प्यूटर को इतनी मेमोरी प्रदान कर दें कि ऐसा कम्प्यूटर वर्तमान कम्प्यूटरों से 10000 गुना क्षमता से कार्य करे।

6.17 साइज के आधार पर कम्प्यूटर (Computer Based on Size)

1. माइक्रो कम्प्यूटर (Micro Computer): एक ही बॉक्स के अंदर कैथोड के ट्यब, पिक्चर ट्यूब और माइक्रोप्रोसेसर चिपों को लगाकर एवं टाइपराइटर के समान की-बोर्ड लगाकर बनाए गए टेलीविजन के आकार के बराबर कम्प्यूटर को माइक्रो कम्प्यूटर कहते हैं। माइक्रो कम्प्यूटर की क्षमता एक लाख अनुदेश प्रति सेकेण्ड (100 के आई.पी.सी.) के बराबर होती है।

माइक्रो कम्प्यूटर चार प्रकार के होते हैं:

1. गृह (Home) कम्प्यूटर, 2. व्यक्तिगत (Personal) कम्प्यूटर, 3. मोड शीर्ष (Lap top) कम्प्यूटर और 4. शब्द प्रक्रम (Word Processor)

2. मिनी कम्प्यूटर (Mini Computer): चूँकि मिनी कम्प्यूटर का आकार एक छोटी अलमारी के बराबर होता है, इसलिए इन्हें मिनी कम्प्यूटर कहा जाने लगा। यह कम्प्यूटर माइक्रो कम्प्यूटर से लगभग 5 से 50 गुना अधिक शीघ्रता से कार्य करता है। इसके द्वारा 5 लाख अनुदेश प्रति सेकेण्ड प्रतिपादित किए जा सकते हैं। इनकी डाटा हस्तांतरण दर (Data Transfer rate) 40 लाख बाइट/सेकेंड होती है।

3. सुपर मिनी कम्प्यूटर (Super Mini Computer): उन मिनी कम्प्यूटरों को जिनमें चिप 80386 का प्रयोग कर अति शक्तिशाली बना दिया गया है, सुपर मिनी कम्प्यूटर कहा जाता है। अधिक विकसित चिपों ने यह संभव कर दिखाया कि एक छोटे से कैबिनेट साइज के कम्प्यूटर में 5 लाख अनुदेश प्रति सेकेण्ड की क्षिप्रता और 80 मेगाबाइट की मुख्य मेमोरी समाहित हो। ऐसे मिनी कम्प्यूटरों में जिनमें मेनफ्रेम कम्प्यूटर के बराबर प्रोसेसिंग पावर हो, सुपर मिनी कम्प्यूटर कहलाते हैं।

4. मुख्य चौखट कम्प्यूटर (Main Frame Computer): सुपर कम्प्यूटरों को छोड़कर विशाल आकार वाले सभी कम्प्यूटरों को मेन फ्रेम कम्प्यूटर कहते हैं। इस प्रकार के उपकरणों को स्टील के बड़े चौखटों में लगाकर बनाया जाता था। तब वे बड़े कम्प्यूटरों का नाम मुख्य चौखट पड़ गया। हालाँकि आजकल इस प्रकार के फ्रेम कम्प्यूटर को मिनी कम्प्यूटर कहा जाने लगा।

5. सुपर कम्प्यूटर (Super Computer): वर्तमान में वे कम्प्यूटर जिनकी कार्यक्षमता 500 मेगाफ्लॉप्स तथा मेमोरी कम-से-कम 52 मेगाबाइट हो उसे सुपर कम्प्यूटर कहते हैं। सुपर कम्प्यूटर में सामान्यत: समानान्तर प्रोसेसिंग (Parallel Processing) तकनीक का प्रयोग किया जाता है। प्रारंभिक सुपर कम्प्यूटरों में वेक्टर प्रोसेसिंग (Vector Processing) तकनीक का प्रयोग होता था जो अपेक्षाकृत महँगी तथा जटिल तकनीक थी। अत: अब वेक्टर प्रोसेसिंग तकनीक का प्रयोग अत्यंत सीमित कर दिया गया है।

समानान्तर प्रोसेसिंग तकनीक में बहुत सारे माइक्रो प्रोसेसर का प्रयोग एक-दूसरे से जोड़कर किया जाता है। ये माइक्रो प्रोसेसर किसी समस्या का उसके माँगों में विभाजित करके उन माँगों पर एकसाथ कार्य करते हैं। सुपर कम्प्यूटर में 32 या 64 समानान्तर परिपथों में कार्य कर रहे माइक्रोप्रोसेसरों के सहयोग से विभिन्न सूचनाओं पर एकसाथ कार्य किया जाता है जिससे सुपर कम्प्यूटर में 5 अरब गणनाओं की प्रति सेकेण्ड क्षमता सुनिश्चित हो जाती है। इस प्रकार बहुत सारी गणनाओं की आवश्यकता वाली जटिल समस्याओं के समाधान हेतु सुपर कम्प्यूटर का उपयोग किया जाता है। प्रारंभिक सुपर कम्प्यूटर की गति मेगा फ्लॉप्स (10

फ्लॉप्स) में पाई जाती थी, परन्तु अब यह गति साधारण कम्प्यूटर की गति बनकर रह गई है। वर्तमान के सुपर कम्प्यूटरों में गीगाफ्लॉप्स (10^9 फ्लॉप्स) की गति पाई जाती है। इसके अतिरिक्त सुपर कम्प्यूटर में उच्च भंण्डारण घनत्व वाली चुम्बकीय बबल स्मृतियाँ या आवेशित युक्ति वाली स्मृतियों का प्रयोग किया जाता है, जिनके सहयोग से छोटे़ स्थान में भी सूचनाओं का वृहद भंडारण संग्रहित किया जा सकता है।

6.18 तकनीक के आधार पर कम्प्यूटरों के प्रकार (Classification of Computers on the Basis of Technology)

तकनीक के आधार पर हम कम्प्यूटर के विकास के इतिहास को पाँच श्रेणियों में विभक्त कर सकते हैं:

1. प्रथम अवस्था (1946 से 1959 तक)
2. द्वितीय अवस्था (1959 से 1965 तक)
3. तृतीय अवस्था (1965 से 1970 तक)
4. चतुर्थ अवस्था (1970 से 1985 तक)
5. पंचम अवस्था (1985 से अब तक)

1. प्रथम अवस्था (First Generation): इस युग के कम्प्यूटरों में इलेक्ट्रिक वाल्व (Valves) लगे होते थे। वाल्व ही मेमोरी रखते, गणना करते तथा परिणाम देते थे। इनका आकार बहुत बड़ा होता था। इनकी कीमत भी बहुत होती थी, गति भी संतोषप्रद नहीं थी तथा वाल्व जल्दी ही गरम हो जाते थे।

2. द्वितीय अवस्था (Second Generation): द्वितीय अवस्था के कम्प्यूटरों में वाल्व के स्थान पर ट्रान्सिस्टर्स (Transistors) का उपयोग होने लगा। इससे इनका आकार छोटा हुआ, गति में वृद्धि हुई, संभरण क्षमता बढ़ी, शुद्धता में वृद्धि हुई तथा लागत कम हुई। इससे कम्प्यूटर अधिक उपयोगी बने।

3. तृतीय अवस्था (Third Generation): कम्प्यूटर्स अपने विकास में तृतीय अवस्था में आकर इंटीग्रेटेड सर्किट (Integrated Circuit) का प्रयोग करने लगे। इससे इनकी क्षमता में वृद्धि हुई, गति में और तीव्रता आई, इनका संचालन सहज बना तथा इनकी मेमोरी में तीव्र वृद्धि हुई।

4. चतुर्थ अवस्था (Fourth Generation): अपने विकास की चतुर्थ अवस्था में आकर कम्प्यूटर्स चिप्स (Chips) का प्रयोग करने लगे। चिप्स के प्रयोग से मेमोरी क्षमता में अद्भूत वृद्धि हुई तथा सी.पी.यू. (C.P.U.) की नियन्त्रण क्षमता (Controlling Power) में वृद्धि हुई। कम्प्यूटर्स के आकार छोटे होकर सुविधाजनक बने तथा इनकी लागत जनसाधारण की पहुँच तक आ गयी।

5. पंचम अवस्था (Fifth Generation): अपने विकास की अन्तिम अवस्था में कम्प्यूटर्स को कृत्रिम बुद्धि (Artificial Intelligence) देने का प्रयास चल रहा है जिससे वे चिन्तन भी कर सकें। ये बड़े सभी अत्यन्त तीव्र गति से युक्त होते हैं। जापान में इन पर काफी काम हो रहा है।

6.19 बाइनरी संख्या प्रणाली (Binary Number System)

इस प्रणाली का विकास लेडी अडा लवलेस ने किया। इसमें बाइ (Bi) का अर्थ 'दो'

अर्थात् दो संख्याओं पर आधारित संख्या प्रणाली। यह संख्या प्रणाली केवल 0 या 1 पर आधारित है। इस प्रणाली के आधार पर सभी संख्याएँ तथा गणनाएँ इन्हीं दो संख्याओं (0 तथा 1) द्वारा निरूपित की जाती हैं। इस प्रणाली का आधार 2 है जबकि दशमलव प्रणाली का आधार 10 होता है। इस प्रणाली के द्वारा हम किसी भी सामान्य संख्या को केवल 0 व 1 के द्वारा प्रदर्शित कर सकते हैं। उदाहरण के लिए, जितने बिट की आवश्यकता होती है उस बिट समूह को बाइट कहते हैं। साधारणतः एक बाइट में 8 बिट होते हैं।

इस प्रकार,

1 बाइट = 8 बिट
1 किलोबाइट = 1024 बाइट
1 मेगोबाइट = 1,04,576 बाइट
1 गीगाबाइट = 1,07,374,824 बाइट

सामान्यतः कम्प्यूटरों में प्राथमिक मेमोरी का आकार 16000 बाइट (16 KB) से लेकर 1,00,000 बाइट (M) तक होता है।

6.20 कम्प्यूटर की उपयोगिता (Utility of Computers)

जीवन के हर क्षेत्र में आज किसी-न-किसी रूप में कम्प्यूटर का उपयोग हो रहा है। कम्प्यूटर के विभिन्न क्षेत्र में हो रहे अनुप्रयोगों का नीचे उल्लेख किया गया है–

1. व्यापार के क्षेत्र में।
2. मेडीकल साइंस में।
3. इंजीनियरिंग में।
4. संचार व्यवस्था में।
5. सेना में प्रयोग।
6. मौसम विभाग में।
7. वैज्ञानिक कार्यों के लिए।
8. यातायात व्यवस्था में।
9. अनुसंधान कार्य में।
10. अंतरिक्ष विज्ञान में।
11. मनोरंजन हेतु।
12. लेखन कार्य हेतु।
13. शिक्षा के क्षेत्र में।

6.21 कम्प्यूटर तथा इंटरनेट का संसार को ग्राम का रूप देना (ग्लोबल विलेज का रूप देना) (Role of Computer and Internet in Making Global Village)

आज हम एक तकनीकी रूप में विकसित हाइटैक संसार में रह रहे हैं। इलेक्ट्रॉनिक संसार माध्यम से सूचना को कम-से-कम समय में उपलब्धि के कारण संसार दिन-ब-दिन सिकुड़ता जा रहा है। आज हम हजारों कि.मी. की दूरी में होते हुए भी क्षण भर में परस्पर संपर्क में आ जाते हैं। जैसे एक गाँव में रहने वाले सभी व्यक्ति एक-दूसरे से कम्प्यूटर तथा इंटरनेट द्वारा संपर्क बना सकते हैं। इसी कारण से संसार को अब 'संसार-ग्राम' कहा जा जाने

लगा है। कभी-कभी हम ऐसा भी कहते हैं कि 'घर का एक कमरा' मानो 'संसार' बन गया है। घर में रहते हुए संसार के सभी भागों की सैर कर सकते हैं। संसार में दिन-प्रतिदिन होने वाली घटनाओं को घर बैठे जान लेते हैं। समाचार-पत्र भी नए साधनों द्वारा पढ़ सकते हैं। हवाई जहाज पर जाने की कई बार आवश्यकता नहीं पड़ती। घर में अथवा कार्यालय में टेलीस्कोप अथवा वीडियो कॉन्फ्रेंस कर सकते हैं। घर बैठकर दूसरे देशों की उपाधियाँ पा सकते हैं। इस प्रकार की सुविधाओं की गणना करना बहुत कठिन है।

मानव-जीवन का कोई भी पक्ष अथवा प्रयास ऐसा नहीं है जो सूचना प्रौद्योगिकी के प्रभाव से अछूता है। इंटरनेट की दुनिया में ज्ञान एक बड़ी शक्ति है तथा इसकी सर्वाधिक चर्चा है।

शिक्षा के सभी क्षेत्रों में प्रौद्योगिकी का प्रयोग महत्वपूर्ण सुधार करके दिखाने की क्षमता रखता है।

संसार आज एक डिब्बे में बंद हो गया है। इसी कारण हम संसार को ग्लोबल ग्राम (Global Village) की संज्ञा देते हैं।

संसार के किसी भी कोने में एक कमरे के अंदर बैठकर पुस्तकालय, चिड़ियाघर तथा संग्रह आदि देखने की कल्पना करें तथा इन स्थानों पर कैसे पहुँचा जाए, वहाँ पर क्या-क्या है, इसकी जानकारी लीजिए तथा संसार का अंग बन जाएँगें। संसार के दूसरे कोने में बैठे व्यक्ति से बातचीत करने की कल्पना कीजिए। आप या कोई परस्पर एक-दूसरे की बातचीत को देख सकता है। आधुनिक संसार में यह सब कम्प्यूटर द्वारा ही संभव हो पाया है।

कम्प्यूटर नेटवर्क (Computer Network)

कम्प्यूटर नेटवर्क से तात्पर्य अलग-अलग कम्प्यूटरों को एक साथ जोड़ने से है ताकि उनके मध्य सूचनाओं का आदान-प्रदान किया जा सके, विभिन्न प्रकार के संसाधनों का सामूहिक उपयोग हो सके और अलग-अलग स्थानों पर स्थित व्यक्ति किसी परियोजना पर संयुक्त रूप से कार्य कर सकें। नेटवर्क कई प्रकार के होते हैं, जिनमें सर्वप्रमुख हैं विश्वव्यापी अन्तर्राष्ट्रीय नेटवर्क 'इंटरनेट'। भारत में अनेक प्रकार के इंटरनेट का विकास किया गया है। देश के कोने-कोने को जोड़ने के लिए 'निकनेट', 'एरनेट', 'आई नेट' इत्यादि जैसे राष्ट्रव्यापी कम्प्यूटर संचार नेटवर्क स्थापित किए गए हैं। इन नेटवर्कों का प्रयोग रेलवे आरक्षण प्रणाली, विमान आरक्षण प्रणाली, बैंकिंग व्यवस्था, भूमि संबंधी रिकॉर्ड इत्यादि के लिए किया जाता है।

7

नई तकनीकें: ई-मेल तथा इण्टरनेट इत्यादि
(New Technologies: E-Mail and Internet etc.)

7.1 शिक्षा में नई तकनीकें (New Technologies in Education)

शिक्षा में नवीन तकनीकों का अर्थ (Meaning of New Technologies in Education)

इसमें कोई सन्देह नहीं है कि जो आज नवीन तकनीकी हैं, वे भविष्य में पुरानी तकनीकी बन सकती हैं। आज नयी तकनीक वह है जो पहले नहीं थी। किसी जमाने में मैजिक लालटेन को नई तकनीक माना जाता था, परन्तु आज वह नई नहीं रह गई है। उसका स्थान नई तकनीकों ने लिया है।

शिक्षा में दूरदर्शन का प्रयोग जब आरम्भ हुआ तो इसे नई तकनीक कहा जाता था।

इसी प्रकार तकनीक नई है अथवा पुरानी–इसका आधार उपलब्ध साधनों पर निर्भर करता है। विकासशील देशों, विकसित देशों तथा अति पिछड़े देशों में 'नई तकनीक' सम्बन्धी विभिन्न दृष्टिकोण हो सकते हैं।

शीघ्र परिवर्तनशील परिस्थितियों में 'नई तथा पुरानी' अवधारणा में बहुत अन्तर आ जाता है।

आज की परिस्थिति में निम्न तकनीकों को नई तकनीकें कहा जाता है–

1. मल्टी मीडिया एप्रोच (Multi Media Approach)
2. पर्सनलाइज्ड सिस्टम ऑफ इन्स्ट्रक्शन (PSI)
3. कम्प्यूटर असिस्टैड इन्सट्रक्शन (CAI)
4. सैटेलाइट सम्प्रेषण (Satellite Communication)
5. मौड्यूलर उपागम (Modular Approach)
6. रेडियोविजन (Radiovision)
7. इण्टरनेट (Internet)
8. ई-मेल (E-mail)
9. सीडी-रोम (CD–ROM)
10. सीमुलेटेड शिक्षण (Simulated Teaching)

11. अन्त:क्रिया प्रणाली (Interaction System)
12. सिस्टम्स एप्रोच (Systems Approach)
13. अभिक्रमित अध्ययन (Programmed Instruction)
14. शैक्षिक दूरदर्शन (Educational Television)
15. टेलीकॉनफेरेंसिंग (Teleconferencing)
16. इण्ट्रानेट (Intranet)
17. शिक्षण मशीन (Teaching Machine)
18. वीडियो टैक्स (Video Tex)
19. वीडियो डिस्क (Video Disc)

7.2 शिक्षण अधिगम प्रक्रिया में क्रान्ति (Revolution in Teaching Learning Process)

शिक्षा में सूचना सम्प्रेषण तकनीकी (ICT) ने अभूतपूर्ण क्रान्ति लायी है। आज हम घर बैठे-बैठे संसार के प्रसिद्ध विश्वविद्यालयों की उपलब्धियाँ प्राप्त कर सकते हैं। संसार भर में इण्टरनेट (Internet) द्वारा शैक्षिक रूझान बदल रहे हैं। प्रौद्योगिकी का प्रयोग महत्वपूर्ण सुधार कर दिखाने की क्षमता रखता है। इसका प्रभावी प्रयोग तथा उपयोग 'शिक्षक केन्द्रित' प्रथा से हटकर विशेष लचीले 'छात्र केन्द्रित' वातावरण के रूप में प्रोत्साहित करने की अपूर्व क्षमता रखता है।

आज की परिस्थितियों में निम्न तकनीकों को नई तकनीकें कहा जाता है:

1. मल्टी मीडिया एप्रोच (Multi Media Approach)
2. पर्सनालाइज्ड सिस्टम ऑफ इन्स्ट्रक्शन (PSI)
3. कम्प्यूटर असिस्टैड इन्स्ट्रक्शन (CAI)
4. सैटेलाइट सम्प्रेषण (Satellite Communication)
5. मौड्यूलर उपागम (Modular Approach)
6. रेडियोविजन (Radiovision)
7. इण्टरनेट (Internet)
8. ई-मेल (E-mail)
9. सीडी-रोम (CD-ROM)
10. सीमुलेटेड शिक्षण (Simulated Teaching)
11. अन्त:क्रिया प्रणाली (Interaction System)
12. सिस्टम्स एप्रोच (Systems Approach)
13. अभिक्रमित अध्ययन (Programmed Instruction)
14. शैक्षिक दूरदर्शन (Educational Television)
15. टेलीकॉनफेरेंसिंग (Teleconferencing)
16. इण्ट्रोनट (Intranet)
17. शिक्षण मशीन (Teaching Machine)
18. वीडियो टैक्स (Video Tex)
19. वीडियो डिस्क (Video Disc)

7.3 ई-मेल (E-Mail)

ई-मेल का अर्थ (Meaning of E-mail)

ई-मेल (E-mail) का तात्पर्य इलैक्ट्रोनिक मेल (Electronic mail) से है। यह एक ऐसी प्रणाली है, जिसमें इलैक्ट्रोनिक नेटवर्क तथा उससे परे (Beyond) विभिन्न प्रकार के लिखित सन्देशों का आदान-प्रदान किया जाता है।

ई-मेल द्वारा कई प्रकार की सामग्री अर्थात् सन्देश, चित्र, दस्तावेज, स्प्रैड-शीट (Spread-Sheet) वीडियो क्लिप आदि भेजे जा सकते हैं। इसमें डाकिये की कोई आवश्यकता नहीं रहती है। घर बैठे बिठाये सन्देश तथा अन्य सामग्री प्राप्त हो जाती है।

ई-मेल में बहुत ही कम समय लगता है। तुरन्त आदान-प्रदान हो जाता है केवल वार्तालाप नहीं हो पाता।

ई-मेल में प्रमुख शब्दावली (Main Vocabulary of E-mail)

ई-मेल द्वारा सम्प्रेषण प्रक्रिया ग्राहक सेवा तकनीकी (Client Service Technique) पर आधारित है।

जिस कम्प्यूटर के द्वारा ई-मेल सुविधा प्राप्त होती है उसे 'सर्वर' (Server Service Provider) कहा जाता है और जिस कम्प्यूटर पर सन्देश प्राप्त होते हैं उसे ग्राहक (Client) कहा जाता है। यह ग्राहक तकनीकी सेवा विभिन्न प्रकार की हो सकती है।

यदि इण्टरनेट के माध्यम से ई-मेल की सुविधा लेनी हो तो सर्वर (Server) को इण्टरनेट सेवा में भागीदार होना चाहिए। उसी प्रकार से सन्देश ग्रहण करने वाले ग्राहक भी या तो इण्टरेट सेवा का भागीदार हो अथवा उसके पास इण्टरनेट से टेलीफोन, लीज्ड लाइन या VSAT के द्वारा जुड़ने की सुविधा हो, तभी संदेश भेजे जा सकते हैं तथा प्राप्त किये जा सकते हैं। इसके अतिरिक्त ई-मेल के लिए एक समुचित 'सॉफ्टवेयर' (Software) भी ग्राहक कम्प्यूटर के पास होना चाहिए।

ई-मेल पते (E-mail Addresses)

किसी को भी सन्देश भेजने के लिए उसका ई-मेल पता मालूम होना चाहिए। इण्टरनेट पर सामान्यत: ई-मेल पता निम्न प्रकार से लिखा जाता है–

स्थानीय-पता @ पक्ष-नाम

(Local-address @ domain-name)

स्थानीय पते से यहाँ तात्पर्य ई-मेल उपयोग करने वाले व्यक्ति का 'लौग' नाम (Log--in-name) [वह नाम जो आपने अपने मेल सर्वर (Mail Server) अथवा इण्टरनेट सर्वर (Internet Server), जिसके पास आपका हिसाब-किताब (Account) है, को दिया है।]

स्थानीय पते के बाद @ लिखा जाता है जिसे एट साइन (at sign) कहा जाता है। इसके दाहिनी ओर 'मेल-सर्वर' का 'पक्ष नाम' (Domain name) आता है। इस 'पक्ष नाम के अलग-अलग भागों या क्षेत्रों को कालांश पृथक् करते हैं। इन कालांशों (Periods) को बिन्दु (Dots) कहते हैं।

नीचे दो उदाहरण दिये जा रहे हैं:

उदाहरण 1. dkumar @ del 2. vsnl.net.in

User's name — Domain name of Server Computer

उदाहरण 2.

shipra1 @ shiprapublications.com

User's name — Domain name for Site: not the name of a computer

यदि आप किसी को e-mail, पता बताना चाहते हैं तो आपको कहना चाहिए (उदाहरण-1 के सन्दर्भ में):

"यूजर आई एट डेल टू डॉट वी एस एन एल डॉट नैट डॉट इन"

ई-मेल के लिए भी अनेकों ई-मेल प्रोग्राम आज उपलब्ध हैं, जैसे-पाइन (PINE), इण्टरनेट मेल, यूडोरा (Eudora), हॉटमेल (Hotmail), याहू (Yahoo) आदि। ये प्रोग्राम सन्देश तैयार करने, प्रेषित करने, प्राप्त करने, सन्देश आगे भेजने या उत्तर देने, सन्देश से कुछ निकालने या सन्देश के साथ कुछ अन्य डॉक्यूमेण्ट लगाने आदि में सहायक होते हैं।

7.4 सीडी रोम (CD ROM–Compact Disc ROM)

मैरीयम वैवस्टर्स कौलेजियेट डिक्शनरी (1966) में CD-ROM की परिभाषा इस प्रकार दी गयी है-यह एक कम्पैक्ट डिस्क (Compact Disc) है, जिस पर आँकड़े होते हैं और जो केवल कम्प्यूटर द्वारा पढ़े जा सकते हैं।

CD-ROM में आँकड़ों को उपयोग करने वाला लिख नहीं सकता अथवा नया अपना कुछ स्टोर नहीं कर सकता और न ही उसमें इसके द्वारा किसी प्रकार का परिवर्तन करना सम्भव है।

सी.डी.रोम शब्द का प्रत्येक अक्षर सार्थक है। सी.डी.रोम में प्रयुक्त अक्षरों का पूर्ण वर्णन उनके समक्ष दिया जा रहा है।

C = कम्पैक्ट (Compact)

D = डिस्क (Disc)

R = रीड (Read)

O = ओनली (Only)

M = मैमोरी (Memory)

अतः कहा जा सकता है सी.डी.रोम एक ऐसी प्रक्रिया है जिसमें कम्पैक्ट डिस्क पर केवल स्मृतियाँ (Memories) पढ़ी जा सकती है। यह मैमोरी भी धीरे-धीरे बढ़ती जा रही है।

7.5 इण्टरनेट द्वारा अधिगम (Learning by the Internet)

इण्टरनेट की परिभाषा: इण्टरनेट एक अत्याधुनिक संचार प्रौद्योगिकी है, जिसमें करोड़ों कम्प्यूटर एक नेटवर्क से जुड़े हुए होते हैं। इण्टरनेट को मोटे तौर पर कम्प्यूटरों के विश्वव्यापी नेटवर्क के रूप में परिभाषित किया जा सकता है, जो एक प्रोटोकोल (सूचना के आदान-प्रदान सम्बन्धी नियम) के जरिये संचार करते हैं।

इण्टरनेट का विवरण: इण्टरनेट का वर्णन करना बिल्कुल ऐसा ही है जैसे किसी नगर का वर्णन करना। नगर का मानचित्र, उसके लोग, बाजार, गलियाँ, घर, लोग, सरकार, मैदान, मौसम आदि या इनका समग्र रूप। यही तो नगर के वर्णन में निहित होता है। इण्टरनेट भी एक ऐसा ही स्थान है।

इण्टरनेट कोई सॉफ्टवेयर (Software) नहीं है, न यह कोई प्रोग्राम है, न कोई हार्डवेयर। वास्तव में यह तो एक ऐसा स्थान है जहाँ हमें अनेक प्रकार की शैक्षिक जानकारियाँ तथा सूचनाएँ प्राप्त होती हैं।

इण्टरनेट की कार्य-प्रणाली (Working of Internet)

यदि इण्टरनेट की कार्य-प्रणाली को ध्यान से देखें तो हमें पता चलता है कि इसमें विश्व के प्रत्येक देश में एक या दो सर्वर रखे होते हैं जो कि Mainframe कम्प्यूटर के रूप में होते हैं तथा ये सभी सर्वर आपस में उपग्रह द्वारा जुड़े होते हैं। तो इन सर्वरों को हम ISP (Internet Service Provider) कहते हैं। ये Server जैसे भारत ने USA से BSNL (Bharat Sanchar Nigam Ltd.) को मिला हुआ है तथा फिर BSNL से कई अन्य विभागों (ISPs) को इण्टरनेट सेवा प्रदान करने के लाइसेन्स दे दिये, जैसे DOT (Department of Telecommunication), MTNL (महानगर टेलीफोन निगम लिमिटेड) तथा अन्य कई प्राइवेट कम्पनियों को जैसे Satyam Online, Data Infosys, Mantra Online आदि। ये ISP फिर पुन: अन्य ग्राहकों जैसे व्यक्तिगत या Institutes को Internet Connection देते हैं। ये इण्टरनेट कनेक्शन दो प्रकार से दिये जाते हैं:

(i) *Dial up कनेक्शन*: इसमें ग्राहक अपने कम्प्यूटर को मोडेम की सहायता से टेलीफोन लाइन से जोड़कर ISP के नम्बर Dial करता है तथा इण्टरनेट से जुड़ जाता है। इस प्रकार के कनेक्शन की कीमत अधिक नहीं होती। आजकल यह 300 रू. प्रति 20 घण्टे या एक माह तक में उपलब्ध हो जाती है। यदि 20 घण्टे पहले खत्म होते हैं तो वे अन्यथा एक माह तक का समय माना जाता है। इण्टरनेट कनेक्शन की Rate प्रत्येक कम्पनी में अलग-अलग होती है तथा इसमें आप अपनी आवश्यकतानुसार समयाविधि हेतु ले सकते हैं।

(ii) *लीज लाइन कनेक्शन*: इस कनेक्शन में हमारा कम्प्यूटर ISP के सर्वर से सीधे टेलीफोन लाइन द्वारा जुड़ा होता है। इसी कारण से यह कनेक्शन सामान्यतया बहुत महँगा होता है तथा इसके लिए लाखों रूपये खर्च करने होते हैं, परन्तु इसमें समय की कोई पाबन्दी नहीं होती है। एक ध्यान देने योग्य बात यह है कि इण्टरनेट कनेक्शन डॉयल अप लाइन द्वारा हो या लीज लाइन, दोनों ही लाइनों में हमें टेलीफोन का बिल अतिरिक्त देना पड़ता है।

इण्टरनेट के माध्यम से सूचनाओं तक पहुँचा जाता है, जिसमें व्यक्तियों और विश्व भर के संगठनों का योगदान होता है। उन्हें नेटवर्क ऑफ सर्वर्स (यानी सेवकों का नेटवर्क) कहा जाता है। इण्टरनेट का एक 'वर्ल्ड वाइड वेब' (W.W.W.) है, जिसे मात्र 'वेब' भी कहा जाता है, जो विभिन्न संगठनों, वाणिज्यिक प्रतिष्ठानों, औद्योगिक इकाइयों, शैक्षिक प्रतिष्ठानों, आम अथवा खास हितों से सम्बद्ध समूहों अथवा निजी व्यक्तियों द्वारा बनाये गये हजारों सर्वर्स को आपस में जोड़ता है। सर्वर्स पर भरे गये वेब पृष्ठों (पेजिज) में विभिन्न प्रकार की जानकारी उपलब्ध होती है, जैसे–पाठ सामग्री (प्लेन टैक्स्ट), तस्वीर, ऐनिमेशन, मल्टीमीडिया आदि। इसे प्राप्त करने के लिए सामान्य शुल्क देना पड़ता है और कभी-कभी बिना किसी लागत के यह जानकारी उपलब्ध हो जाती है। वेब-पृष्ठों से ई-मेल, कॉन्फ्रेरेंसिंग, इलेक्ट्रोनिक पब्लिकेशन जैसी सेवाएँ और अन्य व्यावसायिक सुविधाएँ भी उपलब्ध होती हैं, इण्टरनेट पाठ सामग्री (टैक्स्ट) अथवा सूचना को विश्व में एक स्थान से दूसरे स्थान पर पहुँचाने का एक नया माध्यम है जो अत्यन्त शीघ्र सस्ते में और आसानी से संचार करता है। यह स्वयं अन्तर्क्रिया नहीं करता, किन्तु उपयोगकर्ता कम्प्यूटरों से इस पर नियन्त्रण रखते हैं, जो उन्हें नेटवर्क पर सूचना भेजने और प्राप्त करने में सहायता पहुँचाते हैं।

इण्टरनेट के माध्यम से विभिन्न प्रकार के दस्तावेज (Documents), वैज्ञानिक आँकड़े, रुचि सूची तथा विभिन्न प्रकार के विज्ञापन एवं संस्थानों के विषय में सूचनाएँ उपलब्ध होती हैं। ये सूचनाएँ विश्व को किसी भी कोने से प्राप्त की जा सकती हैं। ये सूचनाएँ बड़ी सरलता से और त्वरित गति से प्राप्त हो जाती है। यदि घर में टेलीविजन और निजी कम्प्यूटर हो तो अति आधुनिक प्रौद्योगिकी की सहायता से हम भली-भाँति जानकारी प्राप्त कर सकते हैं, भरपूर मनोरंजन कर सकते हैं और शिक्षा प्राप्त कर सकते हैं। सूचनाओं के मुक्त प्रवाह और ज्ञान में भागीदारी के फलस्वरूप हमारे सामाजिक, आर्थिक तथा राजनैतिक जीवन में गुणात्मक परिवर्तन हो रहे हैं।

लोग इण्टरनेट, डाक (Mail, Electronic mail, E-mail) का प्रयोग करते हैं।

इण्टरनेट पर कोई भी वार्ता कर सकता है। बशर्ते उसके पास एक पर्सनल कम्प्यूटर एक मौडम (Modem) तथा एक टेलीफोन होना चाहिए। साथ ही सम्बन्धित आवश्यक हार्डवेयर/सॉफ्टवेयर खरीदना पड़ता है। मौडम के द्वारा कम्प्यूटर का सम्बन्ध सामान्य टेलीफोन लाइन द्वारा दूसरे कम्प्यूटर्स (PV) के साथ स्थापित किया जाता है।

7.6 इण्टरनेट की विशेषताएँ तथा इससे लाभ
(Characteristics of Internet and Its Advantages)

इण्टरनेट की प्रमुख विशेषताएँ निम्नांकित हैं:

1. इण्टरनेट बड़ी मात्रा में आँकड़ों की खोज करने में सहायक होता है।
2. इण्टरनेट में एक स्थान से अनेक स्थानों तक प्रसारण संचार की अपेक्षा बिन्दु से बिन्दु तक संचरित होता है।
3. इण्टरनेट के द्वारा अनेक मल्टीमीडिया सम्बन्धी कार्यक्रम भी प्रस्तुत किये जा सकते हैं, जैसे–वीडियो कान्फ्रेसिंग, डॉक्यूमेण्ट, रिट्रीवल आदि।
4. एक सर्वर से अन्य के बीच हाइपर लिंकिन सुविधा, जिसमें एक शब्द क्लिक

करके उपयोगकर्ता विश्व के किसी भी स्थान तक सीधे आँकड़ों के स्रोत तक पहुँच सकता है।

5. संक्षिप्त किन्तु महत्वपूर्ण सामाजिक नोट्स (Notes) के आदान-प्रदान में यह सहायता देता है।
6. विश्व की नवीनतम खबरें प्राप्त करने में यह सहायक है।
7. व्यापारिक समझौते (वार्ता) करने के काम आता है।
8. वैज्ञानिक शोध पर Collaboration करने का माध्यम है।
9. समान रुचि वाले लोगों के साथ सूचनाओं का आदान-प्रदान करने में सहायक है।
10. आवश्यकतानुसार कम्प्यूटर फाइल्स का स्थानान्तरण करने में सहायता करता है।

7.7 W.W.W.

W.W.W. का अर्थ World Wide Web. सामान्यतया हम इण्टरनेट व वर्ल्ड वाइड वेब को एक ही मान लेते हैं, जबकि ये दोनों अलग-अलग हैं। वास्तव में इण्टरनेट करोड़ों कम्प्यूटरों का एक अन्तर्राष्ट्रीय नेटवर्क है जो कि सम्मिलित रूप से इन्फॉर्मेशन बाँटता है।

इस अन्तर्राष्ट्रीय नेटवर्क के कारण ही वर्ल्ड वाइड वेब फूला-फला है। वेब इण्टरनेट सर्वर की एक प्रक्रिया है जो विभिन्न डॉक्यूमेण्ट्स के समूह को प्रयोग करती है। ये डॉक्यूमेण्ट्स एक प्रकार की प्रोग्रामिंग लेंग्वेज में लिखे होते हैं।

उदाहरण के लिए HTML (हाइपर टेकस्ट माते अप लैंगवेज) का प्रयोग ऐसे दस्तावेज (Document) बनाने के लिए किया जाता है। आप जो ब्राउजर प्रयोग करते हैं वह उस लैंग्वेज को समझता है और आपके द्वारा खोले गये पेज को सही तरीके से आपके सामने प्रस्तुत करता है। जब आप एड्रेस बार में कोई एड्रेस टाइप करके Enter दबाते हैं तो वास्तव में आप भी HTML आधारित विनती करते है। वेब सर्वर पर भेजते हैं जिसमें सम्बन्धित पेज को खोलने की विनती होती है।

संक्षेप में चूँकि सभी वेब साइटें एक जैसी प्रोग्रामिंग लैंग्वेज में बनी हैं और सभी ब्राउजर यह समझते हैं कि इन वेब साइट फाइलों को किस प्रकार पढ़ा जा सकता है, अतः हम वेब सर्फिंग करने में सफल होते हैं। अतः यह कहा जा सकता है कि इण्टरनेट होने के कारण ही वर्ल्ड वाइड वेब काम कर रही है।

हम यह भी कह सकते कि W.W.W. इण्टरनेट का एक सेक्शन है जो कि नये उपभोक्ताओं द्वारा भी आसानी से उपयोग किया जा सकता है। W.W.W. के द्वारा हम Text, Graphics, Sound तथा Video को प्राप्त कर सकते हैं। W.W.W. पर मुक्त इन्कॉर्मेशन पेज कई समूहों, कम्पनियों तथा व्यक्तिगत रूप से उपलब्ध करायी जाती है।

वेब चैटिंग (Web Chatting)

चैट (Chat) करने का अर्थ है इण्टरनेट पर कार्य कर रहे किसी अन्य व्यक्ति से Key-board की सहायता से अपने सन्देश टाइप करके सीधा संचार स्थापित करना। चैट प्रणाली में अपने की-बोर्ड से शब्दों को टाइप करके पाने वाले के पास तक भेजे जाते हैं। हमारा सन्देश प्राप्त करने के बाद प्राप्तकर्ता हमें प्रत्युत्तर दे सकता है।

साधारण टेलीफोन सेवा का उपयोग करके जहाँ हमें शब्दों का उच्चारण करना पड़ता है, वहीं चैंटिंग में वही सब कुछ आपको की-बोर्ड से टाइप करके प्रेषित करना होता है। इसके अतिरिक्त हम एक साथ कई व्यक्तियों के साथ चैट भी कर सकते हैं। इस प्रकार हम विश्वभर में कहीं भी बैठे लोगों से सीधा सम्पर्क स्थापित कर सकते हैं।

यदि हम इण्टरनेट के माध्यम से चैट करना चाहते हैं तो हमें किसी ऐसे सर्वर पर लॉगऑन करना होगा जो चैटिंग की सुविधा देता है। बहुत सारी Sites ऐसी हैं जो चैट सुविधा प्रदान करती हैं। अधिकांश Sites को चैटिंग करने के लिए Register होने की आवश्यकता भी होती है।

इण्टरनेट रिले चैट (Internet Relay Chat—IRC)

IRC का आरम्भ 1986 में हुआ था। अब यह विश्व में 70 से अधिक देशों में प्रचलित है। इसे अन्तर्राष्ट्रीय स्तर पर प्रसिद्धि 1991 में खाड़ी युद्ध के दौरान मिली जब संसार भर के लोग IRC पर खाड़ी युद्ध के बारे में मन्त्रणा करने के लिए एकत्रित होते थे। IRC पर अधिकांश बातचीत अंग्रेजी में ही होती है। जब हम किसी चैट सर्वर से जुड़कर चैट करते हैं तो हम दूसरों के द्वारा टाइप किये गये सन्देशों को अपने मॉनीटर पर देख पाते हैं। इसी प्रकार हमारे द्वारा टाइप किये गये सन्देश को अन्य लोग भी देख सकते हैं। इसी प्रकार हमारे द्वारा टाइप किये गये सन्देश को अन्य लोग भी देख सकते हैं। हालांकि यदि हम किसी से व्यक्तिगत चैट करना चाहें तो हमारे द्वारा टाइप किये जाने वाले सन्देश अन्य Users को दिखाई नहीं देंगे।

IRC client/server model का अनुगमन करता है। हर प्रकार के कम्प्यूटर के लिए IRC client उपलब्ध है। अत: यदि हमारे पास IBM PC, Macintosh या एक UNIX PC है तो भी हम IRC को काम में ले सकते हैं। यह एक Online System है। अत: दो प्रयोग करने वाले जो आपस में वार्ता करना चाहते हैं, का इण्टरनेट से जुड़ा होना आवश्यक है।

User द्वारा की जा रही वार्ता 125 से अधिक Interconnected servers पर भेजी जाती है अर्थात् हम एक साथ विश्व के प्रत्येक Interconnected देश में बैठे अलग-अलग तरह के लोगों से बातचीत कर सकते हैं। बातचीत करने वाला विषय कुछ भी हो सकता है। अति गंभीर मुद्दे या कम्प्यूटर की तकनीक, खेलकूद राजनीति, सिनेमा, संगीत या फिर साधारण वार्ता आदि। इस वार्ता को करने के लिए हमें उपयुक्त चैनल (कभी-कभी इन्हें Rooms भी कहा जाता है) पर जाना होता है। यदि हमारे लायक चैनल वहाँ नहीं हैं तो हम स्वयं का कोई चैनल सीक्रेट भी कर सकते हैं।

यदि हम चैट करना चाहते हैं हमें इण्टरनेट कनैक्शन स्थापित करने की आवश्यकता होती है। इसके बाद हमें अपना Chat client खोलकर Login करने पड़ता है। इससे हम IRC सर्वर से सम्बन्धित हो जाते हैं। बहुत सारे IRC servers जो विश्व में अलग स्थानों पर रखे होते हैं, एक ही नेटवर्क में जुड़े होते हैं ताकि वे अपने पास आने वाले सन्देश एक-दूसरे को भेज सकें।

जब हम Server से जुड़ते हैं तो हम एक चैनल का चयन करते हैं तथा अपनी पहचान दूसरों को बताने के लिए एक User name भी बताते हैं। IRC Servers पर अलग-अलग विषयों के कई चैनल होते हैं।

जब हम कोई सन्देश अपने कम्प्यूटर पर IRC client द्वारा टाइप करते हैं तो वह सन्देश उस IRC server तक जाता है जिससे हम Connected हैं। यह सन्देश फिर हमारे सर्वर से दूसरे सर्वरों पर जाता है। जहाँ दूसरे लोग उसी चैनल पर logged on लेंगे। इस प्रकार हमारा सन्देश एक सर्वर से दूसरे सर्वर तक जाता रहता है। प्रत्येक सर्वर के उस चैनल से जुड़े लोगों तक पहुँचा देता है जिस चैनल से हम जुड़े हैं। इस प्रकार दूसरे लोग भी हमारा सन्देश पढ़कर उसका प्रत्युत्तर दे सकते हैं।

चैटिंग करते समय ध्यान देने योग्य बिन्दु (Points to be Kept in Mind while Chatting)

चैटिंग करते समय निम्न बातों पर ध्यान दिया जाना चाहिए:

1. इस बात का विशेष ध्यान रखें कि हमारी बात से किसी को चोट न पहुँचे।
2. हम अपनी पहचान, पता या फोन नम्बर किसी अनजाने व्यक्ति को न बतायें क्योंकि कई असामाजिक तत्व भी चैट कर रहे हो सकते हैं।
3. गलती से भी अपना User name तथा Password इण्टरनेट पर किसी को न बतायें।
4. जब हम चैटिंग के लिए किसी बड़े चैनल से जुड़ते हैं तो हमें वार्ता करते समय कुछ कठिनाई हो सकती है। हमें दूसरों के द्वारा भेजे गये Messages को पढ़ने में कठिनाई हो सकती है क्योंकि सन्देश की अधिकता होने के कारण शीघ्र ही Scroll हो जाते हैं। अत: दूसरों के सन्देश पढ़ने के बजाय हमें स्वयं को भेजे जाने वाले सन्देश पर ही ध्यान देना चाहिए।
5. IRC case-sensitive नहीं होती।
6. किसी अनजाने व्यक्ति से चैट करते समय हम अपने बारे में अत्यधिक गोपनीय बातें न बतायें।

कुछ Popular chat clients हैं–MIRC, ICQ (I-Seek-You), PIRCH, Microsoft Chat आदि।

चैटिंग के लिए क्लाइण्ट सॉफ्टवेयर (Client Softwares for Chatting)

किसी से चैटिंग करने के लिए हमारे कम्प्यूटर पर एक चैट सॉफ्टवेयर का होना आवश्यक है। अलग-अलग प्रकार की चैट को सम्पन्न करने के लिए भिन्न-भिन्न प्रकार के चैट सॉफ्टवेयर की आवश्यकता होती है। कुछ प्रचलित चैट सॉफ्टवेयर या Chat clients MIRC, ICQ (I-Seek-you), PIRCH, Microsoft Chat, Netmeeting तथा CU-SeeMre हैं।

चैट सर्वर (Chat Servers)

चैट सर्वर या IRC servers ऐसे कम्प्यूटर तथा सॉफ्टवेयर होते हैं जो IRC switch board की भाँति कार्य करते हैं ताकि प्रयोग करने वाले उनसे किसी Chat client का उपयोग करके सम्बन्धित हो सकें। लगभग सभी portals के अपने चैट सर्वर होते हैं। चैट सर्वर पर ऐसे प्रोग्राम चलते हैं जो हमें चैट नेटवर्क से जुड़ने की सुविधा देते हैं। इसके अतिरिक्त ये सर्वर अपने प्रयोग करने वाले तथा चैनलों पर भी निगाह रखते हैं तथा

सुनिश्चित करते हैं कि प्रयोग करने वाले के द्वारा टाइप किये जाने वाले सभी सन्देश अपनी सही मंजिल तक पहुँच जायें। किसी चैट नेटवर्क से जुड़ने के लिए हमें उसी नेटवर्क के किसी एक सर्वर से जुड़ना होता है। उदाहरण के लिए यदि हम underNet को access करना चाहते हैं तो हमें ऐसे चैट सर्वर से जुड़ना होगा जिसका सम्बन्ध underNet से हो। प्रत्येक नेटवर्क के सर्वर का अपना एक अलग ग्रुप होता है, जैसे Efnet के पास 100 से अधिक सर्वर हैं, underNet के पास 44 से अधिक सर्वर हैं तथा DALnet के पास लगभग 27 servers हैं।

7.8 वेब कॉन्फ्रेंस (Web Conference)

वेब कॉन्फ्रेंस का अर्थ उस कॉन्फ्रेंस से है जो इण्टरनेट के माध्यम से की जाती है। वेब कॉन्फेरेंस का प्रचलन दिन-प्रतिदिन बढ़ता जा रहा है। जिस प्रकार वीडियो कॉन्फ्रेंस, ओडियो कॉन्फ्रेंस तथा कम्प्यूटर कॉन्फ्रेंस आयोजित की जाती है उसी प्रकार वेब कॉन्फ्रेंस भी।

वेब कॉन्फ्रेंसिंग में इण्टरनेट का प्रयोग करके आमने-सामने बातचीत की जाती है। इसमें दो से अधिक लोग प्रायः भाग लेते हैं।

वेब कॉन्फ्रेंसिंग का क्षेत्र बहुत व्यापक है। प्रत्येक विषय पर इण्टरनेट द्वारा चर्चा की जा सकती है।

वेब कॉन्फ्रेंस के प्रमुख लाभ इस प्रकार हैं:

1. यह उतना लाभकारी साधन है जितना प्रत्यक्ष शिक्षण।
2. व्यापक क्षेत्र में दूर-दूर तक फैले लोगों के लिए यह उपयुक्त है।
3. यह एक लचीली प्रणाली है। इसमें आवश्यकतानुसार संशोधन या परिमार्जन अथवा परिवर्तन किया जा सकता है।
4. इस विधि द्वारा परिसर रो बाहर के अध्ययन केन्द्रों से सरलता से सम्पर्क स्थापित किया जा सकता है।
5. इस प्रणाली में तुरन्त पृष्ठपोषण देना सम्भव होता है।

7.9 ई-सेवाएँ (E-Services)

ई-सेवाओं का अर्थ है इण्टरनेट पर उपलब्ध सेवाएँ। ये सेवाएँ निम्न प्रकार की हैं:

1. ई-मेल (E-mail)
2. टेलनेट (Telnet)
3. एफ.टी.पी. (FTP)
4. इण्टरनेट फोन (Internet Phone)
5. इण्टरनेट फैक्स (Internet Fax)
6. वर्ड वाइड वेब (WWW)
7. न्यूज ग्रुप (News Group)
8. इण्टरनेट चैट (Internet Chat)
9. रोजगार सूचना (Employment News)
10. बुलेटिन बोर्ड सेवाएँ (Bulletin Board Services)
11. इण्टरनेट सर्फिंग (Internet Surfing)

12. शैक्षिक सेवाएँ (Educational Services)
13. ई-कॉमर्स (E-Commerce)

ई-मेल (E-mail)–इसी अध्याय को देखें।

टेलनेट (Telnet): यह एक ऐसा प्रोग्राम है जो कि हमें इण्टरनेट पर किसी दूसरे कम्प्यूटर (Host) को Online Access करके खोलने के काम आता है। हजारों मील दूर स्थित कम्प्यूटर के प्रोग्राम को रन करना तथा किसी डेटाबेस को Search करने का काम हम इस प्रकार कर सकते हैं मानों कि Host कम्प्यूटर से हजारों मील दूर नहीं बल्कि उसके सामने ही बैठे हों। Telnet का उपयोग कम्प्यूटरीकृत लाइब्रेरियों को पूरी दुनिया में Access करने में भी किया जा सकता है।

एफ.टी.पी. (FTP): FTP का अर्थ है File Transfer Protocol। यह इण्टरनेट पर फाइलों का आदान-प्रदान करने का सबसे प्रसिद्ध तरीका है। वैसे यह एक सॉफ्टवेयर प्रोग्राम है जो फाइलों की Uploading व Downloading में बहुत तीव्र गति से कार्य करता है। विभिन्न सरकारी संस्थान, यूनिवर्सिटियों, नई कम्पनियों जो पूरे विश्व में संचालित होती हैं, अपनी Files को Public के लिए Available करने में योग्य हो चुकी हैं। यदि हम इन फाइलों में जायें व उन्हें अपने कम्प्यूटर पर कॉपी करना चाहें तो यह कार्य हम FTP की मदद से कर सकते हैं।

इण्टरनेट फोन (Internet Phone): इण्टरनेट फोन वस्तुत: टेलीफोन व कम्प्यूटर का एक मिश्रित रूप है। यह उपकरणा कम्प्यूटर स्क्रीन से युक्त एक टेलीफोन प्रणाली है। जिसके द्वारा E-mail से प्राप्त सन्देशों को टेलीफोन से जुड़े कम्प्यूटर की स्क्रीन पर पढ़ा जा सकता है और अविलम्ब उसके उत्तर भी दिये जा सकते हैं। इस सुविधा का प्रयोग न सिर्फ कार्यालयों व दुकानों में किया जा रहा है अपितु घरेलू स्तर पर भी इसे बहुत काम में लाया जा रहा है। इण्टरनेट फोन एक ऐसा उपकरण है जिसमें एक ही उपकरण से कई प्रकार के काम किये जा सकते हैं। ऐसे कार्यों में शामिल हैं–टेलीफोन द्वारा किसी से बातचीत करना, E-mail सन्देशों का आदान-प्रदान करना तथा वेब सम्पर्क स्थापित करना। अन्य किसी भी उपकरण से इसमें कार्य नहीं किया जा सकता है। इण्टरनेट फोन द्वारा ई-मेल सम्बन्धी सन्देश भेजने में कठिनाई यह है कि इस विधि द्वारा फोटो, सर्टीफिकेट, पत्र तथा अन्य किसी भी प्रकार के दस्तावेज मँगवाना या भेजना सम्भव नहीं है। अत: इस प्रणाली में यह बहुत बड़ी त्रुटि मानी जा सकती है। परन्तु यदि इण्टरनेट फोन के साथ ई-मेल सम्पर्क आपके पर्सनल कम्प्यूटर से जुड़ा हुआ है तो इस कम्प्यूटर पर दस्तावेजों के चित्र प्राप्त किये जा सकते हैं।

इण्टरनेट फैक्स (Internet Fax): इसमें कम्प्यूटर से एक फैक्स मोडेम जुड़ा होता है। फैक्स मोडेम, मोडेम व फैक्स मशीन का एक सम्मिलित रूप होता है जो कि कम्प्यूटर के साथ प्रयुक्त किया जा सकता है। इण्टरनेट से फैक्स करने में समय के साथ-साथ कागज की बचत होती है क्योंकि एक डॉक्यूमेण्ट का कम्प्यूटर से सीधे ही फैक्स हो सकते हैं पहले उसका प्रिण्ट निकालने की आवश्यकता नहीं पड़ती है।

वर्ल्ड वाइड वेब (W.W.W.): इसका विवरण पहले ही दिया चुका है।

न्यूज ग्रुप (News Group): न्यूज ग्रुप इण्टरनेट का एक Discussion ग्रुप होता है। यह अपने आपको किसी विषय पर समर्पित कर देता है। News Groups के सदस्य सन्देश

एक-दूसरे को मेल करते हैं। वे सदस्य आपस में बातचीत भी कर सकते हैं तथा एक-दूसरे को मेल भी कर सकते हैं। इण्टरनेट पर लगभग प्रत्येक विषय पर बात (विचार-विमर्श) करने हेतु हजारों न्यूज समूह हैं।

इण्टरनेट चैट (Internet Chat): इसका अलग से विवरण दिया गया है।

रोजगार सूचना (Employment News): इण्टरनेट का प्रयोग बढ़ने से हमें कई सुविधाएँ प्राप्त हुई हैं। उन्हीं सुविधाओं में से एक सुविधा है रोजगार की। इण्टरनेट पर हम घर बैठे किसी भी पेज में रोजगार प्राप्त करने सम्बन्धी सूचना प्राप्त कर सकते हैं। इण्टरनेट का उपयोग मात्र रोजगार की सूचना प्राप्त करने तक ही सीमित नहीं रह गया है। आजकल इण्टरनेट पर कई ऐसी साइटें हैं जो आपका सर्वश्रेष्ठ कैरियर चुनने में हमारी मदद करती हैं ताकि हम अपने लक्ष्य को पा सकें।

इसी प्रकार इन वेब साइटों पर आप किसी कोर्स की ट्रेनिंग Interview की तैयारी भी कर सकते हैं। इससे भी आगे जायें तो हम इण्टरनेट पर विभिन्न नौकरियों खासतौर पर इन्फॉर्मेशन टैक्नोलॉजी के क्षेत्र से सम्बन्धित नौकरियों के लिए हम सीधे अपना Biodata भेजकर तथा इण्टरनेट पर ही Interview देकर सीधे Appointment Letter भी प्राप्त कर सकते हैं। यदि नौकरी से सम्बन्धित कुछ साइटों के उदाहरण देखें तो हमें पता चलता है, जैसे-WWW.naukri.com/infoedge/advice पर आपको रोजगार के आकर, प्रकार, कैरियर से सम्बन्धित सलाह, ट्रेनिंग व अन्य कोर्स जो पूरे विश्व में मान्य हैं पर आधारित विस्तृत लेख मिलेंगे जो निश्चय ही आपके मार्गदर्शक सिद्ध होंगे। इस साइट का स्टूडेण्ट रिसोर्सेज सेक्शन, अग्रणी इंजीनियरिंग और बिजनेस स्टडीज के स्कूलों से सम्बन्धित सभी प्रकार की जानकारी जैसे कब से प्रवेश प्रारम्भ हो रहे हैं या प्रवेश पाने की अन्तिम तिथि क्या है और इन स्कूलों द्वारा कराये जाने वाले कोर्सों और उनकी डिग्रियों की क्या महत्ता है? साइट का हॉट जॉब सेक्शन हमको कई प्रकार की जॉब्स की सूची प्रदान करता है। साथ ही इन जॉब्स के बारे में विस्तृत जानकारी व नियोक्ता से सम्पर्क करने का पता भी यहाँ उपलब्ध है। यहाँ उपलब्ध पोस्ट रिज्यूम सैक्शन हमको ऑनलाइन अपना Biodata भेजने की सुविधा प्रदान करता है किन्तु इसके लिए यहाँ अपने हमको रजिस्टर करना होता है।

यहाँ उपर्युक्त साइट का उदाहरण इसलिए दिया गया है ताकि आप इण्टरनेट पर रोजगार की साइट्स के विभिन्न प्रकार के उपयोगों को समझ सकें। कुछ अन्य रोजगार साइटें निम्न हैं–www.planyourcareer.com.www.brainvisa.com./cc. asp, www.mistertutor.com, www.jobahead.com/resources/index.html, www.sparklingcareers.com. आदि।

बुलेटिन बोर्ड सेवाएँ (Bulletin Board Services): जब किसी सूचना को किसी व्यक्ति विशेष या कम्पनी विशेष को नहीं देकर सार्वजनिक रूप से सबके लिए उपलब्ध कराना हो तो सूचना को हम Internet पर Bulletin Board Services में डाल देते हैं, तो जैसे ही लोग इण्टरनेट पर कार्य करते हैं उन्हें वह सूचना मिल जाती है।

इण्टरनेट सर्फिंग (Internet Surfing): जिस प्रकार समुद्र में सर्फिंग करने वाले समुद्र की लहरों पर सर्फिंग करते हैं तथा समुद्र की लहरों पर चलते हैं, उसी प्रकार इण्टरनेट सर्फिंग में लोग इण्टरनेट की वेब साइट पर चलते हैं या काम करते हैं। इसे

इण्टरनेट की भाषा में सर्फिंग कहते हैं। सामान्य भाषा में इण्टरनेट पर किया गया प्रत्येक कार्य इण्टरनेट सर्फिंग कहलाता है। चाहे हम किसी भी साइट को देख रहे हों या किसी से Net पर Chatting कर रहे हों। इन सभी को हम सर्फिंग में संलग्न करते हैं। नेट सर्फिंग की सुविधा आजकल कई जगह खुले साइबर कैफे प्रदान करते हैं जो कि प्रति घण्टे की शुल्क लेकर आपको सर्फिंग की सुविधा प्रदान करते हैं। इण्टरनेट सर्फिंग का शुल्क आजकल सत्र 15 से 20 रूपये प्रति घण्टा है।

शैक्षिक सेवाएँ (Educational Services): एक जमाना था जब शिक्षा को सिर्फ राजकुमारों का अधिकार माना जाता था और वे पठन-पाठन के लिए गुरूकुल में रहते थे। गुरूकुल परम्परा के बाद विद्यालय व्यवस्था और फिर पत्राचार शिक्षा का बोलबाला रहा लेकिन अब बदलते युग में इण्टरनेट एक शिक्षण माध्यम के रूप में सामने आया है। यानि इण्टरनेट ने भी शिक्षण व्यवस्था को प्रभावित करते हुए शिक्षा के रूप में अपनी उपस्थिति दर्ज की है। नेट ई गुरू यानि इलैक्ट्रॉनिक टीचर के रूप में विद्यार्थी जगत में काफी लोकप्रिय हो चुका है।

इण्टरनेट पर शिक्षण का काम करते हैं वेब साइट। वेब साइट यों तो मानव के द्वारा ही चलाये जाते हैं और उनका प्रयोग भी उसी के द्वारा होता है। लेकिन शिक्षक के रूप में इन वेब साइटों से ही विद्यार्थियों का सम्पर्क होता है। उलझे सवाल का सुलझा जवाब और वह भी तुरन्त चाहते हो तो नेट पर आये। नेट गुरू आपकी समस्या का समाधान निश्चित तौर पर निकाल देंगे।

इस समय ऐसे वेब साइटों की कमी नहीं जो नेट गुरु रूप में कार्य कर रहे हों। उदाहरण के लिए गेट मोर मार्क्स डाट कॉम तो ऑनलाइन शिक्षक के रूप में सेवा शुरू होते ही लोकप्रिय हो गया। ऑनलाइन शिक्षक के रूप में यह SSC, ICSE, CBSE आदि की तैयारी बतौर शिक्षक कराता है। यह सम्भावित प्रश्न उसके पक्के हल को तो उपलब्ध कराता ही है साथ ही एक शिक्षक के रूप में कैरियर सम्बन्धित मार्गदर्शन भी करता है। इण्टरनेट शिक्षा का ही एक भाग ऑनलाइन यूनिवर्सिटी है।

ऑनलाइन यूनिवर्सिटी (Online University): ऑनलाइन यूनिवर्सिटी का मतलब है जिसके सारे कार्य इण्टरनेट पर होते हैं यानि फार्म इण्टरनेट पर भरे जाते हैं। विश्वविद्यालय से सम्बन्धित सारी सूचनाएँ, परीक्षा परिणाम आदि इण्टरनेट पर उपलब्ध होते हैं। आपको मार्कशीट भी इण्टरनेट से मिले। छात्र-छात्राओं की कक्षाएँ भी इण्टरने पर चलें। इसमें अध्यापक या विशेषज्ञ एक निश्चित समय के लिए इण्टरनेट पर उपलब्ध होंगे। आप उनसे तीन तरह अपनी बातें पूछ सकते हैं। चैटिंग के द्वारा उनसे सीधे बात कर सकते हैं। यदि विशेष नेट पर उपलब्ध नहीं है तो आप ई-मेल कर सकते हैं। इसके अलावा मैसेज बोर्ड की व्यवस्था भी होगी, जहाँ कोई भी छात्र अपने प्रश्न या समस्या डाल सकेगा व बाद में पुनः वहीं से समाधान पा सकेगा। फीस भी ई-कामर्स व्यवस्था के तहत ऑनलाइन जमा होगी। कहने का मतलब है कि अब कॉलेज या विश्वविद्यालय जाने का झंझट खत्म हो जायेगा, सब कुछ ऑनलाइन होगा। इसलिए इस प्रस्तावित यूनिवर्सिटी का नाम ऑनलाइन यूनिवर्सिटी ही होगा।

ई-कॉमर्स (E-Commerce): ई-कॉमर्स से तात्पर्य है इण्टरनेट पर व्यापार करना। क्रेता-विक्रेता इण्टरनेट पर सम्बन्ध व्यापार को बढ़ावा दे रहे हैं। ई-बैंकिग, ई-शॉपिंग आदि ई-कॉमर्स के ही तरीके हैं।

इलेक्ट्रॉनिक माध्यम से व्यापार करने के निम्न तरीके हैं:

1. *B 2 B (बिजनेस टू बिजनेस)*: —इसमें दो कम्पनियों के बीच लेन-देन किया जाता है।
2. *B 2 C (बिजनेस टू कंज्यूमर)*: इसमें कम्पनियों तथा उपभोक्ताओं के बीच लेन-देन होता है।
3. *C 2 C (कंज्यूमर टू कंज्यूमर)*: इसमें दो उपभोक्ताओं के बीच लेने-देन सम्बन्धी प्रक्रिया आती है।

ई-कॉमर्स के लाभ (Advantages of E-Commerce)

1. व्यापार के क्षेत्र में संसार भर में अनेक वस्तुओं को बाजार में प्रवेश का अवसर मिलता है।
2. नई कम्पनियाँ अपने उत्पादन को अच्छी तरह प्रदर्शित करके ग्राहक को आकर्षित करने के अवसर प्राप्त करती हैं।
3. इसके द्वारा उद्योगपतियों को अपने उत्पादन की विशेषताएँ एक विशाल समुदाय को दिखाने का उचित अवसर मिलता है।

अभिगमिता तथा उपयोजन अथवा पुनः वापसी: विभिन्न सर्च इंजिन (Accessibility and Retrieval: Various Search Engines)

सर्च इंजिन (Search Engine): यह इण्टरनेट के सबसे अधिक व्यापक अवयव हैं। विश्व ग्लोब को आवरण की तरह घेरे हुए वर्ल्ड वाइड वेब पर हजारों, करोड़ों, पृष्ठों के रूप में जानकारी का अथाह सागर है। परन्तु इन समस्त जानकारियों के शीर्षक इनके लेखकों ने अपने ढंग से तय किये हुए हैं। इनमें से अधिकतर सामग्री विविध सर्वरों पर कूट भाषा में नामांकित कर संग्रहीत की जाती है।

अब जब आपको किसी विषय से सम्बन्धित सामग्री पढ़नी है तो आप अपने काम के पृष्ठ को कैसे खोज सकेंगे? कैसे जान सकेंगे कि आपके काम का पृष्ठ किसी शीर्षक के साथ कहाँ रखा हुआ है? आपकी इसी समस्या के निवारण के लिए उपलब्ध है—इण्टरनेट सर्च इंजिन।

इण्टरनेट सर्च इंजिन क्या है?: अन्य साइटों की भाँति ही यह सर्च इंजिन भी विशिष्ट कार्य के लिए तैयार की गयी वेब साइटें ही हैं। इनका कार्य वर्ल्ड वाइड वेब पर रखी सामग्री के भण्डार में से लोगों को उनके काम की सामग्री ढूँढने में मदद करना है। यदि आपको इच्छित सामग्री का सही पता ठिकाना नहीं है तो यह सर्च इंजिन ही आपकी मदद कर सकते हैं इसलिए आज करोड़ों लोग इसे बार-बार काम में लेते हैं।

7.10 इण्ट्रानेट (Intranet)

क्या है इण्ट्रानेट? इसका एक वाक्य में यही उत्तर दिया जा सकता है कि यह किसी दफ्तर के अन्दर का इण्टरनेट है। जो भी बातें पूरे विश्व के सन्दर्भ में इण्टरनेट के लिए

कही जा सकती हैं, वे सारी बातें एक कार्यालय परिसर के सन्दर्भ में इण्ट्रानेट के लिए भी सच हैं। इण्टरनेट पूर विश्व में फैले कम्प्यूटरों का नेटवर्क है और इण्ट्रानेट एक कार्यालय में मौजूद कम्प्यूटरों का नेटवर्क है।

इण्टरनेट पर हम दिल्ली में अपने कम्प्यूटर के सामने बैठकर आगरा, कानपुर, पटना, मुम्बई या न्यूयार्क, लन्दन कहीं भी बैठे अपने किसी रिश्तेदार, मित्र या व्यावसायिक साझीदार को ई-मेल कर सकते हैं। लेकिन जब हम अपने कार्यालय में सामने की मेज पर बैठे सहयोगी से लेकर मुख्य कार्यकारी अधिकारी में से किसी को कोई ई-मेल भेजना चाहें तो इसके लिए इण्ट्रानेट की सेवाएँ हाजिर हैं।

7.11 वीडियो डिस्क (Video Disc)

वीडियो डिस्क की संरचना: सम्प्रेषण के क्षेत्र में वीडियो डिस्क नवीनतम खोजों में एक है। वीडियो डिस्क एक बड़े रिकॉर्ड की भाँति होता है। इसमें एक मास्टर टेप प्रयोग किया जाता है।

वीडियो डिस्क प्रणाली में वीडियो डिस्क वीडियो प्लेयर और एक टेलीविजन सैट की आवश्यकता होती है। वीडियो डिस्क पर आवाज सहित अथवा बिना आवाज के दृश्य छवियाँ (Visual Images), इलेक्ट्रॉनिक माध्यम अथवा ऑप्टीकली (Optically) रिकॉर्ड की जाती हैं। वीडियो डिस्क प्रणाली में ऑडियो के दो मार्ग होते हैं और एक हल्की प्रकाश रेखा होती है जो संचित विषय-वस्तु को दृश्य-श्रव्य के रूप में पुनरूत्पादित करती है।

वीडियो डिस्क, वीडियो डिस्क प्लेयर पर घूमती है। समस्त सूचनाएँ लेजर प्रकार की सहायता से टेलीविजन पर प्रदर्शित होती हैं और वहीं से ये सूचनाएँ सरलता से पढ़ी जा सकता है।

वीडियो प्रणाली के प्रकार (Types of Video System)

1. *कैपेसिटेंस वीडियो डिस्क* (*Capacitance Video Disc*): 'केपेसिटेंस (Capacitance)' शब्द का अभिप्राय है–एक विद्युतीय चार्ज जिसे एक प्लेट पर इकट्ठा किया जा सके। इसमें भिन्नता हो सकती है जो कि प्लेटों की दूरी पर निर्भर करती है। इसमें वीडियो एक 'प्लेट' का कार्य करती है तथा 'स्टाइल्स' (Styles) दूसरी प्लेट का। जब स्टाइल्स डिस्क पर रखा जाता है, तब डिस्क और स्टाइल्स में अन्तर घटता-बढ़ता रहता है। इससे कैपेसिटेंस (Capacitance) में परिवर्तन होता रहता है। इन परिवर्तनों को दृश्य और श्रव्य संकेतों (Video and Audio Signals) में अनुवादित (Translate) किया जाता है तथा जिन्हें टेलीविजन सैट पर प्रदर्शित किया जाता है।

2. *ऑप्टीकल वीडियो डिस्क* (*Optical Video Disc*): ऑप्टीकल वीडियो डिस्क कैपेसिटेंस वीडियो डिस्क से अधिक उपयोगी है। इसमें भण्डार (Store) करने की क्षमता बहुत अधिक होती है अर्थात् 108,000 ट्रैक्स (Tracks) या 54,000 फ्रेम (Frames) एक तरफ पूरा ब्रिटानिका एनसाइक्लोपीडिया (Encyclopedia Britannica) एक ही वीडियो डिस्क पर संग्रहित (Store) किया गया है। सूचना के भण्डारण (Store) के साथ-साथ दो श्रव्य चैनल (Two Auible Channels) भी होते हैं। इससे दूसरे भाषा का प्रयोग भी किया

जा सकता है। वीडियो डिस्क में तेज और धीमी गति, फारवर्ड और बैकवर्ड करने की व्यवस्था भी होती है। फ्रीज फ्रेंम (Freeze Frame) में विशिष्ट सूचना को भी दर्शाया जा सकता है। फ्रीज फ्रेम में ध्वनि (Sound) का प्रयोग नहीं किया जा सकता।

3. *बौद्धिक वीडियो डिस्क (Intelligent Video Discs)*: यह वीडियो डिस्क कम्प्यूटर से जुड़ी होती है। यह विशेष रूप से शिक्षाशास्त्रियों के लिए अधिक उपयोगी है। इस साधन द्वारा वैयक्तिक अधिगम (Individual Learning) के लिए अन्त:क्रिया अनुदेशन (Interactive Instruction) प्रदान किया जाता है। इसमें वीडियो डिस्क सूचनाओं के मात्र भण्डारण के लिए प्रयोग की जाती है। इस प्रकार इसमें दो प्रकार की तकनीकों अर्थात् कम्प्यूटर और टेलीविजन को इकट्ठा करके प्रयोग किया गया है।

वीडियो डिस्क के लाभ (Advantage of Video Disc)

1. इसमें बहुत बड़ी लाइब्रेरी को छोटी डिस्क पर उतारा जा सकता है।
2. इसे भण्डारण (Store) के लिए कम स्थान चाहिए।
3. जब बहुत अधिक संख्या में बनाई जाएँ तो ये बहुत सस्ती पड़ती है।
4. इस तक पहुँचना सुगम होता है तथा इससे मनपसन्द सूचनाएँ आसानी से मिल जाती हैं।
5. सीखने वाले की उत्पादकता (Productivity) बढ़ाई जा सकती है।
6. विद्यार्थियों की कोर्स की सामग्री के साथ अन्त:क्रिया की व्यवस्था होती है।
7. इसमें प्रतिपुष्टि (Feedback) तत्काल मिलने की व्यवस्था है।
8. स्वचालित (Automatic) फ्रेम स्टॉप की व्यवस्था है।
9. 'मास्टरी' (Mastery) अर्जित करने के लिए पुनरावृत्ति (Repetition) की सुविधा है।
10. डिस्क के विभिन्न अंशों तक फारवर्ड (Forward) और बैकवर्ड (Backward) क्रिया द्वारा पहुँचने की सुविधा है।

वीडियो डिस्क की सीमाएँ (Limitations of Video Disc)

1. वीडियो डिस्क पर उतारी गई सूचना स्थायी रूप से अंकित हो जाती है। इस पर और नई सूचना अंकित नहीं की जा सकती। जैसे कि वीडियो टेप में हम कर सकते हैं।
2. वीडियो डिस्क केवल उन्हीं विषयों के लिए उपयोगी होती है जिनमें कोई निरन्तर परिवर्तन नहीं होता।
3. वीडियो डिस्क पर आने वाली लागत को घटाने के लिए उनका उत्पादन व्यापक स्तर (Large scale) पर करना पड़ेगा क्योंकि छोटे समूहों के लिए कोर्स सामग्री वीडियो डिस्क द्वारा प्रस्तुत करना बहुत महँगा पड़ता है।

7.12 वीडियो टैक्स (Video Tex)

वीडियो टैक्स की संरचना (Technology of Video Tex): सम्प्रेषण की एक नवीन विधि है जो दूरस्थ शिक्षा के क्षेत्र में शिक्षण-अधिगम को प्रभावित करती हैं। वीडियो टैक्स एक ऐसी प्रणाली है, जिसका पारस्परिक सूचनाओं के आदान-प्रदान में प्रयोग किया जाता

है। वीडियो टैक्स में घरेलू टेलीविजन एक कम्प्यूटर की भाँति कार्य करने के लिए प्रयोग किया जाता है। इसके द्वारा आँकड़ों पर आधारित सूचनाएँ एकत्रित की जा सकती हैं। इसके लिए वीडियो टैक्स में एक रिकॉर्डर, टेलीफोन तथा एक की-बोर्ड (Key-board) का प्रयोग किया जाता है।

टैक्स प्रणाली निम्न भागों में बनी हुई होती है:

1. एक की-पैड या की-बोर्ड (Keypad or Keyboard)
2. एक टी.वी. डिस्प्ले यूनिट (T.V. Display Unit)
3. एक डीकोडर (A Decoder)
4. एक दूर संचार लिंक (A Telecommunication Link)
5. एक केन्द्रीय कम्प्यूटर जिसमें सूचनाओं का आधार हो (A Central Computer Containing a Data Base)

वीडियो टैक्स के प्रमुख लाभ (Main Merits/Uses/Application of Video Tax)

वीडियो टैक्स के प्रमुख लाभ नीचे दिये जा रहे हैं:

1. इस प्रणाली में शिक्षक और छात्र दोनों के मध्य अन्त:क्रिया सम्भव है।
2. इसमें तुरन्त पृष्ठपोषण के अवसर भी मिलते हैं।
3. यह सामान्य सूचनाओं की जानकारी प्रदान करने का अच्छा साधन है।
4. दूरस्थ शिक्षा के क्षेत्र में यह प्रणाली अत्यन्त उपयोगी है।
5. द्वितीय भाषा की शिक्षा में इसका सफल प्रयोग किया जा सकता है।
6. यह कम्प्यूटर पर आधारित अनुदेशनों को भी प्रयोग करने में समर्थ है।
7. यह जन-साधारण के लिए सामान्य सूचना प्राप्त करने तथा छात्रों के लिए विशिष्ट सूचना प्राप्त करने में संभव तथा समर्थ प्रणाली है।
8. दूरस्थ शिक्षा कार्यक्रमों के अन्तर्गत स्थापित अध्ययन केन्द्रों की समस्त अध्ययन सामग्री तथा अन्य सुविधाएँ वीडियो टैक्स घर बैठे ही उपलब्ध करा देता है।
9. छात्र वीडियो टैक्स के माध्यम से संस्थाओं को सूचनाएँ प्रेषित कर सकता है, विभिन्न पुस्तकालयों से पुस्तकें प्राप्त कर सकता है तथा आवश्यकतानुसार विभिन्न विषयों के बारे में सुझाव माँग सकता है।

7.13 शैक्षिक सैटेलाइट (Educational Satellite)

शैक्षिक सैटेलाइट का आरम्भ: सैटेलाइट सम्प्रेषण (Beginning of Educational Satellite: Satellite Communication)

शिक्षा प्रक्रिया में शैक्षिक तकनीकी का प्रयोग धीरे-धीरे भारत में भी बढ़ रहा है। अगस्त, 1975 से जुलाई, 1976 तक 'दी सैटेलाइट टेलीविजन एक्सपेरीमेण्ट' (SITE) भारत सरकार द्वारा किया गया। यह एक बड़े व्यापक स्तर का प्रयोग था। जिसका उद्देश्य था–सैटेलाइट को अनुदेशिक उद्देश्यों की प्राप्ति से जोड़ना। यह प्रयोग दूरदर्शन, इण्डियन टेलीविजन अथॉरिटी, इण्डियन स्पेस रिसर्च संगठन (ISRO) ने मिलकर एक सैटेलाइट के माध्यम से अनुदेशन टेलीविजन प्रोग्राम प्रसारित किया। ये कार्यक्रम मूलत: राजस्थान,

बिहार, उड़ीसा, मध्य प्रदेश तथा आन्ध्र प्रदेश के ग्रामीण क्षेत्रों के लिए अन्तर्राष्ट्रीय दूरसंचार उपग्रह के सहयोग से आरम्भ हुए थे। यह प्रसारण लगभग 2400 गाँवों में हो रहे थे।

साइट (SITE) के अन्तर्गत तीन प्रकार के वर्गों के लिए शैक्षिक कार्यक्रम प्रसारित किये गये:

1. प्राथमिक तथा पूर्व-प्राथमिक स्तर के बच्चों के लिए।
2. प्राथमिक स्कूलों के शिक्षकों के लिए।
3. आम जनता के लिए।

INSAT का शैक्षिक प्रयोग

इन्सैट (INSAT) 1-B तथा मीडिया केन्द्रों (Media Centres) की स्थापना ने भारतीय सैटेलाइट के उच्च शिक्षा के क्षेत्र में सम्प्रेषण की सम्भावनाओं पर पर्याप्त बल दिया है। 85 स्टेशनों के नेटवर्क के द्वारा यह भारत के 75% क्षेत्रों और 90% जनसंख्या तक पहुँच सकता है। इस सैटेलाइट की स्थापना से विभिन्न विश्व-विद्यालयों द्वारा शैक्षिक कार्यक्रम प्रसारित किये जा रहे हैं।

Indian National Satellite का संक्षिप्त रूप INSAT कहलाता है। इन्सैट 1-B की सहायता से रेडियो व दूरदर्शन के प्रसारणों से भारत के दूरदराज के रहने वाले लोग भी लाभ उठा रहे हैं।

यू.जी.सी. द्वारा उच्च शिक्षा के विकास के लिए Consortium for Educational Communication (CEC), Educational Media Research Centre (EMRC) तथा Audio-Visual Research Centre (AVRC) के माध्यम से सैटेलाइट प्रसारण का प्रयोग किया जा रहा है।

पूर्ण रूप से समर्पित शैक्षिक सैटेलाइट की स्थापना सम्बन्धी संस्तुतियाँ (Recommendations for a Full Fledged Dedicated Educational Satellite)

भारतीय अन्तरिक्ष अनुसंधान संगठन (Indian Space Research Organization) ने 'Educating the Nation : Need for a Dedicated Satellite' (2003) में Edn.Sat. सम्बन्धी निम्न संस्तुतियाँ कीं। ये पुणे में मार्च 11, 2002 की मीटिंग पर आधारित हैं।

भारत में शिक्षा के विभिन्न स्तरों के लिए 72 चैनल्ज की आवश्यकता निम्न प्रकार से दर्शायी है:

तालिका 7.1: चैनल गणना (The Channel Count)

	विषय-वस्तु (Content)	*टिप्पणियाँ (Remarks)*	*चैनलों की संख्या (No. of Channels)*
1.	स्कूल शिक्षा (School Education)	प्रत्येक राज्य के लिए चैनल (@ one dedicated channel per state)	28

(क्रमशः)

	विषय-वस्तु (Content)	टिप्पणियाँ (Remarks)	चैनलों की संख्या (No. of Channels)
2.	उच्च तथा व्यावसायिक शिक्षा (Higher and Professional Education)	प्रत्येक राज्य के लिए एक चैनल (@ one channel per state)	28
3.	विज्ञान तथा तकनीकी के सभी चैनल (Science and Technology for all Channels)	हिन्दी तथा अंग्रेजी, खोज/राष्ट्रीय भूगोल (Hindi and English Discovery/National Geographic type)	02
4.	भाषा अधिगम (Language Learning)	भारतीय तथा विदेशी भाषाएँ (Indian and Foreign Languages)	01
5.	युवा चैनल (Youth Channel)	शिक्षा, खेल, संगीत, नाटक आदि के लिए शिक्षा (For Education in Sports, Music, Dramatics etc.)	02
6.	प्रबन्धक/कैरियर चैनल (Executive/Career Channel)	सतत् शिक्षा के कार्य में संलग्न वर्क फोर्स–हिन्दी तथा अंग्रेजी (Continuing Education of Work Force—Hindi and English)	02
7.	गोल्ड चैनल (Gold Channel)	सीनियर नागरिकों के लिए हिन्दी तथा अंग्रेजी (For Age, Senior Citizens—Hindi and English)	02

7.14 शिक्षण मशीन (Teaching Machine)

प्रोफेसर एस.एल. प्रेसी (S.L. Pressey) को शिक्षण मशीन का प्रवर्तक माना जाता है। यद्यपि प्रारम्भ में बी.एफ. स्किनर (B.F. Skinner) ने अनुदेशन के प्रस्तुतीकरण के लिए एक मशीन का निर्माण किया था। प्रेसी ने यह आविष्कार 1927 में किया।

शिक्षण मशीन का अर्थ

शिक्षण मशीन एक ऐसी यांत्रिक विद्युत-युक्ति है जो शिक्षण प्रकरण को पूर्व निश्चित क्रम से प्रस्तुत करती है। इसमें छात्रों को प्रश्नों के उत्तर देने के अवसर दिए जाते हैं और उसे तुरन्त प्रतिपुष्टि प्रदान की जाती है। इसमें ज्यादातर मशीन का संचालन छात्र के हाथ में रहता है।

शिक्षण मशीन स्वचालित अथवा आंशिक रूप से स्वचालित प्रविधि है जो छात्र को प्रश्न या कोई अन्य उद्दीपन (Stimulus) प्रस्तुत करती है, अनुक्रिया (response) का साधन भी प्रस्तुत करती है। उसके उत्तर देने के तत्काल पश्चात् उसे ठीक उत्तर देने के तत्काल पश्चात् उसे ठीक उत्तर भी बताती हैं।

शिक्षण मशीन की विशेषताएँ

1. शिक्षण मशीन छात्र के सम्मुख कोई प्रश्न अथवा समस्या प्रस्तुत करती है।
2. छात्र कोई अनुक्रिया करता है।
3. मशीन छात्र को परिणाम का ज्ञान कराती है।
4. मशीन छात्र द्वारा की गई अनुक्रियाओं की गिनती रखती है।

नियम जिन पर शिक्षण मशीन आधारित है:

1. तत्कालिक पुनर्बलन (Reinforcement) का नियम।
2. सीखने के पुनर्बलन का नियम।
3. उद्दीपन प्रदान करने का नियम।
4. उद्दीपन के पोषण को धीरे-धीरे हटाने का नियम।
5. छात्रों को विभेदीकरण (Discrimination) का प्रशिक्षण प्रदान करने का नियम।

शिक्षण मशीन कई प्रकार की होती है। यह कार्ड बोर्ड से लेकर बहुत ही जटिल इलेक्ट्रॉनिक्स मशीनों तक होती है। शिक्षण मशीनों से सीखने की विभिन्न प्रक्रियाओं में विशेष सहायता मिलती है। शिक्षण मशीन विभिन्न आकार व सामग्री की होती हैं। कुछ मशीनों में माइक्रो फिल्म डिवाइस (Micro Film Device) भी लगी होती है।

शिक्षण मशीनों के प्रकार

शिक्षण मशीनें दो प्रकार की होती हैं:

1. रचित उत्तरयुक्त मशीन (Constructed Response Machine)
2. बहुचयन मशीन (Multipurpose Machine)

रचित उत्तरयुक्त मशीन (Constructed Response Machine): सामान्यत: ये चार प्रकार की होती हैं:

(i) *ग्लाइडर* (Glider) *मशीन*: इसका विकास स्किनर ने किया था। इसमें प्रकरण या प्रश्न प्रस्तुत किए जाते हैं और छात्रों को सही उत्तर देने के लिए ग्लाइडर को संचालित करना होता है।

(ii) *डिस्क मशीन* (Disc Machine): इसमें एक बड़े पेपर पर Programmed Learning Material छपा हुआ होता है। प्रश्नों के प्रदर्शन हेतु डिस्क को घुमाया जाता है। छात्र अपना उत्तर मशीन के पेपर टेप पर लिखकर देते हैं।

(iii) *टाइपराइटर मशीन* (Typewriter-input Computing Machine): इस मशीन में कम्प्यूटर से जुड़ा टाइपराइटर होता है, जिसका प्रयोग करके छात्र प्रश्नों के उत्तर देते हैं। कम्प्यूटर दिए गए उत्तर की जाँच करता है और छात्रों को बताता है कि उनका उत्तर सही है या नहीं। इसी प्रकार यह कार्य करता चला जाता है।

(iv) *श्रव्य-दृश्य संयोग मशीन* (Audio-Visual Combination Machine): इस

प्रकार की मशीनों में टेप-रिकॉर्डर तथा टेलीविजन सेट का प्रावधान होता है। ये मशीनें अन्य प्रकार की मशीनों की तुलना में ज्यादा महँगी पर ज्यादा उपयोगी होती हैं।

बहुचयन मशीन (*Multiple Choice Machine*): इस प्रकार की मशीनों में प्रत्येक प्रश्न के लिए कई उत्तर दिए होते हैं। छात्रों को सही/सर्वोत्तम उत्तर का चयन करना होता है।

शिक्षण मशीन छात्रों को स्व-अध्ययन करने के अवसर प्रदान करती है। छात्र इसमें अपनी गति के अनुसार ज्ञान प्राप्त करता है। यह व्यक्तिगत तथा सामूहिक, दोनों प्रकार के शिक्षण के लिए उपयोगी है।

शिक्षण मशीन के लाभ

शिक्षण मशीन से प्राप्त शैक्षिक लाभों को संक्षिप्त रूप में निम्न प्रकार व्यक्त किया जा सकता है:

1. *व्यक्तिगत अनुदेशन*: शिक्षण मशीन वैयक्तिक अनुदेशन (Individualized Instruction) तथा स्वशिक्षा (Self-learning) प्रदान करने में बहुमूल्य सहयोग देती है। ट्यूटोरियल प्रणाली (Tutorial System) पर आधारित होने के कारण यह एक सफल ट्यूटर (Tutor) की भूमिका भली प्रकार निभा सकती है।

2. *शिक्षा* 3 A's *के अनुसार* (Age, Ability and Aptitude): छात्रों को अपनी रुचि, योग्यता और आवश्यकताओं के अनुरूप शिक्षण प्रदान किया जा सकता है।

3. *स्वाभाविक गति से अधिगम*: शिक्षण कार्य में छात्र अपनी स्वाभाविक गति से आगे बढ़ सकते हैं। इससे जहाँ कुशाग्र बुद्धि वालों को अन्य के लिए रुकना नहीं पड़ता, वहीं धीमी गति से सीखने वालों को भी व्यर्थ में ही निराश और परेशान नहीं होना पड़ता।

4. *अपूर्व धैर्य से शिक्षण*: शिक्षण मशीन में अपूर्व धैर्य और चुस्ती होती है। इस कार्य में कोई भी सजीव अध्यापक उसकी तुलना नहीं कर सकता। वह जहाँ छात्रों द्वारा दिए गए उत्तरों को तुरन्त सही या गलत बता सकती है तथा उत्तर के गलत होने पर उपयुक्त सुझाव या संकेत प्रदान कर सकती है वहीं छात्रों द्वारा बार-बार गलत उत्तर देने पर भी विचलित नहीं होती बल्कि बड़े धैर्य के साथ उन्हें शिक्षण पथ पर आगे ले जाने के गम्भीर प्रयत्न करती रहती है।

5. *अधिगम की पोषण पुष्टि* (Feed Back): छात्रों को अधिगम कार्य में अपनी उत्तरोत्तर सफलता का सही और तुरन्त ज्ञान इनके द्वारा आसानी से कराया जा सकता है।

6. *क्रियाशीलता*: शिक्षण मशीन छात्रों को शिक्षण अधिगम प्रक्रिया में निरन्तर सजग एवं क्रियाशील बनाए रखने में महत्वपूर्ण भूमिका निभाती है।

7. *स्वतन्त्रता*: शिक्षण मशीन को अपनी इच्छानुसार चालू या बन्द किया जा सकता है। अतः अपनी सुविधानुसार कभी भी अपना मनचाहा शिक्षण कार्य सम्पन्न करने में शिक्षण मशीन छात्रों की बहुत सहायता कर सकती है।

8. *पुनरावृत्ति में सहायता*: पुनरावृत्ति एवं अभ्यास कार्य के सफल सम्पादन में तथा छात्रों की आवश्यकतानुसार उन्हें उपचारात्मक शिक्षण (Remedial Teaching) प्रदान करने में शिक्षण मशीन द्वारा महत्वपूर्ण भूमिका निभायी जा सकती है।

शिक्षण मशीन की सीमाएँ

1. अधिक व्यय, 2. यांत्रिक वातावरण, 3. स्वास्थ्य के लिए जोखिम, 4. मरम्मत में कठिनाइयाँ, 5. मशीन के खराब होने से शिक्षण प्रक्रिया में बाधा, 6. अध्यापकों की शंकाएँ।

शिक्षण मशीन सम्बन्धी भ्रान्तियाँ तथा अध्यापक का स्थान (Misunderstanding about Teaching Machines and the Role of the Teacher)

कक्षा-शिक्षण में मशीन के प्रयोग को लेकर काफी कुछ शंकाओं और दुराग्राहों का निवारण भी आवश्यक है। प्राय: यह सोचा जाता है कि (i) इनके प्रयोग से अध्यापक बेकार हो जाएँगे, (ii) शिक्षण प्रक्रिया में जड़ता (Rigidity), यांत्रिकता या मशीनीपन (Mechanization) आ जाएगा, (iii) शिक्षण मशीनों को खरीदने तथा उनकी देखरेख करना खर्चीला सिद्ध होगा, तथा (iv) छात्रों में मानवीय गुणों का विकास करने तथा उनके व्यक्तित्व का सर्वांगीण विकास करने में बाधा आएगी।

अगर ध्यान से विश्लेषण किया जाए तो उपर्युक्त शंकाएँ निर्मूल हैं।

शिक्षण मशीन कितनी भी अच्छी तथा शिक्षण अधिगम प्रक्रिया को सरल तथा प्रभावशाली बनाने वाली हो, वह शिक्षक का स्थान कभी भी नहीं ले सकती।

शिक्षण मशीन को प्रभावशाली ढंग से स्वाचालित करने के लिए, उसके लिए शिक्षण सामग्री तथा प्रश्न आदि तैयार करने के लिए अध्यापक की आवश्यकता सदैव रहेगी।

8

व्यूहरचनाओं का प्रयोग
(Use of Strategies)

8.1 व्यूहरचना का अर्थ (Meaning of a Strategy)

ई. स्टोना तथा मॉरिस (*E. Stone and S. Morris*): ने शिक्षा के क्षेत्र में व्यूहरचना का अर्थ इस प्रकार बताया है, "शिक्षण व्यूहरचना पाठ की एक सामान्य योजना है जिसमें उसकी संरचना अनुदेशनात्मक लक्ष्यों के रूप में छात्रों का अपेक्षित व्यवहार बदलने में आवश्यक नियोजित युक्तियों का समावेश रहता है।"

आई.के. डेविस (*I.K. Davis*) ने शिक्षण व्यूहरचना को अनुदेशन की व्यापक विधियाँ कहा है।

व्यूहरचना की उत्पत्ति युद्ध में चक्रव्यूह से मानी जाती है। इसका सूत्रपात सेना की गतिविधियों तथा कार्यप्रणाली के नियोजन, निदेशन तथा क्रियान्वयन से हुआ है। परन्तु अब इसका प्रयोग कई प्रकार की गतिविधियों तथा क्षेत्रों जिसमें शिक्षण भी सम्मिलित है, में हो रहा है।

8.2 व्यूहरचनाओं से शिक्षा के क्षेत्र में लाभ (Advantages of Strategies in Education)

1. इन रचनाओं से कम से कम समय में प्रभावी अधिगम होता है।
2. इनके द्वारा छात्रों के साथ उचित ढंग से छात्रों के साथ आदान-प्रदान सम्भव है।
3. इन रचनाओं द्वारा सम्प्रत्ययों तथा सिद्धान्तों को सीखने में गलत अनुक्रियाओं (Responses) को कम करने में सहायता मिलती है।
4. इनके प्रयोग से विषय-वस्तु के विशेष उद्देश्यों की उपलब्धि में सहायता मिलती है।

8.3 टेलीकान्फ्रेंसिंग (Teleconferencing)

टेलीकान्फ्रेंसिंग का अर्थ

टेलीकान्फ्रेंसिंग एक ऐसी इलेक्ट्रॉनिक प्रणाली है जिसमें दो या दो से अधिक व्यक्ति दूर बैठे अपने विषय से सम्बन्धित चर्चा तथा परिचर्चा आदि में भाग लेते हैं। अपनी बात

कहते हैं। दूसरों की बात सुन सकते हैं और उन पर तुरन्त प्रतिक्रियाएँ/सुझाव या अभिमत प्राप्त कर सकते हैं एवं आवश्यक सूचनाओं का आदान-प्रदान कर सकते हैं।

प्रक्रिया का तकनीकी वर्णन (Procedure or Technical Description): टेलीकॉन्फ्रेंसिंग (Teleconferencing) एक इलेक्ट्रॉनिक साधन (Electronic Means) है जो दो या अधिक स्थितियों में उपस्थित 3 या 4 व्यक्तियों को किसी चर्चा पर बहस करने के लिए या द्विमार्गीय या एकमार्गीय वीडियो के प्रयोग के लिए समीप लाता है।

टेलीकॉन्फ्रेंसिंग के प्रकार

1. ओडियो कॉन्फ्रेंसिंग (Audio Conferencing)
2. वीडियो कॉन्फ्रेंसिंग (Video Conferencing)
3. कम्प्यूटर कॉफ्रेंसिंग (Computer Conferencing)

वीडियो कॉन्फ्रेंसिंग में टलीविजन तथा श्रव्य साधनों का प्रयोग करके आमने-सामने बात की जाती है।

ऑडियो कॉन्फ्रेंसिंग तो वास्तव में व्यक्ति तक टेलीफोन का स्वाभाविक प्रसार (Extension) है, जिसमें दो से अधिक लोगों द्वारा चर्चा की जाती है।

इन्दिरा गाँधी नेशनल मुक्त विश्वविद्यालय, नेशनल ओपन स्कूल तथा अन्य मुक्त शिक्षा के क्षेत्र में इस प्रणाली का प्रयोग सफलतापूर्वक किया जा रहा है, यद्यपि प्रयोग की मात्रा व्यापक नहीं है।

विद्यार्थी के सीखने की दृष्टि से सभी ऑडियो टेलीकॉन्फ्रेंसिंग पर अभी कम ही अध्ययन हुए हैं। इन अध्ययनों से यह पता चलता है कि टेलीफोन भी आमने-सामने शिक्षण की तरह ही प्रभावशाली माध्यम है। कैनेडा में राबर्टसन (Robertson, 1986) द्वारा किए गए एक अध्ययन से यह पता चला कि अपर लैवल ग्रेजुएट को टेलीकॉन्फ्रेंसिंग द्वारा सांख्यिकी (Statistics) पढ़ाने पर उन्होंने इतना ही सीखा जितना कि कैंपस के छात्रों ने। छात्रों में सन्तोष का स्तर बहुत उच्च रिकॉर्ड किया गया।

सन् 1984 में टेलीकॉन्फ्रेंसिंग पर हुए अन्तर्राष्ट्रीय सिम्पोजियम के दौरान शिक्षक ऑडियो टेलीकॉन्फ्रेंसिंग का समर्थन किया गया।

विदेशों में टेलीकॉन्फ्रेंसिंग पर बहुत से प्रयोग हो रहे हैं। भारत में भी ऐसे प्रयोग किए जा रहे हैं। इस दिशा में 'स्पेस एप्लीकेशन सेंटर' (Space Application Centre, Ahmedabad) ने भी कुछ प्रयोग किए हैं। इनमें उपग्रह (Satellite), एकमार्गीय टेलीविजन (One-way T.V.), द्विमार्गीय ऑडियो यंत्रों (Two-way Audio Equipments) आदि का प्रयोग किया गया है।

8.4 वीडियो कॉन्फ्रेंसिंग (Video Conferencing)

वर्तमान में वीडियो कॉन्फ्रेंसिंग का बहुत प्रचलन होता जा रहा है। इसके माध्यम से हम दूर बैठे अपने परिचित अथवा ट्यूटर से बातचीत करते हुए उसे देख भी सकते हैं। वीडियो कॉन्फ्रेंसिंग में हमें कम्प्यूटर से जुड़े हुए एक कैमरा की मदद से अपने चित्र एक या अधिक लोगों को भेजने की सुविधा मिलती है। साथ ही हम अपने मित्र की भी शक्ल देख सकते हैं। इसमें हम चित्रों के साथ-साथ अपनी आवाज भी भेज सकते हैं। इसके

लिए हमें कम्प्यूटर में एक माइक्रोफोन, स्पीकर, साउण्ड कार्ड, वेब कैमरा तथा Conferencing software होना भी आवश्यक है।

इस प्रकार अब सन्देश टाइप करने के स्थान पर (जैसा कि हम Chart room में करते हैं) हम अन्य लोगों से बात कर सकते हैं, उनके चेहरे देख सकते हैं तथा उन्हें अपना वीडियो भी भेज सकते हैं ताकि वे हमारा चेहरा भी देख सकें। इसके माध्यम से एक साथ कई व्यक्ति अलग-अलग स्थानों पर रहते हुए भी, ऐसे मीटिंग कर सकते हैं जैसे कि वे एक ही कमरे में बैठे हों। इनमें शामिल व्यक्ति को एक माइक्रोफोन तथा स्पीकर तो आवश्यक होते हैं परन्तु प्रत्येक व्यक्ति को वेब कैमरा आवश्यक नहीं होता है। यदि किसी एक व्यक्ति के पास वेब कैमरा नहीं है तो भी वह दूसरों की तस्वीरों को तो देख सकता है परन्तु अन्य लोग उसे नहीं देख पायेंगे।

वीडियो प्रणाली के लाभ

1. यह प्रत्यक्ष शिक्षण जैसा ही लाभकारी साधन है।
2. दूर-दूर तक फैले छात्रों के लिए यह साधन बहुत उपयुक्त है।
3. यह एक लचीली प्रणाली है जिसमें आवश्यकतानुसार संशोधन या परिमार्जन अथवा परिवर्तन किया जा सकता है।
4. इस साधन द्वारा परिसर (Complex) के बाहर के अध्ययन केन्द्रों से सम्पर्क सरलता से बनाया जा सकता है तथा उन्हें केन्द्र द्वारा नियन्त्रित भी किया जा सकता है।
5. इस प्रणाली में तुरन्त पृष्ठपोषण (Feedback) सम्भव होता है।
6. इस प्रणाली के द्वारा अनुदेशन सामग्री के स्तर में सुधार लाया जा सकता है और उसे उच्चकोटि का बनाया जा सकता है।
7. यह विधि अन्य विधियों से कम खर्चीली है।
8. इन्दिरा गाँधी मुक्त विश्वविद्यालय तथा अन्य मुक्त शिक्षा की संस्थाएँ, मुक्त शिक्षा के क्षेत्र में इस प्रणाली का प्रयोग कर रहे हैं, यद्यपि प्रयोग की मात्रा सीमित है।

8.5 अभिक्रमित अधिगम अथवा अनुदेशन (Programmed Learning or Instruction)

8.6 अभिक्रमित अनुदेशन का अर्थ (Meaning of Programmed Learning)

अभिक्रमित अधिगम शैक्षिक सामग्री को छोटे-छोटे पदों में विभाजित कर उसे इस प्रकार तारतम्ययुक्त अथवा श्रृंखलाबद्ध करने की प्रक्रिया है जिसके सहारे अधिगमकर्ता (सीखने वाला) जहाँ तक जानता है, उससे आगे के अज्ञान (न जानने वाले) एवं नवीन ज्ञान को स्वयं ही सीख सके। दूसरे शब्दों में, हम यह कह सकते हैं कि अभिक्रमित अनुदेशन, शिक्षण अधिगम की एक विधि है जिसमें अधिगम के स्रोतों, साधनों एवं सामग्रियों को नियोजित और संगठित करने का प्रयास इस प्रकार किया जाता है जिससे अधिगमकर्ता शिक्षण के सुनिश्चित उद्देश्यों तक पहुँच जाए।

सामान्यत: हम यह कह सकते हैं कि अभिक्रमित अनुदेशन व्यक्तिश: अनुदेशन की ऐसी विधि है जिसमें अधिगमकर्ता सक्रिय रहता है, तत्काल प्रतिपुष्टि करता है तथा अपनी गति से सीखते हुए बढ़ता है।

8.7 अभिक्रमित अनुदेशन की परिभाषा (Definition of Programmed Learning)

1. *डी.एल. कुक* (*D.L. Cook*) का कहना है, "अभिक्रमित अधिगम, स्वशिक्षण, विधियों के व्यापक सम्प्रत्यय को स्पष्ट करने के लिए प्रयुक्त एक विधा है।"

2. *जेम्स ई. एस्पिच* (J.E. Aspech) तथा *बिर्ल विलियम्स* (*B. Williams*) के अनुसार, "अभिक्रमित अनुदेशन अनुभवों का वह नियोजित क्रम है जो उद्दीपक अनुक्रिया सम्बन्ध के रूप में कुशलता तथा सक्षमता की ओर ले जाता है।"

3. *लीथ* (*Leith*) के विचार में, "अभिक्रमित अनुदेशन, अनुदेशन सामग्री के छोटे-छोटे पदों अथवा फ्रेमों की एक श्रृंखला है। इन पदों में से अधिकांश में अनुक्रिया के लिए किसी वाक्य में रिक्त स्थान की पूर्ति करनी होती है। अपेक्षित अनुक्रियाओं के लिए किसी संकेत प्रणाली का प्रयोग किया जाता है और प्रत्येक अनुक्रिया की पुष्टि परिणामों के तत्काल ज्ञान द्वारा की जाती है।"

4. *एन.एस. मावी* (*N.S. Mavi*) कहते हैं, "अभिक्रमित अनुदेशन, सजीव, अनुदेशात्मक प्रक्रिया को 'स्वयं–अधिगम' अथवा 'स्वयं अनुदेशन' में परिवर्तित करने की वह तकनीक है जिसमें विषय-वस्तु को छोटी-छोटी कड़ियों में विभाजित किया जाता है, जिन्हें सीखने वाले को पढ़कर अनुक्रिया करनी होती है, जिसके सही अथवा गलत होने का उसे तुरन्त पता चल जाता है।"

5. *स्मिथ तथा मुरे* (*Smith and Moore*) के शब्दों में, "अभिक्रमित अनुदेशन किसी अधिगम सामग्री को क्रमिक पदों की श्रृंखला में व्यवस्थित करने वाली एक क्रिया है, जिसके द्वारा छात्रों को उनकी परिचित पृष्ठभूमि से एक नवीन तथा जटिल प्रत्ययों, सिद्धान्तों तथा अवबोधों की ओर ले जाया जाता है।"

6. *स्टोफल* (*Stoffel*) के कथनानुसार, "ज्ञात के छोटे अंशों को एक तार्किक क्रम में व्यवस्थित करने को अभिक्रम तथा इसकी सम्पूर्ण प्रक्रिया को अभिक्रमित अनुदेशन कहा जाता है।"

7. *सूसन मार्कले* (*Susan Markle*) के अनुसार, "अभिक्रमित अनुदेशन पुन: प्रस्तुत की जा सकने वाली क्रियाओं की श्रृंखला को संरचित करने की वह विधि है, जिसकी सहायता से व्यक्तिगत रूप से प्रत्येक छात्र के व्यवहार में मापनीय और विश्वसनीय परिवर्तन लाया जा सके।"

8. *गुलाटी और गुलाटी* (*Gulati and Gualti*) अभिक्रमित अनुदेशन को बहुत ही सीधे शब्दों में परिभाषित करते हैं–"अभिक्रमित अनुदेशन वैयक्तिक अनुदेशन प्रदान करने की एक ऐसी विधि है जिसमें विद्यार्थी सक्रिय रहता है और स्वयं अपनी गति से आगे बढ़ता है और उसे तत्काल ही परिणामों का ज्ञान प्रदान किया जाता है। अध्यापक सशरीर उपस्थित नहीं रहता।"

8.8 अभिक्रमित अधिगम/अनुदेशन की विशेषताएँ (Characteristics of Programmed Learning/Instruction)

अभिक्रमित अध्ययन सामग्री की प्रमुख विशेषताएँ निम्नलिखित हैं:

1. अभिक्रमित सामग्री व्यक्तिनिष्ठ (Individual) होती है और इसमें एक समय में केवल एक ही व्यक्ति सीखता है।

2. अभिक्रमित पाठ्य-सामग्री को छोटे से छोटे अंशों में विभाजित किया जाता है।

3. अभिक्रमित सामग्री को छोटे-छोटे अंशों को श्रृंखलाबद्ध किया जाता है।

4. अभिक्रमित सामग्री में प्रत्येक पद अपने आगे वाले पद से तार्किक क्रम में स्वाभाविक रूप से जुड़ा होता है।

5. छात्रों को तत्काल उनकी प्रगति के विषय में सूचना मिल जाती है कि उनका प्रयास सही था या गलत। इस प्रकार तत्काल पृष्ठपोषण (Feedback) उन्हें मिलता रहता है।

6. छात्रों को अपनी गति से विषय-वस्तु सीखने के अवसर प्राप्त होते हैं।

7. अभिक्रमित सामग्री पूर्ण परीक्षित तथा वैध होती है।

8. सीखने वाले को सक्रिय सतत् प्रयास (अनुक्रिया) करने पड़ते हैं।

9. अभिक्रमित सामग्री में छात्रों के पूर्व व्यवहारों तथा धारणाओं का विशिष्टीकरण किया जाता है। इन व्यवहारों में भाषा की सरलता तथा बोधगम्यता का स्तर, उपलब्धि स्तर, पृष्ठभूमि तथ मानसिक स्तर को भी ध्यान में रखा जाता है।

10. अभिक्रमित उद्दीपन, अनुक्रिया तथा पुनर्बलन, ये तीनों तत्व क्रियाशील रहते हैं।

11. अभिक्रमित साम्रगी सीखने में अपेक्षाकृत त्रुटियों की दर (Error Rate) तथा गलतियों की दर (Fault Rate) काफी कम रहती है।

12. अभिक्रमित सामग्री में पृष्ठपोषण तुरन्त मिलता है, अत: छात्रों की सही अनुक्रियाएँ पुनर्बलित (Reinforced) हो जाती हैं, जिससे प्रभावशाली शिक्षण में सहायता मिलती है।

13. छात्र की प्रत्येक अनुक्रिया उसे एक नया ज्ञान प्रदान करती है।

14. छात्रों में अनुदेशन सामग्री के अध्ययन के समय अधिक तत्परता तथा जिज्ञासा रहती है, जिससे वे विषय-वस्तु जल्दी समझ जाते हैं।

15. छात्रों की अनुक्रियाओं के माध्यम से अभिक्रमित अनुदेशन सामग्री का मूल्यांकन किया जाता है और तदनुसार उनमें सुधार तथा परिवर्तन भी किया जाता है।

16. अभिक्रमित अनुदेशन छात्रों की कमजोरियों तथा कठिनाइयों का निदान कर उपचारात्मक अनुदेशन की भी व्यवस्था करता है।

17. अभिक्रमित अनुदेशन प्रणाली मनोवैज्ञानिक अधिगम सिद्धान्तों पर आधारित है।

8.9 अभिक्रमित अनुदेशन के सिद्धान्त (Principles of Programmed Learning)

उपर्युक्त विशेषताओं की विवेचना से स्पष्ट है कि अभिक्रमित अनुदेशन निम्नांकित सिद्धान्तों पर आधारित है:

1. स्व-गति से सीखने का सिद्धान्त।
2. छात्र अनुक्रियाओं का सिद्धान्त।

3. छोटे-छोटे अंशों का सिद्धान्त।
4. सक्रिय सहभागिता का सिद्धान्त।
5. तत्काल पृष्ठ-पोषण का सिद्धान्त।
6. सामग्री की वैधता का सिद्धान्त।
7. छात्र परीक्षण तथा प्रगति ज्ञान का सिद्धान्त।
8. व्यवहार-विश्लेषण का सिद्धान्त।

8.10 शिक्षण, अनुदेशन तथा अभिक्रमित अनुदेशन (Teaching, Instruction and Programmed Instruction)

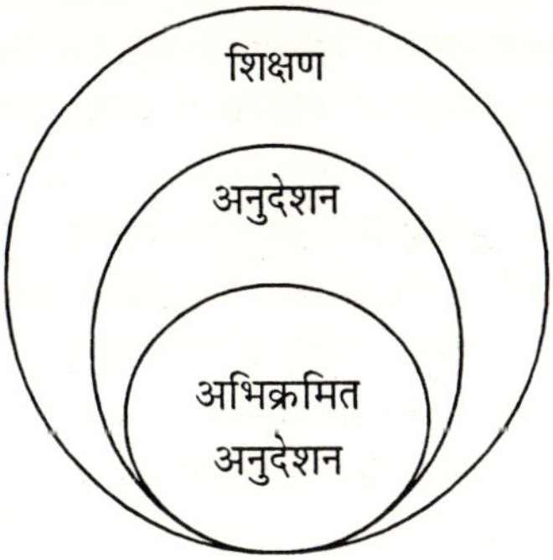

चित्र 8.1: शिक्षण, अनुदेशन तथा अभिक्रमित अनुदेशन

8.11 अभिक्रमित अनुदेशन के मूल तत्व (Fundamental Elements of Programmed Instruction)

1. छात्र नियन्त्रित अनुदेशन (Learner Controlled Instruction)
2. अभिक्रमित पाठ्य-वस्तु (Programmed Text)
3. उत्तरोत्तर समीपता (Successive Approximation)
4. अवरोह श्रृंखला (Regressive Chain)
5. निदान तथा उपचार (Diagnosis and Remediation)
6. क्रमागत प्रगति (Gradual Progression)
7. उद्दीपन तथा प्रक्रिया (Stimulus and Response)
8. पुनर्बलन (Reinforcement)
9. व्यवहार तथा व्यवहार श्रृंखला (Behaviour and Behaviour Repertoire)
10. उद्दीपन नियन्त्रण का स्थानान्तरण (Transfer of Stimulus Control)
11. पृष्ठपोषण/प्रतिपुष्टि (Feedback)
12. पुष्टिकरण (Confirmation)
13. अनुबोधन (Prompting)
14. सामान्यीकरण तथा विभेदीकरण (Generalisation and Discrimination)

1. छात्र-नियन्त्रित अनुदेशन: इस अनुदेशन में छात्रों को पूरा महत्व दिया जाता है। अभिक्रमित अनुदेशन सामग्री तैयार करने में 'छात्र नियन्त्रित' अनुदेशन क्रम अन्य किसी अधिगम क्रम की तुलना में अधिक प्रभावशाली है। अत: इसका प्रयोग अनुदेशन सामग्री बनाते समय शुरू में करना चाहिए। बाद में उद्देश्यों से सम्बन्ध स्थापित करते हुए आगे बढ़ते जाना चाहिए। इसके द्वारा अनुदेशन को छात्र-केन्द्रित बनाने में सहायता मिलती है।

2. अभिक्रमित पाठ्य-वस्तु: रेखीय अभिक्रमित अनुदेशन में पाठ्य-वस्तु को छोटे-छोटे पदों में बाँटा जाता है, जिसमें प्रत्येक पद के लिए छात्रों को अनुक्रिया करनी पड़ती है। यही 'रेखीय अभिक्रमित पाठ्य-वस्तु' कहलाती है। शाखीय अभिक्रमित अनुदेशन सामग्री में दो प्रकार के–1. गृह पृष्ठ (Home Page) तथा 2. त्रुटि पृष्ठ (Wrong Page) होते हैं, जो मिलकर 'स्क्रैम्बल्ड पाठ्य-वस्तु' (Scrambed Text) कहलाती है।

3. उत्तरोत्तर समीपता: अभिक्रमित अनुदेशन सामग्री में अधिगमकर्ता पहले जो अनुक्रियाएँ करता है, उसे पुनर्बलित किया जाता है। अन्तिम व्यवहार तक पहुँचने के लिए जिन-जिन क्रियाओं की आवश्यकता पड़ती है उन्हें छोटे-छोटे पदों तार्किक क्रमबद्ध व्यवस्था के अनुसार बाँट दिया जाता है। प्रत्येक पद पर पुनर्बलन प्रदान करता हुए उत्तरोत्तर समीपता के आधार पर अधिगमकर्ता की अनुक्रियाओं को अन्तिम व्यवहार के समीप पहुँचाते हैं।

4. अवरोह शृंखला: निपुणता (Mastery) स्तर तक पहुँचने के लिए रेखीय अभिक्रमित अनुदेशन में आरोही श्रृंखला (Progressive Chain) का अनुकरण किया जाता है। परन्तु टी. एफ.गिलबर्ट (T.F.Gilbert) ने अपने अनुदेशन में अवरोह श्रृंखला (Retrogressive Chain) का प्रयोग किया। इस श्रृंखला में आरोह श्रृंखला के विपरीत, श्रृंखला के अन्तिम बिन्दु से शुरू करते हैं और श्रृंखला के प्रारम्भ पर पहुँचकर अन्त करते हैं। जैसे उल्टी गिनतियाँ या पहाड़े याद करना (100 से शुरू करके 1 तक आना)। यह श्रृंखला गणित में अधिक उपयोगी पायी गयी है।

5. निदान तथा उपचार: निदान तथा उपचार के सिद्धान्त से अभिप्राय है, छात्रों की कठिनाईयों, कमजोरियों का निदान करके उन्हें उपचारात्मक अनुदेशन प्रदान करना। शाखीय (Branching) अभिक्रमित अनुदेशन में यदि छात्र गलत अनुक्रिया करता है तब उसकी कठिनाई, गलती या कमजोरी का पता चलता है, जिसके लिए उसे त्रुटि-पृष्ठ पर उपचारात्मक अनुदेशन प्राप्त होता है और वह गलती सुधारने के लिए उपयुक्त निर्देश भी सामग्री से प्राप्त करता है।

6. क्रमागत प्रगति: अभिक्रमित अनुदेशन सामग्री में छात्रों को उनके पूर्व व्यवहार श्रृंखला से धीरे-धीरे शुरू करके अन्तिम व्यवहार तक क्रमागत प्रगति के माध्यम से ले जाया जाता है। क्रमागत प्रगति में इस बात का ध्यान रखा जाता है कि छात्र धीरे-धीरे अनुक्रियाएँ करते हुए जटिल व्यवहारों को विकसित करें। सामग्री के प्रत्येक पद में ऐसी व्यवस्था होती है जिससे किसी छात्र की पिछली अनुक्रियाएँ आगे की अनुक्रियाओं से सम्बन्ध स्थापित करते हुए छात्रों को प्रगति पथ पर धीरे-धीरे आगे बढ़ाती जायें।

7. उद्दीपन तथा अनुक्रिया: ऐसी परिस्थिति, घटना या व्यक्ति अथवा वातावरण में परिवर्तन, यदि छात्रों के व्यवहार में भी परिवर्तन लाते हैं, तो उन्हें उद्दीपन कहा जाता है। उद्दीपन एक विशिष्ट अनुक्रिया के लिए परिस्थिति उत्पन्न करता है। अभिक्रमित अनुदेशन में विषय-वस्तु के छोटे-छोटे पदों को तार्किक क्रम में प्रस्तुत किया जाता है। ये प्रत्येक छोटे-छोटे पद उद्दीपन का कार्य करते हैं तथा ये ही पद उद्दीपन के रूप में छात्रों को अनुक्रियाएँ करने के लिए (समुचित परिस्थिति पैदा कर) तैयार करते हैं। सही उद्दीपन छात्रों को समुचित तथा सही अनुक्रियाएँ करने के लिए निर्देशन प्रदान करता है और नवीन ज्ञान देता है।

अनुक्रिया: अनुक्रिया व्यवहार की वह इकाई है जो जटिल व्यवहारों का निर्माण करती है। अनुक्रिया के तीन कार्य होते हैं-(i) छात्र को अध्ययन में तत्पर रखना, (ii) नवीन ज्ञान देना तथा (iii) सही समय पर पुनर्बलन प्रदान करना। अनुक्रिया, आंशिक या पूर्ण रूप में प्रत्येक अगले पद के लिए उद्दीपन का काम भी करती है। छात्रों की सही अनुक्रिया अधिगम को प्रभावशाली बनाने में सहायक होती है और गलत अनुक्रिया अधिगम में बाधक होती है।

चूँकि उद्दीपन तथा अनुक्रिया छात्र के व्यवहार परिवर्तन में सहायक होते हैं और व्यवहार परिवर्तन ही एक प्रकार से अधिगम होता है, अत: वे दोनों अभिक्रमित अनुदेशन के मूल तत्व कहे जाते हैं।

8. पुनर्बलन: पुनर्बलन किसी क्रिया के बाद घटने वाली एक ऐसी घटना है जो उस क्रिया को पुष्ट करती है। दूसरे शब्दों में, उस क्रिया के पुन: घटित होने की सम्भावना बढ़ जाती है। पुनर्बलन का सम्बन्ध का सम्बन्ध वातावरण की उन घटनाओं से होता है जो किसी अनुक्रिया के करने की सम्भावना में वृद्धि करती हैं। नवीन व्यवहार अथवा परिवर्तन छात्र की उन अनुक्रियाओं पर निर्भर होता है, जिन्हें उद्दीपनों से बल प्रदान किया जाता है। उद्दीपनों की वे घटनाएँ तथा परिस्थितियाँ जो अनुक्रिया को उत्पन्न करती हैं, पुनर्बलन कहलाती हैं।"

पुनर्बलन दो प्रकार के होते हैं।-

(i) *धनात्मक पुनर्बलन (Positive Reinforcement)*: धनात्मक पुनर्बलन वे उद्दीपन हैं जिनके प्रस्तुतीकरण से किसी अनुक्रिया के होने की आशा बढ़ जाती है अथवा सही अनुक्रिया होने पर प्रशंसा, शाबाशी, पुरस्कार आदि मिलते हैं। धनात्मक/सकारात्मक पुनर्बलन छात्रों के वांछित व्यवहारों/अनुक्रियाओं को दृढ़ करने के लिए दिया जाता है। जिससे कि छात्र इस व्यवहार को दुबारा करें।

(ii) *ऋणात्मक/नकारात्मक पुनर्बलन (Negative Reinforcement)*: ऋणात्मक/नकारात्मक पुनर्बलन, छात्रों के अवांछित व्यवहारों/अनुक्रियाओं को कम करने के लिए दिया जाता है ताकि वह इस व्यवहार को दुबारा न करे। जैसे-दण्ड देना, निन्दा करना, डाँटना, क्रोधित होना।

धनात्मक पुनर्बलन, ऋणात्मक की अपेक्षा अधिक प्रभावशाली होता है। अत: यथासम्भव धनात्मक पुनर्बलन का अधिकतम प्रयोग करना चाहिए।

पुनर्बलन प्रक्रिया के रूप चित्र 8.2 में दर्शाये गये हैं:

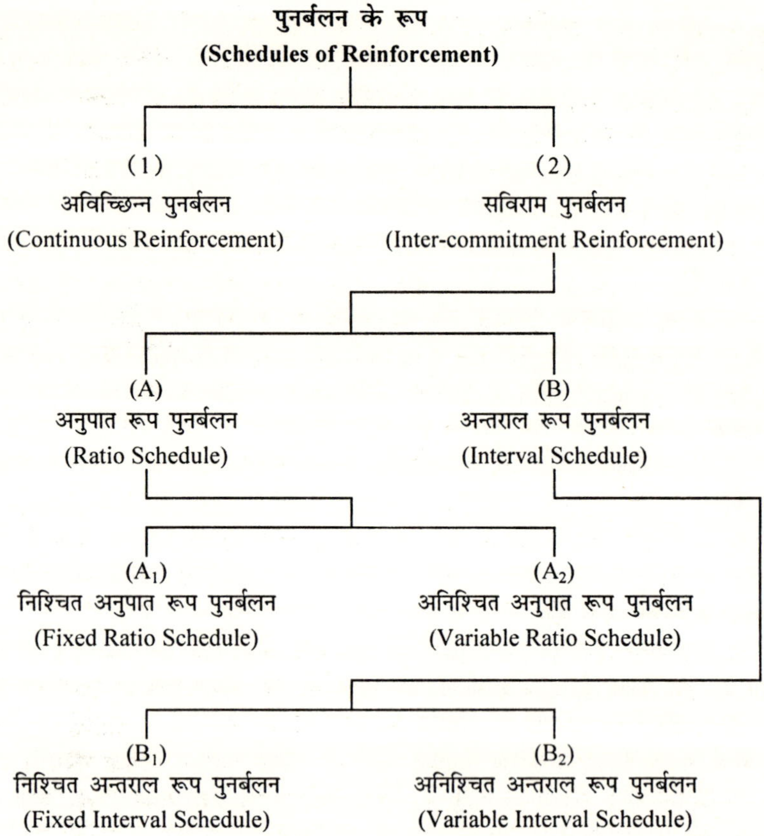

चित्र 8.2: पुनर्बलन के रूप

1. अविच्छिन्न अथवा सतत् पुनर्बलन: अविच्छिन्न पुनर्बलन में छात्र अनुक्रिया करते रहते हैं तथा प्रत्येक अनुक्रिया के पश्चात् पुनर्बलन देने की व्यवस्था होती है। दूसरे शब्दों में इसमें अनुक्रिया के बाद पुनर्बलन दिया जाता है, जिससे व्यवहार और सुदृढ़ हो जाता है। रेखीय अभिक्रमित अनुदेशन (Linear Programmed Instruction) में प्रत्येक पद के बाद इस प्रकार का ही पुनर्बलन दिया जाता है।

2. सविराम अथवा अन्तरिम पुनर्बलन: इसमें छात्र की प्रत्येक अनुक्रिया पर पुनर्बलन नहीं दिया जाता, दूसरे शब्दों में कभी पुनबर्लन दिया जाता है और कभी नहीं दिया जाता।

इस पुनर्बलन के दो प्रमुख रूप होते हैं–

(A) अनुपात रूप।

(B) अन्तराल अथवा समयान्तराल रूप।

(A) *अनुपात रूप (Ratio Schedule)*: सविराम पुनर्बलन के अनुपात रूप में छात्र की अनुक्रियाओं को अधिक महत्व दिया जाता है और पुनर्बलन एक सुनिश्चित अनुपात में

प्रदान किया जाता है, जैसे 6:1 इसका तात्पर्य है कि प्रत्येक छः अनुक्रियाओं के बाद सातवीं अनुक्रिया पर पुनर्बलन दिया जायेगा। इस प्रकार के पुनर्बलन के फलस्वरूप छात्रों की अनुक्रिया करने की गति में तीव्रता आ जाती है।

अनुपात पुनर्बलन के भी दो रूप होते हैं–

(i) निश्चित अनुपात रूप पुनर्बलन (Fixed Ratio Schedule)

(ii) अनिश्चित अनुपात रूप पुनर्बलन (Variable Ratio Schedule)

(i) *निश्चित अनुपात रूप पुनर्बलनः* निश्चित अनुपात रूप पुनर्बलन में यह निश्चित कर लिया जाता है कि कितनी बार अनुक्रिया करने पर पुनर्बलन दिया जायेगा। यह अनुपात निश्चित हो जाने पर उसी अनुपात में पुनर्बलन दिया जाता है। जैसे प्रत्येक छः अनुक्रिया करने के पश्चात् सातवीं अनुक्रिया पर पुनर्बलन दिया जायेगा। कक्षा शिक्षण में यह पुनर्बलन प्रभावशाली पाया गया है। लुण्डेन के अनुसार पहले कम और फिर धीरे-धीरे ज्यादा अनुपात से पुनर्बलन प्रदान करना ज्यादा अच्छे परिणाम देता है।

(ii) *अनिश्चित अनुपात रूप पुनर्बलनः* इस प्रकार के पुनर्बलन में यह स्पष्ट नहीं होता कि कितनी अनुक्रियाओं के पश्चात् पुनर्बलन दिया जाना है। कभी तो दो अनुक्रियाओं के पश्चात् कभी चार अनुक्रियाओं के बाद तो कभी आठ अनुक्रियाओं के पश्चात् पुनर्बलन दिया जाता है। इसीलिए इसे अनिश्चित अनुपात पुनर्बलन कहा जाता है। छात्र अनुक्रियाएँ करते रहते हैं पर उन्हें पता नहीं रहता कि कब उन्हें पुनर्बलन मिलेगा।

(B) *अन्तराल रूप पुनर्बलनः* इसमें एक निश्चित अन्तराल के पश्चात् पुनर्बलन दिया जाता है, जैसे–सात मिनट बाद या एक घण्टे के बाद या दस घंटे के बाद। इसमें समय पर ज्यादा बल दिया जाता है और समय के अन्तराल से ही पुनर्बलन प्रदान किया जाता है। ये दो प्रकार के होते हैं–

(i) निश्चित अन्तराल रूप पुनर्बलन (Fixed Interval Schedule)

(ii) अनिश्चित अन्तराल रूप पुनर्बलन (Variable Interval Schedule)

(i) *निश्चित अन्तराल रूप पुनर्बलनः* एक निश्चित समय के अन्तराल के बाद जब पुनर्बलन प्रदान किया जाता है तब उसे निश्चित अन्तराल रूप पुनर्बलन कहा जाता है। पुनर्बलन कितने अन्तराल के पश्चात् दिया जायेगा यह पहले से निश्चित कर लिया जाता है। जैसे हर सात मिनट बाद, हर बीस मिनट के बाद या हर घण्टे के बाद। इसमें कार्य की मात्रा के स्थान पर समय के निश्चित अन्तराल पर ज्यादा बल दिया जाता है।

(ii) *अनिश्चित अन्तराल रूप पुनर्बलनः* इसमें समय का अन्तराल निश्चित नहीं होता वरन् अन्तराल परिवर्तनशील होता है, अतः इस प्रकार के पुनर्बलन को परिवर्तनीय या परिवर्तनशील समयान्तर पुनर्बलन भी कहा जाता है। इस प्रकार के पुनर्बलन से जो व्यवहार परिवर्तन होते हैं या छात्र जो नया ज्ञान प्राप्त करते हैं, वह ज्यादा स्थायी नहीं होता।

उपर्युक्त पुनर्बलन के उपयोग हेतु दिशा-निर्देशः ये निम्नानुसार हैं:

(a) *लिखित अनुपात पुनर्बलनः* छात्रों की अनुक्रियाओं की गति बढ़ाने के लिए शिक्षक को निश्चित अनुपात पुनर्बलन का प्रयोग करना चाहिए।

(b) *अविच्छिन्न अनुपात पुनर्बलनः* ज्ञान के उद्देश्य प्राप्त करने के लिए अविच्छिन्न तथा प्रायोगिक, अवबोध तथा अन्य उच्च उद्देश्यों की प्राप्ति के लिए सविराम पुनर्बलन का उपयोग किया जाना चाहिए।

(c) *अन्तराल पुनर्बलन*: इस प्रकार के पुनर्बलन का प्रयोग छात्रों के व्यवहार परिवर्तन तथा नवीन ज्ञान को स्थायी बनाने के उद्देश्य से करना चाहिए।

(d) *विभिन्न प्रकार के प्रयोग*: व्यवहार परिवर्तन के लिए शुरू में अविच्छिन्न पुनर्बलन तथा बाद में निश्चित अनुपात या अन्तराल पुनर्बलन एवं अन्तिम अवस्था में अनिश्चित अन्तराल पुनर्बलन का प्रयोग अधिक उपयोग पाया गया है।

(e) *विभिन्न प्रकार के छात्र तथा पुनर्बलन*: अन्तर्मुखी (Introvert) छात्रों के लिए अविच्छिन्न पुनर्बलन तथा बहिर्मुखी छात्रों के लिए अनिश्चित अनुपात पुनर्बलन की विधाएँ अधिगम को प्रभावशाली बनाने में समर्थ पायी गयी हैं।

अनिश्चित अनुपात या अनिश्चित अन्तराल पुनर्बलन का प्रयोग प्रतिभाशाली छात्रों के तथा अविच्छिन्न एवं निश्चित अनुपात पुनर्बलन का प्रयोग मन्द बुद्धि छात्रों के शिक्षण में करना ज्यादा उपादेय तथा प्रभावशाली माना जाता है।

9. व्यवहार तथा व्यवहार श्रृंखला: व्यवहार का हमारा तात्पर्य उन क्रियाओं से है जो शिक्षण के उद्देश्यों को प्राप्त करने के लिए छात्र करते हैं।

अभिक्रमित अनुदेशन के सन्दर्भ में व्यवहार, उद्दीपन-अनुक्रियाओं के विशिष्ट समूह को कहा जाता है। अनुक्रिया, व्यवहार की एक यूनिट है। उद्दीपन-अनुक्रिया मिलकर व्यवहारों को विकसित करती है।

व्यवहार श्रृंखला (Behaviour Repertoire) वह श्रृंखला है, जिसमें अनेक अनुक्रियाएँ (Responses) एक समूह में तार्किक विधि से व्यवस्थित की जाती हैं।

विभिन्न प्रकार की अनेक व्यवहार श्रृंखलाएँ मिलकर छात्र का व्यवहार निर्धारित करती हैं। व्यवहार श्रृंखला, छात्र को उसके गुण या विशेषता प्रदान करती है। अधिगम स्तर में व्यवहार श्रृंखला तीन वर्गों में वर्गीकृत की जाती हैं। ये हैं:

(i) *सरल विभेदीकृत व्यवहार श्रृंखला* (Simple Discriminative Repertoire): इसमें छात्र स्वतन्त्र तत्वों, बाह्य वस्तुओं अथवा परिस्थितियों को पहचानता है।

(ii) *क्रमबद्ध व्यवहार श्रृंखला* (*Serial Repertoire*): इसमें छात्र क्रमबद्ध रूप से अनुक्रिया करता है।

(iii) *स्वत:धारिता व्यवहार श्रृंखला* (*Self-Sustained Repertoire*): इसमें सरल विभेदीकृत तथा क्रमबद्ध दोनों प्रकार की श्रृंखलाएँ होती हैं, परन्तु इसमें बाह्य उद्दीपनों के स्थानों पर उद्दीपन, छात्र के स्तर के व्यवहार से (आन्तरिक) उत्पन्न किया जाता है।

10. उद्दीपन नियन्त्रण का स्थानान्तरण: अभिक्रमित अनुदेशन सामग्री के शुरू में जब छात्र उद्दीपन से जो अनुक्रियाएँ करता है। उनसे वह पहले से परिचित होता है। जैसे-जैसे वह आगे बढ़ता है अनुक्रियाएँ पूर्व व्यवहार से अन्तिम व्यवहार तक पहुँचने में सहायता करती हैं और अधिगम के क्रम में उद्दीपन नियन्त्रण आगे चलता रहता है। इसी को उद्दीपन नियन्त्रण का स्थानान्तरण कहा जाता है।

11. पृष्ठपोषण/प्रतिपुष्टि: पृष्ठपोषण या प्रतिपुष्टि एक ऐसी प्रक्रिया है, जिसमें छात्रों को उनकी कमियों, गलतियों तथा त्रुटियों से अवगत कराया जाता है ताकि छात्र उन्हें सुधार सकें, साथ ही इस प्रक्रिया में छात्रों की अच्छी विशेषताएँ; अच्छे कार्य, उनके गुणों तथा उनकी अच्छाइयों का भी विवरण दिया जाता है ताकि वे इन्हें आगे भी अपने व्यवहारों

में प्रदर्शित कर सकें। यह पुनर्बलन अनुक्रिया की सम्भावना बढ़ाता है जबकि पृष्ठपोषण व्यवहार में परिवर्तन लाने का एक सशक्त उपकरण है। पृष्ठपोषण प्रविधियाँ छात्रों के व्यवहार में सुधार लाती हैं, उनका विकास करती हैं तथा उनमें वांछित परिवर्तन लाती हैं।

12. पुष्टिकरण: पुष्टिकरण, पृष्ठपोषण का ही एक रूप होता है, जिससे छात्रों को नवीन ज्ञान की प्राप्ति होती है और उन्हें पुनर्बलन भी प्राप्त होता है। छात्र अपनी अनुक्रियाओं के पुष्टीकरण के आधार पर क्रमानुसार पदों के माध्यम से आगे बढ़ते हुए शिक्षण-सामग्री में सम्पूर्णता प्राप्त कर लेते हैं।

13. अनुबोधन: अभिक्रमित अनुदेशन में छात्रों को प्रत्येक पद के लिए अनुक्रिया करनी होती है, जिसके लिए एक अतिरिक्त उद्दीपन का प्रयोग किया जाता है। इसे ही अनुबोध (Prompt) कहा जाता है। अनुबोध अभिक्रमित, अध्ययन के फ्रेम में छात्रों की सही अनुक्रिया की खोज में पूरी सहायता करते हैं। ये छात्रों को गलत, अनुक्रिया करने से बचाते हैं।

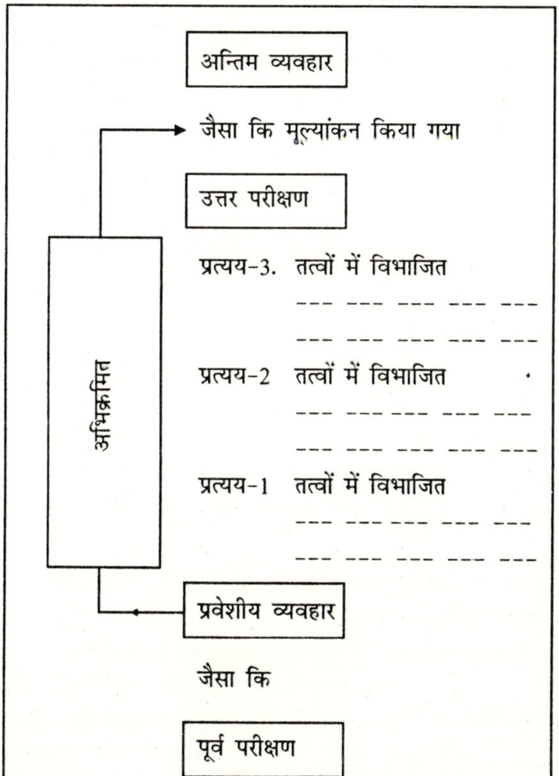

चित्र 8.3: अभिक्रम की संरचना प्रदर्शित करने वाला फ्लो चार्ट

14. सामान्यीकरण तथा विभेदीकरण: छात्रों में एक परिस्थिति में अर्जित ज्ञान, कौशल एवं अभिवृत्ति आदि को उसी प्रकार की दूसरी परिस्थितियों में समान तत्वों के लिए एक-सी अनुक्रिया करने की क्षमता सामान्यीकरण कहलाती है। सामान्यीकरण की प्रक्रिया में

पहले विशिष्ट तथ्य, उदाहरण, दृष्टान्त छात्रों के समक्ष प्रस्तुत किये जाते हैं और फिर उनके आधार पर छात्र सामान्य नियम या सिद्धान्त तक पहुँचने का प्रयास करते हैं। अवरोह अनुक्रमित अनुदेशन (Mathetics) में सामान्यीकरण प्रक्रिया का अधिक प्रयोग किया जाता है।

विभेदीकरण में अलग-अलग अनुक्रियाओं के लिए पृथक्-पृथक् परिस्थितियाँ उत्पन्न की जाती हैं। अत: कहा जा सकता है, विभेदीकरण, सामान्यीकरण के विपरीत प्रक्रिया होती है। शाखीय (Branching) तथा मेथेटिक्स अभिक्रमित अनुदेशन में विभेदीकरण की प्रक्रिया का अधिक उपयोग किया जाता है। सामान्यीकरण तथा विभेदीकरण के प्रारूप डॉ. शर्मा ने निम्न प्रकार से स्पष्ट किये हैं–

सामान्यीकरण			*विभेदीकरण*		
उद्दीपन–1	}		उद्दीपन–1	→	अनुक्रिया–1
उद्दीपन–2	} →	अनुक्रिया	उद्दीपन–2	→	अनुक्रिया–2
उद्दीपन–3	}		उद्दीपन–3	→	अनुक्रिया–3

8.12 अभिक्रमित अनुदेशन के लाभ (Advantages of Programmed Learning)

1. छात्र अपनी गति और तल्लीनता के साथ पाठ को सीखते हैं।

2. छात्रों में आत्म-निर्भरता एवं आत्म-विश्वास की भावना का विकास होता है। वे अनुभव करते हैं कि वे स्वयं भी कुछ सीख सकते हैं।

3. प्रतिपुष्टि के कारण छात्रों की अभिप्रेरणा का स्तर ऊँचा रहता है।

4. अभिक्रमित अनुदेशन में छात्र सतत् सक्रिय रहते हैं।

5. इससे छात्रों में स्वाध्याय की आदत का विकास होता है।

6. छात्रों की रुचि बनी रहती है।

7. अभिक्रमित अनुदेशन द्वारा छात्र विभिन्न विषयों का तार्किक विश्लेषण करना सुगमता से सीखता है और उसमें रचनात्मक चिन्तन का विकास होता है।

8. अभिक्रम का प्रत्येक पद आगे वाले पद से तार्किक रीति एवं स्वाभाविक ढंग से जुड़ा रहता है।

9. इसमें अध्यापक की उपस्थिति आवश्यक नहीं है। शिक्षक की अनुपस्थिति में भी छात्र स्वत: अनुदेशन प्राप्त कर सकते हैं।

10. इसमें विषय-वस्तु को छोटे-छोटे श्रृंखलाबद्ध रूप से प्रस्तुत किया जाता है।

11. किसी भी अनुदेशात्मक सामग्री से सम्बन्धित इन पदों को व्यवस्थित एवं श्रृंखलाबद्ध करने के लिए छात्रों के प्रविष्टि (Entering) व्यवहार और अन्तिम (Terminal) व्यवहार को ध्यान में रखा जाता है।

12. विद्यार्थी के सम्मुख एक-एक पद प्रस्तुत किया जाता है, छात्र उसे पढ़ता है और उसके प्रति अनुक्रिया व्यक्त करता है। इसके लिए एक-एक पद से सम्बन्धित प्रश्न पूछा जाता है और छात्र एक-एक प्रश्न का उत्तर देता है।

13. इस विधि में छात्रों को अपनी योग्यता के अनुसार सीखने के अवसर मिलते हैं।

14. अभिक्रमित अनुदेशन प्रणाली पुनर्बलन के सिद्धान्त पर आधारित है।

15. अभिक्रमित अनुदेशन में छात्र को बराबर अनुक्रिया करनी होती है, इसका भली-भाँति निरीक्षण हो सकता है। अत: इन अनुक्रियाओं को नियन्त्रित करने व मापन करने में भी सहायता मिलती है।

16. इसमें शिक्षण प्रक्रिया का मूल्यांकन आसानी से किया जा सकता है। अत: अभिक्रमित सामग्री में पर्याप्त सुधार लाने में भी सहायता मिलती है।

17. अभिक्रमित अनुदेशन में शिक्षण मशीन, अभिक्रमित पाठ्य-पुस्तक और कम्प्यूटर आदि का प्रयोग होने से अनुभवी और प्रशिक्षित अध्यापकों की कमी की समस्या काफी कुछ दूर हो जाती है।

18. इसमें कक्षा शिक्षण की तरह हर छात्र पर व्यक्तिगत ध्यान देने की समस्या भी नहीं रहती।

19. हर छात्र अपने-अपने अभिक्रम को पूरा करने में व्यस्त रहता है अत: परम्परागत कक्षा शिक्षण की अनुशासन की समस्या का भी समाधान हो जाता है।

20. इस तकनीक में पाठ्य-वस्तु सुव्यवस्थित रूप से सरल से कठिन व ज्ञात से अज्ञात के क्रम में छात्रों के सम्मुख प्रस्तुत की जाती है। अत: यह विधि शिक्षण सूत्रों के अनुसार आगे बढ़ती है।

21. इसमें अनुदेशात्मक उद्देश्यों को ठीक प्रकार से पूर्व निर्धारित कर व्यवहारपरक शब्दावली में लिखा जाता है। अत: उद्देश्यों की जाँच करने में सुविधा रहती है।

22. छात्रों की अनुक्रियाओं का पूरा-पूरा रिकॉर्ड रखा जाता है। उनके विश्लेषण के आधार पर अनुदेशन सामग्री में उचित सुधार लाने में काफी सहायता मिलती है।

23. उपचारात्मक शिक्षण (Remedial Teaching) की दिशा में भी अभिक्रमित अनुदेशन की काफी सहायता ली जा सकती है।

24. अभिक्रमित अनुदेशन छात्रों में रचनात्मक चिन्तन, तर्क-शक्ति, विचार-शक्ति, विभेदीकरण योग्यता, तत्काल निर्णय लेने की योग्यता एवं तुरन्त उत्तर देने की क्षमता आदि को विकसित करने में भी सहायता करता है।

8.13 अभिक्रमित अनुदेशन की सीमाएँ (Limitations of Programmed Learning)

अभिक्रमित अनुदेशन की कमियों या सीमाओं को निम्न रूप से देखा जा सकता है:

1. अभिक्रमित अनुदेशन, अनुदेशन प्रक्रिया की स्वाभाविकता को समाप्त कर उसे यान्त्रिक प्रक्रिया बना देता है। छात्र, छात्र न रहकर मशीनी पुर्जे बनकर रह जाते हैं।

2. अभिक्रमित अनुदेशन को वैयक्तिक अनुदेशन की एक तकनीक माना गया है, परन्तु वास्तव में यह बात ठीक नहीं। हर छात्र को अधिगम में अपनी-अपनी गति से तो आगे बढ़ना होता है, परन्तु अधिगम सामग्री तो हर छात्र के लिए एक-सी होती है, सभी छात्रों को एक से तरीके से सीखना होता है और अभिक्रम में बताये हुए एक से रास्ते से ही आगे बढ़ना होता है।

3. कम्प्यूटर या मशीन द्वारा शिक्षण होने से कक्षा में जो एक भावात्मक वातावरण बनता है उसका अभाव हो जाता है। शिक्षक अपने व्यक्तित्व से अनेक बातों के लिए छात्रों को प्रभावित करता है। इसमें इस प्रभाव का अभाव रहता है।

4. अभिक्रमित अनुदेशन का प्रयोग हर विषय के लिए किया जाना असम्भव है

क्योंकि सभी विषयों व उनसे सम्बन्धित प्रकरणों पर अभिक्रम का निर्माण किया जाना मुश्किल है।

5. अभिक्रमित अनुदेशन की सफलता सोच-समझकर बनाये हुए अभिक्रम पर आधारित होती है।

6. हर छात्र अपने अभिक्रम के अनुसार आगे बढ़ने के प्रयास में व्यस्त रहता है। परिणामस्वरूप कक्षा में सामाजिकता की भावना का अभाव-सा हो जाता है।

7. यदि अभिक्रम के आरम्भ में ही छात्रों की अनुक्रिया गलत होने लगती है तो छात्रों की रुचि और अभिप्रेरणा कम होने लगती है, उसे पुनर्बलन से भी नहीं बढ़ाया जा सकता है।

8. यह तकनीक अनुदेशनात्मक उद्देश्यों में से ज्ञानात्मक उद्देश्यों को प्राप्त करने में तो सहायक हो सकती है, परन्तु भावात्मक और कौशलात्मक या क्रियात्मक उद्देश्यों की ओर कोई ध्यान नहीं देती है।

9. जो विद्यार्थी लापरवाह प्रवृत्ति के होते हैं, यदि उन पर अध्यापक का बराबर नियन्त्रण न हो तो वे और भी लापरवाह हो जाते हैं और धीरे-धीरे शिक्षा में उनकी अरुचि हो जाती है।

10. अभिक्रमित अनुदेशन में केवल पढ़ने और बोध शक्ति के विकास को ही अवसर मिलता है। भाषा शिक्षण के अन्य कौशल, जैसे—सुनना, बोलना, लिखना और चिन्तन-मनन शक्ति आदि के विकास सम्बन्धी पक्ष उपेक्षित रह जाते हैं।

8.14 अभिक्रमित अनुदेशन तथा शिक्षण की परम्परागत विधि (Programmed Instruction and Traditional Method of Teaching)

अभिक्रमित अनुदेशन तथा शिक्षण की परम्परागत विधि की तुलना निम्नलिखित सारणी के माध्यम से प्रस्तुत की जा रही है:

अभिक्रमित अनुदेशन तथा शिक्षण की परम्परागत विधि की तुलना

अभिक्रमित अनुदेशन (Programmed Instruction)	*शिक्षण की परम्परागत विधि (Traditional Method of Teaching)*
1. यह एक व्यक्तिगत तकनीकी है।	1. यह मूलतः समूह तकनीकी है।
2. इस विधि में सामग्री एक के बाद एक पद के रूप में (तार्किक क्रम में) प्रस्तुत की जाती है।	2. इसमें पूरी सामग्री समग्र रूप में प्रस्तुत की जाती है।
3. इसमें छात्रों को पृष्ठ-पोषण तुरन्त दिया जाता है।	3. इसमें छात्रों को पृष्ठ-पोषण तुरन्त नहीं मिल पाता।
4. इसमें उद्देश्य बहुत स्पष्टता के साथ परिभाषित होते हैं। दूसरे शब्दों में, शैक्षिक उद्देश्य व्यावहारिक शब्दावली में लिखे होते हैं।	4. इसमें शैक्षिक उद्देश्य व्यापक रूप में होते हैं अतः उद्देश्य न तो स्पष्टता के साथ परिभाषित होते हैं और न ही वे समुचित संरचनायुक्त होते हैं।

(क्रमशः)

अभिक्रमित अनुदेशन (Programmed Instruction)	शिक्षण की परम्परागत विधि (Traditional Method of Teaching)
5. अभिक्रमित सामग्री की रचना शिक्षक पूरे ध्यान, शुद्धता एवं सावधानियों के साथ करता है।	5. इस सामग्री की रचना कम तैयारी से की जाती है।
6. सीखने की प्रक्रिया में छात्रों की सक्रिय सहभागिता होती है।	6. छात्र अधिकतर निष्क्रिय रहते हैं।
7. यह छात्र-केन्द्रित है।	7. यह छात्र-केन्द्रित तथा विषय-केन्द्रित दोनों प्रकार की हो सकती है।
8. इसमें छात्रों की अनुक्रिया के माध्यम से मूल्यांकन के आधार पर अभिक्रमित सामग्री में सुधार लाने का प्रयास किया जाता है।	8. छात्रों की अनुक्रिया के आधार पर परम्परागत शिक्षण की विधि में सुधार अथवा परिवर्तन करना मुश्किल होता है।
9. इसमें छात्रों की व्यक्तिगत विभिन्नताओं पर विशेष ध्यान दिया जाता है।	9 इसमें छात्रों की व्यक्तिगत विशेषताओं पर उतना ध्यान देना सम्भव नहीं हो पाता।
10. इसमें मनोवैज्ञानिक अधिगम तथा शिक्षण सिद्धान्तों का प्रयोग किया जाता है।	10. इसमें शिक्षण सिद्धान्तों का पूरी तरह से प्रयोग सम्भव नहीं हो पाता।

8.15 अभिक्रमित अधिगम तथा अभिक्रमित अनुदेशन (Programmed Learning and Programmed Instruction)

अभिक्रमित अधिगम तथा अभिक्रमित अनुदेशन को शिक्षा के क्षेत्र में एक-दूसरे का पर्यायवाची माना जाता है। ब्रिटिश शिक्षाविद् अभिक्रमित अधिगम पद का प्रयोग करना ज्यादा पसन्द करते हैं, जबकि अमेरिकन शिक्षाविद् अधिकतर अधिगम अनुदेशन पद का प्रयोग करना पसन्द करते हैं।

8.16 अभिक्रमित अनुदेशन तथा शैक्षिक तकनीकी (Programmed Instruction and Educational Technology)

अभिक्रमित अनुदेशन, स्वयं में पूर्ण शैक्षिक तकनीकी नहीं है वरन् शैक्षिक तकनीकी का एक भाग है। शैक्षिक तकनीकी में कठोर उपागम (Hardware Approach) तथा मृदुल उपागम (Software Approach) दोनों का अध्ययन होता है। अभिक्रमित अनुदेशन एक मृदुल उपागम है जो छात्रों के व्यवहार में वांछित परिवर्तन लाने का प्रयास करता है अतः यह शैक्षिक तकनीकी का केवल एक भाग है।

8.17 अभिक्रमित अनुदेशन की ऐतिहासिक पृष्ठभूमि (Historical Background of Programmed Instruction)

अभिक्रमित अनुदेशन को ऐतिहासिक पृष्ठभूमि का सारांश सारणी के माध्यम से आगे दिया जा रहा है:

अभिक्रमित अनुदेशन की ऐतिहासिक पृष्ठभूमि: महत्वपूर्ण योगदान

	प्रतिपादनकर्ता अथवा शोधकर्ता	*वर्ष*	*महत्त्वपूर्ण योगदान*
1.	थार्नडाईक (Thorndike)	1912	प्रभाव के नियम तथा प्रोत्साहन की खोज करना (जो बाद में अभिक्रमित अनुदेशन में प्रयोग किये गये।)
2.	सिडनी एल. प्रेसी (Sydney L. Pressey)	1920	ऐसी मशीनों का विकास करना जिनका प्रयोग शिक्षण व परीक्षण के लिए किया गया।
		1925	बहुविकल्प पदों वाले परीक्षणों की स्कोरिंग तथा परीक्षण के अन्य यान्त्रिक उपकरणों का विकास करना।
3.	बी.एफ.स्किनर (B.F. Skcinner)	1943	सक्रिय अनुबद्ध अनुक्रिया (Operant Conditioning Theory) अधिगम सिद्धान्त का प्रतिपादन करना जो अभिक्रमित अनुदेशन की आधार भूमि बना।
		1945	पुनर्बलन का सिद्धान्त, रेखीय अभिक्रम सामग्री तथा शिक्षण मशीनों को बनाना।
		1950	प्रसिद्ध लेख 'अधिगम का विज्ञान तथा शिक्षण की कला' का प्रकाशन करना।
4.	एन.ए.क्राउडर (N.A. Crowder)	1950	शाखात्मक (Branching) अनुदेशन का विकास, स्क्रैम्बल्ड (Scrambled) पुस्तकें तथा शाखात्मक शिक्षण मशीन का निर्माण।
5.	शैफील्ड (Sheffield)	1950	शाखात्मक अनुदेशन के विभिन्न अनुदेशनों तथा उनके विकल्प मार्गों की खोज।
6.	रॉबर्ट मेगर (Robert Mager)	1960	क्राउडर तथा स्किनर के कार्यों का सर्वेक्षण तथा अभिक्रमित अनुदेशन की परम्परागत शिक्षण विधि की तुलना में श्रेष्ठता विकसित करना।
		1962	अभिक्रमित अनुदेशन में उद्देश्यों को व्यावहारिक रूप में लेखन का महत्त्व स्थापित करना।

(क्रमशः)

	प्रतिपादनकर्ता अथवा शोधकर्ता	वर्ष	महत्त्वपूर्ण योगदान
7.	रॉबर्ट मिलर (Robert Miller)	1962	मनोगत्यात्मक (Psychomotor) क्षेत्रों में उद्देश्यों का व्यावहारिक रूप में लिखने की प्रविधि का विकास करना।
8.	थॉम्स एफ.गिलबर्ट (T.F.Gilbert)	1962	मेथेटिक्स (Mathetics) या 'अवरोह श्रृंखला अनुदेशन प्रविधि' का विकास। पूर्ण निपुणता (Mastery Behaviour) को विशेष महत्त्व प्रदान करना।
9.	स्लेक (Slak)	1962	मेथेटिक्स सिद्धान्तों पर आधारित अभिक्रमित अनुदेशन का निर्माण तथा अन्य विधियों पर इसकी श्रेष्ठता स्थापित करना।
10.	रोथ कोर्फ (Roth Korf)	1965	अधिगम प्रक्रिया को उत्पन्न करने के लिए आन्तरिक तथा बाह्य व्यवहारों या मैथेमेजिनिक्स (Methemaigenics) के संप्रत्यय का विकास करना।
		1966	1966 में पाठ्य-वस्तु विश्लेषण व प्रवाह चार्ट (Flow Chart) पर विशेष जोर देना।
11.	राकैल कार्सन (Rachel Carson)	1968	'मैथेमेजिनिक्स' प्रविधि का पाठ्य-वस्तु के प्रस्तुतीकरण में प्रयोग और छात्रों की अभिव्यक्ति के लिए इसका महत्त्व स्थापित करना।
12.	रॉबर्ट गेने (Robert Gagne)	1970	आठ अधिगम स्वरूपों (Learning Structures) के संप्रत्यय की रचना तथा इन पर विशेष जोर देना।
13.	आई.के.डेवीज (I.K. Davies)	1970	1. गेने के आठ में से पाँच अधिगम स्वरूपों पर ज्यादा जोर देना। 2. अभिक्रमित अनुदेशन सामग्री के निर्माण में शिक्षण नीतियों (Teaching Strategies) तथा शिक्षण युक्तियों (Teaching Techniques) के निर्धारण को महत्त्व देना। 3. अनुदेशन के मूल्यांकन में बाह्य व आन्तरिक मानदण्डों को महत्त्व दिया जाना।
		1980	1. प्रणाली विश्लेषण पर विशेष ध्यान देना। 2. शिक्षण मशीनों के निर्माण का प्रारम्भ।

8.18 भारतवर्ष में अभिक्रमित अनुदेशन (Programmed Instruction in India)

	प्रवर्तक	वर्ष	महत्त्वपूर्ण योगदान
1.	सी.पी.आई. इलाहाबाद (C.P.I. Allahabad)	1963	सेण्ट्रल पैडागौजीकल इन्स्टीट्यट इलाहाबाद में अभिक्रमित अनुदेशन पर त्रिदिवसीय विचारगोष्ठी का आयोजन। तत्पश्चात् भारत के विभिन्न प्रदेशों में इस विषय पर गोष्ठियों का आयोजन किया जाना।
2.	एन.सी.ई.आर.टी., नई दिल्ली (NCERT, New Delhi)	1965	एन.सी.ई.आर.टी. के मनोविज्ञान विभाग द्वारा अभिक्रमित अनुदेशन पर दो सप्ताह का प्रशिक्षण प्रदान करना।
		1966	एन.सी.ई. आर. टी. द्वारा अभिक्रमित अनुदेशन पर पुनः एक कार्यशाला का आयोजन करना।
		1966	Indian Association of Programmed Learning (IAPL) का गठन।
		1967	एन.सी.ई.आर.टी. द्वारा अभिक्रमित अनुदेशनों पर दूसरी कार्यशाला (Workshop) का चण्डीगढ़ में आयोजन।
		1980 के बाद	1. Centre of Advanced Studies in Education (CASE) (बड़ौदा यूनीवर्सिटी), मेरठ यूनीवर्सिटी तथा हिमाचल यूनीवर्सिटी में एम.एड., एम. फिल. तथा डॉक्टरेट स्तर पर अभिक्रमित अनुदेशन पर अनुसंधान कार्यों को महत्त्व दिया जाना। 2. रक्षा, परिवार-नियोजन तथा बैंक आदि में भी अभिक्रमित अनुदेशन कार्य का प्रारम्भ होना। 3. एन.सी.ई.आर.टी. में सेण्टर ऑफ एजूकेशनल टैक्नोलोजी (Center of Educational Technology) की स्थापना, जिसके प्रमुख कार्यों में से एक कार्य अनुदेशन सामग्री का निर्माण करना। 4. शैक्षिक तकनीकी व अनुदेशन के क्षेत्र में राष्ट्रव्यापी योजनाएँ।

8.19 कम्प्यूटर सहायक अनुदेशन (Computer Assisted Instruction)

कम्प्यूटर सहायक अनुदेशन का अर्थ: कम्प्यूटर की सहायता से किया जाना अनुदेशन कम्प्यूटर सहायक अनुदेशन कहलाता है। इसका प्रयोग तीव्र गति से प्रतिदिन बढ़ता जा रहा है।

लाभ

1. कम्प्यूटर के द्वारा शिक्षण एवं अधिगम के अन्तर्गत विद्यार्थियों में व्याख्यान सुनने के प्रति उत्साह पाये जाने के साथ नये तरीकों की खोज एवं प्रयोग को महत्व देते हुए विद्यार्थियों की समझ के अनुरूप नई सरल शिक्षण विधि का सूत्रपात किया जाता है।

2. यन्त्र निर्मित पाठ-योजना न सिर्फ रुचिकर होती है बल्कि सहज यप से संक्षिप्त एवं परिणाम अभिमुख।

3. छात्रों को उनकी गति तथा समय के अनुसार स्वयं सीखने के अवसर मिलते हैं।

4. छात्रों को वस्तुनिष्ठ तथा विशिष्ट पोषण उनकी अधिगम प्रक्रिया में प्राप्त होता है।

5. यन्त्र के द्वारा भूगोल से सम्बन्धित शीर्षक जीवन्त हो उठता है जो पारम्परिक विधि से सम्भव नहीं। स्पष्ट, रुचिकर तथा जीवन्त उपकरणों की सहायता से विशेषकर कमजोर विद्यार्थियों के अधिगम स्तर को बढ़ाया जा सकता है, साथ ही यन्त्रों की मदद से उनकी अवधारणा को स्पष्ट भी किया जा सकता है।

6. इस तकनीक के प्रयोग से विशेषकर मानचित्रों एवं आकृतियों के रेखांकन में काफी समय की बचत होती है और इस समय का सदुपयोग शीर्षकों से सम्बन्धित और अधिक क्लिप्सों को दिखाकर किया जा सकता है।

7. सांख्यिकी ग्राफों की सहायता से विभिन्न पक्षों के तुलनात्मक अध्ययन के द्वारा अर्थशास्त्र को सरल तथा अधिक ग्राह्य बनाया जा सकता है।

8. सांख्यिकी ग्राफों को देखकर विद्यार्थी अपनी समझ से विभिन्न पक्षों का आंकलन का सकता है, जो विद्यार्थी के सोचने-विचारने की क्षमता को बढ़ाने में सहायक होगा।

9. उबाऊ भाषण व पठन की तुलना में सी.डी. में उपलब्ध क्लिप/एनिमेशन की मदद से इतिहास शिक्षण के स्तर में अभिवृद्धि की जा सकती है।

10. प्रोजेक्टर में कम्प्यूटर को प्रयोग में लाते हुए विषयों तथा भाषाओं के शिक्षण की एक समृद्ध योजना है।

11. भाषा के शिक्षण के सम्बन्धित विषयों को परिणाम अभिमुख बनाने के लिए ध्वनि, ग्राफिक्स, विषय-वस्तु तथा चित्रों की सहायता से निर्धारित पाठ के लिए मल्टीमीडिया प्रभाव को कार्य में लाया जा सकता है।

12. यह प्रोजेक्ट शिक्षण अधिगम प्रक्रिया के नवाचारों के लिए शिक्षकों को प्रोत्साहित करता है, पाठों के निर्माण में नवीनता का समावेश करने के प्रति शिक्षकों की अभिरुचि में अभिवृद्धि करनी होगी।

13. यह शिक्षक तथा छात्रों के लिए तथ्यों तथा सूचनाओं की प्राप्ति का एक महत्वपूर्ण स्रोत है।

14. कम्प्यूटर द्वारा छात्रों को अभ्यास (Drill and Practice) के अवसर प्रदान होते हैं।

15. गणितीय आकृतियों, जैसे–शंकु, बेलन, दीर्घवृत्त, परवलय आदि के चित्रांकन में ब्लैकबोर्ड की बजाय प्रौद्योगिकी के उपयोग से गणित जैसे विषयों के शिक्षण को और अधिक सटीक बनाया जा सकता है।

16. त्रिपरिमाप अवधारणा की मदद से प्रौद्योगिकी का प्रयोग अधिक प्रभावी बनाया जा सकता है।

17. गणितीय अवधारणा जिसे समझने के लिए कल्पना शक्ति की आवश्यकता होती है, के स्तर में वृद्धि की जा सकती है।

18. सहज से कठिन, मूर्त से अमूर्त शिक्षण मॉड्यूलों को कम्प्यूटर की मदद से प्रभावी ढंग से निर्मित किया जा सकता है।

19. अधिगम प्रक्रिया के अधिक प्रभावी होने पर आसानी से निगरानी रखी जा सकती है साथ ही उपचारी उपायों को भी तत्काल उपलब्ध कराया जा सकता है।

20. खेल-खेल में सीखने के निमित्त मॉड्यूलों में कठिन विषयों पर प्रश्नोत्तरी सुविधा शामिल करने से विषयों को अच्छी तरह से समझा जा सकेगा।

21. अंग्रेजी जिसमें विद्यार्थियों का स्तर काफी निराशाजनक है और जिस पर विशेष ध्यान देने की आवश्यकता है, प्रौद्योगिकी के उपयोग से सुधार लाया जा सकता है।

22. समय सारणी बनाने में कम्प्यूटर उपयोगी है।

23. कम्प्यूटर मूल्यांकन प्रक्रिया में सहायक है।

24. स्टाफ के वेतन बिल बनाने में कम्प्यूटर सफलतापूर्वक प्रयोग किया जाता है।

25. कम्प्यूटर विभिन्न शिक्षा संस्थानों में प्रशासनिक समस्याओं के लिए महत्वपूर्ण योगदान देता है।

26. विषय की विशालता तथा गम्भीरता तक सुगमता से पहुँचा जा सकता है।

27. संसार भर के छात्रों तथा शिक्षकों के साथ पारम्परिक विचार-विमर्श हो सकता है।

कम्प्यूटर सह-अधिगम की सीमाएँ (Limitations of Computer Assisted Learning)

1. कम्प्यूटर सह-अधिगम बहुत खर्चीला है।
2. कम्प्यूटर में प्रयुक्त मृदु उपागम (Software) बहुत कठिनाई से उपलब्ध होते हैं।
3. हजारों स्कूलों में बिजली नहीं है, अतः कम्प्यूटर का प्रयोग ही नहीं हो सकता।
4. कम्प्यूटरों के जल्दी-जल्दी खराब होने का भय रहता है तथा इनके मरम्मत की समस्या खड़ी हो जाती है।
5. विद्युत उपकरण के रूप में कम्प्यूटर बालकों के लिए खतरनाक भी सिद्ध हो सकता है।
6. कम्प्यूटर द्वारा सम्पन्न अधिगम कार्य में बालक स्वयं ही अधिगम कार्य करते हैं तथा उन्हीं का नियन्त्रण रहता है। इस कारण यह भय बना रहता है कि वे समय को बर्बाद कर सकते हैं और मनमर्जी का आचरण भी कर सकते हैं।
7. कम्प्यूटर द्वारा सम्पन्न अधिगम व्यवस्था एक मशीन के रूप में ही है।
8. कम्प्यूटर अधिगम से बालकों का भावनात्मक तथा संवेगात्मक विकास नहीं हो

पाता। मानवीय मूल्य जैसे–प्रेम, सौहार्द्र, सहानुभूति आदि केवल अध्यापक–छात्र के पारस्परिक सम्बन्ध से ही पनपते हैं।

उपसंहार: वर्तमान परिस्थितियों में औपचारिक अधिगम व्यवस्था में कम्प्यूटर सह–अधिगम को लागू करना कठिन प्रतीत होता है। शिक्षण अधिगम प्रक्रिया में कम्प्यूटरों का उपयोग होने वाले शैक्षणिक लाभों की तुलना में बहुत खर्चीला दिखाई देता है।

अध्यापक तथा कम्प्यूटर सह–अधिगम का उपयोग (Role of the Teacher in Computer Assisted Learning)

शिक्षण अधिगम प्रक्रिया में कम्प्यूटर की पहुँच वेबसाइट तथा भौतिक पुस्तकालय से आवश्यक सामग्री को ढूँढ़ने में अध्यापक के उत्तरदायित्व को बढ़ाती है। इसके साथ-साथ शिक्षण की गुणवत्ता भी बढ़ाती है। उपलब्ध बहुसंचार माध्यमों की खोज से शिक्षक को अपने पाठ को प्रभावशाली तरीके से पढ़ाने के लिए नये परिवर्तनकारी विचार प्राप्त होते हैं। अभिलेखों का डेटाबेस रखने से अध्यापक सूचना को विभिन्न रूपों में प्रदान कर सकता है। और इससे धीमे सीखने वाले का ध्यान केन्द्रित कराता है।

विज्ञान का कोई पाठ, जैसे हृदय की कार्यप्रणाली, मानव प्रजनन प्रणाली, मानव शरीर की संरचना, जिसके लिए चित्र आवश्यक हैं, को पढ़ाने के लिए चार्ट की सहायता से शिक्षक मानव शरीर की वास्तविक क्रिया को नहीं दर्शा सकता। अत: हम छात्र का निश्चित अधिगम विकसित नहीं कर सकते, किन्तु यह कम्प्यूटर के प्रयोग से शिक्षण अधिगम में सम्भव है।

सी.डी. रोम्स तथा वेबसाइटों से सम्बद्ध सूचना के प्रयोग से सामाजिक विज्ञान का अधिगम अधिक रुचिपूर्ण बनाया जा सकता है। ग्राफिकल प्रस्तुतीकरण तथा फ्लोचार्टों के प्रयोग द्वारा हम गणित तथा अन्य विज्ञान विषयों के प्रति छात्रों की रुचि उत्पन्न कर सकते हैं। शिक्षण अधिगम में कम्प्यूटर के प्रयोग से हम समय की बचत कर सकते हैं और तुरन्त मूल्यांकन सम्भव है क्योंकि शिक्षक विशेष द्वारा तैयार बनी-बनाई सामग्री कम्प्यूटर पर उपलब्ध है। बहुसूचना माध्यमों के द्वारा सार्वभौमिक अधिगम से परिचय कराने से ग्रामीण बच्चों की शहरी बच्चों का मुकाबला करने की मनोवृत्ति बदल सकती है।

शिक्षण अधिगम प्रक्रिया में कम्प्यूटर सहायता-प्राप्त अधिगम के प्रयोग से धीमे सीखने वाले और उच्च स्थान प्राप्तकर्ता के बीच स्वयं अधिगम कौशलों के विकास द्वारा खाई को कम किया जा सकता है। रजिस्टर तथा कार्यालय के काम में कम्प्यूटर के प्रयोग से समयबद्ध परिणाम प्राप्त हो सकते हैं। आँकड़ों के नवीनीकरण में समय बचता है। अभिलेखों का रख-रखाव आसान हो जाता है।

नोट: विस्तृत विवरण खण्ड IV में दिया गया है।

8.20 भाषा प्रयोगशाला (Language Laboratory)

भाषा प्रयोगशाला का अर्थ (Meaning of Language Laboratory)

ए.एस. हियास (A.S. Hayas) ने भाषा प्रयोगशाला की परिभाषा इस प्रकार दी है, "भाषा प्रयोगशाला एक कक्षा-कक्ष (Classroom) है जिसमें विदेशी भाषा के अधिगम को अधिक प्रभावशाली बनाने के लिए विशेष प्रकार के उपकरण जुटाए जाते हैं। सामान्यतया

यह कार्य साधारण व्यवस्था में इतना प्रभावशाली नहीं बन सकता।''

रॉबर्ट लेडो (Robert Lado) के विचार में, ''भाषा प्रयोगशाला भाषा शिक्षण का केन्द्र है जिसमें छात्रों को सुनने, बोलने, पढ़ने तथा लिखने आदि के लिए नियन्त्रित वातावरण प्रदान किया जाता है।''

भाषा प्रयोगशाला में उपकरण तथा प्रक्रिया (Equipment and Process of Language Laboratory)

भाषा प्रयोगशाला के निम्नलिखित तीन अनुभाग होते हैं:

1. कई श्रवण (सुनना) कोष्ठ-बूथ (Hearing Booths)
2. परामर्शदाता/सलाहकार का कोष्ठ (Advisor or Console's Booth)
3. नियन्त्रण कक्ष (Control Room)

1. *श्रवण कोष्ठ*: प्राय: भाषा प्रयोगशाला में 16 अथवा 20 श्रवण कोष्ठ होते हैं। प्रत्येक कोष्ठ में एक मेज तथा कुर्सी होती है जिस पर बैठकर छात्र कार्य कर सकता है। कोष्ठ में अन्य सामग्री इस प्रकार होती है– (i) दूरभाष–परामर्शदाता से वार्तालाप के लिए (ii) श्रवणेन्द्रिय दूरभाष–ईयरफोन (Ear Phone) (iii) टेप रिकॉर्डर (Tape Recorder)

ऊपर दर्शाए गए यन्त्रों से छात्रों का नियन्त्रण कक्ष से सम्पर्क स्थापित होता है। अपनी आवाज को रिकॉर्ड करने तथा फिर सुनने का प्रबन्ध होता है, छात्र आवश्यकतानुसार टेप का चुनाव कर लेते हैं।

प्रत्येक कोष्ठ की चार फुट की ऊँची दीवारें अथवा अलग-अलग भाग (Partitions) होते हैं ताकि छात्र बिना किसी बाधा के अपना कार्य कर सकें। छात्र परामर्शदाता से परामर्श ले सकता है।

2. *परामर्शदाता का कोष्ठ*: इस कोष्ठ में कई टेप तथा मास्टर टेप रहते हैं तथा इस प्रकार की व्यवस्था रहती है जिससे परामर्शदाता छात्र से सम्पर्क स्थापित कर सके।

परामर्शदाता के कोष्ठ में निम्नलिखित सामग्री होती है:

(i) *डिस्ट्रीब्यूशन स्विच्स* (Distribution Switches): इनके माध्यम से छात्रों की आवाज आदि को परामर्शदाता सुन सकता है तथा उपयुक्त सुधार कर सकता है।

(ii) *मॉनीटरिंग स्विच्स* (Monitoring Switches): इनके माध्यम से छात्रों की आवाज आदि को परामर्शदाता सुन सकता है तथा संचालन कर सकता है।

(iii) *इण्टरकौम स्विच्स* (Intercom Switches): इनके द्वारा छात्रों से दोतरफा (Two-way) सम्प्रेषण किया जाता है।

(iv) *ग्रुप कॉल स्विच* (Group Call Switch): इसके द्वारा उन छात्रों के लिए घोषणाएँ की जाती हैं जो विशेष टेप से कार्य करते हों।

(v) *ऑल कॉल स्विच* (All Call Switch): यह सभी छात्रों के लिए घोषणाएँ करने के लिए प्रयुक्त किया जाता है।

3. *नियन्त्रण कक्ष*: इस कक्ष में सभी प्रकार के टेप, रिकॉर्ड तथा उपकरण होते हैं ताकि आवश्यकतानुसार छात्रों को उपलब्ध कराए जा सकें।

(i) अध्यापक अथवा परामर्शदाता मास्टर टेप का प्रयोग करता है। प्रत्येक कोष्ठ में विद्यमान टेप में आवाजों को रिकॉर्ड कर लिया जाता है।

(ii) छात्र अपने टेप को सुनता है तथा मौखिक अनुक्रिया करता है। ये अनुक्रियाएँ छात्र के बूथ में रखे गए उपकरण द्वारा रिकॉर्ड की जाती हैं। छात्र अपने टेप का अनेक बार प्रयोग कर सकता है। वह स्वयं जान जाता है कि उसकी उपलब्धियाँ सन्तोषजनक हैं अथवा नहीं।

भाषा प्रयोगशाला से लाभ (Advantages of Language Laboratory)

1. छात्र अपनी गति से सीखता है।
2. छात्र को अभिप्रेरणा मिल जाती है।
3. शब्दों के उच्चारण में सहायता मिलती है।
4. बार-बार शुद्ध विषय-वस्तु को सुनने से शुद्ध उच्चारण अधिगम में सहायता प्राप्त होती है।
5. छात्र अभ्यास द्वारा अपनी गलतियों को ठीक कर सकता है।
6. छात्र पाठ को बार-बार दोहरा सकता है।
7. चूँकि छात्र का उच्चारण किसी दूसरे छात्र को सुनाई नहीं देता, वह बिना हिचकिचाहट के कार्य करता है।
8. साधारण कक्षा अध्ययन में भाषा अभ्यास के लिए जितना समय चाहिए वह नहीं मिलता, परन्तु भाषा प्रयोगशाला में यह सुविधा विद्यमान है।
9. छात्र में क्रियाशीलता बढ़ती है।

भाषा प्रयोगशाला की सीमाएँ (Limitations of a Language Laboratory)

1. भाषा प्रयोगशाला का प्रयोग भाषा पढ़ने तथा लिखने में नहीं हो सकता।
2. 16 तथा 20 से अधिक छात्र एक ही समय में कार्य नहीं कर सकते।
3. विदेशों में जो अन्य भाषाएँ सिखाई जाती हैं, उनके विद्वान मिलना कठिन हो जाता है।
4. यह खर्चीली विधि है।

इकाई II

आधुनिक तकनीकों के मनोवैज्ञानिक उपयोग
PSYCHOLOGICAL USES OF MODERN TECHNOLOGIES

9

आधुनिक तकनीकी तथा मनोवैज्ञानिक उपयोग
(Modern Technology and Psychological Uses)

9.1 एडगर का अनुभव त्रिकोण (Edgar's Cone of Experience)

एडगर त्रिकोण का अर्थ (Meaning of Edga's Cone): बहुइन्द्रिय अनुदेशन के लिए एडगर डेल (Edgar Dale) ने दृश्य-श्रव्य साधनों की सहायता से अनुभवों के आधार पर एक विशेष प्रकार का वर्गीकरण प्रस्तुत किया है, जिसे उसने अनुभव का त्रिकोण की संज्ञा दी है (चित्र 6.1 तथा 6.2)।

यहाँ विभिन्न प्रत्यक्ष अनुभवों (Direct Experiences) से लेकर अमूर्त चिन्तन (Pure Abstraction) तक जितने भी प्रकार के अनुभव विभिन्न सहायक साधनों द्वारा हो सकते हैं, उन अनुभवों को प्रदान करने में सहायक साधनों को विभिन्न श्रेणियाँ प्रदान करने का प्रयास किया गया है।

9.2 एडगर त्रिकोण का विवरण (Description of Edger Cone)

इस 'कोन' (Cone) में सबसे नीचे प्रत्यक्ष तथा सार्थक अनुभवों को सम्मिलित किया गया है। ये अनुभव सबसे प्रबल माने गये हैं। इन अनुभवों को प्रदान करने वाले दृश्य-श्रव्य साधनों का विवरण दिया गया है।

चित्र में चार प्रकार के दृश्य-श्रव्य साधनों के शिक्षण प्रभावों को भी दर्शाया गया है।

यदि हम चित्र 9.1 को ध्यान से देखें तो बायीं ओर एक लम्बी रेखा द्वारा ऊपर से नीचे की और घटता हुआ प्रभाव दिखाई पड़ता है। दूसरे शब्दों में, मौखिक शब्दों का प्रभाव सबसे कम है तथा प्रत्यक्ष साधनों का सबसे अधिक।

कोन की नोंक अथवा सिरा अथवा अग्र भाग मौखिक सम्प्रेषण को प्रदर्शित करता है। यदि हम कोन के सिरे से नीचे की ओर जायें तो अनुभव प्रभावी होता जाता है। मौखिक संकेतों की अपेक्षा वास्तविक प्रत्यक्ष अनुभव बहुत प्रभावशाली होते हैं।

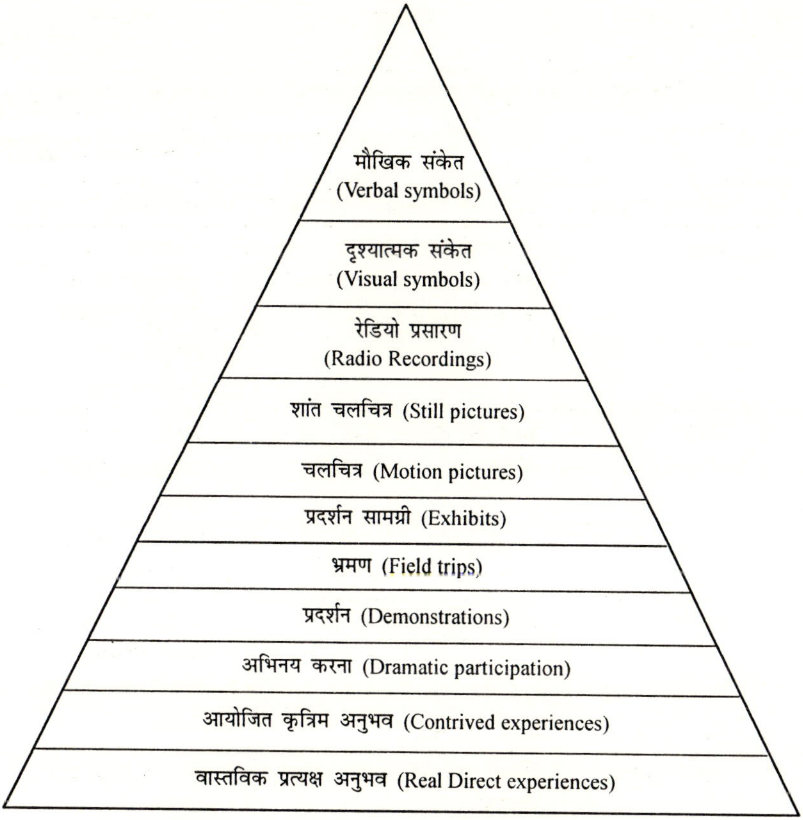

चित्र 9.1: एडगर डेल का अनुभवों का त्रिकोण
(Edgar Dale's Cone of Experience)

पहले वर्ग चार शैक्षिक तकनीकी साधन आते हैं।

दूसरे में प्रक्षेपी शिक्षण साधन सम्मिलित हैं। इनका प्रभाव प्रथम दो वर्गों से कम है। इनके अन्तर्गत बुलेटिन बोर्ड, पोस्टर, चार्ट तथा चित्र आदि आते हैं।

चौथे वर्ग में मौखिक साधन हैं। इनका इन्द्रियों पर शैक्षिक प्रभाव सबसे कम होता है।

सारणी 9.1: अनुभव कोन का विवरण प्रतिमान
(Table: Description of Cone Model of Experiences)

क्र. सं.	*अनुभव*	*विवरण*	*उदाहरण*
1.	प्रत्यक्ष तथा वास्तविक अनुभव	बहु-इन्द्रियों द्वारा छात्र का वास्तविक अनुभव करना।	1. प्रोजेक्ट कार्य। 2. सामाजिक जीवन के किसी पक्ष पर सर्वेक्षण।

(*क्रमशः*)

क्र. सं.	अनुभव	विवरण	उदाहरण
2.	आयोजित कृत्रिम अनुभव	वस्तुओं के क्रियात्मक अथवा मौन मॉडल	1. भाप के इंजन का मॉडल 2. भाखड़ा डेम का मॉडल
3.	अभिनय अनुभव	छात्रों का अभिनय में भाग लेना	महाराजा अशोक पर ड्रामा।
4.	प्रदर्शन	अध्यापक द्वारा छात्रों को किसी वस्तु या सिद्धान्त का प्रयोग करके दिखाना।	1. अध्यापक द्वारा हाव-भावों से किसी तथ्य को समझाना। 2. एक्शन। 3. सामाजिक गीत।
5.	भ्रमण	छात्रों को विभिन्न स्थानों पर ले जाना।	1. कारखाना देखना। 2. ऐतिहासिक स्थल पर जाना।
6.	प्रदर्शन सामग्री	वस्तुएँ आदि।	प्रदर्शनियाँ लगाना तथा छात्रों को ले जाना।
7.	चलचित्र	चित्र देखना आदि।	1. यू.जी.सी. (U.G.C.) के प्रोग्राम दिखाना। 2. शैक्षिक चित्र देखना।
8.	शान्त चित्र	ऊपर की भाँति	ऊपर जैसा
9.	रेडियो प्रसारण	रेडियो द्वारा शैक्षिक विषयों पर प्रसारण	1. विभिन्न राज्यों द्वारा प्रसारण
			2. यू.जी.सी. (U.G.C.) प्रसारण
10.	दृश्यात्मक संकेत, चॉक बोर्ड चित्र आदि	अध्यापक द्वारा चॉक बोर्ड पर लिखना तथा छात्रों का पढ़ना।	प्रत्येक विषय के शिक्षण में प्रयोग
11.	मौखिक संकेत भाषण आदि	कक्षा में अध्यापक द्वारा मौखिक शिक्षण करना।	प्राय: अध्यापक इस साधन का बहुत उपयोग करते हैं।

9.3 एडगर डेल कोण के लाभ (Advantages of Cone Experience)

1. एडगर डेल कोण में विभिन्न प्रकार की शिक्षा सहायक सामग्री की उपयोगिता पर प्रकाश डाला गया है।

2. एडगर डेल कोण में विभिन्न प्रकार की अधिगम सहायक सामग्री के प्रभाव का विवरण दिया गया है।

3. अनुभवों की गहनता तथा व्यापकता को दृश्य-श्रव्य सामग्री में दर्शाया गया है।

4. शिक्षण-अधिगम सहायक सामग्री में यह दर्शायी गया है कि कौन सी सामग्री से कौन-कौन सी इन्द्री क्रियाशील रहती है।

5. बहुज्ञान इन्द्रियों में क्रियाशीलता की क्षमता भरपूर रहती है तथा वे समविन्त ढंग से प्रभाव डालती हैं।

6. बहु-ज्ञान इन्द्रियों की क्रियाशीलता से मूलअनुभवों का आभास करती है।

7. बहु-इन्द्रिय अनुदेशन विषय-वस्तु के स्पष्टीकरण में समीकरण स्थापित करता है।

8. बहुन्द्रिय अनुदेशन ज्ञान को सम्पूर्ण तौर पर जानने तथा समझने में सहायक होता है।

9. बहुइन्द्रिय अनुदेशन में ज्ञान के सभी पक्षों का अवलोकन तथा अनुभव प्राप्त होता है।

10. बहुइन्द्रिय अनुदेशन पाठ्य-वस्तु के ज्ञानात्मक तथा भावात्मक दोनों पक्षों के विकास में सहायक होती है।

11. प्रक्षेपित सामग्री (Projected Aids) का प्रभाव अप्रक्षेपित सामग्री की अपेक्षा अधिक रहता है।

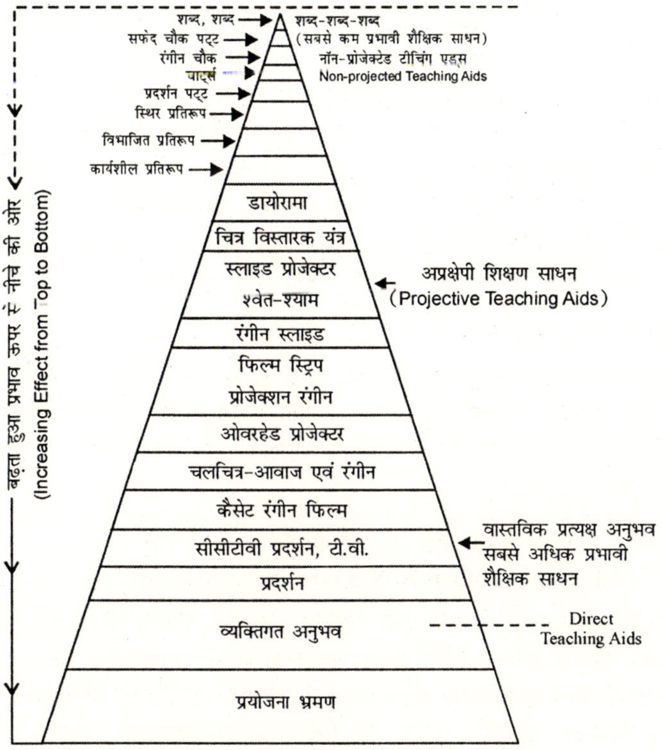

शिक्षण साधनों का सापेक्ष प्रभाव

चित्र 9.2: अनुभवों का कोन: एडगर डेल कोन पर आधारित

(Cone of Experience: Based on Edgar Dale's Cone)

9.4 एडगर तिकोन की सीमाएँ (Limitations of Cone of Experience)

प्राय: यह माना जाता है कि यद्यपि तकनीकी में हमारे समान अनेक प्रकार की शिक्षण-सहायक सामग्री के निर्माण तथा प्रयोग के द्वार खोल दिए है परन्तु फिर भी धनाभाव तथा अन्य संसाधन के अभाव में सामान्य स्कूल में बहुइन्द्रिय शिक्षण-अधिगम नहीं हो रहा है। स्कूलों में आधारभूत सुविधाएँ उपलब्ध नहीं है। अध्यापक भी इस विधि में वाँछित रूचि नहीं लेते हैं। इसमें कोई सन्देह नहीं है कि बहुइन्द्रिय शिक्षण-अधिगम बहुत उपयोगी है।

9.5 बहुइन्द्रिय अनुदेशन (Multisensory Instruction)

इन्द्रियों का अनुदेशन पर प्रभाव (Influence of Multisenses on Instruction)

बालक की पाँच ज्ञानेन्द्रियाँ हैं–आँख, नाक, कान, जीभ तथा त्वचा। इन ज्ञानेन्द्रियों का काम बालक को उत्तेजित करना होता है। ये उत्तेजनाएँ भी पाँच प्रकार की होती हैं। आँख की प्रकाश द्वारा, कान की आवाज द्वारा, नाक की गन्ध, जीभ की स्वाद तथा त्वचा की ज्ञानेन्द्री स्पर्श द्वारा उत्तेजना ग्रहण करती है। बच्चे में धीरे-धीरे सभी ज्ञानेन्द्रियाँ सचेष्ट एवं क्रियाशील हो जाती हैं। इसी समस्त प्रक्रिया को सामूहिक सन्तुलित एवं पूर्ण विकास की संज्ञा दी जाती है।

शैशवावस्था से प्रौढ़ावस्था तक बालक के शारीरिक और सामाजिक विकास के साथ ही ज्ञानात्मक अथवा मानसिक विकास होता रहता है। बिना मानसिक विकास के उपयुक्त सामाजिक विकास सम्भव नहीं। यह देखा गया है कि जिस बालक का मानसिक विकास समुचित ढंग से हुआ है वह प्रत्येक कार्य को ठीक प्रकार से कर सकता है। एक प्रकार से कहा जा सकता है कि विद्यालय में बालक के शारीरिक, क्रियात्मक, गामक तथा सामाजिक विकास की अपेक्षा ज्ञानात्मक विकास का बहुत अधिक महत्व है। अत: ज्ञानात्मक विकास से सम्बन्धित तत्वों को जानना बहुत आवश्यक है।

ज्ञानात्मक विकास का अर्थ

ज्ञानात्मक विकास का तात्पर्य ऐसी क्रियाओं से है जिनमें चिन्तन, प्रत्यक्षीकरण और समस्या का समाधान निहित है। साधारण भाषा में ज्ञानात्मक क्रियाएँ बौद्धिक क्रियाएँ कहलाती हैं। ज्ञानात्मक विकास का अर्थ है–समझने की शक्ति, स्मृति, तर्कशक्ति तथा बुद्धि का विकास।

9.6 बहु-इन्द्रिय अनुदेशन के लाभ (Advantages of Multi-Sensory Instruction Advantages)

आधुनिक तकनीकी साधनों द्वारा शिक्षण अधिगम प्रक्रिया में निभाई जाने वाली भूमिका को संक्षिप्त रूप से निम्न प्रकार व्यक्त किया जा सकता है–

1. दृश्य-श्रव्य ज्ञानेन्द्रियों का प्रभावपूर्ण उपयोग: ज्ञानेन्द्रियों को ज्ञान का द्वार कहा जाता है। शैक्षिक तकनीकी साधनों के प्रयोग से दो महत्वपूर्ण ज्ञानेन्द्रियों–चक्षु एवं श्रवणेन्द्रियाँ (Sight and Sense Organs) का उपयोग कर (देखकर तथा सुनकर) ज्ञान प्राप्त करने के बहुमूल्य अवसर मिलते हैं।

2. एक उत्तम अभिप्रेरणा स्रोत का कार्य करना: बालक स्वभाव से ही क्रियाशील होते हैं और उन्हें वस्तुओं और प्रक्रियाओं को देखने-सुनने में रूचि होती है। इस प्रकार शैक्षिक तकनीकी साधनों की सहायता से पढ़ना-पढ़ाना उनकी मूल प्रवृत्तियों, स्वाभाविक रूचियों, बुनियादी प्रेरणा स्रोतों तथा प्रयोजनों से मेल खाता है और इस प्रकार शैक्षिक तकनीकी साधन शिक्षण अधिगम प्रक्रिया में एक बहुत ही प्रभावपूर्ण अभिप्रेरणा स्रोत सिद्ध हो सकते हैं।

3. उचित बिम्ब और प्रभाव छोड़ने में सहायक: सीखने की प्रक्रिया में बालकों को जो अनुभव होते हैं और उनके द्वारा कैसे मानस प्रतिबिम्ब (Mental image) बनते हैं। अथवा कैसा प्रभाव उनके ऊपर छोड़ा जाता है यह बात अधिगम परिणामों की दृष्टि से बहुत महत्व रखती है। शैक्षिक तकनीकी साधन यथेष्ट प्रभाव एवं अनुभूत मानस बिम्बों के रूप में अपने पीछे स्थायी चिह्न छोड़ने का कार्य करते हैं जिनके द्वारा स्थायी एवं प्रभावपूर्ण अधिगम अनुभव प्राप्ति में बहुत सहायता मिलती है।

4. रूचि और ध्यान को बढ़ाने में सहायक: शैक्षिक तकनीकी साधनों का प्रयोग शिक्षण-अधिगम के नीरस वातावरण में एक विचित्र प्रकार की ताजगी और रस भर देता है जिसके परिणामस्वरूप छात्र कठिन बातों को सीखने-समझने में पर्याप्त रूचि और प्रक्रिया में भरपूर सहयोग देता है और परिणामस्वरूप सीखने-सिखाने के क्षेत्र में बहुत ही प्रभावपूर्ण परिणाम सामने आते हैं।

5. अधिगम और प्रशिक्षण के सकारात्मक स्थानान्तरण में सहायक: छात्रों द्वारा एक समय में शिक्षण-अधिगम प्रक्रिया के दौरान जो कुछ भी सीखा जाता है। उसका पूरा-पूरा लाभ तभी मिलता है जब वे उसे अन्य विषयों या क्षेत्रों से सम्बन्धित बातों को सीखने या जीवन में वास्तविक रूप में उसका प्रयोग कर सकने में समर्थ हो सकें। यह कार्य तभी हो सकता है जबकि बालकों में एक परिस्थिति में सीखी हुई बातों को दूसरी परिस्थितियों में सीखी हुई बातों को दूसरी परिस्थितियों में स्थानान्तारण करने की क्षमता विकसित हो जाए। शैक्षिक तकनीकी सामग्री का प्रयोग इस क्षमता के उचित विकास में बहुत ही उपयोगी सिद्ध हो सकता है।

6. अधिगमकर्ताओं को पुनर्बलन प्रदान करना: अधिगम प्रक्रिया में अधिगमकर्ता को उचित पुनर्बलन प्रदान करने की दृष्टि से भी शैक्षिक तकनीकी साधनों का विशेष महत्व है। स्व-शिक्षा तथा आत्म-अनुदेशन (Auto-instruction) से सम्बन्धित सभी शिक्षण उपकरण तथा सामग्री यही भूमिका निभाते हैं। अभिक्रमित अधिगम सामग्री (Programmed Learning Material), शिक्षण मशीन, कम्प्यूटर आदि का प्रयोग अधिगमकर्ता को अधिगम प्रक्रिया में यथेष्ट पुनर्बलन प्रदान करने में महत्वपूर्ण भूमिका निभाते हैं। इसी प्रकार बालक जो पुस्तकों में पढ़ता है अथवा अध्यापक द्वारा जो कुछ मौखिक रूप से उसे पढ़ाया जाता है। उन्हीं बातों को जब वह विभिन्न शैक्षिक तकनीकी साधनों के माध्यम से देखता है तो जो कुछ उसने पहले सीखा होता है उसके उचित अभ्यास, परीक्षण और उपयोग के रूप में उसे अपने अधिगम अनुभवों के पुनर्बलन के लिए उचित अवसर प्राप्त होते रहते हैं।

7. प्रत्यक्ष अनुभव प्रदान करने का सर्वोत्तम विकल्प: अनुभव को सबसे अच्छा शिक्षक माना जाता है। परन्तु बहुत बार न तो प्रत्यक्ष अनुभव प्राप्त करना सम्भव हो पाता है। और न ऐसा करना समय, शक्ति और धन की दृष्टि से विवेकपूर्ण ही माना जा सकता है। इस दृष्टि से प्रत्यक्ष अनुभव जैसे ही वैकल्पिक अनुभव देने हेतु शैक्षिक तकनीकी साधन बहुत ही यथार्थ, सार्थक और जीवन्त बनाने का प्रयत्न करते हैं।

8. विषय-वस्तु की स्पष्टता: विभिन्न विषयों से सम्बन्धित बहुत से ऐसे संप्रत्ययों (Concepts), विचारों, प्रक्रियाओं आदि को जिन्हें पुस्तकों से पढ़कर समझना अथवा व्याख्यान विधि द्वारा पढ़ाना काफी मुश्किल होता है, शब्दों के माध्यम से उन्हें स्पष्ट रूप से समझना या समझाना विद्यार्थी और अध्यापक दोनों के लिए एक समस्या उत्पन्न कर देता है। इस स्थिति में शैक्षिक तकनीकी साधन सहायक होते हैं। इनके प्रयोग से कठिन से कठिन विषय-वस्तु भी सरल, स्पष्ट और सार्थक बन जाती है। उदाहरण के लिए, जलपम्प, साइकिल पम्प, आँख, कान आदि की रचना और कार्य-प्रणाली का अध्ययन करते समय अगर इनके चित्र, मॉडल, फोटोग्राफ या फिल्मस्ट्रिप आदि का प्रयोग किया जाए तो सीखने-सिखाने के कार्य को बहुत ही स्पष्ट एवं सार्थक बनाया जा सकता है।

9. व्यक्तिगत विभिन्नताओं की संतुष्टि में सहायक: अधिगम अनुभव अर्जित करने की दृष्टि से छात्रों में बहुत अधिक विभिन्नताएँ देखने को मिल सकती हैं। कोई सुनकर ठीक प्रकार सीखता है तो कोई देखकर। किसी को व्यक्तिगत रूप से स्वयं या किसी के निर्देशन में अकेले पढ़ने में सुविधा होती है तो किसी को समूहगत या कक्षा अध्ययन में पढ़ना ठीक लगता है। कोई बहुत धीरे-धीरे सीखता है तो कोई अतिशीघ्र। इस प्रकार की वैयक्तिक विभिन्नताओं की अधिगम सम्बन्धी माँग को शैक्षिक तकनीकी सामग्री, साधन और स्वशिक्षण से जुड़े हुए उन्नत उपकरणों जैसे शिक्षण मशीन तथा कम्प्यूटर आदि से अच्छी तरह पूरा किया जा सकता है।

10. शिक्षण सूत्रों के उपयोग में सहायक: शिक्षण के सूत्र जैसे 'सरल से कठिन की ओर', स्थूल से सूक्ष्म की ओर', 'ज्ञात से अज्ञात की ओर', 'करो और सीखो' इत्यादि शिक्षण-अधिगम प्रक्रिया को सरल एवं प्रभावशाली बनाने में महत्वपूर्ण भूमिका निभाते हैं। एक अध्यापक को अपने शिक्षण में इस प्रकार के शिक्षण-सूत्रों का उपयोग करने में शैक्षिक तकनीकी साधनों के प्रयोग से बहुत सहायता मिलती है। वह कठिन-से-कठिन, सूक्ष्म-से-सूक्ष्म अज्ञात रहस्यों को इन साधनों के माध्यम से सार्थक एवं सजीव अनुभव प्रदान कर सरल एवं स्वाभाविक ढंग से बालकों के मस्तिष्क में बिठा सकता है।

11. भाषागत अभिव्यक्ति की कमियों को दूर करना: शिक्षण-अधिगम प्रक्रिया में विचार सम्प्रेषण (Communication of ideas) का विशेष महत्व है। इस सम्प्रेषण में मौखिक तथा लिखित रूप में सम्पन्न-भाषागत अभिव्यक्ति बड़ी ही महत्वपूर्ण भूमिका निभाती है। परन्तु मात्र शब्दों और संकेतों के माध्यम से सम्पन्न यह अभिव्यक्ति शिक्षण-अधिगम प्रक्रिया में अधिक प्रभावशाली सिद्ध नहीं होती। भाषागत अभिव्यक्ति का यह उपयोग कई बार ऐसी समस्याएँ जैसे पढ़ने-पढ़ाने में अरूचि, बिना अर्थ जाने उसे ज्यों की त्यों प्रस्तुत करने तथा जो कुछ भी पढ़ा जाता है उसे भूल जाने अथवा प्रयोग न कर सकने आदि को जन्म देता है। इन सभी समस्याओं को उत्पन्न न होने देने के लिए शैक्षिक तकनीकी साधनों का उपयोग काफी महत्वपूर्ण भूमिका निभा सकता है।

12. कक्षा में उचित अन्तःसम्बन्ध और शैक्षिक वातावरण बनाने में सहायक: शिक्षण-अधिगम कार्य की सफलता कक्षागत स्वस्थ अन्तःसम्बन्धों और अनुकूल कक्षा वातावरण पर निर्भर करती है। शैक्षिक तकनीक साधनों के उपयोग से कक्षा का वातावरण सजीव हो उठता है। उसमें निष्क्रियता तथा बोझिलपन, नहीं रह पाता। छात्र और अध्यापकों तथा स्वयं छात्रों के परस्पर विचारों के आदान-प्रदान और स्वस्थ अन्तःक्रियाओं के अधिक अनुकूल अवसर प्राप्त होते हैं तथा कक्षा का वातावरण शैक्षिक दृष्टि से अधिक उपयुक्त बन जाता है।

13. विशिष्ट विद्यार्थियों की आवश्यकता पूर्ति में सहायक: सामान्य कक्षा शिक्षण द्वारा प्रायः सामान्य बालकों की ही अधिगम सम्बन्धी आवश्यकताओं की पूर्ति होती है, परन्तु शैक्षिक तकनीकी साधनों के प्रयोग द्वारा इस दिशा में अति विशिष्ट बालकों को भी लाभ पहुँचाया जा सकता है। जिन बच्चों को सुनाई नहीं देता उनके लिए दृश्य साधनों पर अधिक जोर दिया जा सकता है और जिन्हें दिखाई नहीं देता उन्हें टेपरिकॉर्डर, रेडियो आदि साधनों के प्रयोग से पर्याप्त अधिगम अनुभव अर्जित कराये जा सकते हैं। मन्द बुद्धि बालकों को आवश्यक बातें समझने में सरल और स्पष्ट शैक्षिक तकनीकी सहायक सामग्री का प्रयोग किया जा सकता है और कुशाग्र बुद्धि वालों को शैक्षिक तकनीकी सामग्री के माध्यम से ऐसे अधिगम अनुभव अर्जित कराये जा सकते हैं जिनसे उनके बौद्धिक स्तर को विकसित करने में सहायता मिल सके।

14. अनुशासनहीनता की समस्या के समाधान में सहायक: अनुशासनहीनता की समस्या बहुत कुछ सीमा तक परिस्थिति और वातावरणजन्य होती है। बालकों में कार्य करने की अपार शक्ति होती है परन्तु अगर इस शक्ति का सही उपयोग न हो तो उनमें उपद्रव, तोड़फोड़, शैतानी आदि अनुशासनहीन गलत कार्यों की ओर मुड़ने की सम्भावनाएँ बढ़ जाती हैं। यदि छात्रों को निष्क्रिय रूप से ज्ञान ग्रहण करने के लिए मजबूर किया जाए और ज्ञान प्राप्ति में स्वयं अनुभव करने के लिए कुछ भी प्रदान नहीं किया जाए तो ऐसे नीरस और ऊब भरे वातावरण में उनकी शिक्षण-अधिगम प्रक्रिया के प्रति विद्रोह स्वाभाविक ही है। शैक्षिक तकनीकी साधनों के उपयोग से जहाँ कक्षा का वातावरण सजीव एवं रूचिकर बनता है वहाँ छात्रों को शिक्षण-अधिगम प्रक्रिया में सक्रिय सहयोगी बनकर अपनी शारीरिक और मानसिक शक्तियों के उपयोग के रचनात्मक अवसर प्राप्त होते रहते हैं। परिणामस्वरूप अनुशासनहीनता से सम्बन्धित समस्याओं के पैदा होने की सम्भावनाएँ बहुत कम हो जाती है।

15. मानसिक शक्तियों के विकास में सहायक: कक्षा में अध्यापक द्वारा जब मौखिक रूप से पढ़ाया जाता है अथवा छात्रों द्वारा पुस्तकों की सहायता से पढ़ा जाता है तो इस प्रकार के पढ़ने-पढ़ाने से छात्रों की मानसिक योग्यताओं और शक्तियों का उचित विकास नहीं हो पाता। इस प्रकार का शिक्षण बालकों में केवल रटने की प्रवृत्ति को जन्म दे सकता है। शैक्षिक तकनीकी साधनों के प्रयोग से शिक्षण-अधिगम को अधिक सजीव बनाकर छात्रों की कल्पना शक्ति, निरीक्षण शक्ति, तर्क-शक्ति, विचार-शक्ति, एकाग्रता आदि को विकसित करने के बहुमूल्य अवसर मिलते हैं। इनके अतिरिक्त छात्रों में मौलिकता, अन्वेषणशीलता, सृजनात्मकता आदि उच्च मानसिक योग्यताओं और क्षमताओं के पोषण और विकास के लिए भी शैक्षिक तकनीकी साधनों के प्रयोग से समुचित अवसर प्राप्त होते हैं।

16. वैज्ञानिक अभिवृत्ति तथा खोज प्रवृत्ति को बढ़ावा देने में सहायक: शैक्षिक तकनीकी साधनों का प्रयोग छात्रों में वैज्ञानिक अभिवृत्ति तथा खोज प्रवृत्ति को विकसित करने में पर्याप्त सहयोग दे सकता है।

17. उन्नत शिक्षण विधियों एवं तकनीक के उपयोग का अवसर प्रदान करना: अध्ययन-अध्यापन की उन्नत शिक्षण विधियों एवं तकनीकों में वैज्ञानिक ढंग से शिक्षा प्रदान करने तथा बालकों और परिस्थितियों को मनोवैज्ञानिक रूप से समझकर शिक्षण-अधिगम प्रक्रिया को संचालित करने पर बल दिया जाता है। शैक्षिक तकनीकी साधनों का प्रयोग इन दोनों ही कार्यों में यथेष्ट सहयोग प्रदान करता है। यहाँ छात्रों को वस्तुओं और क्रियाओं का

उपयुक्त निरीक्षण, परीक्षण तथा प्रयोग कर स्वयं परिणाम निकालने का अवसर मिल सकता है और उनकी मनोवैज्ञानिक आवश्यकताओं की सन्तुष्टि भी हो सकती है तथा परिणामस्वरूप शैक्षिक तकनीकी साधनों का प्रयोग उन्नत शिक्षण विधियों एवं परिष्कृत शिक्षा तकनीक के लाभकारी उपयोग की सम्भावना को बढ़ाने में सहयोगी सिद्ध हो सकता है।

9.7 शिक्षण-अधिगम प्रक्रिया में मनोवैज्ञानिक सिद्धान्तों का प्रतिपादन (Formulation of Psychological Principles for the Teaching-Learning Process)

मनोवैज्ञानिकों ने शिक्षण-अधिगम प्रक्रिया को रोचक, प्रभावी तथा स्थायी बनाने के लिए बहुत योगदान दिया है। इस सम्बन्ध में कुछ प्रमुख मनोवैज्ञानिकों के कार्यों का संक्षेप में विवरण दिया जा रहा है।

इटार्ड (*Itard*) एवं सैग्यून (Soguion) ने पिछड़े वर्गों की शिक्षण समाधान के क्षेत्र में कार्य किया।

वाटसन (*Watson*) ने अत्यन्त विश्वास के साथ यह दावा किया कि वह किसी भी बच्चे को अपनी इच्छानुसार डॉक्टर, इन्जीनियर आदि बना सकता है।

कैरोल (*Caroll*) तथा *ब्लूम* (*Bloom*) ने निष्कर्ष निकाला कि प्रत्येक बालक अपनी पाठ्यवस्तु पर पूर्ण स्वामित्व (Complete Mastery) स्थापित कर सकता है।

मिलर (*Miller*, 1974) ने सीखने की प्रक्रिया में निहित विभिन्न तत्वों के आधार पर शिक्षण प्रत्यय का विश्लेषण करने का प्रयास किया।

बी.एफ. स्किनर (*B.F.Skinner, 1973*) ने सक्रिय अनुबद्ध अनुक्रिया अधिगम सिद्धान्त (Operant Conditioning Theory of Learning) का प्रतिपादन किया।

टालमैन (*Tolman, 1949*) के अनुसार, शिक्षक क्रियाकलापों के आधार पर शिक्षण प्रत्यय को विश्लेषित किया जा सकता है।

सोरेन्सन तथा हस्क (*Sorenson and Husck*) के अनुसार शिक्षण के कार्यों के आधार पर शिक्षण प्रत्यय का विश्लेषण किया जा सकता है।

गेज (*Gage, 1966*) के अनुसार, शिक्षण सिद्धान्त के निर्माण के लिए सर्वप्रथम शिक्षण प्रत्यय का विश्लेषण किया जाता है।

रॉबर्ट ग्लेजर (*Robert Glaser, 1962*) ने शिक्षण का मनोवैज्ञानिक प्रतिमान (Psychological Model of Teaching) का प्रतिपादन किया। उसने अपने प्रतिमान में शिक्षण प्रक्रिया को चार भागों में बाँटा। निम्नलिखित चित्र से यह विभाजन स्पष्ट हो जाता है।

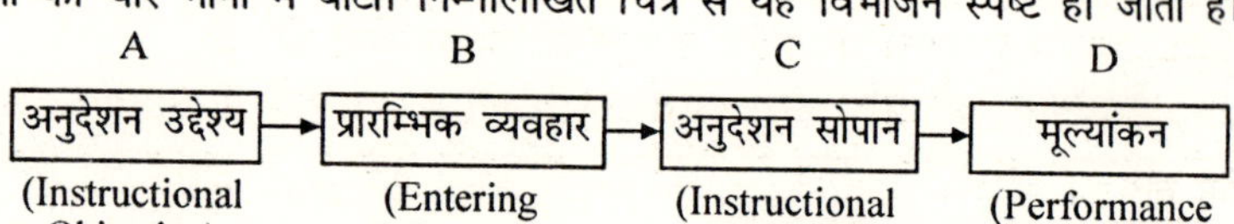

चित्र 9.3: ग्लेजर का शिक्षण मनोवैज्ञानिक प्रतिमान (1962)

कैरोल (Caroll, 1973) ने अपने शिक्षण मनोवैज्ञानिक प्रतिमान का आधार सीखने पर लगाये गये समय को माना है।

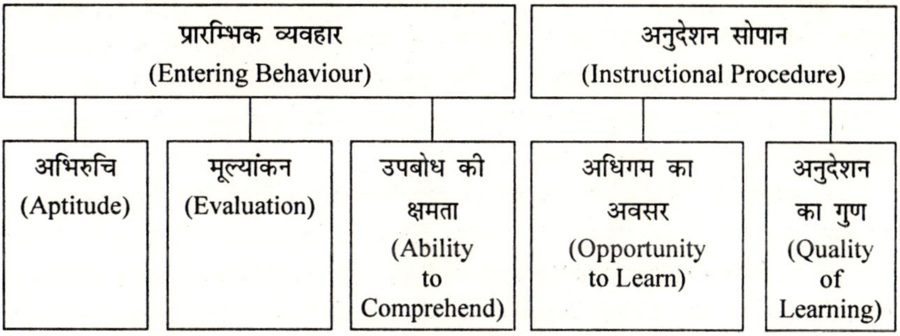

चित्र 9.4: कैरोल का शिक्षण मनोवैज्ञानिक प्रतिमान (1973)

9.8 शिक्षण के मनोवैज्ञानिक सिद्धान्त (Psychological Principles of Teaching)

बालकों के मनोविज्ञान को ध्यान में रखते हुए मनोवैज्ञानिकों ने प्रभावशाली शिक्षण हेतु अनेक सिद्धान्तों का निर्माण किया है। नीचे कुछ महत्वपूर्ण मनोवैज्ञानिक सिद्धान्त दिये गये हैं, जिन्हें एक शिक्षक को अवश्य जानना चाहिए–

1. ज्ञानेन्द्रिय प्रशिक्षण का सिद्धान्त: प्रभावशाली शिक्षण अधिगम के लिए आवश्यक है कि ज्ञानेन्द्रियों का उचित प्रशिक्षण दिया जाये। अधिगम के विभिन्न पक्षों के लिए विभिन्न प्रकार की क्षमताएँ चाहिए, जो ज्ञानेन्द्रियों द्वारा ही प्राप्त हो सकती हैं। ज्ञानेन्द्रियों द्वारा शिक्षा प्रभावशाली अधिगम की कुंजी है। अत: शिक्षक को चाहिए कि वह छात्रों को पढ़ाते समय ज्ञानेन्द्रियों को आवश्यकतानुसार शिक्षण का आधार मानकर पढ़ाये।

2. स्व-अधिगम सिद्धान्त: यदि छात्र स्वयं प्रयास करके सीखते हैं तो उनका सीखना ज्यादा प्रभावशाली होता है। शिक्षक को चाहिए कि वह छात्रों को इस प्रकार निर्देशित करें कि वे स्वयं अधिगम की ओर प्रयास करें जिससे उनमें ज्यादा आत्म-विश्वास तथा आत्म-निर्भरता विकसित हो। स्व-अधिगम की प्रवृत्ति उचित परिस्थितियों तथा प्रशिक्षण द्वारा डाली जानी चाहिए।

3. अभिप्रेरणा एवं रूचि का सिद्धान्त: अभिप्रेरणा तथा रूचि, शिक्षण प्रक्रिया में महत्वपूर्ण भूमिका निभाती है। इस सिद्धान्त के अनुसार शिक्षक और छात्र दोनों ही अभिप्रेरित होकर रूचिपूर्वक कार्य करते हैं। फलस्वरूप शिक्षण-अधिगम प्रक्रिया सजीव तथा प्रभावशाली होती है।

4. तत्परता का सिद्धान्त: छात्रों को जो कुछ भी पढ़ाया जाये उसके लिए उनमें मानसिक तत्परता अवश्य होनी चाहिए। मानसिक तत्परता के अभाव में छात्र भली-भाँति सीखने में रूचि नहीं लेते। पढ़ाते समय छात्रों की मानसिक परिपक्वता का अवश्य ध्यान रखा जाना चाहिए।

5. अभ्यास एवं आवृत्ति का सिद्धान्त: यह सर्वविदित तथ्य है कि यदि अर्जित ज्ञान का अभ्यास एवं पुनरावृत्ति की जाये तो छात्र सरलता से स्मरण रख सकते हैं। अत: शिक्षण प्रक्रिया में पुनरावृत्ति तथा अभ्यास को अवश्य स्थान दिया जाना चाहिए।

6. प्रतिपुष्टि/पुनर्बलन का सिद्धान्त: छात्रों को पुनर्बलन देकर शिक्षण-अधिगम को

प्रभावशाली बनाया जा सकता है। उन्हें उनके अच्छे व्यवहार के लिए पुरस्कृत किया जाना चाहिए। उनके द्वारा किये गये कार्यों की प्रगति के विषय में सूचनाएँ दी जानी चाहिए। छात्र ऐसी स्थिति में कार्य जल्दी समझते हैं और दुहराते हैं। उनमें शिक्षक अच्छी आदतों का विकास कर सकता है। इस प्रकार प्रतिपुष्टि एवं पुनर्बलन का प्रयोग करके शिक्षण-अधिगम प्रक्रिया को प्रभावशाली बनाया जाता है।

7. परिवर्तन, विश्राम तथा मनोरंजन का सिद्धान्त: बोरियत होने पर शिक्षण कार्य पिछड़ने लगता है। अतः शिक्षण में उद्दीपन परिवर्तन, विषय-वस्तु में बदलाव, शिक्षण विधियों में विभिन्नता का प्रावधान होना चाहिए। साथ ही शिक्षण-अधिगम प्रक्रिया में आवश्यकतानुसार विश्राम तथा मनोरंजन की भी व्यवस्था होनी चाहिए, जिससे कि छात्रों के मस्तिष्क को विश्राम मिल सकें और फिर वे अधिक ताजा होकर आगे के अधिगम के लिए तैयार हो सकें।

8. स्व-अभिव्यक्ति तथा सृजनात्मकता का सिद्धान्त: वे छात्र जो कक्षा में नये विचार, नयी खोजें, मौलिकतायुक्त क्रियाएँ प्रस्तुत करते हैं, उन्हें शिक्षक द्वारा प्रोत्साहित किया जाना चाहिए। तभी वे बड़े होकर जीवन आविष्कार तथा नवीन खोजें कर सकने में समर्थ हो सकेंगे। स्व-अभिव्यक्ति इसके लिए पहली सीढ़ी है।

9. उद्दीपन का सिद्धान्त: एक अच्छा शिक्षक अपनी कक्षा में छात्रों की अनुक्रियाओं के लिए समुचित उद्दीपनों की व्यवस्था करता है, जिससे छात्रों की रूचि शिक्षण-अधिगम प्रक्रिया में बनी रह सके।

10. सहानुभूति तथा सहयोग का सिद्धान्त: एक अच्छे शिक्षक के साथ छात्रों का बड़ा आत्मिक सम्बन्ध होता है। शिक्षक और छात्र परस्पर एक-दूसरे को समझते हैं। शिक्षक छात्रों के साथ सहानुभूति रखते हुए उनकी मुश्किलों को सरल बनाकर सहयोग देता है, छात्रों की अनुभूतियों और विचारों को समझता है तो शिक्षण-अधिगम प्रक्रिया अधिक सक्रिय, सरल तथा प्रभावशाली बन जाती है।

11. उपचारात्मक शिक्षण का सिद्धान्त: एक अच्छा शिक्षक अपने छात्रों की योग्यताओं और क्षमताओं का समुचित ज्ञान रखता है। उसे पता रहता है कि कक्षा में कौन-से छात्र प्रतिभाशाली हैं और कौन से पिछड़े हुए हैं। वह उनकी उसी प्रकार से व्यवस्था करता है। प्रतिभाशाली छात्रों के लिए वह मौलिकता के वातावरण की रचना करता है, जिससे उनकी प्रतिभा का विकास हो सके। इसी प्रकार वह पिछड़े बालकों के पिछड़ेपन के कारणों की खोज करके उनके लिए समुचित उपचारात्मक शिक्षण की व्यवस्था करता है, जिससे ये छात्र भी भली-भाँति विषय-वस्तु अपनी आवश्यकतानुसार सीख सकें।

12. **समूह गतिशीलता का सिद्धान्त:** एक मनोवैज्ञानिक विश्वास करता है कि छात्र समूह में ज्यादा अच्छा सीखते हैं। अतः एक शिक्षक को समूह-गतिशीलता का प्रभावशाली ढंग से उपयोग करना चाहिए।

10

सम्प्रेषण
(Communication)

10.1 सम्प्रेषण का अर्थ (Meaning of Communication)

सम्प्रेषण का अर्थ है किसी विचार या सन्देश (Message) को एक स्थान से दूसरे स्थान पर प्रेषित करने वाले द्वारा भेजना तथा प्राप्त करने वाले द्वारा प्राप्त करना। प्रेषण सफल तभी कहा जाता है जबकि दोनों अर्थात् प्रेषितकर्ता तथा प्राप्तकर्ता समान रूप से उत्तरदायी होते हैं। इस प्रकार सम्प्रेषण क्रिया द्विपक्षीय या बहुपक्षीय प्रक्रिया है, साथ ही सहयोगात्मक प्रक्रिया।

1. सम्प्रेषण की परिभाषा यूनानी दार्शनिक *अरस्तू* (384-322 ई.पू.) ने इस प्रकार दी है, "सम्प्रेषण ऐसा माध्यम है कि एक व्यक्ति दूसरे को इस प्रकार प्रभावित कर सके ताकि वांछित उद्देश्य की प्राप्ति हो सके।"

2. *डी. बरलो* (*D.Berlo*) के विचार में सम्प्रेषण प्रेषणकर्ता तथा प्राप्तिकर्ता के बीच विचारों की अन्तःक्रिया प्रक्रिया है, जिससे परस्पर लाभ हेतु दोनों में समझदारी बढ़ती है।

3. *एडगर डेल* (*Edger Dale*) का कहना है कि सम्प्रेषण ऐसी प्रक्रिया है, जिसमें विचारों तथा भावनाओं का परस्पर लाभ के लिए आदान-प्रदान होता है।

4. *जॉन ड्यूवी* (*John Dewey*) ने सम्प्रेषण की व्याख्या इस प्रकार की है–

सम्प्रेषण अनुभवों के आदान-प्रदान की वह प्रक्रिया है, जिसके परिणामस्वरूप दोनों सहभागियों में परस्पर लाभ के लिए परिवर्तन होता है।

5. *विलियम सचरम* (*William Schram*): जिनका सम्बन्ध स्टेन्सफोर्ड विश्वविद्यालय से है, ने सम्प्रेषण का अर्थ इस प्रकार बताया है–"सम्प्रेषण में वे सारे तरीके आ जाते हैं जिनसे सूचनाओं तथा विचारों का आदान-प्रदान होता है।"

6. बुकर (*Booker*) के अनुसार, "सम्प्रेषण हर उस वस्तु को कहा जाता है जो कि उस सन्देश का अर्थ व्यक्त करती है, जिससे एक व्यक्ति दूसरे व्यक्ति तक पहुँचाया जाता है।"

7. हार्टमन (*Hortman*) ने दर्शाया है, सम्प्रेषण वर्गात्मक तथा पुनः सुदृढ़ करने वाली उत्प्रेरणा (Stimuli) के द्वारा व्यवहार का नियन्त्रण करना है।

8. *मिलर* (*Miller*) का लिखना है, "सम्प्रेषण में अति महत्वपूर्ण रूप से वे व्यवहार सम्बन्धी स्थितियाँ होती है जिनमें एक स्थिति प्राप्तकर्ता को चेतन उद्देश्य से व्यवहार को प्रभावित करता है।"

9. *मेरीहस* (*Merrihus*) के विचार में, सम्प्रेषण विचारों, भावानाओं, प्रत्ययों, तथ्यों एवं मनोवेगों के परस्पर आदान-प्रदान की एक प्रक्रिया है।

10. *एन्टनी ग्राशा* (*Antony Grasha*) ने कहा है, "सम्प्रेषण एक अन्तः व्यैक्तिक (Interpersonal) प्रक्रिया है जिसमें शाब्दिक चिन्हों तथा अशाब्दिक संकेतों को दो या अधिक व्यक्तियों द्वारा परस्पर बाँटा जा सकता है।"

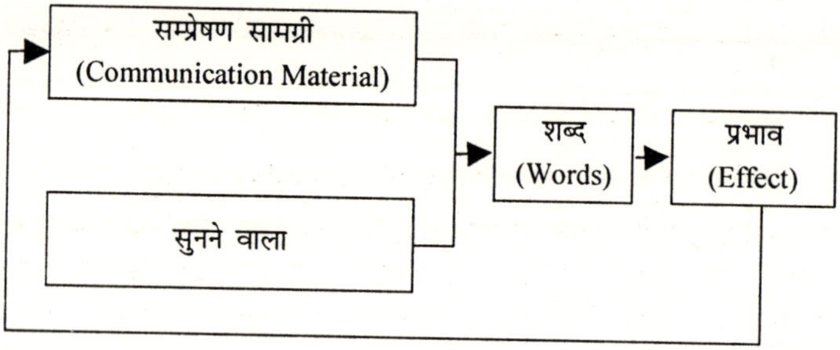

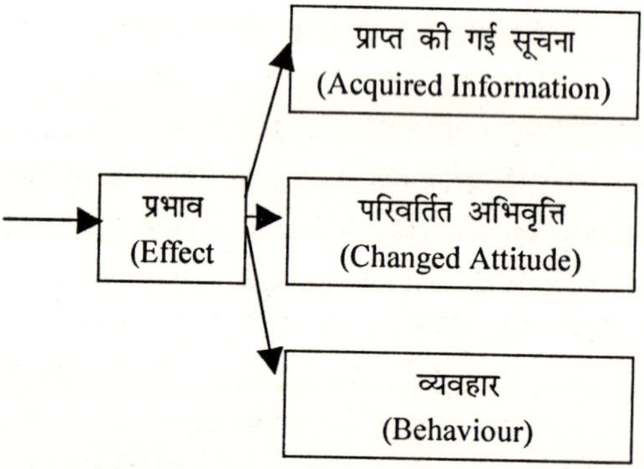

चित्र 10.1: बोले जाने वाले सम्प्रेषण का प्रभाव

10.2 सम्प्रेषण प्रक्रिया के तत्व
(Elements of Communication Process)

सम्प्रेषण प्रक्रिया के निम्नलिखित तत्व हैं:

1. *सम्प्रेषण स्रोत*: सम्प्रेषण स्रोत से अभिप्राय व्यक्ति तथा समूह विशेष से होता है जो अपने विचारों और भावों को दूसरों तक प्रेषित करना चाहते हैं।
2. *सम्प्रेषण सामग्री*: सम्प्रेषणकर्ता के विचार अथवा भाव सम्प्रेषण सामग्री हैं।

3. सम्प्रेषण माध्यम: सम्प्रेषण माध्यम कई प्रकार के होते हैं–शाब्दिक तथा अशाब्दिक।
4. *प्राप्तिकर्ता*: भावों अथवा विचारों को ग्रहण करने वाले अथवा प्राप्त करने वाले।
5. *अनुक्रियात्मक सामग्री*: प्राप्तिकर्ता द्वारा प्रेषित सामग्री के प्रति अनुक्रिया।
6. *सम्प्रेषण में सहायक तथा बाधक तत्व*: सम्प्रेषण की अनुकूल तथा प्रतिकूल परिस्थितियाँ।

10.3 सम्प्रेषण के उद्देश्य (Objectives of Communication)

1. समूह को सम्बोधित करने के कौशल का विकास।
2. छात्रों को विषय वस्तु से स्पष्ट तथा सरल ढंग से परिचित कराना।
3. पाठ अथवा वार्तालाप को बोधगम्य बनाना।
4. अपने साथियों में प्रभावी बातचीत करना।
5. छात्रों/श्रोताओं को अभिप्रेरित करना।
6. व्यवस्था तथा प्रबन्धन की क्रिया में सुनने के कौशलों का विकास करना।
7. प्रतिबद्धता (Commitment) के लिए वांछित भावना का विकास करना।
8. उपयोगी लेखन के कौशल का विकास करना।
9. वांछित सुधारों हेतु जोश की भावनाओं का विकास करना।
10. छात्रों को परीक्षा में प्रभावशाली उत्तर देने के लिए तैयार करना।
11. सभाओं का सफलतापूर्वक संचालन करना।
12. उचित वृत्तिक (Profession) के लिए तैयार करना।
13. सम्प्रेषण की समस्याओं का समझने का बोध कराना।
14. इलेक्ट्रॉनिक सम्प्रेषण की प्रक्रिया का बोध कराना।
15. इन्टरनेट तथा वेबसाइट के उपयोग करने में प्रशिक्षण देना।
16. सम्प्रेषण में सुधार लाकर नियोजन की योग्यता का विकास करना।
17. अपने विचारों को दूसरों तक सशक्त तथा प्रभावी ढंग से पहुँचाना।
18. शोध अध्ययन की क्षमताओं का विकास करना।
19. सम्प्रेषण के विविध स्वरूपों की जानकारी देना।
20. प्रभावी सम्प्रेषण की विशेषताओं से परिचित करना।

10.4 सम्प्रेषण प्रक्रिया के प्रकार (Types of Communication Process)

सम्प्रेषण के सम्प्रेषण माध्यम की दृष्टि से तथा परिस्थितियों के अनुसार नीचे दिये जा रहे हैं:

सम्प्रेषण के प्रकार सम्प्रेषण माध्यम की दृष्टि से संक्षेप से इस प्रकार हैं:

(i) *शाब्दिक*: मौखिक या लिखित रूप में।

(ii) *अशाब्दिक*: (क) मुख-मुद्रा, (ख) आँखों की भाषा।

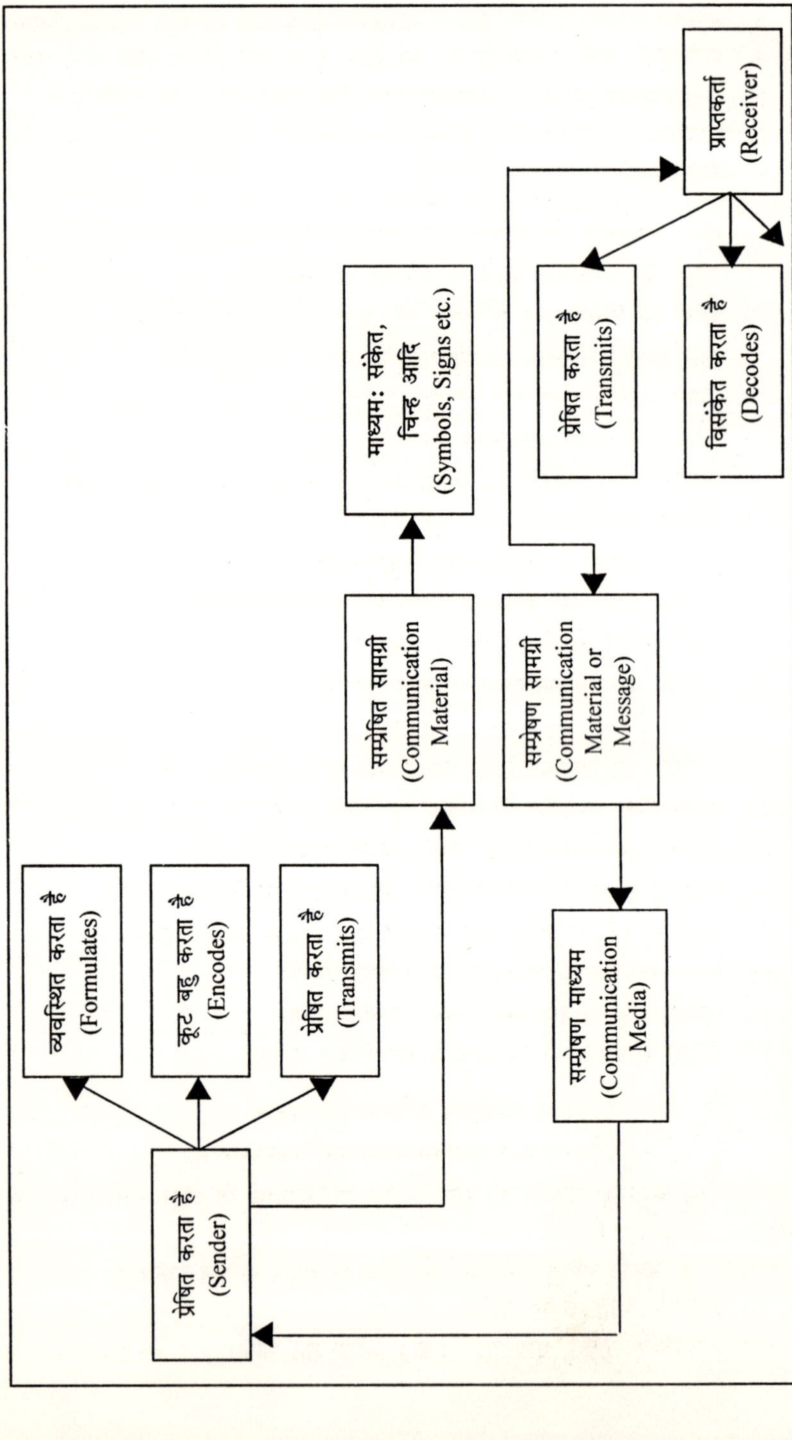

चित्र 10.2: सम्प्रेषण के प्रकार (Types of Communication)

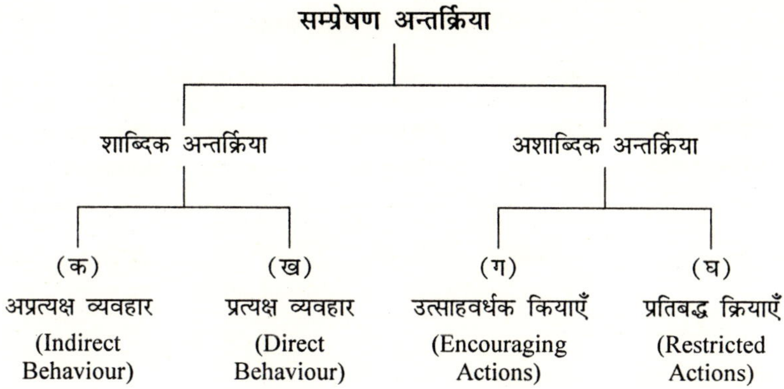

चित्र 10.3: सम्प्रेषण अन्तर्क्रिया

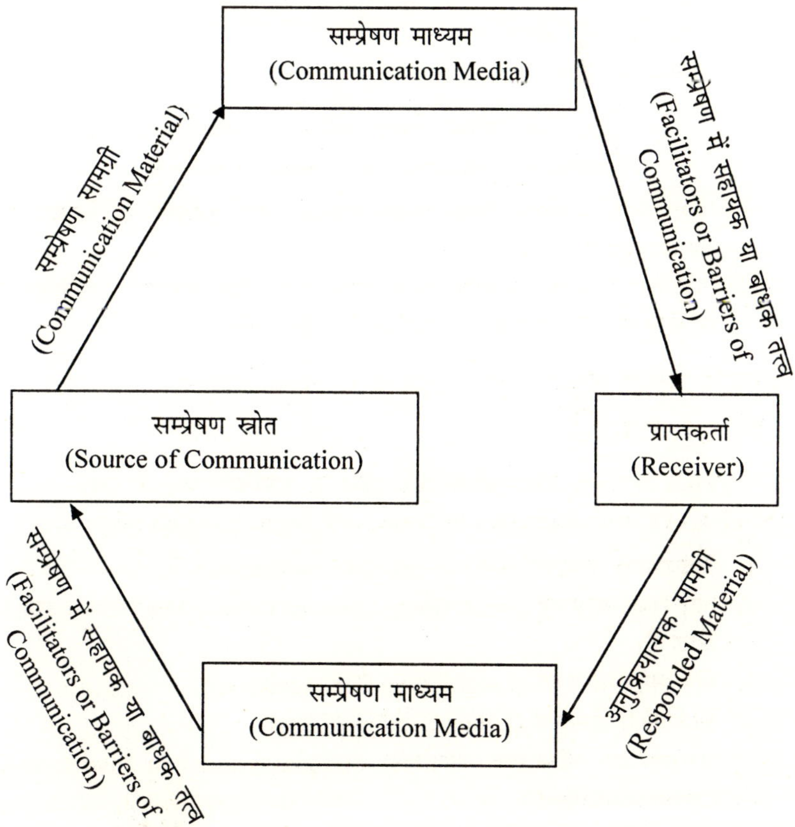

चित्र 10.4: सम्प्रेषण प्रक्रिया

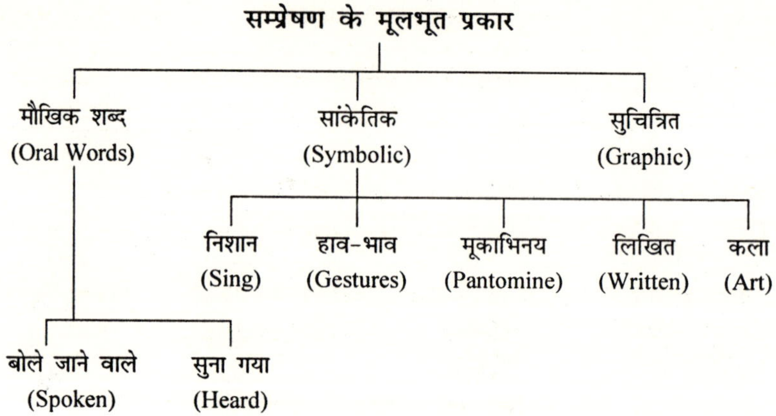

चित्र 10.5: सम्प्रेषण के प्रकार (Types of Communication)

(iii) वाणी या ध्वनि संकेत।

(iv) संकेतात्मक कूट अथवा गुप्त भाषा।

10.5 स्वाभाविक अथवा यान्त्रिक सम्प्रेषण (National and Mechanical Communication)

(i) *स्वाभाविक सम्प्रेषण*: बिना किसी उपकरण की सहायता से विचारों का आदान-प्रदान।

(ii) *यान्त्रिक सम्प्रेषण*: सम्प्रेषण किसी यन्त्र द्वारा, जैसे-टेलीफोन, टेलीप्रिण्टर, पेगिंग, वीडियो रिकॉर्डिंग, उपग्रह, टेलीविजन आदि।

सम्प्रेषण के प्रारूप अथवा प्रकार (Types of Communications)

चार्ट 10.1 देखें।

10.6 सम्प्रेषण परिस्थितियों की दृष्टि से सम्प्रेषण के प्रतिमान (Models of Communication in Terms of Communication Situations)

1. द्विवैयक्तिक सम्प्रेषण (One to One Communication)
2. लघु समूह सम्प्रेषण (Small Group Communication) कक्षा सम्प्रेषण इसी में आता है।
3. दीर्घ समूह सम्प्रेषण (Large Group Communication)
4. सार्वजनिक सम्प्रेषण (Public Communication)
5. संगठन या संस्थागत सम्प्रेषण (Organizational or Institutional Communication)
6. जन सम्प्रेषण (Mass Communication)

चार्ट 10.1: सम्प्रेषण के प्रारूप अथवा प्रकार

(1) श्रव्यात्मक प्रारूप	(2) दृश्यात्मक प्रारूप	(3) दृश्यात्मक तथा श्रव्यात्मक प्रारूप
सम्प्रेषण ग्रहण प्रक्रिया में सम्प्रेषणकर्ता तथा ग्रहणकर्ता श्रवण इन्द्रियों के उपयोग का सहारा लेते हैं।	सम्प्रेषण ग्रहण प्रक्रिया में सम्प्रेषणकर्ता अपने सम्प्रेषण में (विचार तथा भाव) में दृश्यात्मक सामग्री तथा उपकरणों की सहायता लेता है।	सम्प्रेषण में दृश्य-श्रव्य दोनों प्रारूपों का एकीकृत प्रयोग किया जाता है। इन्हें सुना भी जा सकता है तथा साथ ही देखा भी जा सकता है।
उदाहरण–	**उदाहरण–**	**उदाहरण–**
1. माइक्रोफोन	1. श्यामपट्ट	1. दूरदर्शन
2. टेपरिकॉर्डर	2. चार्ट	2. भ्रमण तथा पर्यटन
3. रिकॉर्ड प्लेयर	3. ग्राफ	3. प्रदर्शन
4. रेडियो	4. पोस्टर	4. चलचित्र
5. भाषा प्रयोगशाला	5. चित्र	5. प्रदर्शन सामग्री
	6. रेखाचित्र	6. अभिनय
	7. मानचित्र	7. प्रत्यय अनुभव
	8. मॉडल	8. वीडियो
	9. मेकअप	
	10. एपीस्कोप	
	11. एपीडास्कोप	
	12. ओवरहैड प्रोजेक्टर	
	13. मैजिक लैण्टर्न	
	14. मूक फिल्म	
	15. स्लाइड	

10.7 कक्षा सम्प्रेषण में सहायक तत्व (Helpful Elements in Class-Communications)

सम्प्रेषण को प्रभावशाली बनाने के लिए उपयुक्त सम्प्रेषण परिस्थितियों तथा वातावरण का महत्वपूर्ण स्थान होता है। उदाहरणार्थ कक्षा में पर्याप्त रोशनी का होना, उचित मात्रा में फर्नीचर, गर्मी से बचने के लिए पंखे आदि। साथ ही उचित मनोवैज्ञानिक वातावरण भी होना चाहिए। अध्यापक का प्रभावी व्यक्तित्व तथा शिक्षण शैली भी सम्प्रेषण को प्रभावित करती है।

सम्प्रेषण में बाधक तत्व (Barriers in Communication): सम्प्रेषण को प्रभावकारी न बनाने में निम्नलिखित बाधक तत्व हैं:

1. *प्रेषणकर्ता में कमियाँ*: रूचि का अभाव, उत्साह की कमी, प्रबल सम्प्रेषण विधि का अभाव आदि।

2. *सम्प्रेषण सामग्री की कमियाँ*: सम्प्रेषण सामग्री का आवश्यकतानुसार न होना, अधूरा होना, अव्यवस्थित होना, विचारों में तारतम्य न होना, नवीनपन का अभाव, पुराने तथ्य आदि।

3. *सम्प्रेषण माध्यम की कमियाँ*: कठिन भाषा का प्रयोग, अनुपयुक्त संकेत, दृश्य-श्रव्य साधनों का अभाव।

4. *सम्प्रेषण प्राप्तिकर्ता सम्बन्धी कमियाँ*: उचित योग्यता का अभाव, शारीरिक तथा मानसिक अस्वस्थता, आवश्यक रूचि की कमी।

5. *वातावरण सम्बन्धी कमियाँ*: मौसम की प्रतिकूलता, सुविधाओं का अभाव, जैसे–उचित प्रकाश, वायु, पानी, बिजली आदि। उचित मनोवैज्ञानिक वातावरण का अभाव।

10.8 प्रभावी सम्प्रेषण की विशेषताएँ (Characteristics of Effective Communication)

सम्प्रेषण का प्रभावशीलता का अर्थ: सम्प्रेषण की प्रभावशीलता का अर्थ उसके द्वारा होने वाले लाभों से है जिनकी प्राप्ति के लिए सम्प्रेषण को सम्पन्न किया जाता है। मुख्यतया सम्प्रेषण की सफलता का मापदण्ड इससे प्राप्त आदान-प्रदान के मूल्यों से है अर्थात् आदान-प्रदान की गुणवता कैसी है? सम्प्रेषणकर्ता तथा सम्प्रेषण प्राप्तिकर्ता के बीच कितना अच्छा सम्पर्क स्थापित होता है? सम्प्रेषण प्रक्रिया से कितना सामाजिक विकास हो पाता है?

प्रभावशाली सम्प्रेषण प्रक्रिया के तत्व

1. सम्प्रेषण स्रोत की सशक्ता।
2. सम्प्रेषण सामग्री की प्रभावशीलता।
3. सम्प्रेषण माध्यम में भिन्नता, नवीनता, यथार्थता, रोचकता, पूर्णता तथा औचित्यता।
4. प्राप्तिकर्ता की क्रियाशीलता, विवेक शक्ति, तर्कशक्ति, दूसरे के विचारों तथा भावों का सम्मान करने की इच्छा शक्ति, पर्याप्त शब्दावली।

10.9 सम्प्रेषण में आने वाली बाधाओं को दूर करना (Removal of Barriers in Communication)

1. भाषा को सरल तथा शुद्ध रखना।
2. भौतिक तथा मानवीय वातावरण को प्रभावी बनाना।
3. सन्देश लेने वाले को भली-भाँति समझना।

10.10 कक्षा सम्प्रेषण को प्रभावी बनाने वाले तत्व अथवा स्थिति अथवा अनिवार्यताएँ (Pre-requisities of Efficient Classroom Communiation)

सम्प्रेषण प्रभावपूर्ण बनाने के लिए विचारकों ने कुछ सिद्धान्त बनाये हैं जिन्हें ध्यान में रखना बहुत जरूरी है। इन सिद्धान्तों का संक्षिप्त विवरण नीचे दिया गया है:

1. तत्परता का सिद्धान्त (Principle of Readiness)

कहावत है, "तुम घोड़े को पानी के स्रोत के पास तो ले जा सकते हो परन्तु उसे पानी पीने के लिए बाध्य नहीं कर सकते।" अर्थात् उसमें पानी के लिए प्यास या रूचि होना जरूरी है। इसी प्रकार सम्प्रेषण प्राप्तकर्ता की सम्प्रेषण सामग्री में रूचि का होना आवश्यक है।

सम्प्रेषण तभी प्रभावी बन सकता है जब उसको प्राप्त करने के लिए सम्प्रेषण प्राप्तिकर्ता पूरी तरह से तैयार हो।

2. तत्परता के नियम (Law of Readiness)

इस नियम को प्रतिपादित करते हुए थॉर्नडाइक ने स्पष्ट किया कि अधिगमकर्ता की अधिगम प्रक्रिया में सफलता इस बात पर बहुत कुछ निर्भर करती है कि वह इस प्रक्रिया में सक्रिय भाग लेने हेतु किस सीमा तक तत्पर या तैयार है। तत्परता सम्बन्धी इस नियम के माध्यम से उसने अधिगम को निर्धारित या प्रभावित करने में तत्परता की भूमिका को निम्न प्रकार रखा है–

अगर कोई अधिगमकर्ता अधिगम के लिए पूर्ण रूप से तत्पर है तो उसे अधिगम या सीखने में पूर्ण आनन्द, सन्तोष तथा सन्तुष्टि की प्राप्ति होती है और फलस्वरूप उसका अधिगम अपने निश्चित लक्ष्यों और उद्देश्यों की प्राप्ति में सफल होता है। परन्तु किसी कारणवश अगर कोई अधिगमकर्ता सीखने के लिए तत्पर नहीं है तो उसे जोर-जबरदस्ती करके सिखाने के परिणाम अच्छे नहीं निकलते। यदि बालक भाषा सीखने के लिए तत्पर है तभी उसे भाषा सिखाई जा सकती है। सामने बैठा हुआ बालक एक कान से सुनकर दूसरे कान से निकाल देता है, यदि वह तत्पर नहीं है। तत्परता निम्न प्रकार से प्रभावी होती है:

1. तत्परता उचित रूप से बालक को अभिप्रेरित रहने में भली-भाँति सहायता करती है।
2. तत्परता अधिगमकर्ता को ग्रहण करने के प्रति उचित रूप से आकर्षित करने की क्षमता रखती है।
3. तत्परता सीखने में बालक की पर्याप्त रूचि बनाये रखती है।
4. तत्परता से अधिगम प्रक्रिया लक्ष्य निर्देशित तथा प्रयोजनपूर्ण बनी रहती है।
5. तत्परता अधिगम प्रक्रिया में समुचित ध्यान बनाये रखने में सहयोगी सिद्ध होती है।
6. तत्परता बालक में सीखने की प्रक्रिया के प्रति उचित सकारात्मक दृष्टिकोण बनाने में सहयोग करती है।
7. तत्परता के फलस्वरूप बालक अपने आपको अधिगम प्रक्रिया के लिए उचित रूप से तैयार कर लेता है। वह शारीरिक तथा मानसिक रूप से पूरी तरह सजग, क्रियाशील एवं चुस्त बना रहता है।
8. तत्परता से बालकों में सीखने के प्रति उचित संकल्प, आत्मविश्वास तथा दृढ़ इच्छा-शक्ति का विकास होता है।
9. बालक की अधिगम के प्रति तत्परता अध्यापकों तथा प्रशिक्षकों में उत्साह तथा आशा का संचार करती है और वे पूरे उत्साह से बालकों को अधिगम प्रक्रिया में सहयोग देने के लिए तत्पर रहते हैं।

3. भाषा के उचित उपयोग का सिद्धान्त (Principle of Appropriate Use of Language)

सम्प्रेषण में भाषा को प्रभावपूर्ण बनाने के लिए निम्नलिखित गुणों का होना आवश्यक है–

(i) *भाषा की स्पष्टता:* सम्प्रेषण की भाषा जटिल नहीं होनी चाहिए। भाषा ऐसी हो जिसे सम्प्रेषण प्राप्तकर्ता आसानी से समझ सके। सम्प्रेषणकर्ताओं को सम्प्रेषण प्राप्तकर्ता के भाषायी स्तर का उचित ज्ञान होना चाहिए। लच्छेदार भाषा और स्पष्ट भाषा में अन्तर की जानकारी सम्प्रेषणकर्ता के लिए बहुत महत्व रखती है।

(ii) *संक्षिप्तता:* किसी भी विचार अथवा भावना को इधर-उधर घुमा-फिराकर अथवा बहुत लम्बी-चौड़ी भूमिका बनाकर सम्प्रेषण करना उचित नहीं है। इस प्रकार सम्प्रेषण प्राप्तिकर्ता भूलभुलैया में पड़ सकताा है। कहा जाता है, "संक्षिप्तता अभिव्यक्ति की आत्मा होती है।" विचारों को स्पष्ट भाषा में थोड़े शब्दों में कहने से प्रभाविकता बढ़ जाती है।

(iii) *विचारों की सुसम्बद्धता:* सम्प्रेषित की जाने वाली सामग्री में भावों तथा विचारों की क्रमबद्धता तथा तालमेल होना चाहिए। विचारों में एकता होने से सम्प्रेषण प्राप्तिकर्ता उन्हें आसानी से समझ सकता है।

(iv) *सुरलहर अथवा अनुतान* (*Intonation*): भाषा को प्रभावी बनाने के लिए उपयुक्त सुर, लय, भाव तथा ताल महत्वपूर्ण भूमिका निभाते हैं।

10.11 कक्षा में प्रभावशाली सम्प्रेषण के सिद्धान्त (Principles of Effective Classroom Communication)

1. विषय-वस्तु की उपयुक्तता का सिद्धान्त।
2. विषय-वस्तु के उपयुक्त विभाजन का सिद्धान्त।
3. प्रभावशाली व्यूह रचना का सिद्धान्त।
4. दृश्य-सामग्री के प्रभावी उपयोग का सिद्धान्त।
5. छात्रों की भागेदारी का सिद्धान्त।
6. छात्रकेन्द्रित अधिगम का सिद्धान्त।
7. अभिप्रेरणा का सिद्धान्त।
8. तत्परता का सिद्धान्त।
9. शिक्षक के हाव-भाव का सिद्धान्त।
10. शिक्षक की सहानुभूति तथा सौम्य स्वभाव का सिद्धान्त।
11. सहयोग का सिद्धान्त।
12. स्पष्ट भाषा प्रयोग का सिद्धान्त।
13. आपसी विवेक सिद्धान्त।
14. प्रेरक वातावरण का सिद्धान्त।
15. उत्साहपूर्वक कक्षा वातावरण का सिद्धान्त।
16. संतुलित अनुशासन का सिद्धान्त।

10.12 प्रभावी सम्प्रेषण कर्ता के गुण (Qualities of an Effective Communicaton)

1. आत्मविश्वास (Self Confidence)
2. विषय-वस्तु पर अधिकार (Mastery over the Subject Matter)
3. व्यक्तिगत तथा सामूहिक मानव मनोविज्ञान गहन ज्ञान (Sound Knowledge of Individual and Mass Psychology)
4. नयी जानकारी रखना (Keeping abreast of New Knowledge)
5. मन में स्पष्ट धारणाएँ रखना (Having Sound Concept)
6. संप्रेषण की व्यूह रचनाओं का ज्ञान (Knowledge of Communication Strategies)
7. एक अच्छा प्रेरक (A Good Motivator)

8. वास्तविक परिस्थितियों का ज्ञान (Knowledge of Ground Level Situations)
9. परिचित भाषा का ज्ञाता (Knowledge of Familiar Language)
10. जीवन के साथ सह-सम्बन्ध स्थापित करने वाला (Correlator with real life Situations)
11. जागरूक (Wide–awake)
12. कहानीकार (Story teller)
13. भावनाओं से खेलने वाला
14. प्रभावी कहावत बताने वाले (Teller of Effective Anecdotes)
15. उचित उदाहरण देने वाला (Giver of Appropriate Examples)
16. सहायक सामग्री का उपयुक्त कुपयोग करने वाला (Good User of Teaching Aids)
17. संतुलित आवाज (Modelated Voice)
18. सामाजिक मान्यता वाली भाषा का प्रयोग करने वाला (User of socially Accepted Language)
19. अधिगमकर्ता की पृष्ठ भूमि से परिचित (Familiar with the Background of the Learner)
20. सरल तथा शुद्ध भाषा का प्रयोग करने वाला (User of Simple and Correct Language)
21. ठीक चुनिन्दा व श्रेणीकृत भाषा प्रयोग करने वाला (User of Appropriate and Selected Language)
22. अर्थपूर्ण भाषा प्रयोग करने वाला (User of Purposeful Language)

11

शिक्षणः शिक्षण के सोपान तथा चर
(Teaching: Stages and Variables of Teaching)

11.1 शिक्षण संप्रत्यय का अर्थ (Meaning of Concept of Teaching)

शिक्षण शब्द 'शिक्ष्' धातु से बना है जिसका अर्थ है सिखाना या सीख देना। इसमें कोई सन्देह नहीं है कि शिक्षा में शिक्षण का विशेष महत्व है। शिक्षण एक ऐसी क्रियात्मक (शिक्षक, छात्र तथा विषय-वस्तु) क्रिया प्रणाली है जिसकी व्यवस्था एवं परिचालन विषय-वस्तु के सन्दर्भ में अधिगम को अभिप्रेरित करने के लिए निर्दिष्ट है। शिक्षण प्रक्रिया में छात्रों के व्यवहार में परिवर्तन आता है और उनके ज्ञान में वृद्धि होती है। शिक्षण द्वारा छात्रों में ज्ञान-वृद्धि के लिए प्रेरणा का विकास होता है। वे स्वयं ज्ञान प्राप्त करने की प्रक्रिया सीखते हैं। वास्तव में, सफल शिक्षण का यही आधार है।

11.2 शिक्षण की परिभाषा (Definition of Teaching)

शिक्षण के अर्थ को स्पष्ट करने के लिए शिक्षण की निम्न परिभाषाओं का अध्ययन करना सहायक हो सकता है:

1. *ब्रूबेकर* (*Brubacker*) के अनुसार, "शिक्षण एक ऐसी परिस्थिति का आयोजन और परिचालन है जिसमें कुछ अधूरेपन या अवरोध रहते हैं जिनको पूर्ण करने अथवा पार करने के प्रयास की प्रक्रिया में व्यक्ति सीखेगा।"

2. *मौरीसन* (*Morrison*) के शब्दों में, "शिक्षण एक अधिक विकसित व्यक्तित्व और कम विकसित व्यक्तित्व के बीच घनिष्ठ सम्पर्क है जिसकी संरचना कम विकसित व्यक्तित्व की शिक्षा को और बढ़ाने के लिए की जाती है।"

3. *शैफलर* (*Scheffler*) के विचार में, "शिक्षण वह विशेष क्रिया है जो अधिगम की उपलब्धि पर केन्द्रित होती है और इस प्रकार उनका (क्रियाओं का) अभ्यास किया जाता है जिससे विद्यार्थियों का बौद्धिक एकीकरण और उनके स्वतन्त्र निर्णयों की क्षमता का आदर होता है।"

4. *स्मिथ* (*Smith*) ने शिक्षण की परिभाषा कुछ इस प्रकार दी है, "शिक्षण क्रियाओं की वह प्रणाली या पद्धति है जिसका अधिगम उत्पन्न करने का उद्देश्य होता है।"

5. '*Dictionary of Psychological and Psychoanalytical Terms*' में शिक्षण की परिभाषा इस प्रकार दी गई है, "दूसरे को सीखने में सहायता देना तथा इस प्रकार की उपयुक्त परिस्थितियाँ निर्माण करना जिससे अधिगम को सुलभ बनाया जाये।"

6. '*The Little Oxford Dictionary*' के अनुसार शिक्षण का अर्थ है, "ज्ञान प्रदान करना, कौशल का विकास करना, अनुदेशन देना, पाठ पढ़ाना तथा उत्साहित करना।"

7. '*The Word Book Encyclopaedia*' के अनुसार, "शिक्षण एक ऐसी प्रक्रिया है जिससे एक व्यक्ति दूसरे को ज्ञान, कौशल तथा अभिरूचियों को सीखने या प्राप्त करने में सहायता करता है।"

8. *गेज* (*Gage*) का विचार है, "शिक्षण एक प्रकार का पारस्परिक प्रभाव है जिसका उद्देश्य है दूसरे व्यक्ति के व्यवहारों में वांछित परिवर्तन लाना।"

9. *स्किनर* (*Skinner*) ने शिक्षण की परिभाषा इस प्रकार दी है, "शिक्षण पुनर्बलन की Contingencies का क्रम है।"

10. *रायन्स* (*Ryans*) ने कहा है कि "दूसरे को सीखने के लिए दिशा-निर्देश देने तथा अन्य प्रकार से उन्हें निर्देशित करने की प्रक्रिया को शिक्षण कहा जाता है।"

11. *जेम्स एवं याइन* ने शिक्षण का अर्थ इस प्रकार बताया है, "समस्त शिक्षण का अर्थ है सीखने में वृद्धि करना।"

12. *क्लार्क* (*Clarke*) का कहना है, "शिक्षण वह प्रक्रिया है जिसके प्रारूप तथा संचालन की व्यवस्था इसलिए की जाती है जिससे छात्रों के व्यवहारों में परिवर्तन लाया जा सके।"

13. *एडमण्ड एमीडन* (*Edmond Amidon*) के शब्दों में, "शिक्षण एक अन्त:क्रिया है जिसमें मुख्यत: कक्षा वार्ता होती है जो शिक्षक व छात्रों के मध्य कुछ परिभाषित की जा सकने वाली क्रियाओं के माध्यम से घटित होती है।"

14. *बर्टन* (*Burton*) ने शिक्षण को अधिगम हेतु उद्दीपन, मार्ग-प्रदर्शन तथा दिशा-बोध कहा है।

15. *बैन* (*Bann*) ने शिक्षण को प्रशिक्षण की संज्ञा दी है।

16. *रायबर्न* (*Ryburn*) ने शिक्षण को ऐसा सम्बन्ध माना है जो छात्रों को उनकी शक्तियों के विकास में सहायता देता है।

17. *डॉ. एस.पी. कुलश्रेष्ठ* (*Dr.S.P.Kulsharesth*) के शब्दों में, "शिक्षण, प्रक्रियाओं की एक ऐसी व्यवस्था है जिसमें एक व्यक्ति दूसरे को ज्ञान प्रदान करने के लिए शिक्षण के कार्य को सम्पन्न करने के लिए अनेक प्रकार की क्रियाएँ करता है और छात्रों के व्यवहार में आत्मीयता के साथ वांछित परिवर्तन लाने का प्रयास करता है।"

18. *के.पी. पाण्डे* (*K.P.Pandey*) ने शिक्षण को परिभाषित करते हुए लिखा है, शिक्षण एक व्यवस्थित क्रियाओं का समन्वित रूप है जिसमें अन्तर्क्रिया द्वारा शिक्षक सप्रयास एवं योजनाबद्ध तरीके से पूर्व निश्चित अधिगम लक्ष्यों की संप्राप्ति हेतु उपस्थित सामाजिक पर्यावरण में कार्यशील होता है।"

19. *थॉमस एफ. ग्रीन* (*Thomas F.Green*) ने शिक्षण की बड़ी ही विस्तृत परिभाषा दी है, "शिक्षण शिक्षक का वह कार्य है जिसे बच्चे के विकास हेतु किया जाता है।"

11.3 शिक्षण की परिभाषाओं का विश्लेषण (Analysis of Definitions of Teaching)

ये सभी परिभाषाएँ शिक्षण के सम्बन्ध में अनेक प्रश्न उत्पन्न कर देती हैं। इनमें से एक परिभाषा हमें इस दृष्टिकोण से बाँधती हैं कि व्यक्ति समस्या के समाधान में लगने के कारण ही सीखता है और किसी अनिश्चित परिस्थिति को सुनिश्चित बनाने या सुलझाने की प्रक्रिया के द्वारा उसे अभिप्रेरणा मिलती है। सीखना छात्रों को समस्या-समाधान की ओर उन्मुख करना और उसमें लगाना है। यदि हम इस परिभाषा को स्वीकार करें तो हमें शिक्षण के सम्बन्ध में अनेक मान्यताओं और किसी एक सिद्धान्त से बँध जाना पड़ेगा। एक परिभाषा स्पष्टतया शिक्षण के एक सिद्धान्त के रूप में ही है। शिक्षण को परिपक्व एवं अपरिपक्व व्यक्तित्व का घनिष्ठ सम्बन्ध कहा गया है। इस परिभाषा के लेखक की दृष्टि में शिक्षा अधिगम के द्वारा होने वाला विकास है और अधिगम एक समायोजित करने वाली प्रक्रिया है। इस परिभाषा की व्याख्या हमें पुनः शिक्षा के एक सिद्धान्त से बाँध देती है।

स्मिथ ने अपनी परिभाषा की विशेषता में लिखा है कि यह परिभाषा शिक्षण के विज्ञान और कला से शिक्षण को भिन्न समझती है और शिक्षण को किसी विशेष सिद्धान्त के साथ नहीं बाँधती, किन्तु इस परिभाषा की भी आलोचना हाइमैन (Hyman) ने यह कहकर की है कि इसके द्वारा शिक्षण की प्रकृति स्पष्ट नहीं होती और शिक्षण की प्रक्रिया में आने वाला एक महत्वपूर्ण तत्व अर्थात् अधिगम की विषयवस्तु एकदम छूट गई है। हाइमैन के अनुसार शिक्षण को अवश्य ही एक त्रयात्मक (Triadic) सम्बन्ध समझना चाहिए क्योंकि शिक्षण में कम से कम एक शिक्षक, कम से कम एक छात्र और कम से कम एक विषय-वस्तु (जिसे पढ़ाना और सीखना है) का होना आवश्यक है।

इस विचार का प्रतिपादन करते हुए हाइमैन (Hyman) ने शिक्षण को इन शब्दों में परिभाषित किया है–"शिक्षण तत्वों की एक त्रयी (शिक्षक, छात्र, विषयवस्तु) को अपने में सम्मिलित करता है और यह त्रयी गत्यात्मक गुणधर्मीय है।"

उपसंहारः वास्तव में, शिक्षण का अर्थ स्पष्ट करना इतना आसान नहीं है। शिक्षण एक ऐसी प्रक्रिया है जो प्राचीन काल से चली आ रही है। यह सामाजिक परिस्थिति, सांस्कृतिक परिवेश, दार्शनिक तथा राजनीतिक पृष्ठभूमि के आधार पर अपने स्वरूप को परिवर्तित कर लेती है।

11.4 शिक्षण की विशेषताएँ (Characteristics of Teaching)

1. शिक्षण एक सामाजिक प्रक्रिया है।
2. शिक्षण विकास की प्रक्रिया है।
3. शिक्षण व्यवहार को स्वरूप प्रदान करने की प्रक्रिया है।
4. शिक्षण एक भावात्मक प्रक्रिया है।
5. शिक्षण स्मृति-स्तर से विमर्शपूर्ण स्तर (Reflective level) पर ले जाने की प्रक्रिया है।
6. शिक्षण आमने-सामने होने वाली प्रक्रिया है।
7. शिक्षण क्रियाओं की प्रणाली है जो अधिगम उत्पन्न करती है।
8. शिक्षण एक सोद्देश्य प्रक्रिया है।

9. शिक्षण कला एवं विज्ञान प्रक्रिया दोनों है।
10. शिक्षण एक व्यावसायिक प्रक्रिया है।
11. शिक्षण एक अन्तर्क्रियात्मक प्रक्रिया है।
12. शिक्षण प्रेक्षण योग्य, मापने योग्य और सुधार योग्य प्रक्रिया है।
13. शिक्षण विभिन्न शिक्षण कौशलों से युक्त प्रक्रिया है।
14. शिक्षण प्रशिक्षण से लेकर प्रतिपादन तक सतत् प्रक्रिया है।
15. शिक्षण विभिन्न प्रकार की क्रियाओं की एक व्यवस्था है।
16. शिक्षण एक निर्देशन की प्रक्रिया है।
17. शिक्षण अधिगम स्थितियों के विकास की प्रक्रिया है।
18. शिक्षण का अवलोकन तथा विश्लेषण किया जा सकता है।
19. शिक्षण क्रिया विविध रूपों में सम्पन्न हो सकती है।
20. शिक्षण एक प्रभाव निर्देशित प्रक्रिया है।
21. शिक्षण एक परिवर्तनशील प्रक्रिया है।
22. शिक्षण अधिगम को प्रोत्साहित करने की प्रक्रिया है।
23. शिक्षण भाषायी प्रक्रिया है।
24. शिक्षण एक त्रिध्रुवीय प्रक्रिया है।
25. शिक्षण में सांकेतिक, क्रियात्मक तथा शाब्दिक व्यवहार निहित रहते हैं।

11.5 शिक्षण के कार्य (Functions of Teaching)

1	2	3	4	5	6	7	8	9
कक्षा को संगठित तथा व्यवस्थित करना	विषय-वस्तु तथा कार्य का विश्लेषण करना	छात्रों के अधिगम की समस्याओं का निदान करना	छात्रों की व्यक्तिगत विभिन्नता की जानकारी प्रदान करना	छात्रों के प्रारम्भिक (Entering) व्यवहार को समझना	शिक्षण की योजना, युक्तियों तथा प्रविधियों का निर्माण एवं चयन करना	सुनिश्चित विधियों, युक्तियों के सहारे सुनिश्चित शिक्षण उद्देश्यों के लिए सुनिश्चित पाठ्यक्रम को प्रस्तुत करना	अभिवृद्धि, विश्वास, संप्रत्यय, एवं समस्याओं को स्पष्ट करना	मूल्यांक करना।

11.6 शिक्षण के प्रकारों का वर्गीकरण
(Classification of Types of Teaching)

(1) शिक्षण उद्देश्यों के आधार पर
(2) शिक्षण स्तरों के आधार पर
(3) शिक्षण शासन प्रणाली के आधार पर
(4) शिक्षण स्वरूप के आधार पर
(5) शिक्षण क्रियाओं के आधार पर
(6) शिक्षण व्यवस्था के आधार पर

शिक्षण उद्देश्यों के आधार पर (वर्गीकरण I)

(1) ज्ञानात्मक शिक्षण
(2) भावात्मक शिक्षण
(3) मनोगत्यात्मक शिक्षण

शिक्षण स्तरों के आधार पर (वर्गीकरण II)

(1) स्मृति स्तर पर शिक्षण
(2) बोध स्तर पर शिक्षण
(3) चिन्तन स्तर पर शिक्षण

शिक्षण शासन प्रणाली के आधार पर (वर्गीकरण III)

(1) राजतन्त्रीय प्रणाली के आधार पर शिक्षण
(2) लोकतन्त्रीय प्रणाली के आधार पर शिक्षण
(3) मुक्त प्रणाली के आधार पर शिक्षण

शिक्षण, शिक्षण के स्वरूप के आधार पर (IV)

(1) वर्णात्मक शिक्षण
(2) निदानात्मक शिक्षण
(3) उपचारात्मक शिक्षण

शिक्षण क्रियाओं के आधार पर (वर्गीकरण V)

(1) प्रस्तुतीकरण के आधार पर
(2) प्रदर्शन के आधार पर
(3) कार्य के आधार पर

शिक्षण शैक्षिक व्यवस्था के आधार पर (वर्गीकरण VI)

(1) औपचारिक शिक्षण

(2) अनौपचारिक शिक्षण

(3) निरौपचारिक शिक्षण

शिक्षण आकार के आधार पर (वर्गीकरण VII)

(1) व्यक्तिगत आधार पर शिक्षण

(2) कक्षा आधार पर शिक्षण

(3) टोली (ग्रुप) के आधार पर शिक्षण

नोट: शिक्षण का अनेक प्रकारों में वर्गीकरण किया जा सकता है, जहाँ पर कतिपय आधार ही दिये गये हैं।

शिक्षण के सोपान तथा चर (Stages and Variables of Teaching)

11.7 शिक्षण के तीन सोपान अथवा चरण/अवस्थाएँ (Three Stages of Teaching)

शिक्षण-अधिगम की प्रक्रिया भली-भाँति नियोजित एवं कार्यान्वित करने में तीन पदों का अनुसरण किया जाता है। ये पद है–1. शिक्षक-उद्देश्यों का विकास एवं निर्धारण, 2. अनुदेशन का नियोजन एवं कार्यान्वयन और 3. परिणामों का मापन एवं मूल्यांकन।

अधिगम को प्रभावशाली बनाने के लिए ये पद इस प्रकार हैं:

1. शिक्षण का पूर्व सोपान अथवा शिक्षण का पूर्व क्रिया सोपान (Pre-active Stage of Teaching)
2. शिक्षण का अन्त:क्रिया सोपान (Inter-active Stage of Teaching)
3. शिक्षणेतर सोपान अथवा शिक्षण का उत्तर-क्रिया चरण (Post-active Stages of Teaching)

11.8 प्रथम अवस्था या सोपान: शिक्षण-पूर्व अवस्था (First Stage: Pre-active stage of Teaching)

शिक्षण से सम्बन्धिता अनेक क्रियाएँ ऐसी होती हैं जिन्हें कक्षा-शिक्षण के पूर्व शिक्षक करता है। इन क्रियाओं में शिक्षक अपनी योग्यता, अनुभव और विषय के अनुसार कक्षा में शिक्षण के उद्देश्य निर्धारित करता है। उद्देश्यों की प्राप्ति के लिए किस पाठ्यवस्तु को किस क्रम से प्रस्तुत किया जाये इसकी योजना बनाता है। इस योजना के अनुसार शिक्षण की पद्धतियों तथा युक्तियों का चयन करते हुए शिक्षण की विशिष्ट व्यूह-रचना करता है। ये

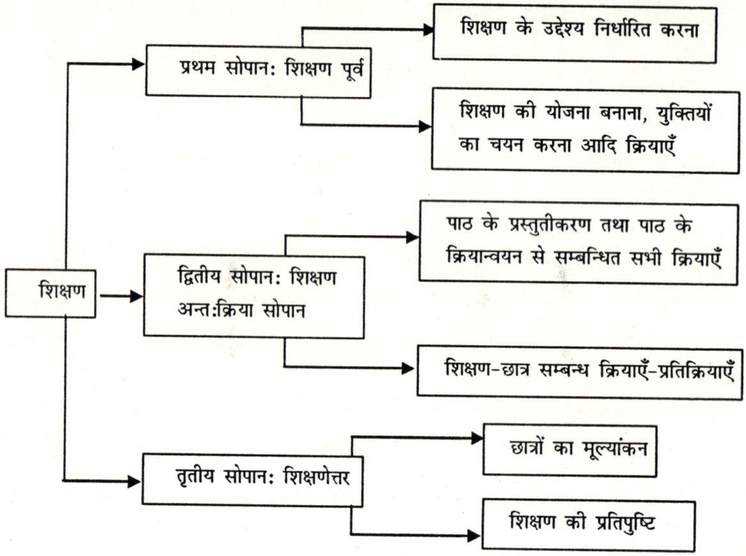

चित्र 11.1: शिक्षण के सोपान अथवा अवस्थाएँ एक दृष्टि में
(Overview of the Stages of Teaching)

सभी क्रियाएँ पाठ को सफल बनाने के लिए अत्यन्त महत्वपूर्ण है। इस सोपान पर शिक्षण के अन्य सोपानों की सफलता आधारित है।

प्रथम सोपान की प्रमुख क्रियाएँ

- उद्देश्यों का निर्माण एवं निर्धारण
- पाठ्यवस्तु का चुनाव
- शिक्षण शैली का चुनाव
- शिक्षण व्यूह-रचना का चयन
- शिक्षण युक्तियों का चयन

1. *शिक्षण के उद्देश्यों का निर्धारण करना (Fixation of goals)*: सर्वप्रथम शिक्षक शिक्षण के उद्देश्यों को निर्धारित करके उन्हें व्यावहारिक शब्दावली (Behavioural Terms) में परिवर्तित करता है। शिक्षक यह निश्चित करता है कि उद्देश्यों की प्राप्ति के परिणामस्वरूप छात्रों के व्यवहार में उनसे किस प्रकार के परिवर्तन किये जाने हैं। शिक्षण के इस चरण में दो तत्व महत्वपूर्ण होते हैं–

(i) छात्रों के पूर्व-व्यवहार के रूप में (Entering Behaviour)
(ii) छात्रों के अन्तिम व्यवहार के रूप में (Terminal Behaviour)

2. *पाठ्य-वस्तु सम्बन्धी निर्णय लेना (Decision-making about Subject Matter)*: शिक्षण उद्देश्यों के निर्धारण के पश्चात् शिक्षक उस पाठ्य-वस्तु के सम्बन्ध में निर्णय लेता है जिसे उसने छात्रों के सम्मुख प्रस्तुत करके उनके व्यवहार में परिवर्तन लाना होता है। यह निर्णय शिक्षक निम्नलिखित बातों को ध्यान में रखते हुए लेता है:

(i) छात्रों का पूर्व व्यवहार क्या है?

(ii) शिक्षक द्वारा छात्रों के लिए प्रस्तावित पाठ्यक्रम की क्या आवश्यकता है?

(iii) पाठ्य-वस्तु से सम्बन्धित ज्ञान का मूल्यांकन शिक्षक कौन-कौन-सी विधियों द्वारा करें।

(iv) छात्रों के किस स्तर की प्रेरणा प्रभावशाली हो सकती है?

3. *प्रस्तुतीकरण के लिए पाठ्य-वस्तु के अवयवों या तत्वों की क्रमबद्ध व्यवस्था करना (Arranging/Sequencing the Elements of Content for Presentation)*: छात्रों के सामने प्रस्तुत की जाने वाली पाठ्य-वस्तु के सम्बन्ध में निर्णय लेने के पश्चात् शिक्षक पाठ्य-वस्तु के अवयवों या तत्वों को मनोवैज्ञानिक तथ तर्कपूर्ण दृष्टि से क्रमबद्ध रूप से व्यवस्थित करता है जिससे पाठ्य-वस्तु की व्यवस्था सीखने के स्थानान्तरण में सहायक सिद्ध हो जाये।

4. *शिक्षण-व्यूहरचनाओं सम्बन्धी निर्णय लेना (Decision-making about Teaching Strategies)*: पाठ्य-वस्तु को क्रमबद्ध रूप से व्यवस्थित कर लेने के पश्चात् शिक्षक पाठ्य-वस्तु तथा छात्रों के स्तर को ध्यान में रखकर उपयुक्त विधियों तथा प्रविधियों के सम्बन्ध में निर्णय लेता है ताकि इन विधियों तथा प्रविधियों की सहायता से पाठ्य-वस्तु को छात्रों के मानस-पटल पर आसानी से अंकित किया जा सके।

5. *शिक्षण-व्यूहरचनाओं का वितरण करना (Distribution of Teaching Strategies)*: पाठ्य-वस्तु को क्रमबद्ध रूप से प्रस्तुत करके तथा इस सम्बन्ध में शिक्षण-विधियों तथा व्यूह-रचनाओं का चयन कर लेना ही पर्याप्त नहीं होता। शिक्षक को यह भी निश्चित कर लेना आवश्यक है कि वह कक्षा शिक्षण के समय किन-किन विधियों तथा व्यूह-रचनाओं का कब और कहाँ चार्ट या मानचित्र लगायेगा। कब भाषण देगा। कब और कैसे श्यामपट्ट का प्रयोग करेगा तथा कब मूल्यांकन प्रश्न पूछेगा आदि-आदि।

11.9 शिक्षण का दूसरा सोपान अथवा चरण: अन्त:क्रिया सोपान (Second Stage: Interactive Stage of Teaching)

इस सोपान के अन्तर्गत शिक्षण की वे सभी क्रियाएँ आ जाती हैं जो शिक्षक कक्षा में प्रवेश करने के पश्चात् करता है। इस सोपान में पाठ के प्रस्तुतीकरण से सम्बन्धित सभी क्रियाएँ सम्मिलित हैं। शिक्षण-पूर्व और अन्त:क्रिया अवस्था में मुख्य अन्तर यह है कि शिक्षण-पूर्व की क्रियाएँ शिक्षक द्वारा बहुत ही सोच-विचारकर स्वयं द्वारा की जाती है, परन्तु इसके विपरीत अन्त:क्रिया अवस्था में शिक्षक का व्यवहार अधिकतर कक्षा की परिस्थितियों एवं छात्रों की आवश्यकताओं से निर्देशित होकर तत्काल सहज भाव से होने वाला होता है क्योंकि छात्र शिक्षक के सामने रहते हैं। शिक्षक उस समय वही क्रियाएँ करते हैं जिन्हें वे उस परिस्थिति के सन्दर्भ में उचित समझते हैं। पूर्व शिक्षण और अन्त:क्रिया अवस्था में एक अन्तर यह भी है कि अन्त:क्रिया अवस्था में कक्षा में घटनाएँ बहुत तेजी के साथ घटित होती हैं और शिक्षक को उसी गति से कक्षा में क्रियाओं को चलाना पड़ता है। किसी कक्षा में पढ़ाते समय एक शिक्षक को अपने ध्यान के केन्द्रबिन्दु को कई बार बदलना पड़ता है।

शिक्षक अन्त:क्रिया सोपान में पूर्व चरण में निर्मित योजना का दास बनकर नहीं रह सकता। आवश्यकता के अनुसार छात्रों के स्तर को देखकर उस योजना में परिवर्तन ला सकता है। शिक्षण प्रक्रिया गतिशील है। इस तथ्य को शिक्षक सर्वदा ध्यान में रखें।

अन्त:क्रिया सोपान में शिक्षण क्रियाएँ

- कक्षा आकार की अनुभूति (Sizing of the Class)
- छात्रों का निदान (Diagnostic of Students)
- निष्पत्ति कार्य (Action or Achievement Operation)
- उद्दीपनों का प्रस्तुतीकरण (Presentation of Stimuli)
- पृष्ठ-पोषण तथा पुनर्बलन (Feedback and Reinforcement)
- शिक्षण युक्तियों का विस्तार (Expansion of Strategies)

1. *कक्षा आकार की अनुभूति*: कक्षा में प्रवेश करते ही शिक्षक एक नजर में छात्रों की क्षमताओं को जाँच लेता है अर्थात् कौन-कौन से छात्र पढ़ने में निपुण अथवा कमजोर है। इसी प्रकार छात्र भी शिक्षक के व्यक्तित्व की अनुभूति कुछ ही क्षणों में कर लेते हैं।

2. *छात्रों का निदान*: कक्षा के आकार की अनुभूति हो जाने के पश्चात् अध्यापक यह जानने का प्रयास करता है कि छात्रों का विषय सम्बन्धी पूर्व-ज्ञान कितना है। छात्रों के बारे में निम्नलिखित क्षेत्रों से जुड़ी बातों को जानने का प्रयास किया जाता है–

(i) छात्रों की योग्यताएँ
(ii) छात्रों की रूचियाँ तथा अभिरूचियाँ।
(iii) छात्रों की शैक्षिक पृष्ठभूमि।

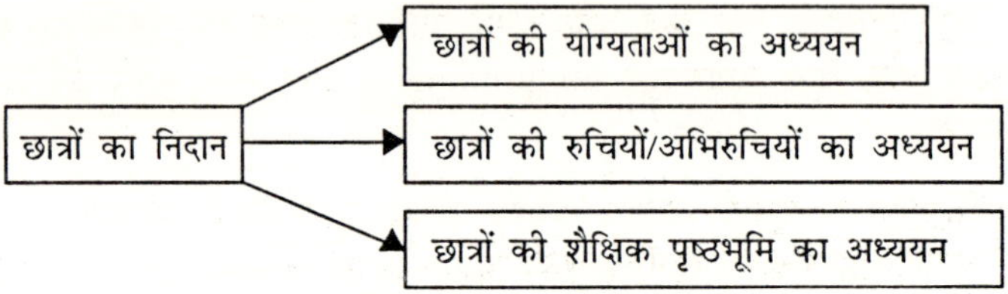

चित्र 11.2: छात्रों का निदान

3. *क्रिया तथा प्रतिक्रिया या उपलब्धि*: शिक्षण की सम्पूर्ण प्रक्रिया में दो प्रकार की क्रियाएँ शामिल होती हैं–(i) प्रारम्भ (Initiation), (ii) अनुक्रिया (Response)। ये दोनों क्रियाएँ अध्यापक और छात्रों के बीच सम्पन्न होती हैं। इन दोनों क्रियाओं को शाब्दिक अन्त: क्रिया (Verbal Interaction) का नाम दिया गया है।

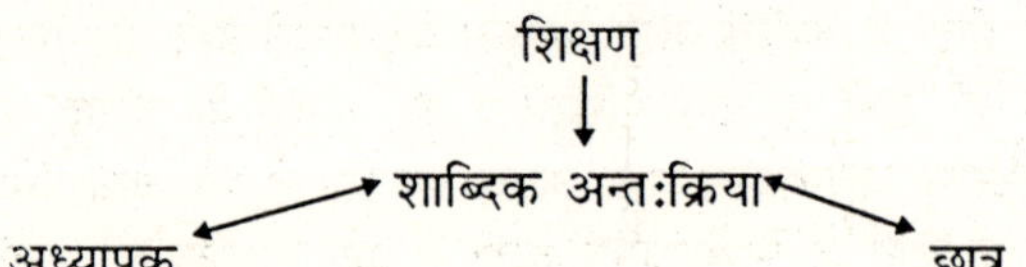

चित्र 11.3: शिक्षण में शाब्दिक अन्त:क्रिया

जब अध्यापक कुछ क्रियाएँ करता है तो छात्र उसके प्रति अनुक्रिया करते हैं अथवा जब छात्र कुछ क्रियाएँ करते हैं और शिक्षक उनके प्रति अनुक्रिया करता है तो शिक्षण की अन्त: क्रिया चलती रहती है।

अन्त:क्रिया विश्लेषण

शाब्दिक अन्त:क्रिया		अशाब्दिक अन्त:क्रिया	
(i)	शिक्षक-आरम्भ	(i)	कार्य के समय → विघ्नपूर्ण प्रभाव
(ii)	विद्यार्थी-आरम्भ	(ii)	कार्य के बाद → विघ्नरहित प्रभाव

4. *उद्दीपकों तथा प्रेरकों का प्रयोग*: शिक्षण की क्रियाओं के शाब्दिक तथा अशाब्दिक अन्त:क्रिया के पश्चात् शिक्षक शिक्षण को प्रभावशाली बनाने के लिए उपयुक्त प्रेरकों का चयन करके उनका प्रस्तुतीकरण करता है। प्रेरकों के प्रयोग से कक्षा में अवाँछनीय क्रियाओं की सम्भावना को दूर किया जाता है।

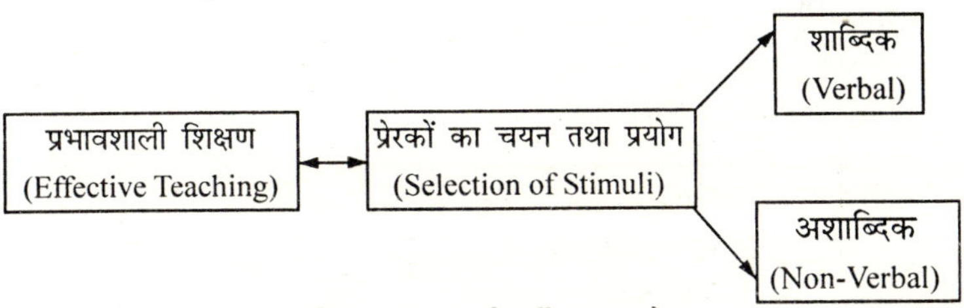

चित्र 11.4: प्रेरकों का प्रयोग

5. *पृष्ठ-पोषण तथा पुनर्बलन*: पृष्ठ-पोषण तथा पुनर्बलन के माध्यम से छात्रों के वांछित व्यवहार या अनुक्रिया को स्थायी बनाया जा सकता है। पृष्ठ-पोषण तथा पुनर्बलन व्यवहार या अनुक्रिया को शक्ति प्रदान करते हैं। वे व्यवहार को सही अथवा संशोधित करते हैं। पुनर्बलन की परिस्थितियाँ दो प्रकार की होती हैं–

(i) *धनात्मक पुनर्बलन* (*Posivitive Reinforcement*): ये वे परिस्थितियाँ हैं जो अपेक्षित व्यवहार (Desired Behaviour) अथवा अनुक्रिया के दोबारा होने की सम्भावना में वृद्धि करती हैं, जैसे–पुरस्कार, प्रशंसा आदि।

(ii) *नकारात्मक पुनर्बलन* (*Negative Reinforcement*): ये वे परिस्थितियाँ है। जिनमें अवाँछनीय व्यवहार (Undersirable Behaviour) अथवा अनुक्रिया के दो बार होने की सम्भावना कम होती है, जैसे–डाँटना, दण्ड आदि।

6. *शिक्षण युक्तियों का विस्तार*: शिक्षण की व्यूहरचनाओं का विस्तार अध्यापक तथा छात्रों की अन्त:प्रक्रिया को प्रभावशाली बनाता है। जिस समय से शिक्षक अध्यापन कार्य को प्रारम्भ करता है और जिस समय तक शिक्षण कार्य चलता है, उस समय तक पुनर्बलन की विधियाँ छात्रों के शाब्दिक और अशाब्दिक व्यवहार को नियन्त्रित करके पाठ्यक्रम को

प्रभावशाली ढंग से प्रस्तुत करने में सहयोग प्रदान करती है। शिक्षण-व्यूहरचनाओं के विस्तार या प्रयोग के सयम तीन तत्वों को ध्यान में रखना अति आवश्यक है–

(i) पाठ्य-वस्तु का प्रस्तुतीकरण।
(ii) अधिगम के स्तर।
(iii) छात्रों के सन्दर्भ।

11.10 शिक्षण का उत्तर-क्रिया चरण (Inter Active Stage of Teaching)

शिक्षण-प्रक्रिया का अन्तिम सोपान शिक्षण अथवा छात्रों के मूल्यांकन से सम्बन्धित है। शिक्षण किसी शैक्षिक उद्देश्य की प्राप्ति के लिए संचालित किया जाता है। मूल्यांकन के द्वारा शिक्षक यह ज्ञात करता है कि शिक्षण उद्देश्यों के सन्दर्भ में कितना सफल रहा अर्थात् छात्र शैक्षिक उद्देश्यों की प्राप्ति किस सीमा तक कर सके। छात्रों में वांछित व्यवहार-परिवर्तन का मापन एवं मूल्यांकन, शिक्षण की इस अवस्था में शिक्षक मौखिक या लिखित अथवा व्यावहारिक परीक्षणों के सहारे करता है।

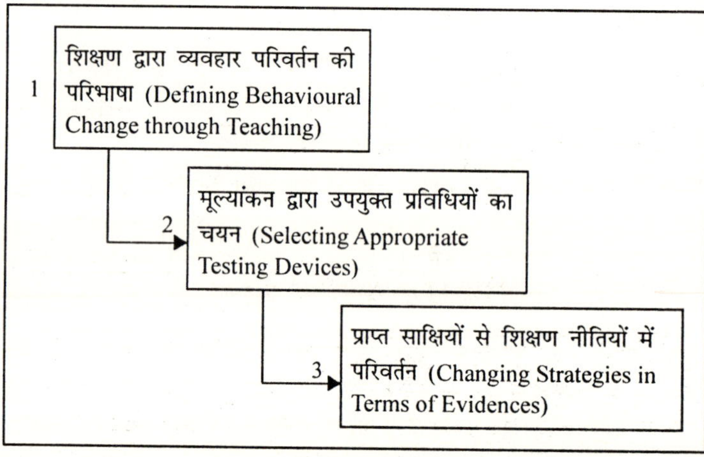

चित्र 11.5: शिक्षण के उत्तर-क्रिया चरण की क्रियाएँ

(i) **शिक्षण द्वारा व्यवहार पविर्तन की परिभाषा:** वास्तविक शिक्षण प्रक्रिया के अन्त में शिक्षक शिक्षण द्वारा व्यवहार परिवर्तन के शुद्ध रूप को परिभाषित करता है जिसे मानदण्ड व्यवहार (Criterion Behaviour) कहा जाता है। इस कार्य के लिए शिक्षक शिक्षण द्वारा छात्रों के वास्तविक व्यवहार परिवर्तन (Actual Behavioural Changes) की अपेक्षित व्यवहार परिवर्तन (Expected Behavioural Changes) से तुलना करता है। यदि वह यह अनुभव करता है, कि अधिकांश छात्रों के व्यवहार में अपेक्षित परिवर्तन हो गया है तो वह इस निष्कर्ष पर पहुँचता है कि उसके शिक्षण में प्रयोग की गई विधियाँ और व्यूह रचनाएँ प्रभावशाली रही हैं तथा उनकी सहायता से शिक्षण के उद्देश्य प्राप्त हुए।

(ii) *मूल्यांकन की उपयुक्त प्रविधियों का चयन (Selecting Appropriate Testing Devices and Techniques)*: छात्रों के वास्तविक व्यवहार परिवर्तन का अपेक्षित व्यवहार

परिवर्तन से तुलना करने के लिए अध्यापक ऐसी परीक्षण प्रविधियों का चयन करता है जो विश्वसनीय (Reliable) तथा वैध (Valid) हों तथा जो छात्रों के ज्ञानात्मक तथा व्यावहारिक पक्षों का मूल्यांकन कर सकें।

(iii) *प्राप्त साक्षियों से शिक्षण नीतियों में परिवर्तन* (*Changing Strategies in Terms of Evidences*): विश्वसनीय तथा वैध (Reliable and Valid) प्रविधियों (Techniques) के प्रयोग से शिक्षक को छात्रों की निष्पत्तियों या उपलब्धियों तथा उद्देश्यों की प्राप्ति के सम्बन्ध में ज्ञान होता है तथा उसे परीक्षाओं के परिणामों से अपने अनुदेशन (Instruction) तथा अपने शिक्षण की विधियों तथा व्यूहरचनाओं के सम्बन्ध में भी स्पष्ट जानकारी मिलती है कि शिक्षण के उद्देश्य प्राप्त हुए अथवा नहीं। उसके शिक्षण में क्या-क्या कमियाँ रहीं। इस प्रकार शिक्षक को अपने शिक्षण के सुधार का अवसर प्राप्त होता है। अत: वह अपने शिक्षण को प्रभावशाली बनाने का प्रयास करता है।

11.11 शिक्षण क्रियाओं का महत्व (Significance of Teaching Operations)

कुछ बिन्दु नीचे दिये जा रहे हैं जो शिक्षण की क्रियाओं के महत्व को प्रदर्शित करते हैं:

1. शिक्षण क्रियाएँ शिक्षण चरों के स्वरूप को समझने में सहायता देती हैं।
2. शिक्षण क्रियाएँ शिक्षण प्रक्रिया को सुव्यवस्थित करके इसे प्रभावशाली बनाती हैं।
3. सीखने एवं सिखाने की प्रक्रिया में घनिष्ठ सम्बन्ध स्थापित होता है।
4. ये क्रियाएँ सीखने की क्रियाओं के निरीक्षण तथा वैज्ञानिक आधार प्रस्तुत करती हैं।
5. ये क्रियाएँ सीखने की परिस्थितियाँ उत्पन्न करती हैं।
6. इन क्रियाओं से शिक्षकों को दिशा-निर्देश मिलता है कि उन्हें कक्षा में प्रवेश से पूर्व, कक्षा में शिक्षण करते समय तथा कक्षा में शिक्षण के पश्चात् क्या करना चाहिए?
7. ये क्रियाएँ सूक्ष्म उपागमों के प्रयोग को बढ़ावा देती हैं।
8. इन क्रियाओं को ध्यान में रखते हुए शिक्षक, शिक्षण के स्मृति स्तर से लेकर चिन्तन स्तर तक के शिक्षण को प्रभावी बना सकते हैं।
9. शिक्षण की क्रियाएँ, अनुदेशन प्रारूप तैयार करने के लिए वैज्ञानिक आधार प्रदान करती हैं।
10. ये क्रियाएँ शिक्षण के मूल्यांकन के लिए उचित विधियों के विषय में निर्देशन देती हैं।
11. ये क्रियाएँ छात्रों और शिक्षकों को वास्तविक धरातल पर लाकर शिक्षण व्यवस्था सुधार में सहायता देती हैं।

11.12 शिक्षण के चर (Variables of Teaching)

चरण का अर्थ: शिक्षण व्यवस्था में अनेक क्रियाएँ होती हैं। इन क्रियाओं को विभिन्न तत्वों के द्वारा सम्पन्न किया जाता है। ये तत्व परिस्थिति तथा समय के अनुसार

अपनी भूमिका बदलते रहते हैं। इन तत्वों को ही शिक्षण का चर कहा जाता है अर्थात् "शिक्षण अधिगम प्रक्रिया में अपनी परिवर्तित होती हुई भूमिका निभाने वाले आवश्यक तत्वों को शिक्षण का चर कहा जाता है।" इन तत्वों पर ही शिक्षण प्रक्रिया की सफलता निर्भर करती है। शिक्षण के इन चरों को तीन भागों में बाँटा जा सकता है:

1. स्वतन्त्र चर।
2. आश्रित चर अथवा परतन्त्र चर।
3. मध्यस्थ चर।

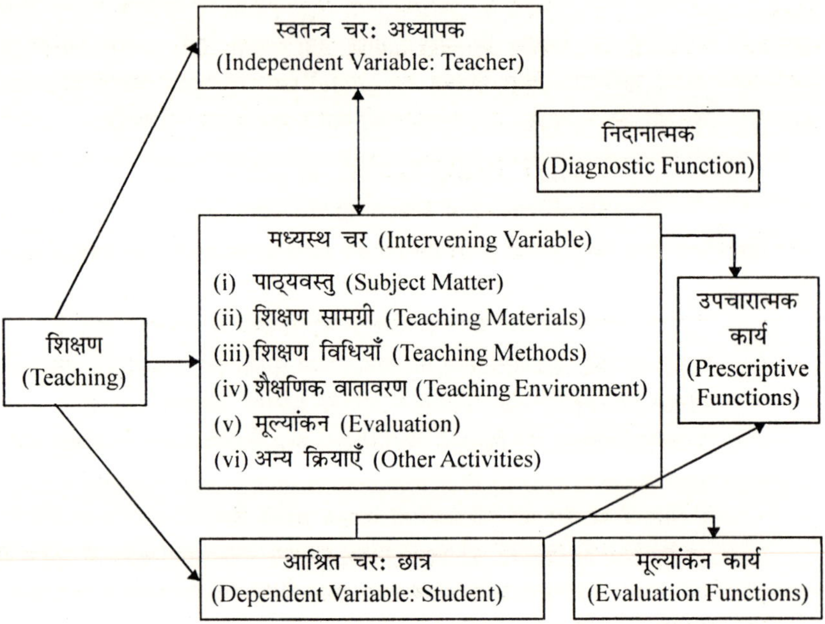

चित्र 11.6: शिक्षण के चर

1. स्वतन्त्र चर: शिक्षक स्वतन्त्र चर है। उसी पर शिक्षण की सम्पूर्ण प्रक्रिया के नियोजन, आयोजन, नियन्त्रण, निरीक्षण आदि का सम्पूर्ण उत्तरदायित्व होता है। शिक्षक अपनी योग्यता व सुविधा के अनुसार शिक्षण प्रक्रिया को आयोजित करता है और अपने नियन्त्रण में रखकर छात्रों के व्यवहार में अपेक्षित परिवर्तन लाने का प्रयास करता है। छात्र शिक्षक द्वारा बताये गये आदेशों का पालन करते हैं और शिक्षक के व्यवहार का अनुकरण करते हैं अर्थात् सम्पूर्ण शिक्षण प्रक्रिया शिक्षक के नियन्त्रण में रहती है, इसीलिए शिक्षक को स्वतन्त्र चर माना जाता है।

2. आश्रित अथवा परतन्त्र चर: छात्रों को शिक्षक के आदेशों के अनुसार कार्य करना पड़ता है क्योंकि शिक्षण प्रक्रिया का मुख्य प्रयोजन छात्रों के व्यवहार में परिवर्तन लाना है। यह परिवर्तन शिक्षक और शिक्षण प्रक्रिया के प्रयत्नों के फलस्वरूप लाया जाता है। समय-समय पर शिक्षक और शिक्षण प्रक्रिया द्वारा जो भी आयोजन किया जाता है, छात्रों

को उसी के अनुसार कार्य करना पड़ता है। इस प्रकार से चूँकि छात्र को शिक्षक व शिक्षण प्रक्रिया का आश्रित होना पड़ता है अत: उसे आश्रित चर या परतन्त्र चर के रूप में जाना जाता है।

3. मध्यस्थ चर: शिक्षण प्रक्रिया में जिन तत्वों के माध्यम से छात्र व शिक्षक में विचारों का आदान-प्रदान व अन्त:क्रियाओं का आयोजन होता है उन्हें ही मध्यस्थ चर कहा जाता है। ये मध्यस्थ चर ही शिक्षण प्रक्रिया को प्रभावशाली, आकर्षक व रूचिकर बनाने का उत्तरदायित्व निभाते हैं। शिक्षक अपने छात्र के व्यवहार में जो भी परिवर्तन लाना चाहता है उसके लिए पाठ्यक्रम तथा पाठ्यवस्तु, शिक्षण सामग्री, शिक्षण साधन, शिक्षण विधियाँ एवं तकनीकें, मूल्यांकन प्रविधि, कक्षाकक्ष का शैक्षिक वातावरण आदि सभी तत्वों का उचित आयोजन करता है तथा नियन्त्रण में रखकर सही ढंग से उनका उपयोग करता है। तभी शिक्षण कार्य सफलतापूर्वक सम्पन्न किया जाता है। ये तत्व अर्थात् पाठ्यक्रम, सामग्री विधियाँ आदि ही शिक्षण के मध्यस्थ चर कहे जाते हैं। शिक्षण प्रक्रिया को शिक्षक व छात्र के मध्य चलने वाली एक उपयोगी अन्त:क्रिया बनाने में इन मध्यस्थ चरों का महत्वपूर्ण योगदान होता है।

11.13 शिक्षण चरों के कार्य
(Functions of Variables of Teaching)

शिक्षण चरों के तीन कार्य हैं:

1. निदानात्मक कार्य (Diagnositc Functions)
2. उपचारात्मक कार्य (Prescriptive Functions)
3. मूल्यांकन कार्य (Evaluative Functions)

1. निदानात्मक कार्य (Diagnositc Functions): ये कार्य नीचे दिये जा रहे हैं:

(i) सर्वप्रथम शिक्षक यह पता लगाता है कि जिस छात्र के व्यवहार में जो परिवर्तन लाना है उससे सम्बन्धित उस छात्र का मानसिक स्तर, योग्यताएँ, रूचियाँ, दृष्टिकोण व क्षमताएँ क्या हैं? अर्थात् छात्र के प्रविष्टि व्यवहार (Entering Behaviour) या पूर्व ज्ञान के बारे में पता लगाना शिक्षक का पहला कार्य है।

(ii) छात्र के पूर्व व्यवहार व कक्षा में उपलब्ध शैक्षिक वातावरण को ध्यान में रखते हुए शिक्षक विद्यार्थी के व्यवहार में जो भी परिवर्तन लाना चाहता है, उसके अनुसार शैक्षणिक उद्देश्यों का निर्धारण वह करता है।

(iii) जो विषय-सामग्री बच्चों के सम्मुख प्रस्तुत करनी है, उस पाठ्य-वस्तु का शिक्षक विश्लेषण करता है।

(iv) पाठ्य-वस्तु के विश्लेषण के आधार पर शिक्षण कार्य के लिए प्रयोग में लाई जाने वाली अनुदेशन सामग्री (Instructional material), विधि और तकनीक आदि की शिक्षक जाँच करता है।

(v) शिक्षण की सफलता के लिए शैक्षिक वातावरण की उपयुक्तता की शिक्षक जाँच करता है।

(vi) तत्पश्चात् शिक्षण कार्य में सफलता प्राप्त करने के लिए अध्यापक स्वयं अपनी योग्यताओं, शक्तियों व क्षमता का मूल्यांकन व निदान कार्य करता है।

वैसे तो शिक्षक स्वतन्त्र चर है अतः शिक्षण प्रक्रिया की सफलता का प्रमुख उत्तरदायित्व उसी पर होने के कारण शिक्षक को ही निदानात्मक कार्य करने होते हैं, परन्तु शिक्षण एक अन्तःक्रियात्मक प्रक्रिया है अतः शिक्षण की सफलता का उत्तरदायित्त्व छात्र का भी उतना ही है जितना शिक्षक का। यहाँ छात्रों को भी कुछ निदानात्मक कार्य करने पड़ते हैं।

2. उपचारात्मक कार्य (Prescriptive Functions): शिक्षक को निम्नलिखित कार्य करने होते हैं:

(i) उचित पाठ्य-सामग्री का चयन, विभिन्न इकाइयों में उसका विभाजन व उचित आयोजन।

(ii) विषय-वस्तु के अनुरूप शिक्षण-सामग्री का चयन एवं उचित आयोजन।

(iii) छात्रों के प्रविष्टि व्यवहार व क्षमताओं के अनुरूप विषय-सामग्री को बोधगम्य बनाने हेतु उचित शिक्षण विधियों, शिक्षण युक्तियों एवं शिक्षण कौशलों का चयन, आयोजन व प्रयोग।

(iv) छात्रों को प्रतिपुष्टि (Feedback) देने हेतु प्रतिपुष्टि या पृष्ठ-पोषण विधियों (Feedback devices) का चयन व प्रयोग।

(v) शिक्षण की सफलता के लिए शिक्षक-छात्र अन्तःक्रिया अधिक-से-अधिक हो, इसके लिए छात्रों का सहयोग प्राप्त करने हेतु विविध प्रयास।

जिस प्रकार डॉक्टर अपने रोगी को रोगमुक्त करने के लिए हर सम्भव प्रयास करता है उसी प्रकार से छात्रों के व्यवहार परिवर्तन हेतु शिक्षक को भी हर सम्भव प्रयास करना पड़ता है।

दूसरी ओर अपने आपको रोगमुक्त कराने के लिए जिस तरह रोगी डॉक्टर के द्वारा दिये गये हर निर्देश का पालन करता है, डॉक्टर को पूरा-पूरा सहयोग देता है, उसी तरह शिक्षण प्रक्रिया में उपचारात्मक कार्यों की दृष्टि से छात्र का कार्य भी शिक्षक के निर्देशों का पालन करना व शिक्षक को पूरी तरह से सहयोग देना होता है।

3. मूल्यांकन कार्य (Evaluative Functions): निदानात्मक व उपचारात्मक कार्यों की उपलब्धि का पता लगाने के लिए मूल्यांकन कार्य सम्पादित किया जाता है। मूल्यांकन कार्य में इस बात की जाँच करनी पड़ती है कि शिक्षक के उपचारात्मक कार्यों द्वारा पूर्व निर्धारित उद्देश्यों की प्राप्ति हुई है या नहीं।

इकाई III
शिक्षण के प्रतिमानः अध्यापक व्यवहार

12

शिक्षण के प्रतिमानः ग्लेसर का बुनियादी शिक्षण प्रतिमान
(Model of Teaching: Glaser Basic Teaching Model)

12.1 शिक्षण प्रतिमान का अर्थ तथा परिभाषा (Meaning and Definition of Teaching Model)

शिक्षक, इंजीनियर, शिल्पकार, मूर्तिकार या भवन-निर्माणकर्ता की भाँति अपने शिक्षण को साकार रूप देने, शिक्षण उद्देश्यों की प्राप्ति करने एवं अपने छात्रों के व्यक्तित्व का सर्वांगीण विकास करने के लिए शिक्षण प्रक्रिया प्रारम्भ करने से पूर्व शिक्षण कार्य की एक योजना बनाता है जिसे शिक्षण प्रतिमान कहा जा सकता है। शिक्षण प्रतिमान के अर्थ को स्पष्ट करने के लिए विभिन्न विद्वानों द्वारा दी गई शिक्षण प्रतिमान की परिभाषाओं का अध्ययन काफी सहायक सिद्ध हो सकता है।

1. *जायसी एवं वील* (*Joyce and Weill*) ने शिक्षण को परिभाषित करते हुए कहा है– "शिक्षण प्रतिमान वह नमूना अथवा योजना है जिसे किसी पाठ्यक्रम का निर्माण करने, अनुदेशनात्मक सामग्री का चयन करने और किसी अध्यापक की क्रियाओं के मार्गदर्शन हेतु काम में लाया जा सकता है।"

2. *पाल डी. ईगन एवं उसके सहयोगियों* (*Paul De Eggen and Associates*) के अनुसार–"शिक्षण-प्रतिमानों से अभिप्राय विशिष्ट अनुदेशनात्मक लक्ष्यों की प्राप्ति के लिए निर्मित उपचारात्मक शिक्षण व्यूह-रचनाओं से है।"

3. *हीमन* (*Hyman*) के अनुसार: "शिक्षण-प्रतिमान शिक्षण के सम्बन्ध में सोचने-विचारने की एक रीति है (Model is a way of thinking.) इन्हीं के अनुसार प्रतिमान किसी वस्तु को विभाजित तथा व्यवस्थित करके तर्कसंगत ढंग से प्रस्तुत करने की विधि है।"

4. *डॉ. बी.के. पासी, एल.सी. सिंह* तथा *डी.एन. सनसनवाल* ने शिक्षण प्रतिमान को निम्न रूप में परिभाषित किया है–"शिक्षण प्रतिमान एक ऐसी निर्देशिका है जिसके आधार

पर शैक्षिक क्रियाओं एवं पर्यावरण की रूपरेखा बनाई जाती है। ये सीखने सम्बन्धी परिस्थितियाँ निर्मित करने के लिए विवरण प्रदान करते हैं।"

5. *एन. के. जंगीरा एवं अजीत सिंह* (*N.K. Jangira and Ajit Singh*) ने शिक्षण प्रतिमान की परिभाषा इस प्रकार दी है–"शिक्षण प्रतिमान क्रमबद्ध एवं सम्बन्धित तथ्यों का वह समूह है जो कि शिक्षण उद्देश्यों की प्राप्ति के लिए शैक्षिक क्रियाओं एवं वातावरणीय सुविधाओं की योजना बनाने एवं उन्हें क्रियान्वित करने में सहायता करता है।"

संक्षेप में, हम कह सकते हैं कि शिक्षण प्रतिमान अनुदेशनात्मक नमूने हैं जो शिक्षण उद्देश्यों को प्राप्त करने तथा शिक्षण प्रक्रिया को प्रभावशाली एवं रोचक बनाने में महत्वपूर्ण भूमिका निभाते हैं।

12.2 शिक्षण प्रतिमानों की मुख्य विशेषताएँ (Chief Characteristics of Teaching Models)

1. प्रत्येक शिक्षण प्रतिमान के निश्चित मूल आधार होते हैं।
2. प्रत्येक शिक्षण प्रतिमान शिक्षकों तथा अध्यापकों के मध्य अन्त:क्रिया को निर्देशित करता है।
3. प्रत्येक शिक्षण प्रतिमान अपनी मान्यताओं के आधार पर अनुभवों की व्यवस्था करता है।
4. प्रत्येक शिक्षण प्रतिमान किसी-न-किसी दर्शन पर आधारित होता है।
5. प्रत्येक शिक्षण प्रतिमान कुछ निश्चित शिक्षण सूत्रों का प्रयोग करता है।
6. प्रत्येक शिक्षण प्रतिमान मनोवैज्ञानिक नियमों पर आधारित होता है।
7. प्रत्येक प्रतिमान का विकास निरन्तर अभ्यास, अनुभव तथा प्रयोग के बाद प्रस्तुत किया जाता है।
8. प्रत्येक शिक्षण प्रतिमान शिक्षण क्रियाओं एवं वातावरण निर्माण करने वाली एक रूपरेखा है।
9. प्रत्येक शिक्षण प्रतिमान मूल्यांकन के लिए कसौटी (मानदण्ड) प्रस्तुत करता है।
10. प्रत्येक शिक्षण प्रतिमान सम्पूर्ण शिक्षण प्रक्रिया में सुधार लाने में सक्षम होता है।

12.3 शिक्षण प्रतिमानों के उपयोग अथवा महत्व (Uses or Significance of Teaching Models)

संक्षेप में शिक्षण प्रतिमान की उपयोगिता का वर्णन निम्न रूप से किया जा सकता है:

1. शिक्षण प्रक्रिया के तीनों पक्षों–पूर्व शिक्षण अवस्था, अन्तर्शिक्षण अवस्था, शिक्षणेत्तर अवस्था से सम्बन्धित तीनों कार्यों–आयोजन, क्रियान्वयन व मूल्यांकन में शिक्षण प्रतिमान उचित दिशा-निर्देश प्रदान करते हैं।

2. शिक्षण प्रतिमान कक्षा-कक्ष का उचित शैक्षिक वातावरण बनाने में सहायक होते हैं जिससे ये कार्य सफलतापूर्वक सम्पन्न किये जा सकें।

3. शैक्षिक वातावरण बनाने के तथा शैक्षिक परिस्थितियों पर उचित नियन्त्रण स्थापित करने के कार्य में शिक्षण प्रतिमान सहायक सिद्ध होते हैं।

4. शिक्षण प्रतिमानों की सहायता से शिक्षण सामग्री के आयोजन तथा अधिगम अनुभव प्रदान करने के बारे में अध्यापक को उचित दिशा-निर्देश प्राप्त होता है।

5. शिक्षण प्रतिमान पूर्व निर्धारित उद्देश्यों की सफलतापूर्वक प्राप्ति में बहुत सहायक होते हैं। वे एक शिक्षक को कुशल व सफल शिक्षक बनाते हैं और उसके शिक्षण को प्रभावशाली, आकर्षक व रुचिकर बनाने के कार्य में भी सहायता करते हैं।

6. शिक्षण प्रक्रिया के विकास में छात्रों का पूर्ण सहयोग लेने हेतु शिक्षक छात्र अन्त: क्रिया को किस प्रकार आयोजित किया जाये इस बारे में निर्णय लेने में वे प्रतिमान सहायता करते हैं।

7. शिक्षण प्रतिमान की सहायता से शिक्षण उद्देश्यों की प्राप्ति तथा शिक्षण प्रक्रिया को प्रभावशाली बनाने के लिए उचित शिक्षण विधियों का चयन व आयोजन प्रभावशाली ढंग से किया जा सकता है।

8. अधिगम अनुभवों व पाठ्य-सामग्री को ध्यान में रखते हुए उचित अनुदेशन सामग्री के चयन व आयोजन में इनसे सहायता मिलती है।

9. शिक्षण प्रतिमान शिक्षक को श्रम व समय का पूर्ण रूप से सदुपयोग देने में सहायक हैं, क्योंकि सभी कार्य पूर्व योजना पर आधारित होने से उसके क्रियान्वयन में किसी प्रकार की परेशानी नहीं होती है।

10. शिक्षण प्रतिमानों की सहायता से, शैक्षिक प्रक्रिया की जाँच करने, उसमें उचित संशोधन एवं परिवर्तन लाने के लिए मूल्यांकन की व्यवस्था सफलतापूर्वक की जा सकती है।

12.4 शिक्षण प्रतिमानों के स्रोत तथा आधार (Sources and Basis of Teaching Models)

- (1) सामाजिक अन्तर्क्रिया स्रोत (Social Interaction Source) सामाजिक सम्बन्ध शिक्षण का आधार
- (2) सूचना सम्पादन स्रोत (Information Processing Source) शिक्षा में सूचना प्रदान करने पर बल
- (3) वैयक्तिक स्रोत (Personal Sources) वैयक्तिक तथा भावात्मक जीवन शिक्षा का आधार
- (4) व्यवहार संशोधन स्रोत (Behaviour Modification Sources)

12.5 शिक्षण प्रतिमान के तत्व (Elements of a Teaching Model)

- (1) उद्देश्य या लक्ष्य (Focus)
- (2) संरचना (Syntax)
- (3) सामाजिक प्रणाली (Social System)
- (4) मूल्यांकन प्रणाली (Support System)
- (5) उपयोग (Application)

1. *उद्देश्य (Focus)*: इसे शिक्षण प्रतिमान का केन्द्रीय तत्व माना जाता है। इसमें छात्रों के वातावरण से सम्बन्धित शिक्षण लक्ष्य सम्मिलित हैं।

2. *संरचना (Syntax)*: यह शिक्षण का प्रस्तुति (Presentation) तत्व हैं। इसमें शिक्षण के समूचे कार्यक्रम का समावेश रहता है।

3. *सामाजिक प्रणाली (Social System)*: शिक्षण को एक सामाजिक क्रिया मानते हुए यह प्रतिमान छात्र तथा अध्यापक की क्रियाओं तथा उनके आपसी सम्बन्धों का निर्धारण करता है। शिक्षण को प्रभावी बनाने में सामाजिक प्रणाली का विशेष महत्व है।

4. *सहायक प्रणाली (Support System)*: सहायक प्रणाली का सम्बन्ध उन सुविधाओं के साथ है जिनके माध्यम से शिक्षक तथा छात्र शिक्षण को पूर्णतया की ओर ले जाते हैं। एक प्रकार से यह मूल्यांकन करता है कि कहाँ तक शिक्षण व्यूहरचनाएँ तथा युक्तियाँ सफल रहीं हैं।

5. *प्रयोग (Application)*: प्रत्येक शिक्षण प्रतिमान में 'प्रयोग' का महत्वपूर्ण स्थान रहता है। यह तत्व छात्र को सीखे हुए ज्ञान को अन्य स्थितियों में प्रयोग करने की योग्यता प्रदान करता है।

12.6 शिक्षण प्रतिमानों की अवधारणाएँ (Assumptions of Models of Teaching)

शिक्षण प्रतिमानों की निम्नलिखित अवधारणाएँ हैं:

1. शिक्षण एक प्रकार का वातावरण उत्पन्न करने का साधन है जिसमें स्वतन्त्र अवयव सम्मिलित किए जाते हैं।
2. पाठ्यवस्तु कौशल अनुदेशन का कार्य करती है जिसके माध्यम से अध्यापक तथा छात्रों के बीच अन्त:प्रक्रिया होती रहती है।
3. अन्त:क्रिया में शारीरिक तथा सामाजिक क्षमताओं के विकास के अवसर प्राप्त होते हैं।
4. शिक्षण के तत्वों की व्यवस्था विभिन्न प्रकार से की जा सकती है जिससे विभिन्न उद्देश्य प्राप्त किए जा सकते हैं।
5. शिक्षा प्रतिमान वास्तव में वातावरण उत्पन्न करने के प्रतिमान हैं जो अधिगम के अनुभवों के लिए वास्तविक तथा व्यवहारिक रूपरेखा प्रदान करते हैं।
6. अधिगम कई प्रकारों के होते हैं। अत: शिक्षण प्रतिमान भी कई प्रकार के होते हैं।
7. कोई भी शिक्षण प्रतिमान अपने आप में पूर्ण नहीं। इसलिए किसी एक प्रतिमान पर निर्भर नहीं रहना चाहिए।
8. विभिन्न क्षमताओं तथा रुचियों आदि के छात्र होते हैं। अत: शिक्षण प्रतिमान भी विभिन्न होते हैं।

12.7 शैक्षिक तकनीकी तथा मनोवैज्ञानिक शिक्षण प्रतिमान (Educational Technology and Teaching Models)

जैसा कि पहले स्पष्ट किया जा चुका है, शिक्षा तकनीकी शिक्षण और अधिगम में मशीनों तथा कठोर शिल्प उपागमों का चयन तथा प्रयोग ही शैक्षिक तकनीकी नहीं है। शैक्षिक तकनीकी में कोमल शिल्प उपागम भी आते हैं। दोनो पक्षों के बिना शैक्षिक तकनीकी अधूरी है।

एक समय था जब शिक्षा में सीखने के सिद्धान्तों को अत्यधिक महत्वपूर्ण स्थान दिया जाता था। 'प्रोग्राम्ड लर्निंग' को ही शैक्षिक तकनीकी का पर्याय माना जाने लगा। क्रमश: क्रानबैक (Cronback) तथा गेने (Gagne) आदि ने शिक्षण प्रतिमानों पर भी जोर देना शुरू किया। यहाँ पर संक्षेप में शिक्षण प्रतिमानों का परिचय दिया जा रहा है।

शिक्षण के प्रतिमानों के प्रकार (Types of Models of Teaching)

(1) ऐतिहासिक शिक्षण प्रतिमान (Historical Models of Teaching)

1. सुकराती शिक्षण प्रतिमान (Socratic Teaching Model)
2. परम्परागत मानवीय शिक्षण प्रतिमान (Classical Humanistic Teaching Model)
3. व्यक्तिगत विकास शिक्षण प्रतिमान (Personal Development Model of Teaching)

(2) मनोवैज्ञानिक शिक्षण प्रतिमान (Psychological Models of Teaching)

1. आधारभूत शिक्षण प्रतिमान (Basic Teaching Model)
2. कम्प्यूटर आधारित शिक्षण प्रतिमान (Computer Based Teaching Model)
3. विद्यालय अधिगम शिक्षण प्रतिमान (Teaching Model of School Learning)
4. अन्तःप्रक्रिया शिक्षण प्रतिमान (An Interaction Model of Teaching)

(3) शिक्षक प्रशिक्षण प्रतिमान (Teacher's Training/Education Models)

1. टाबा शिक्षण प्रतिमान (Taba Model of Teaching)
2. टर्नर प्रतिमान (Turner Model)
3. शिक्षक अभिविन्यास विषमता प्रतिमान (Model of Variation in Teacher Orientation)
4. फोक्स लिपिट प्रतिमान (Fox Lippit Model of Teaching)

(4) आधुनिक शिक्षण प्रतिमान (Modern Teaching Models)

1. सामाजिक अन्तःक्रिया प्रतिमान (Social Interaction Model)
2. सूचना प्रक्रिया प्रतिमान (Information Process Model)
3. व्यक्तिगत स्रोत प्रतिमान (Personal Source Model)
4. व्यवहार परिवर्तन प्रतिमान (Behaviour Modification Model)

12.8 मनोवैज्ञानिक शिक्षण प्रतिमानों का तुलनात्मक अध्ययन (Comparative Study of Psychological Models of Teaching)

तुलनात्मक बिन्दु *(Comparative Indicator)*	अन्त:प्रक्रिया प्रतिमान *(An Interaction Model of Teaching)*	मौलिक शिक्षण प्रतिमान *(Basic Teaching Model)*	विद्यालय अधिगम प्रतिमान *(Teaching Model for School Learning)*	कम्प्यूटर आधारित शिक्षण प्रतिमान *(Computer Based Teaching Model)*
1. प्रवर्तक	फ्लैण्डर्स (Flanders)	रॉबर्ट ग्लेसर (Robert Glacer)	करोल (Karol)	लारेन्स स्टूलोरों तथा डेनियल डेविस (L. Stoly and Davis)
2. वर्ष	1960	1962	1962	1965
3. विशिष्ट बल	अन्त:क्रिया पर	पृष्ठपोषण पर	समय पर	कम्प्यूटर पर
4. स्वरूप	चार प्रमुख पक्ष– 1. उद्देश्य 2. पूर्व व्यवहार 3. प्रस्तुतीकरण 4. मूल्यांकन	शिक्षण प्रक्रिया के चार भाग– 1. अनुदेशात्मक उद्देश्य 2. पूर्व व्यवहार 3. अनुदेशात्मक प्रक्रिया 4. उपलब्धि का मूल्यांकन	1. यह शिक्षण के तीनों पक्षों–पूर्व पक्ष, शिक्षण पक्ष और उत्तर पक्ष पर ध्यान देता है।	1. शिक्षण तथा निदान दोनों प्रक्रियाओं का होना।

(क्रमशः)

तुलनात्मक बिन्दु (Comparative Indicator)	अन्त:प्रक्रिया प्रतिमान (An Interaction Model of Teaching)	मौलिक शिक्षण प्रतिमान (Basic Teaching Model)	विद्यालय अधिगम प्रतिमान (Teaching Model for School Learning)	कम्प्यूटर आधारित शिक्षण प्रतिमान (Computer Based Teaching Model)
			2. छात्रों के स्तर का ध्यान रखा जाता है। 3. क्रमबद्ध ढंग से उपलब्धि परीक्षण की व्यवस्था का न होना।	2. छात्रों की उपलब्धि का निरीक्षण किया जाना।
5. प्रमुख विशेषताएँ	शिक्षण और छात्रों का स्वोपक्रम (Initiation) तथा अनुक्रिया (Response) के प्रवाह के अध्ययन अन्त: क्रिया के माध्यम से किया जाना।	शिक्षण के उपर्युक्त चारों भागों में घनिष्ठ सम्बन्ध का होना। इस सम्बन्ध का शिक्षण के उद्देश्यों के आधार पर बदलते रहना।	अनुदेशन की प्रक्रिया में छात्रों को पूर्ण अवसर का दिया जाना।	1. छात्रों की व्यक्तिगत भिन्नताओं पर ध्यान का दिया जाना। 2. कम्प्यूटर की प्रमुख भूमिका।

12.9 प्रमुख तत्वों के सन्दर्भ में शिक्षण प्रतिमानों का तुलनात्मक अध्ययन (Comparative Study of Teaching Models on the Basis of Important Elements)

तत्व *(Element)*	सामाजिक अन्त:प्रक्रिया प्रतिमान *(Social Interlaction Model)*	सामाजिक पूछताछ प्रतिमान *(Social Inquiry Model)*	प्रयोगशाला शिक्षण प्रतिमान *(Laboratory Teaching Model)*	प्रत्यय निष्पत्ति प्रतिमान *(Concept Attachment Model)*	आगमन शिक्षण प्रतिमान *(An Enquiry Teaching Model)*
1. प्रवर्तक (Originator)	ड्यूवी तथा किलपैट्रिक (Dewey and kilpartick)	ओक्स तथा बाइरोन (O Kas and Byren)	बेदल तथा मेने (Bedal and Mane)	जे. ब्रूनर (J. Bruner)	हिल्दा (Hilda)
2. उद्देश्य	सामाजिक क्षमताओं का छात्रों में विकास करना तथा प्रजातान्त्रिक जीवन में छात्र का समायोजन करना	सामाजिक विषयों का बोध करना तथा ज्ञानात्मक पक्ष पर बल देना	छात्रों के परस्पर सम्बन्धों का विकास करना तथा समायोजन	भाषा का बोध तथा विकास करना।	1. मानसिक क्रियाओं का विकास करना। 2. सिद्धान्तों का बोध कराना।
3. संरचना	छात्र के सम्मुख समस्या प्रदान करना तथा अनुभव प्रदान करना जिससे समस्या का समाधान हो सके।	1. कथन की व्याख्या। 2. परिकल्पना निर्धारित करना। 3. परिकल्पनाओं का विश्लेषण।	अभ्यासों, सिद्धान्तों आदि को ध्यान में रखना।	1. प्रदत्तों का प्रस्तुतिकरण 2. प्रत्ययों का विश्लेषण 3. छात्रों को प्रोत्साहन देना।	मानसिक विकास के लिए परिस्थितियाँ उत्पन्न करना।

(क्रमशः)

तत्त्व *(Element)*	*सामाजिक अन्तःप्रक्रिया प्रतिमान (Social Interaction Model)*	*सामाजिक पूछताछ प्रतिमान (Social Inquiry Model)*	*प्रयोगशाला शिक्षण प्रतिमान (Laboratory Teaching Model)*	*प्रत्यय निष्पत्ति प्रतिमान (Concept Attainment Model)*	*आगमन शिक्षण प्रतिमान (Enquiry Teaching Model)*
		4. परिकल्पनाओं के वैधता। 5. तथ्य संग्रह 6. सामान्यीकरण			
4. सामाजिक प्रणाली	छात्र तथा अध्यापक क्रियाशील रहते हैं। शिक्षक निर्देशक तथा परामर्शदाता का कार्य करता है।	छात्र का मार्गदर्शन करना ताकि वह अपने को समझ सके।	छात्र तथा अध्यापक का समान स्थान	छात्रों को दिशा प्रदान करना	छात्रों को क्रियाओं के लिए अधिक अवसर प्रदान करना।
5. सहायक प्रणाली	मूल्यांकन में उद्देश्यों तथा छात्रों को ध्यान में रखा जाता है।	मूल्यांकन करना।	छात्रों की सूचनाओं तथा परिकल्पनाओं सम्बन्धी क्षमताओं का मूल्यांकन	पाठ्यवस्तु की व्याख्या करना तथा प्रत्ययों का बोध करना	तथ्यों, प्रदत्तों तथा सूचनाओं के बोध पर विशेष बल दिया जाता है।
6. उपयोग	इस प्रतिमान को सामाजिक अन्तःक्रिया तथा सामाजिक मूल्य सीखने पर विशेष बल दिया जाता है इसका प्रयोग विषयों में समस्या समाधान के लिए भी किया जाता है।	सामाजिक समस्याओं का चिन्तन करना।	आपसी सम्बन्धों में समायोजन स्थापित करना।	भाषा के सीखने तथा प्रत्यय निष्पत्ति में उपयोग्यता का विकास	चिन्तन की क्षमताओं का उपयोग किया जाता है।

12.10 ग्लेसर का बुनियादी अथवा बेसिक शिक्षण प्रतिमान (Glaser's Basic Teaching Model)

12.11 बुनियादी शिक्षण प्रतिमान क्यों? (Why Basic Teaching Model?)

रॉबर्ट ग्लेसर (Robert Glaser) ने सन् 1962 में बुनियादी शिक्षण-प्रतिमान का विकास किया। यह प्रतिमान निम्न कारणों से बुनियादी शिक्षण प्रतिमान कहा जाता है:

1. यह प्रतिमान कुछ बुनियादी मनोवैज्ञानिक सिद्धान्तों, जैसे–पूर्व अनुभवों से सम्बन्धित करने का सिद्धान्त, उद्देश्यों की निश्चितता का सिद्धान्त, क्रियाशीलता का सिद्धान्त आदि पर आधारित है।

2. प्रतिमान में शिक्षण की जटिल त्रिध्रुवीय प्रक्रिया को चार बुनियादी तत्वों में विभाजित करके सरलीकृत किया गया है।

3. इस प्रतिमान का प्रयोग किसी भी बुनियादी विषय की शिक्षण योजना के लिए किया जा सकता है।

12.12 ग्लेसर प्रतिमान के आधार (Basis of Glaser Model)

ग्लेसर प्रतिमान के निम्न आधार हैं:

1. प्रत्येक पाठ से छात्र कुछ न कुछ सीखते हैं।
2. अध्यापक अनुदेशन प्रक्रिया द्वारा छात्र का प्रारम्भिक व्यवहार से नये ज्ञान की प्राप्ति तक निर्देशन करता है।
3. शिक्षण का मुख्य उद्देश्य छात्र के व्यवहार में शीघ्र ही वांछित परिवर्तन लाना होता है।
4. प्रतिमान द्वारा शिक्षण के विभिन्न घटकों में तालमेल स्थापित किया जा सकता है।

12.13 ग्लेसर प्रतिमान के तत्व (Elements of Glaser Model)

ग्लेसर के बुनियादी शिक्षण-प्रतिमान के आवश्यक चार तत्व या भाग निम्नलिखित हैं:

1. अनुदेशनात्मक उद्देश्य (Instructional Objectives)
2. पूर्व-व्यवहार या प्रवेशात्मक व्यवहार (Entering Behaviour)
3. अनुदेशनात्मक प्रक्रिया (Instructional Procedure)
4. निष्पत्ति का मूल्यांकन अथवा निष्पादन मूल्यांकन (Performance Assessment)

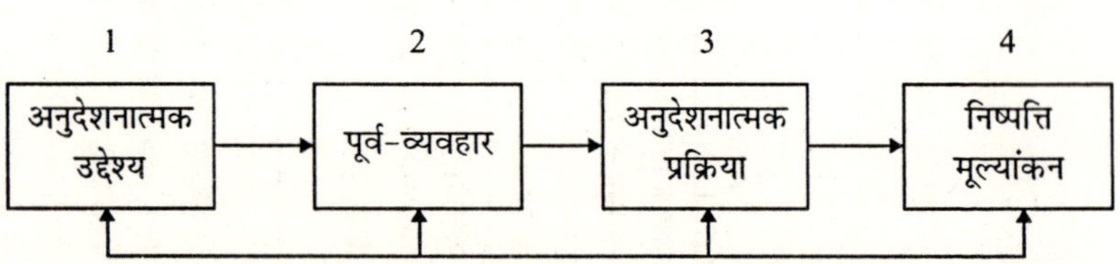

चित्र 12.1: ग्लेसर प्रतिमान के तत्व (Elements of Glaser Model)

1. अनुदेशनात्मक उद्देश्य (Instructional Objectives): यह तत्व शिक्षण प्रक्रिया में अहम् भूमिका निभाता है। शिक्षण एक उद्देश्य केन्द्रित प्रक्रिया है अतः शिक्षण कार्य प्रारम्भ करने से पहले यह आवश्यक होता है कि शिक्षण के उद्देश्यों को निर्धारित किया जाये। शिक्षण का उद्देश्य छात्र के व्यवहार में परिवर्तन लाना है। अतः अनुदेशनात्मक उद्देश्यों

को निर्धारित किया जाये। शिक्षण का उद्देश्य छात्र के व्यवहार में परिवर्तन लाना है। अतः अनुदेशनात्मक उद्देश्यों से तात्पर्य उन सभी बातों से है जो छात्र के व्यवहार में परितर्वन लाती हैं। शिक्षण प्रक्रिया प्रारम्भ करने से पहले शिक्षक यह निश्चित करता है कि वह क्रिया क्यों की जा रही है? शिक्षक के लिए यह भी आवश्यक है कि वह पहले निर्धारण करे कि शिक्षण के किसी भी स्तर पर, किसी भी परिस्थिति में आयोजित की गई कोई भी शिक्षण क्रिया छात्र के व्यवहार में किस प्रकार का परिवर्तन लायेगी। इस बात की समुचित व्याख्या ही अनुदेशनात्मक उद्देश्य कहलाती है। इन्हीं अनुदेशनात्मक उद्देश्यों के आधार पर शिक्षण प्रक्रिया का नियोजन व आयोजन किया जाता है।

संक्षेप में इस सोपान में निम्नलिखित पर बल दिया जाता है:

1. क्या पढ़ाता है-पाठ्य-वस्तु
2. क्यों पढ़ाता है-अनुदेशन के उद्देश्य
3. किस प्रकार पढ़ाता है-शिक्षण विधियाँ तथा सहायक प्रणाली।

2. प्रविष्टि व्यवहार अथवा पूर्व व्यवहार (Entering Behaviour): शिक्षण प्रक्रिया आरम्भ करने से पूर्व छात्रों का ज्ञानात्मक, भावात्मक व क्रियात्मक व्यवहार ही प्रविष्टि व्यवहार कहलाता है। यह प्रारम्भिक व्यवहार शिक्षण प्रारम्भ करने से पहले मूल रूप में छात्रों में होता है। इसके आधार पर यह निर्णय लिया जाता है कि शिक्षण प्रक्रिया के प्रस्तुतीकरण के लिए छात्रों का पूर्व ज्ञान क्या है, उनका बौद्धिक स्तर, सीखने सम्बन्धी योग्यताएँ एवं क्षमताएँ क्या हैं तथा उनमें सीखने के लिए कितनी अभिप्रेरणा है। इन सब बातों की निश्चित जानकारी के आधार पर ही समस्त शिक्षण क्रियाओं का आयोजन किया जाता है और छात्रों को अनुदेशनात्मक उद्देश्यों से सम्बन्धित अन्तिम व्यवहार (Terminal Behaviour) तक ले जाने का प्रयास किया जाता है।

पूर्व व्यवहारों के आधार पर अन्तिम उद्देश्यों को स्पष्ट रूप दिया जाता है। पूर्व व्यवहार निम्न तत्वों पर निर्धारित किया जाता है:

1. छात्रों का मानसिक स्तर-बुद्धिलब्धि (I.Q.)
2. छात्रों की शब्दावली का ज्ञान
3. पाठ्यवस्तु से सम्बन्धित पूर्व ज्ञान
4. छात्रों की अभिरूचियाँ तथा अभिवृत्तियाँ
5. छात्रों का अभिप्रेरणा स्तर (Students, Level of Motivation)
6. छात्रों का आस आकांक्षा स्तर (Students, Level of Aspiration)
7. छात्रों का सामाजिक आर्थिक स्तर (Students, Social and Economic Level)

वैसे तो ग्लेसर के इस प्रतिमान में प्रविष्टि व्यवहार के इस तत्व को दूसरे नम्बर पर रखा गया है, परन्तु वास्तव में प्रविष्टि व्यवहार को जानने के पश्चात् ही अनुदेशनात्मक उद्देश्यों का चयन किया जा सकता है कि अमुक अनुदेशनात्मक उद्देश्यों तक छात्रों को ले जाने के लिए उनमें मानसिक योग्यता और बुद्धि है भी या नहीं। छात्रों के इस प्रारम्भिक व्यवहार के आधार पर ही यह निर्धारित किया जा सकता है कि उद्देश्य निर्धारित अन्तिम व्यवहार तक उन्हें ले जाने की हम क्या कुछ आशा कर सकते हैं।

3. अनुदेशनात्मक प्रक्रिया (Instructional Procedure): इस घटक के अन्तर्गत शिक्षण की प्रक्रिया का वर्णन किया जाता है। शिक्षण के उद्देश्यों और छात्र के पूर्व ज्ञान

को दृष्टि में रखते हुए शिक्षण की विधियों, प्रविधियों या व्यूहों की रचना की जाती है। जो कुछ भी पढ़ना या सीखना होता है, उसे प्रस्तुत करना ही अनुदेशनात्मक प्रक्रिया है। अनुदेशनात्मक प्रक्रिया को शिक्षण का क्रियात्मक पक्ष कहा जाता है।

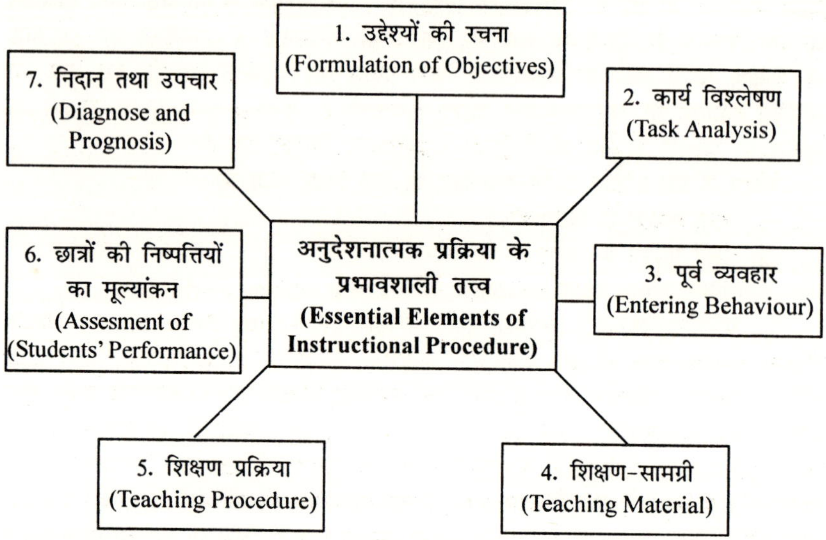

अनुदेशनात्मक प्रक्रिया की परिभाषा विद्वानों ने इस प्रकार की है। वह प्रक्रिया जिसमें उद्देश्यों का विशिष्टीकरण किया जाता है तथा उससे सम्बन्धित प्रत्ययों, सिद्धान्तों, कौशलों, भाषा तथा समस्या-समाधान के लिए शिक्षण की व्यवस्था की जाती है। विधियों तथा प्रविधियों में सुधार तथा परिवर्तन किया जाता है, जिससे उद्देश्यों की प्राप्ति की जा सके और अनुदेशन प्रभावशाली हो सके।

4. निष्पादन मूल्यांकन (Performance Assessment): शिक्षण-प्रक्रिया के अन्त में परीक्षणों व निरीक्षणों के सहारे इस बात का मूल्यांकन किया जाता है कि उद्देश्यों के सन्दर्भ में छात्रों के व्यवहार में किस सीमा तक परिवर्तन हुआ? दूसरे शब्दों में, छात्र शैक्षिक उद्देश्यों को किस सीमा तक प्राप्त कर सके, इसकी जाँच मूल्यांकन द्वारा की जाती है। यदि मूल्यांकन से यह ज्ञात होता है कि छात्र उद्देश्यों को प्राप्त नहीं कर सका है या उद्देश्यों की प्राप्ति में पीछे रह गया है तो उसी के अनुसार शिक्षण के उपर्युक्त तीनों ही घटकों में परिवर्तन किया जाता है।

निष्पादन मूल्याँकन विभिन्न प्रकार की तकनीकों (Difference Techniques of Performance Assessment)

(i) अवलोकन (Obsavation)
(ii) साक्षात्कार (Interview)
(iii) प्रश्नावली (Questionnaire)
(iv) मौखिक, लिखित एवं प्रयोग परीक्षण (Verbal, Written and Practical)
(v) रेटिंग स्केल (Rating Scales)

(vi) प्रक्षेपी तकनीकें (Projective Techniques)।

(i) *पृष्ठ-पोषण (Feed Back)*: निष्पादन मूल्यांकन से प्राप्त सूचनाओं से हमें यह मालूम होता है कि छात्र ने अनुदेशनों उद्देश्यों (Instructional Objectives) या अन्तस्थ निष्पादन (Terminal Performance) को कहाँ तक ग्रहण किया है। यदि छात्र ने अनुदेशन उद्देश्य के मान्य स्तर को प्राप्त करने में सफलता प्राप्त कर ली हो तो शिक्षक नये अनुदेशन को आरम्भ कर सकता है।

(ii) *पूर्व-व्यवहारों (Entering Behaviours)* की उपयुक्ता–पृष्ठ पोषण द्वारा इसका पता चलता है। अनुदेशन के दौरान जब सहायक व्यवहार (Auxiliary Behaviour) का मापन किया जाता है या अनुदेशन के अन्त में यह लाभदायक अधिक होता है या फिर पृष्ठ-पोषण का अधिक उपयोग तब होता है जब शिक्षक यह पता लगाता है कि अनुदेशन असफल क्यों हुआ?

(iii) *अनुदेशन प्रक्रिया की उपयुक्तता (Suitability of Instructional Procedure)*: पृष्ठ-पोषण का प्रयोग तब किया जाता है जब अनुदेशन प्रक्रिया की उपयुक्तता देखी जाती है, विशेषकर तब जब किसी एक अनुदेशन प्रक्रिया के प्रभाव में तथा दूसरी अन्य अनुदेशन प्रक्रिया के प्रभाव में विभेदीकरण किया जाता है।

12.14 अनुदेशनात्मक प्रक्रिया के उद्देश्य (Objectives of Instructional Procedure)

1	2	3
ज्ञानात्मक उद्देश्य (Cognitive Objectives)	**क्रियात्मक उद्देश्य** (Pyschomotor Objectives)	**शाब्दिक अधिगम का विकास** (Development of Verbal Proficiency)
(i) प्रत्ययों का शिक्षण	(i) शारीरिक क्षमताओं का विकास (Physical Proficiency)	(i) भाषा का शिक्षण
(ii) सिद्धान्तों का शिक्षण	(ii) रचनात्मक क्षमताओं का विकास (Constructive or Manipulate Proficiency)	(ii) व्याकरण का शिक्षण
(iii) समस्या समाधान का शिक्षण		(iii) पढ़ने का शिक्षण
(iv) सर्जनात्मक (Ceactive) क्षमताओं का विकास		(iv) अनुवाद का शिक्षण

12.15 विलिय ग्लोवर के प्रतिमान (Second Form of Glover's Model)

ग्लोबर के प्रतिमान को निम्न प्रकार से भी दर्शाया जा सकता है:

1. *उद्देश्य (Focus)*: इसके मुख्य उद्देश्य व्यक्तिगत गुणों जैसे कर्त्तव्य परायणता, आत्मबोध तथा कौशल आदि।

2. *संरचना (Syntax)*: इसमें निम्नलिखित छः सोपान हैं:

(i) तल्लीनता का वातावरण निर्माण करना।

(ii) समस्या का वाद-विवाद में उल्लेख करना।

(iii) समस्या का व्यक्तिगत रूप से निर्णय लेना।

(iv) समस्या-समाधान के विकल्प ढूँढना।
(v) समस्या के कुछ समाधानों के लिए वचनबद्ध होना।
(vi) समाधानों का व्यावहारिक रूप में अनुसरण होना।

3. *सामाजिक प्रणाली (Social Systems)*: समस्या के समाधान में छात्र तथा अध्यापक दोनों मिलकर निर्णय लेते हैं। ग्लोवर छात्रों के विचारों को निर्णय लेने में विशेष महत्व देता है।

इस सोपान में तीन महत्वपूर्ण तत्व हैं:

(i) छात्रों को शिक्षण में तल्लीन रखना।
(ii) निर्णय लेने का उत्तरदायित्व छात्रों को सौंपना।
(iii) छात्रों तथा शिक्षक द्वारा मिलकर निर्णय लेना।

4. *सहायक प्रणाली (Support System)*: मानदण्ड परीक्षा प्रयुक्त की जाती है।

5. *उपयोग (Application)*: इस प्रतिमान के माध्यम से निम्नलिखित कार्य किये जाते हैं:

(i) छात्रों की आत्मबोध की क्षमताओं का विकास करना।
(ii) छात्रों में कर्त्तव्य परायणता के मूल्यों का विकास करना।
(iii) छात्रों की निर्णय शक्ति का विकास करना।
(iv) छात्रों की व्यावहारिक क्षमता का विकास करना।

12.16 प्रत्यय निष्पत्ति प्रतिमान (Concept Attainment Model)

प्रवर्तक (Originator): प्रत्यय निष्पति प्रतिमान के जन्मदाता जे.ब्रूनर (J.Bruner) हैं। प्राथमिक रूप से यह प्रतिमान का विकास आगमन (Inductive Reasoning) तर्क के विकास के लिए किया गया है।

प्रत्यय निष्पत्ति प्रतिमान के तत्व (Elements of Concept Attainment Model):
1. *उद्देश्य (Focus)*: इस प्रतिमान का प्रयोग भाषा का बोध तथा कौशल का विकास करना है। आगमन तर्क (Inductive Reasoning) के लिए इस प्रतिमान का मुख्यत: विकास किया जाता है।

2. *संरचना (Syntax)*: इस प्रतिमान के चार सोपान हैं:

(i) आरम्भ में प्रदत्तों (Data) को प्रस्तुत किया जाता है।
(ii) छात्र प्रत्ययों का सामान्य विश्लेषण करता है। छात्र सीखने की गति का अनुसरण करता है।
(iii) छात्र प्रत्ययों के विश्लेषण का आलेख लिखित रूप में प्रस्तुत करता है। मुख्य लक्ष्य ज्ञान वृद्धि रहता है।
(iv) इसमें छात्रों के प्रत्यय विकास में सहायता दी जाती है। छात्र प्रत्ययों का अभ्यास करते हैं।

3. *सामाजिक प्रणाली (Social System)*: इस प्रतिमान के प्रारम्भ में अध्यापक छात्रों को प्रोत्साहित करता है तथा सहायता देता है। अध्यापक का लक्ष्य रहता है कि वह छात्रों को ऐसी दशा प्रदान करे जिससे वे प्रत्ययों का विश्लेषण कर सकें।

4. *सहायक प्रणाली (Support System)*: इस प्रतिमान में अध्यापक पाठ्यवस्तु में इस प्रकार की स्थिति का निर्माण करता है जिससे प्रत्ययों का बोध हो सके। मूल्यांकन में वस्तुनिष्ठ तथा निबन्धात्मक परीक्षाओं में प्रयोग में लाया जा सकता है।

5. *उपयोग* (*Application*): इस प्रतिमान का प्रयोग भाषा शिक्षण में प्रत्ययों के बोध के लिए किया जाता है। विज्ञान शिक्षण में भी बहुत उपयोगी है। इसका प्रयोग दूरदर्शन पर भी किया जाता है।

12.17 सकमन का पूछताछ (पृच्छा) प्रशिक्षण प्रतिमान (Suchman's Inquiry Training Model)

सकमन के पूछताछ प्रशिक्षण प्रतिमान का निर्माता तथा इसके आधार (Formulator of Inquiry Training Model and Its Basis)

जे. रिचर्ड सकमन पूछताछ प्रशिक्षण प्रतिमान के निर्माता हैं। इस प्रतिमान के निम्नलिखित आधार हैं:

1. *ज्ञान का अस्थायी होना* (*Tentative Knowledge*): सभी प्रकार के ज्ञानों में भले ही वे वैज्ञानिक हों, समय के परिवर्तन के साथ किसी न किसी सीमा तक बदलता रहता है।

2. *एक उत्तर का न होना* (*No one Answer*): प्रत्येक समस्या के कई उत्तर हो सकते हैं।

3. *जिज्ञासु तथा उत्सुक प्रकृति* (*Curious and Eager Nature*): हम बुनियादी तौर पर नए बच्चों की खोज में रहते हैं।

4. *पूछताछ द्वारा प्रभावशाली अधिगम* (*Effective Learning Through Enquiry*): पूछताछ के माध्यम से छात्रों का अधिगम प्रभावी होता है।

5. *स्व-अधिगम* (*Self-Learning*): पूछताछ से छात्रों में स्व-अधिगम के गुण का विकास होता है।

6. *नयी नीतियों का प्रत्यक्ष शिक्षण* (*Direct Teaching of New Principles*): पूछताछ के माध्यम से नये सिद्धान्त तथा व्यूह रचनाएँ सिखाई जा सकती हैं।

पूछताछ प्रशिक्षण प्रतिमान के आधारभूत तत्व (Basic Elements of Enquiry Model)

1. *उद्देश्य* (*Focus*): पूछताछ प्रतिमान के निम्नलिखित उद्देश्य हैं:

(i) छात्रों की विचार योग्यता का विकास करना (To develop thinking ability of the Students)

(ii) छात्रों को अपने विचारों को विधिवत् संगठित करने के योग्य बनाना (To Enable Students to Organise their ideas Systematically)

(iii) छात्रों के विचारों को प्रवाहात्मक बनाना (To Develop fluency in Students, ideas)

(iv) छात्रों में विधिवत् विश्लेषण की योग्यता का विकास करना (To enable the Students to analyse ideas systematically)

(v) छात्रों को बच्चों के आधार पर निष्कर्ष निकालने के योग्य बनाना (To enable Students to draw conclusions based on facts).

(vi) छात्रों में खोज के लिए ज्ञानात्मक कौशलों आंकड़ों का सम्पादन तथा तर्क की योग्यता का विकास करना है (To develop the cognitive skill of Students for serching, data processing and concepts of logic).

2. *संरचना* (*Syntax*): संरचना में निम्नलिखित घटक हैं:

1. समस्या का सामना करना।
2. आंकड़ों को एकत्रित तथा प्रमाणीकृत करना।
3. प्रयोगीकरण के लिए आंकड़े तैयार करना।
4. व्याख्या करना।
5. पूछताछ प्रक्रिया का विश्लेषण करना।

3. *सामाजिक प्रणाली* (*Social System*): सामाजिक प्रणाली में इन तत्वों पर ध्यान दिया जाना चाहिए। सहयोग, बौद्धिक स्वतन्त्रता, समानता आदि अध्यापक तथा छात्रों के बीच।

4. *सहायक प्रणाली* (*Support System*): छात्रों को वांछित सामग्री प्रदान करनी चाहिए।

5. *प्रयोग (Application)*: यह प्रतिमान मुख्यत: प्राकृतिक विज्ञानों के प्रशिक्षण में निर्मित किया गया परन्तु अब इसका प्रयोग लगभग सभी विषयों में किया जाता है।

12.18 पूछताछ प्रशिक्षण प्रतिमान के लाभ (Advantages of Inquiry Training Model)

1. पूछताछ में प्रशिक्षण प्रदान करता है।
2. तर्क शक्ति के विकास में सहायक है।
3. प्रश्न पूछने में प्रशिक्षण देना है।
4. कल्पनाशक्ति के विकास में सहायक होना है।
5. विभिन्न प्रकार के कौशलों जैसे आंकड़ों का निरीक्षण, एकत्रीकरण, संगठन आदि का विकास करना है।
6. समस्या समाधान में सहायता मिलती है।
7. सहयोग के मूल्य के विकास में सहायक है।
8. इसमें अध्यापक तथा छात्रों का ध्यान केन्द्रित रहता है।

पूछताछ प्रशिक्षण प्रतिमान की सीमाएँ अथवा दोष (Disadvantages or Demerits of the Inquiry Training Model)

1. इस प्रतिमान में सभी विद्यार्थी भाग नहीं लेते।
2. इस प्रतिमान में बहुत कल्पनाशील अध्यापक चाहिए।
3. इस प्रतिमान में बहुत समय तथा शक्ति की आवश्यकता पड़ती है।
4. इस प्रतिमान में विभिन्न प्रकार की शिक्षण अधिगम सामग्री की आवश्यकता पड़ती है।

13

शिक्षण व्यवहार में रूपान्तरः सूक्ष्म शिक्षण
(Modification of Teaching Behaviour: Micro-Teaching and Simulation)

13.1 शिक्षक व्यवहार का अर्थ एवं परिभाषा
(Meaning and Definition of Teacher Behaviour)

शिक्षण अधिगम प्रक्रिया में विषयवस्तु के प्रस्तुतीकरण के लिए शिक्षक विभिन्न प्रकार की क्रियाएँ सम्पन्न करता है, जैसे–कभी वह भाषण देता है, कभी तथ्य की व्याख्या करता है, छात्रों से प्रश्न पूछता है, श्यामपट्ट पर लिखता है, सहायक सामग्री का प्रदर्शन करता है, कभी छात्रों को उत्तर देने के लिए प्रोत्साहित करता है, कभी अनुशासन बनाये रखने के लिए विभिन्न प्रकार के शाब्दिक (Verbal) और अशाब्दिक (Non-verbal) व्यवहार को प्रदर्शित करता है। ये सभी क्रियाएँ या व्यवहार ही शिक्षक व्यवहार कही जाती है।

मैकनरजेन्सी एवं कार्नर (*McNergency and Carner*) के शब्दों में, "शिक्षक व्यवहार शिक्षक की विशेषताओं, उसके परिवेश और उसके द्वारा किये जाने वाले कार्यों का मिला-जुला रूप है।"

रयान्स के अनुसार–"शिक्षक व्यवहार को, उन व्यक्तियों के व्यवहार या क्रियाओं के रूप में परिभाषित किया जा सकता है, जिनकी आशा एक अध्यापक से की जाती है, विशेषकर ऐसी क्रियाएँ जो निर्देशन या दूसरों के सीखने के निर्देशन से सम्बन्धित हैं।"

13.2 शिक्षक व्यवहार में रूपान्तर के मापन तथा परिमाणीकरण का महत्व तथा आवश्यकता
(Importance and Need of Measurement of Modification and Standardization of Teacher Behaviour)

शिक्षण की सफलता एवं प्रभावशीलता के लिए यह आवश्यक है कि शिक्षक के वांछित व्यवहार के प्रदर्शन में वृद्धि की जाये और अवांछित व्यवहार में कमी। वांछित व्यवहार में वृद्धि और अवांछित व्यवहार में कमी करने के लिए शिक्षक का मार्गदर्शन आवश्यक है।

इसके लिए शिक्षक व्यवहार का मापन और परिमाणीकृत किया जाना आवश्यक है। कक्षा शिक्षण करते समय किसी योग्य निरीक्षक के द्वारा, शिक्षक के शिक्षण कार्यों और कक्षा में प्रदर्शित व्यवहार का पूरी तरह वस्तुनिष्ठ (Objective) निरीक्षण किया जाये, उसका पूरा रिकॉर्ड बनाया जाये और उसके आधार पर शिक्षण व्यवहार का विश्लेषण करके यह मापा जाए कि वांछित व्यवहार का क्या स्तर रहा और अवांछित व्यवहार का क्या? कौन-सा व्यवहार बढ़ाया जाना चाहिए और कौन-सा व्यवहार कम किया जाना चाहिए। इस प्रकार का मापन व परिमाणीकरण करके इसका पूरा रिकॉर्ड रखा जाना चाहिए। यह रूपान्तर, मापन व परिमाणीकरण निम्न रूप में आवश्यक व महत्वपूर्ण है:

(i) शिक्षक के वांछित व्यवहार में वृद्धि व अवांछित व्यवहार में कमी लाने में सहायक है।

(ii) शिक्षक के व्यवहार में अनुकूल परिवर्तन लाने के लिए उचित मार्गदर्शन करने में सहायक है।

(iii) शिक्षण कौशलों का उचित प्रयोग करने में सहायक है।

(iv) शिक्षक प्रशिक्षण महाविद्यालयों में अध्यापन प्रशिक्षण प्राप्त कर रहे छात्राध्यापकों को शिक्षण अभ्यास करने और अपनी शिक्षण कला में सुधार लाने व कुशल शिक्षक बनाने में सहायक है।

13.3 शिक्षण व्यवहार में सुधार लाने की प्रविधियाँ (Techniques of Improving Teacher Behaviour)

1. सूक्ष्म शिक्षण (Micro-Teaching)
2. अनुकरणी शिक्षण (Simulated Teaching)
3. अन्त:क्रिया विश्लेषण (Interaction Analysis)
4. परीक्षण समूह (T.Group)
5. अभिक्रमित अनुदेशन (Programme Instruction)

13.4 सूक्ष्म शिक्षण (Micro-Teaching)

अर्थ (Meaning): माइक्रो अथवा सूक्ष्म शिक्षण का अर्थ है, लघु कक्षा, लघु-पाठ-अवधि तथा लघु पाठ्य-सामग्री से शिक्षण। सूक्ष्म शिक्षण एक ऐसी शिक्षक-शिक्षण विधि है जो कक्षा-अध्यापन की जटिलता और विस्तार को घटाकर उन्हें लघु रूप देती है और शिक्षण कौशलों एवं निपुणताओं के उन्नयन के लिए कार्य करती है। इसका प्रयोग शिक्षक प्रशिक्षणार्थियों के व्यवहार-परिवर्तन के लिए भी किया जाता है।

13.5 सूक्ष्म शिक्षण की परिभाषाएँ (Definitions of Micro-Teaching)

1. सूक्ष्म विधि के जन्मदाता डी. एलेन (D.Allen) ने जो संयुक्त राज्य अमेरिका के स्टनेफोर्ड विश्वविद्यालय में कार्य करते थे, 1966 में सूक्ष्म शिक्षण की इस प्रकार व्याख्या की, "सूक्ष्म शिक्षण एक विश्लेषित शिक्षण है जिसमें शिक्षण की प्रक्रिया लघु रूप में कम विद्यार्थियों वाली कक्षा केसामने अल्प समय में सम्पन्न की जाती है। इसका प्रयोग सेवारत एवं सेवापूर्व शिक्षकों के व्यावसायिक विकास के लिए किया जाता है। सूक्ष्म शिक्षण, अध्यापकों को शिक्षण के अभ्यास के लिए ऐसी स्थिति प्रदान करता जिससे कक्षा-शिक्षण

की सामान्य जटिलताएँ कम हो जाती हैं। इसमें अध्यापक बहुत अधिक मात्रा में अपने शिक्षण-व्यवहार के लिए प्रतिपुष्टि प्राप्त करता है।"

2. *1970 में मैकएलीज तथा अर्विन* (*McAllese and Arwin*) ने इस प्रकार सूक्ष्म शिक्षण की व्याख्या की, "शिक्षक प्रशिक्षणार्थियों द्वारा सरलीकृत वातावरण में किये गये शिक्षण व्यवहारों को तत्काल प्रतिपुष्टि प्रदान करने के लिए क्लोज-सर्किट टेलीविजन के प्रयोग को प्राय: सूक्ष्म-शिक्षण कहा जाता है।"

3. *क्लिफ्ट और उनके सहयोगियों* (*Clift and Others*) ने 1976 में सूक्ष्म-विधि को शिक्षक-प्रशिक्षण की वह विधि बताया है जिसमें शिक्षण की स्थितियों को सरल किया जाता है और शिक्षण-व्यवहार को किसी एक विशेष कौशल के अभ्यास से जोड़ दिया जाता है। वह अभ्यास छोटे आकार की कक्षा में अल्प समय में किया जाता है।

4. *1981 में एस. के. शर्मा* (*S.K. Sharma*) ने सूक्ष्म-शिक्षण की अनेक परिभाषाओं की समालोचनात्मक विवेचना की तथा इस प्रकार अपने विचार व्यक्त किये, "सूक्ष्म शिक्षण एक विशिष्ट शिक्षक-प्रशिक्षण तकनीक है जिसके द्वारा प्रशिक्षणार्थी प्रतिपुष्टि के सहारे छात्रों के सहभाग को बढ़ाने के लिए विभिन्न कौशलों का विशिष्ट परिस्थितियों में अभ्यास करता है।"

5. *आर.एन. ब्रुश* (*R.N. Brush*) के अनुसार, "सूक्ष्म-शिक्षण, शिक्षक प्रशिक्षण की वह प्रविधि है जिसमें शिक्षक स्पष्ट रूप से परिभाषित, शिक्षण कौशलों का प्रयोग करते हुए, ध्यानपूर्वक पाठ तैयार करता है, नियोजित पाठों के आधार पर पाँच से दस मिनट तक वास्तविक छात्रों के छोटे समूह के साथ अन्त:क्रिया करता है, जिसके परिणामस्वरूप वीडियो टेप पर प्रेक्षण प्राप्त करने का अवसर प्राप्त होता है।"

6. *वी.के. पासी* (*V.K. Passi*) के अनुसार, "सूक्ष्म शिक्षण एक प्रशिक्षण विधि है जिसमें छात्राध्यापक किसी एक शिक्षण कौशल का प्रयोग करते हुए थोड़ी अवधि के लिए छोटे समूह को कोई एक सम्प्रत्यय पढ़ाता है।"

7. *ऐलन एवं ईव* (*Allen and Eve*) के अनुसार, "सूक्ष्म शिक्षण को ऐसी नियन्त्रित अभ्यास प्रणाली के रूप में परिभाषित किया जा सकता है जिसके द्वारा विशिष्ट शिक्षण व्यवहारों पर ध्यान देकर नियन्त्रित परिस्थितियों में शिक्षण अभ्यास किया जा सकता है।"

8. *एल.सी. सिंह* (*L.C. Singh*) के अनुसार, "सूक्ष्म शिक्षण, शिक्षण का वह सरलीकृत लघु रूप हैं जिसमें किसी अध्यापक द्वारा किन्हीं पाँच विद्यार्थियों के समूह को 5 से 20 मिनट तक की अल्प अवधि में पाठ्यक्रम की एक छोटी इकाई का शिक्षण प्रदान किया जाता है। इस प्रकार की परिस्थिति किसी अनुभवी अथवा अनुभवहीन अध्यापक को नवीन शिक्षण कौशलों का अर्जन करने और पूर्व अर्जित कौशलों में सुधार लाने के लिए उपयोगी अवसर प्रदान करती है।"

9. *एन.के. जंगीरा एवं अजीत सिंह* (*N.K. Jangira and Ajit Singh*) के अनुसार– सूक्ष्म शिक्षण एक छात्राध्यापक के लिए प्रशिक्षण का वह प्रारूप है जिसमें सामान्य कक्षा शिक्षण की जटिलताओं को निम्न उपायों द्वारा कम करने का प्रयास किया जाता है:

- एक समय में एक ही शिक्षण कौशल का अभ्यास करना।
- पाठ्य-वस्तु को किसी एक संप्रत्यय तक ही सीमित रखना।
- कक्षा में विद्यार्थियों की संख्या को घटाकर 5 और 10 के बीच रखना।
- पाठ की अवधि को घटाकर 5 और 10 मिनट के बीच रखना।

13.6 सूक्ष्म शिक्षण की विशेषताएँ (Characteristics of Micro-Teaching)

1. सूक्ष्म शिक्षण में शिक्षण के तत्वों को सूक्ष्म स्वरूप दिया जाता है।
2. यह व्यक्तिशः प्रशिक्षण की विधि है।
3. इस विधि में प्रशिक्षणार्थियों को शिक्षण-व्यवहार से सम्बन्धित प्रति पुष्टि तत्काल प्राप्त हो जाती है।
4. यह ऐसा वास्तविक शिक्षण है जो केन्द्र-बिन्दु प्रशिक्षणार्थियों में शिक्षण-कौशलों का विकास करता है।
   (क) कक्षा के आकार को घटाकर छोटा कर दिया जाता है अर्थात् कक्षा में केवल 5 से 10 छात्र ही रखे जाते हैं।
   (ख) पढ़ाने की अवधि को एक घण्टे या 40 मिनट्स से घटाकर 5 से 10 मिनट कर दिया जाता है।
   (ग) विषय-वस्तु के प्रकरण का आकार छोटा कर दिया जाता है।
   (घ) अनेक शिक्षण कौशलों के स्थान पर प्रायः एक ही शिक्षण कौशल का अभ्यास किया जाता है।

सूक्ष्म-शिक्षण प्रक्रिया (Process of Micro-Teaching)

सूक्ष्म शिक्षण प्रक्रिया की तीन अवस्थाएँ हैं, जिन्हें निम्नलिखित चार्ट में प्रदर्शित किया गया है:

सूक्ष्म-शिक्षण की तीन अवस्थाएँ (Three Stages of Micro-Teaching)

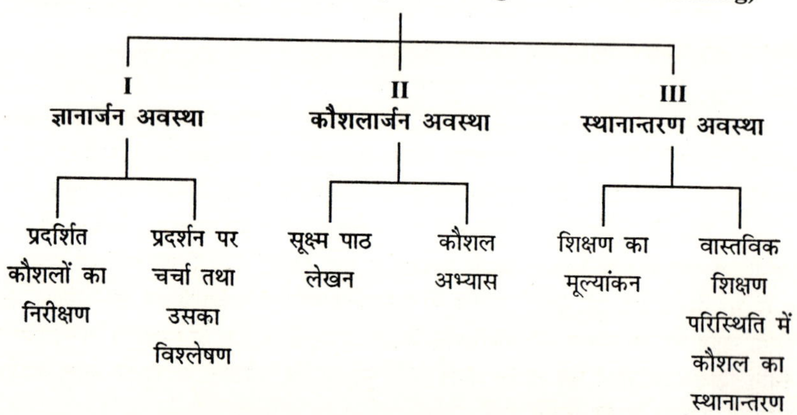

13.7 सूक्ष्म शिक्षण की मूलभूत मान्यताएँ (Assumptions of Micro Teaching)

1. शिक्षण एक उपचारात्मक प्रक्रिया या योजना है।
2. उत्तम प्रशिक्षण देने के लिए शिक्षण-क्रियाओं का वस्तुनिष्ठ (Objective) प्रेक्षण आवश्यक है।
3. शिक्षण में सुधार लाने के लिए समुचित अवसर दिये जाने चाहिए।

4. व्यक्तिगत क्षमताओं का विकास करके शिक्षण प्रक्रिया को उन्नत बनाया जा सकता है।
5. सूक्ष्म शिक्षण, शिक्षण का एक अति लघु एवं सरलीकृत रूप होता है।
6. प्रभावशाली सूक्ष्म शिक्षण के लिए शिक्षक व्यवहार के प्रारूप (Pattern) आवश्यक होते हैं।
7. अपेक्षित व्यवहार में परिवर्तन लाने में पृष्ठपोषण (Feedback) की महत्वपूर्ण भूमिका होती है।

13.8 सूक्ष्म-शिक्षण के सिद्धान्त (Principles of Micro-Teaching)

एलन तथा *रियॉन* (1968) ने सूक्ष्म-शिक्षण के निम्नांकित पाँच मूलभूत सिद्धान्तों का वर्णन किया है:

1. सूक्ष्म-शिक्षण वास्तविक शिक्षण है।
2. किन्तु इस प्रकार के शिक्षण में साधारण कक्षा-शिक्षण की जटिलताओं को कम कर दिया जाता है।
3. एक समय में किसी भी एक विशेष कार्य एवं कौशल के प्रशिक्षण पर ही जोर दिया जाता है।
4. अभ्यास क्रम की प्रक्रिया पर अधिक नियन्त्रण रखा जाता है।
5. परिणाम सम्बन्धी साधारण ज्ञान एवं प्रतिपुष्टि के प्रभाव की परिधि विकसित होती है।

13.9 सूक्ष्म शिक्षण व्यवस्था के सोपान एवं चरण (Steps of Micro-Teaching)

सूक्ष्म शिक्षण के निम्नलिखित सोपान हैं:

सोपान 1—अभिविन्यास (Orientation): सबसे पहले शिक्षक प्रशिक्षणार्थियों के सम्मुख सूक्ष्म-शिक्षण के अर्थ, उसके घटकों, विशेषताओं, गुणों एवं दोषों पर प्रकाश डालता है।

सोपान 2—शिक्षण कौशलों की चर्चा: प्रशिक्षणार्थियों को शिक्षण कौशलों के अर्थ एवं मनोवैज्ञानिक आधारों की जानकारी देता है।

सोपान 3—आदर्श-पाठ प्रस्तुतीकरण: शिक्षण कौशलों की पूरी जानकारी देने के लिए प्रशिक्षणकर्ता को सूक्ष्म पाठ का स्वरूप आदर्श पाठ के रूप में करता है।

आदर्श पाठ प्रदर्शित करने की निम्नलिखित विधियाँ हैं:

(क) शिक्षक-प्रशिक्षक स्वयं सूक्ष्म पाठ पढ़ाकर दिखा सकता है।

(ख) सूक्ष्म-शिक्षण का आदर्श पाठ लिखित रूप में भी प्रशिक्षणार्थियों को दिया जा सकता है। इस लिखित पाठ में शिक्षण कौशलों की पूरी-पूरी जानकारी दी जाए तथा पाठ योजना के प्रस्तुतीकरण का विवरण भी दिया जाए।

(ग) आदर्श पाठ को वीडियो टेप पर रिकॉर्ड कर टेलीविजन पर भी प्रदर्शित किया जा सकता है।

(घ) आदर्श पाठ को साधारण टेपरिकॉर्डर पर टेप कर प्रशिक्षणार्थियों को सुनाया जाता है।

सोपान 4–पाठ का पर्यवेक्षण एवं समालोचन: आदर्श पाठ के पर्यवेक्षण एवं समालोचन की विधि छात्राध्यापकों को विस्तृत रूप से बताई जाती है। पाठ की समालोचना करने के लिए प्रत्येक प्रशिक्षणार्थी को प्रत्येक शिक्षण कौशल के लिए अलग-अलग पर्यवेक्षण प्रपत्र दिये जाते हैं। प्रपत्र का समुचित उपयोग करने की विधि उन्हें बताई जाती है।

सोपान 5–सूक्ष्म-शिक्षण पाठ योजना: प्रशिक्षक किसी एक शिक्षण-कौशल और पाठ्यवस्तु की इकाई पर एक सूक्ष्म पाठ योजना बनाता है।

सोपान 6–शिक्षण स्तर: पाठ योजना के आधार पर पाँच मिनट तक पाँच या दस छात्रों की कक्षा को पढ़ाया जाता है। प्रशिक्षक द्वारा दिये गये पाठ को वीडियो टेप या साधारण कैसेट पर टेप किया जाता है। जहाँ पर यह व्यवस्था नहीं हो सकती, वहाँ शिक्षक-प्रशिक्षक अथवा सह-प्रशिक्षणार्थी पाठ का अवलोकन करते हैं और पर्यवेक्षण प्रपत्रों पर पाठ के लिए समालोचना संकेत बनाते हैं।

सोपान 7–प्रतिपुष्टि: प्रत्येक छात्राध्यापक को व्यक्तिश: तत्कालीन प्रतिपुष्टि प्रदान करना अत्यन्त आवश्यक है। प्रतिपुष्टि के लिए सामान्यत: पाँच मिनट का समय दिया जाता है।

सोपान 8–पुनर्योजना: प्राप्त प्रतिपुष्टि के आधार पर छात्राध्यापक सुझाव-संकेतों को अपनाते हुए अपने सूक्ष्म पाठ का पुनर्नियोजन करता है। इसके लिए लगभग 10 मिनट का समय दिया जाता है।

सोपान 9–पुन: अध्यापन: पुनर्निर्मित या परिमार्जित पाठ योजना को छात्राध्यापक पढ़ाता है।

सोपान 10–पुन: प्रतिपुष्टि: इस सोपान पर भी छात्राध्यापक को पुन: प्रतिपुष्टि (सोपान 7 के समान) प्रदान की जाती है।

13.10 सूक्ष्म शिक्षण द्वारा सिखाए जाने वाले शिक्षण कौशल (Teaching Skills that can be Taught Through Micro-Teaching)

1. उद्देश्यों को लिखने का कौशल (Skill of Writing Objectives)
2. पाठ के अनुगमन का कौशल (Skill of Pacing Lesson)
3. भाषण देने का कौशल (Skill of Lecturing)
4. उदाहरणों के प्रयोग का कौशल (Skill of Using Examples)
5. श्यामपट्ट के प्रयोग का कौशल (Skill of Using Blackboard)
6. दृश्य-श्रव्य साधनों के प्रयोग का कौशल (Skill of Using Audio-Visual Aids)
7. उद्दीपनता का कौशल (Skill of Stimulus Variation)
8. भूमिका निर्वाह का कौशल (Skill of Set Induction)
9. मौन तथा अशाब्दिक संकेतों का कौशल (मौन तथा अशाब्दिक कौशल) (Skill of Silence and Non-Verbal cues)
10. पुनर्बलन का कौशल (Skill of Rainforcement)

11. प्रश्नपूछने का कौशल (Skill of Questioning).
12. प्रश्नों के उत्तर देने का कौशल (Skill of Answering Questions)
13. समीपता का कौशल (नवीन ज्ञान को पूर्व ज्ञान से सम्बन्धित करने का कौशल)
14. गहन प्रश्न पूछने का कौशल (Skill of Proving Questions).
15. सम्प्रेषण की पूर्णता का कौशल (Skill of Completeness in Communciation)

13.11 सूक्ष्म-शिक्षण में प्रयुक्त प्रविधियाँ (Teaching of Micro-Teaching)

सूक्ष्म-शिक्षण का विकास स्टेनफोर्ड विश्वविद्यालय में हुआ था। वहाँ पर निम्नांकित प्रविधि प्रयोग की गयी थीं–

शिक्षण चरण	5 मिनट
मूल्यांकन चरण	10 मिनट
पुनः पाठ निर्माण चरण	15 मिनट
पुनः शिक्षण चरण	5 मिनट
पुनः मूल्यांकन चरण	10 मिनट
कुल समय	**45 मिनट**

उल्स्टर विश्वविद्यालय ने निम्नांकित प्रविधि का प्रयोग किया गया–

शिक्षण चरण	15 मिनट
मूल्यांकन चरण	7 मिनट
पुनः पाठ निर्माण चरण	8 मिनट
पुनः शिक्षण चरण	15 मिनट
पुनः मूल्यांकन चरण	15 मिनट
कुल समय	**60 मिनट**

13.12 भारत में सूक्ष्म प्रविधि के प्रतिमान (Micro-Teaching Models in India)

1. डी.ए.वी. कॉलेज, देहरादून में कई प्रयोगों के पश्चात् निम्नांकित प्रविधि मिश्रा, गोस्वामी तथा कुलश्रेष्ठ ने अपनाई और इसे अधिक उपादेय पाया–

शिक्षण चरण	6 मिनट
प्रथम मूल्यांकन चरण	6 मिनट
द्वितीय मूल्यांकन (वास्तविक मूल्यांकन)	4 मिनट
पुनः पाठ निर्माण चरण	7 मिनट
पुनः शिक्षण चरण	6 मिनट
पुनः मूल्यांकन चरण	6 मिनट
कुल समय	**35 मिनट**

2. राष्ट्रीय शैक्षिक अनुसंधान प्रशिक्षण परिषद् का सूक्ष्म-शिक्षण का भारतीय प्रतिमान (NCERT Model of Miro-Teaching)

भारतवर्ष में विशेष रूप से **NCERT, Centre of Advanced Studies in Education (CASE)** एवं इन्दौर विश्वविद्यालय में किये गये प्रयासों के फलस्वरूप सूक्ष्म-शिक्षण का भारतीय प्रतिमान विकसित किया गया। इसकी निम्नलिखित विशेषताएँ हैं:

1. इसमें महँगी सामग्री, जैसे–वीडियो, क्लोज्ड सर्किट टी.वी. आदि के स्थान पर कथन तथा चर्चा विधि का प्रयोग किया गया है।
2. विदेशी निरीक्षण तथा प्रतिपुष्टि की महँगी सामग्री के स्थान पर इसमें प्रशिक्षित निरीक्षकों द्वारा निरीक्षण तथा प्रतिपुष्टि को स्थान दिया गया है।
3. इसमें सूक्ष्म-शिक्षण सत्र अनुरूपित (Simulated) परिस्थितियों में सम्पन्न किया जाता है, जिसमें साथी बी.एड. प्रशिक्षणार्थियों की मुख्य भूमिका होती है।
4. सूक्ष्म-शिक्षण के इस भारतीय प्रतिमान में स्तर निर्धारण तथा शिक्षण वृत्त निम्नांकित प्रकार से किया जाता है:

छात्रों की संख्या	5 से 10 तक
छात्रों के प्रकार	वास्तविक स्कूल छात्र या बी.एड. छात्र
निरीक्षण व प्रतिपुष्टि	प्राध्यापक या साथी बी.एड.छात्र
पाठ की अवधि	6 मिनट
कौशलों की संख्या	एक समय में एक कौशल
विषय-वस्तु	एक शिक्षण बिन्दु/परिकल्पना
कुल समय	**36 मिनट**

5. सूक्ष्म शिक्षण के भारतीय प्रतिमान में सूक्ष्म-शिक्षण चक्र की अवधि 36 मिनट होती है। इसका समय-विभाजन निम्नांकित प्रकार से दर्शाया गया है:

शिक्षण	6 मिनट
प्रतिपुष्टि	6 मिनट
पुनः योजना	12 मिनट
पुनः शिक्षण	6 मिनट
पुनः प्रतिपुष्टि	6 मिनट
कुल समय	**36 मिनट**

6. यह प्रतिमान कम खर्चीला तथा ज्यादा लचीला होता है।
7. भारतीय प्रतिमान में कौशलों के समन्वय करने को भी समुचित स्थान दिया गया है।

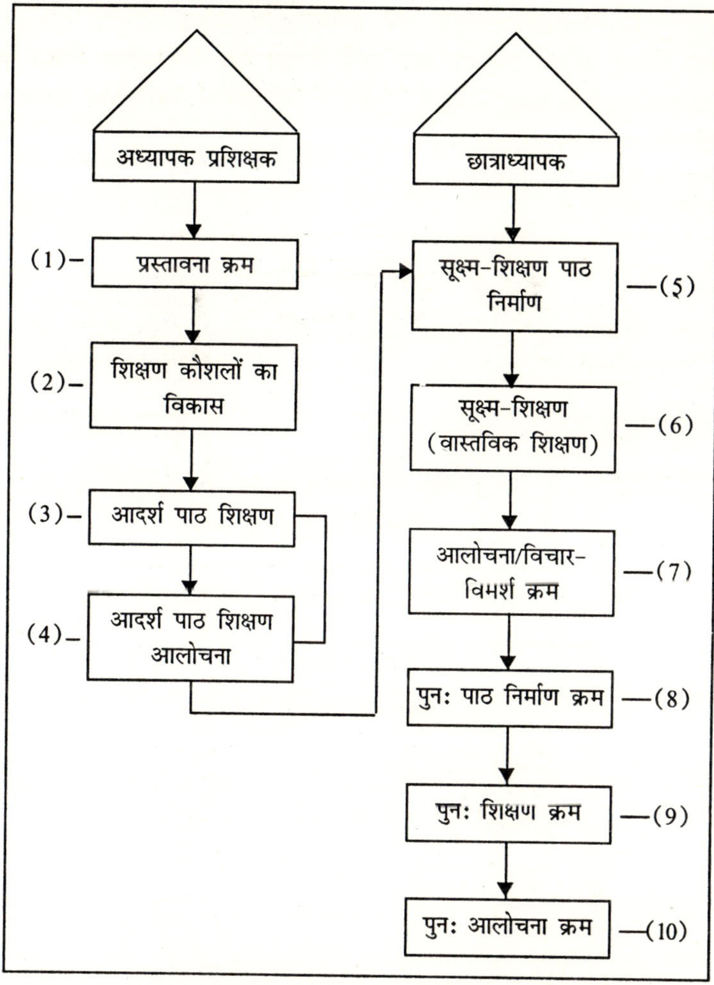

चित्र 13.1: सूक्ष्म-शिक्षण प्रक्रिया (Process of Micro-Teaching)

मूलतः सूक्ष्म-शिक्षण की प्रविधि में निम्नलिखित पाँच पदक्रम सन्निहित हैं:

(i) शिक्षण, (ii) प्रतिपुष्टि, (iii) पुनः पाठ नियोजन, (iv) पुनः शिक्षण, (v) पुनः प्रतिपुष्टि। इन पाँच पदक्रमों को मिलाकर एक सूक्ष्म-शिक्षण चक्र बनता है। एक सूक्ष्म-शिक्षण चक्र को चित्र 13.2 में प्रस्तुत किया गया है–

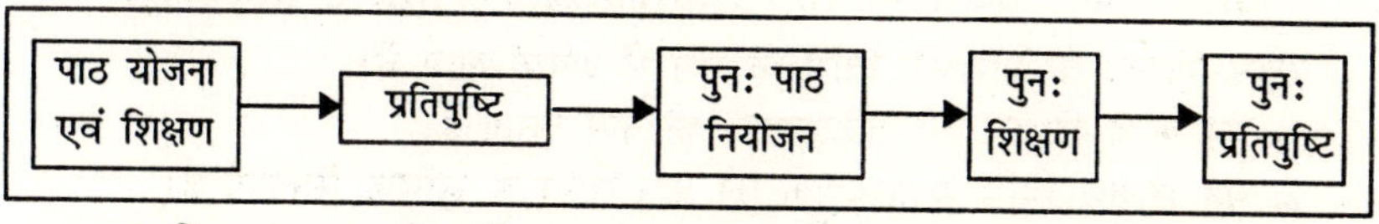

चित्र 13.2: सूक्ष्म-शिक्षण पदक्रम (Steps in Micro-Teaching)

13.13 सूक्ष्म-शिक्षण चक्र (Micro-Teaching Cycle)

ऊपर दी गई प्रक्रिया तब तक जारी रहती है जब तक छात्राध्यापक विशेष शिक्षण कौशल (Specific Teaching Skill) में निपुणता न प्राप्त कर लें, यह प्रक्रिया सूक्ष्म शिक्षण चक्र कहलाती है।

उपर्युक्त विवरण के आधार पर सूक्ष्म-शिक्षण चक्र के विभिन्न पद चित्र के द्वारा आगे प्रदर्शित किये जा रहे हैं:

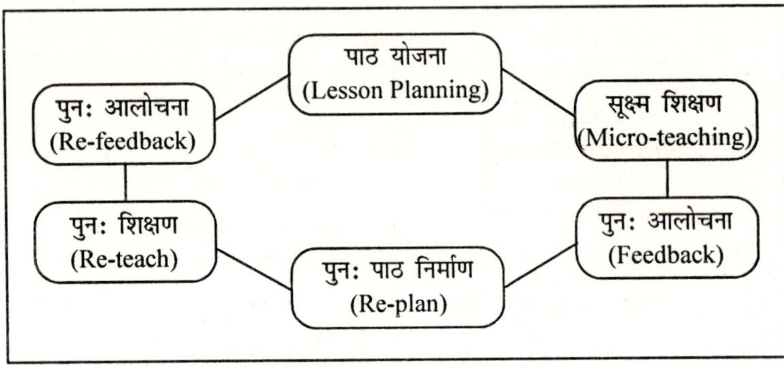

चित्र 13.3 सूक्ष्म-शिक्षण चक्र (Micro-Teaching Cycle)

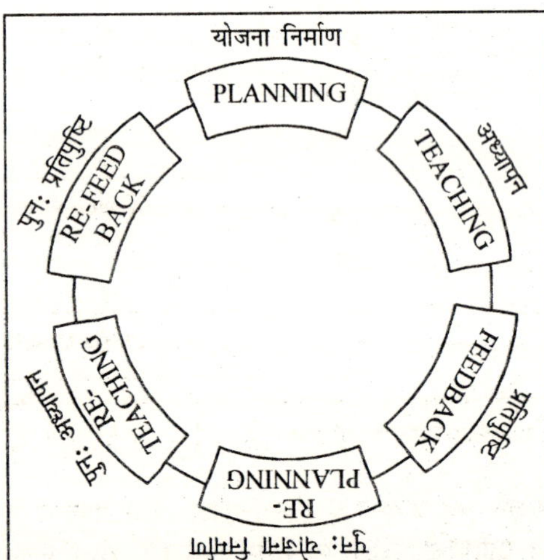

चित्र 13.4: सूक्ष्म-शिक्षण चक्र (Micro-Teaching Cycle)

13.14 सूक्ष्म-शिक्षण के लाभ (Advantages of Micro-Teaching)

सूक्ष्म-शिक्षण के प्रशिक्षण विधि के रूप में अनेक लाभ हैं:

1. यह कक्षा-शिक्षण की जटिलताओं को कम करता है।
2. यह शिक्षण विधि छात्राध्यापक को कम समय में अधिक सिखाती है।
3. इस विधि के माध्यम से छात्राध्यापक को विद्यालय में सीधा पढ़ाने जाने की अपेक्षा

छोटी कक्षा, कम छात्र तथा छोटी पाठ-योजना से अध्यापन कार्य सिखाया जाता है जो छात्राध्यापक के लिए अत्यन्त उपयोगी सिद्ध होता है।

4. यह शिक्षण विधि छात्राध्यापकों में आत्मविश्वास जाग्रत करती है।

5. छात्राध्यापक क्रमशः अपनी योग्यतानुसार शिक्षण-कौशलों पर अपना ध्यान केन्द्रित करते हुए उन्हें विकसित करता है और सीखने का प्रयत्न करता है।

6. प्रतिपुष्टि (Feedback) सम्पूर्ण तथा सभी दृष्टिकोणों को अंगीकार करती है।

7. छात्राध्यापक का वस्तुनिष्ठ मूल्यांकन किया जाता है।

8. मूल्यांकन में छात्राध्यापक को अपना पक्ष रखने का पूर्ण अधिकार होता है और मूल्यांकन चरण में उसे सक्रिय रखा जाता है।

9. निरीक्षक, छात्राध्यापक के परामर्शदाता के रूप में कार्य करता है।

10. सूक्ष्म-शिक्षण से शिक्षण प्रक्रिया सरल होती है।

11. सूक्ष्म-शिक्षण से व्यावसायिक परिपक्वता विकसित होती है।

12. सूक्ष्म-शिक्षण से छात्राध्यापकों को शिक्षण प्रक्रिया पूर्ण रूप से स्पष्ट हो जाती है और वे अपने शिक्षण कार्य को भली-भांति समझ लेते हैं।

13. सूक्ष्म-शिक्षण के द्वारा छात्राध्यापक शिक्षण-कौशलों पर पूर्ण अधिकार (निपुणता) प्राप्त कर लेते हैं। फलस्वरूप वे कम समय में वांछित कौशल का कुशल उपयोग करने में सक्षम हो जाते हैं।

14. सूक्ष्म-शिक्षण में शिक्षण कौशलों का अभ्यास वास्तविक जटिल परिस्थितियों की अपेक्षा अधिक सरल परिस्थितियों में कराया जाता है।

15. सूक्ष्म-शिक्षण में छात्राध्यापकों की व्यक्तिगत विभिन्नता पर ध्यान प्रदान किया जाता है।

16. सूक्ष्म-शिक्षण छात्राध्यापकों के व्यवहार परिवर्तन में अधिक प्रभावी होता है।

17. सूक्ष्म-शिक्षण यदि यथार्थवत् परिस्थितियों (Simulation) में कराया जाता है तब वास्तविक विद्यालय न मिलने पर भी समुचित प्रशिक्षण सम्भव होता है।

18. सेवारत अध्यापकों (Inservice Teachers) के व्यवहार में आयी हुई कड़ाई (Rigidity) को कम करने और शिक्षण की बुरी आदतों में सुधार लाने के लिए यह विधि उपयोगी है।

19. यह विधि निरीक्षण प्रणाली को एक नया स्वरूप प्रदान करती है।

13.15 भारत में सूक्ष्म-शिक्षण का बहुत कम प्रयोग (Very Limited Use of Micro-Teaching in India)

इसमें कोई सन्देह नहीं कि सूक्ष्म-शिक्षण का शिक्षक-प्रशिक्षण में बहुत महत्वपूर्ण स्थान है। परन्तु भारत में इसका प्रयोग कोरी कल्पना है। अभी तक 'सभी के लिए प्राथमिक शिक्षा' का लक्ष्य, जो कि संविधान के अनुसार 1960 तक पूरा करना था, 'मृततृष्णा' बनकर रह गया है। वित्तीय साधनों की कमी के कारण सूक्ष्म-शिक्षण पद्धति को लागू करने में अनेक कठिनाइयाँ हैं जिन्हें निकट भविष्य में दूर करना सम्भव नहीं दिखाई देता है।

सूक्ष्म प्रयोग में सावधनियाँ (Precautions in the Use of Micro-Teaching)

1. प्रशिक्षण तथा शिक्षण उद्देश्यों का विशिष्टीकरण स्पष्ट किया जाना चाहिए।
2. इस तकनीक के अभ्यास के पूर्व अनुकरणीय शिक्षण का अभ्यास करना आवश्यक है।
3. वाद-विवाद में आलोचना के स्थान पर सुझाव के रूप में कमजोरियों को दर्शाया जाए।
4. एक समय में केवल एक ही कौशल को सिखाया जाए तथा उसी पर ध्यान केन्द्रित किया जाए।
5. एक ही विशिष्ट विषय के छात्राध्यापक सूक्ष्म पाठ में भाग लें तथा उन्हीं का निरीक्षण का अवसर दिया जाए।
6. शिक्षण कौशल से पूर्व छात्राध्यापक को अपनी पाठयोजना बना लेनी चाहिए।
7. पाठ से पूर्व शिक्षण युक्तियों का निर्धारणा कर लेना चाहिए।

13.16 सूक्ष्म-शिक्षण की सीमाएँ (Limitations of Micro-Teaching)

(1) साधनों का समान्यतः अभाव होने के कारण सूक्ष्म-शिक्षण में वीडियो फिल्म, जो कि सर्वाधिक प्रभावी है, का प्रयोग किया जाना सम्भव नहीं है।

(2) सूक्ष्म-शिक्षण का उपयोग करने के लिए विशेष रूप से प्रशिक्षित अध्यापकों की आवश्यकता है। ऐसे अध्यापकों की कमी है।

(3) सूक्ष्म-शिक्षण के लिए अनेक कक्षा-कक्षों की आवश्यकता होती है।

(4) सूक्ष्म-शिक्षण में छात्राध्यापकों को अलग-अलग शिक्षण कौशलों का अभ्यास कराया जाता है। इससे छात्राध्यापक शिक्षण कौशलों का अलग-अलग प्रयोग करने में तो दक्षता प्राप्त कर लेते हैं परन्तु वास्तविक शिक्षण के समय सभी शिक्षण कौशलों का एकीकृत (Integrated) रूप में प्रयोग करने में समर्थ नहीं पाते।

(5) सूक्ष्म-शिक्षण के लिए विषय-वस्तु को विश्लेषित कर एक सम्प्रत्यय का एक बार में प्रयोग किया जाता है। वैसे भी निरीक्षक का ध्यान शिक्षण कौशल के प्रेक्षण पर अधिक रहता है, विषय वस्तु के औचित्य पर नहीं। अतः यदि वास्तविक विद्यार्थी शिक्षण अध्यापक के लिए जाते हैं तो उनके समय व शक्ति का अपव्यय होता है।

(6) सूक्ष्म–शिक्षण में शिक्षण कौशलों का अभ्यास कृत्रिम परिस्थितियों में कराया जाता है। अतः छात्राध्यापक वास्तविक कक्षा की स्थितियों का सामना पूरी दक्षता से नहीं कर पाते हैं।

13.17 अनुरूपण अथवा अनुकरणीय प्रविधि (Simulation Technique)

अनुरूपण का अर्थ (Meaning of Simulation)

अनुरूपण का अर्थ तथा इसके विभिन्न तत्वों को जानने के लिए इसकी तीन परिभाषाएँ नीचे दी गई हैं:

1. *विंग* (*Wing, 1964*) ने अनुरूपण को वास्तविक परिस्थितियों का सही प्रतिनिधित्व करने वाला कहा है। उनके अनुसार अनुरूपित परिस्थितियों का निर्माण उस समय किया

जाता है जब छात्रों या प्रशिक्षणार्थियों की विशिष्ट अनुरूपित सामग्रियों का सामना इसलिए करना पड़ता है कि उन्हें वांछित अनुक्रियाएँ करनी पड़ें।

2. *क्रिकशैन्क* (*Cruichohank, 1966*) ने अनुरूपण को इस प्रकार परिभाषित किया है–"ऐसी वास्तविक परिस्थितियों का निर्माण जिनमें भाग लेने वालों को इसलिए खेलना पड़े कि उन्हें अपने वर्तमान या भविष्य के कार्यों से सम्बन्धित समस्याओं को सुलझाने का अनुभव मिले। इस प्रकार के क्रीड़ा-अनुभव में प्रत्येक भाग लेने वाले को अपने पूर्व-प्रशिक्षण, अनुभवों एवं उपलब्ध जानकारियों के आधार पर कोई-न-कोई निर्णय लेना पड़ता है। निर्णय लेने के पश्चात् भाग लेने वाले को एक ऐसा अवसर प्रदान किया जाता है कि वह अपने निर्णयों के एक या एक से अधिक परिणामों को देख सके।"

3. *टैन्सी और अन्विन्* (*Tansey and Unwin, 1967*) ने अनुरूपण को परिभाषित करते हुए लिखा है, "अनुरूपण, किसी एक परिस्थिति या वातावरण का किसी सादृश्य अथवा रूपक द्वारा प्रतिनिधित्व करता है। प्रायः यह प्रतिनिधित्व वास्तविक परिस्थितियों की तुलना में कम जटिल और अधिक सुविधायुक्त तथा प्रायः कम समय लेने वाला होता है। क्रीडन एक अनुरूपित परिस्थिति है, जिसमें कृत्रिम प्रतियोगिता के तत्व भर दिए जाते हैं।"

4. *मेगरी* (*Meggary*) के विचार में, "अनुरूपण प्रविधि शिक्षण एवं अधिगम की एक ऐसी तकनीक है जिसमें छात्र को यथार्थ वास्तविक जीवन की कुछ घटनाएँ प्रक्रियाएँ तथा स्थितियाँ प्रदान की जाती हैं तथा अभिनय के लिए कुछ भूमिकाएं प्रदान की जाती हैं जिन का उद्देश्य विशिष्ट लक्ष्यों की प्राप्ति होती है। विशिष्ट आवश्यकताओं एवं रूचियों को प्रभावित करने के लिए यथावत् शिक्षण का प्रयोग अध्यापकों तथा विद्यार्थी दोनों को बहुत अभिप्रेरणा प्रदान कर सकता है।"

5. *फिंक* (*Fink*) के कथन के अनुसार, "वास्तविक शिक्षण वास्तविक का नियन्त्रण निरूपण है।"

6. *हॉरमन* (*Horman*) के विचार में "वास्तविक में वास्राव के सभी अंश तो नहीं, परन्तु महत्वपूर्ण अंश अवश्य होते हैं।"

7. *टैनसे* (*Tansey*) के अनुसार, "यथावत् शिक्षण में सभी क्रियाएँ सम्मिलित होती हैं जो कृत्रिम वातावरण का निर्माण करती है अथवा उनमें भाग लेने वालों को कृत्रिम अनुभव प्रदान करती हैं।"

इन्हीं लेखकों के मतानुसार अनुकरण और शैक्षिक क्रीड़न वस्तुतः अधिगम एवं शिक्षण को और अधिक प्रभावकारी एवं दक्ष बनाने वाली तकनीक या प्रविधियाँ हैं। शैक्षिक तकनीकी के इन नवीन माध्यमों ने शिक्षा-जगत् में अपने प्रयोगों के द्वारा एक महत्वपूर्ण भूमिका निभाई है और शैक्षिक अभ्यासों में यथार्थता के भाव को अवतरित किया है।

साधारण भाषा में अनुरूपण का अर्थ उस प्रविधि से है जिसमें छात्र पर्यावरण अथवा समाज के किसी भाग अथवा तत्व की तरह व्यवहार करता है तथा उसके अनुभव, भावना एवं परिस्थिति आदि ग्रहण करने का प्रयास करता है। उदाहरण के लिए छात्र किसी पेड़, वृक्ष अथवा किसी कार्य में लगे व्यक्ति के स्थान पर अपने को रखकर उसकी भावना अथवा अनुभव को महसूस करने की चेष्टा करता है।

इस प्रकार की प्रविधि को पहली बार प्रयोग करने पर छात्रों को अपनी भूमिका निभा सकना कठिन जान पड़ता है। पर्याप्त अनुभव मिलने पर उचित लाभ की प्राप्ति हो सकती है। यह विधि प्रशिक्षण में विशेष महत्व रखती है।

13.18 अनुरूपण विधि के प्रमुख तत्व (Chief Elements of Simulations)

1. शिक्षक की भूमिका (Role of the Teacher)
2. छात्र की भूमिका (Role of the Student)
3. निरीक्षक की भूमिका (Role of the Observer)

13.19 अनुरूपण विधि की प्रक्रिया (Process of Simulation Technique)

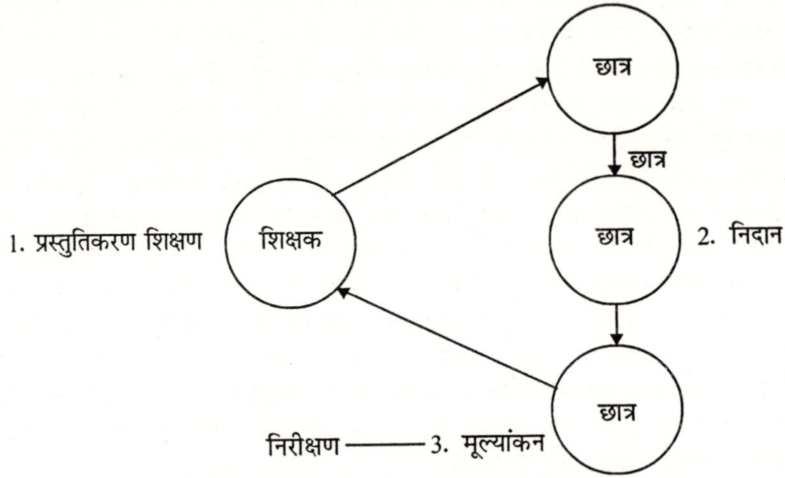

13.20 अनुरूपण के सिद्धान्त (Principles of Simulation)

अनुरूपण एवं क्रीड़न कुछ सिद्धान्तों पर आधारित हैं, जैसे–

1. अनुरूपण में भाग लेने वाले प्रत्येक सदस्य को एक ऐसी भूमिका निभानी चाहिए जो वास्तविक जीवन का प्रतिनिधित्व करती हो। भाग लेने वाले को अनुरूपित परिस्थिति का मूल्यांकन कर उस परिस्थति में कोई निर्णय लेना पड़े।

2. अनुरूपित परिस्थिति में प्राप्त अनुभव, भाग लेने वालों द्वारा लिए गए निर्णयों और अनुरूपित परिस्थिति में किये कार्यों से सम्बन्धित होने चाहिए।

3. अनुरूपित परिस्थितियों में लिये गए निर्णयों और किये गए कार्यों के परिणामों के सम्बन्धों के विषय में भाग लेने वालों को सोचना, विचारना पड़े।

अनुरूपित शिक्षण के पद (Steps in Simulated Teaching)

अनुरूपित शिक्षण के लिए कोई क्रमबद्ध एवं सुनिश्चित, अनमनीय पदक्रम नहीं है। विभिन्न लेखकों ने विभिन्न पदक्रमों की चर्चा की है: किन्तु सामान्यत: कक्षा में अनुरूपित शिक्षण करते समय निम्नलिखित पदों का अनुसरण किया जाता है–

पद 1. कक्षा में अनुरूपित शिक्षण करते समय अध्यापक अनुरूपण में भाग लेने वाले प्रत्येक छात्र को सांकेतिक चिन्ह प्रदान करता है कि जैसे–A, B, C, D आदि। तत्पश्चात् वह एक ऐसी प्रणाली विकसित करता है कि प्रत्येक छात्र की भूमिका को बदला जा सके। इस प्रक्रिया से प्रत्येक छात्र को सभी भूमिकाओं को निभाने का अवसर मिलता है।

पद 2. इस पद पर अनुरूपण का नियोजन और उसकी तैयारी की जाती है। साथ ही साथ अनुरूपण की प्रविधि द्वारा जिस कौशल या विषय को सिखाता है, उसे निश्चित किया जाता है। अध्यापक को प्रत्येक अभिनेता या भाग लेने वाले के लिए बहुत सावधानी और बुद्धिमतापूर्वक उपयुक्त विषय या कौशल को चुनना चाहिए।

पद 3. इस पद पर इस बात का निर्णय लेना चाहिए कि टोली का कौन-सा सदस्य वार्ता प्रारम्भ करेगा, और कौन-सा सदस्य किन परिस्थितियों में कब सामूहिक परस्पर-क्रिया का अन्त करेगा। प्रत्येक सदस्य की भूमिका और परस्पर-अन्तःक्रिया का विस्तृत कार्यक्रम शिक्षक को पहले से ही बना लेना चाहिए।

पद 4. शिक्षक को मूल्यांकन की प्रक्रिया पहले से ही निश्चित कर लेनी चाहिए। उसे यह निश्चित करना होगा कि किन व्यवहारों का निरीक्षण किया जाए और प्रत्येक भाग लेने वाले की परस्पर क्रियाओं के विषय में किस प्रकार आँकड़े एकत्रित एवं अभिलिखित किये जायें। उन्हें इस सम्बन्ध में भी सोच लेना चाहिए कि परस्पर क्रिया समाप्त होने के पश्चात् प्रत्येक भाग लेने वाले के सम्मुख उनके व्यवहारों के सम्बन्ध में आँकड़े एवं अभिमत किस प्रकार प्रस्तुत किये जायेंगे।

पद 5. इस पद पर अनुरूपित परिस्थिति में पूर्व-निश्चित विषय और कौशल के अभ्यास का अवसर प्रदान किया जाता है। इसे '**अभ्यास सत्र**' कहते हैं। इस सत्र के पश्चात् प्रत्येक भाग लेने वाले को प्रतिपुष्टि प्रदान की जाती है। आवश्यकता पड़ने पर प्रशिक्षण की प्रक्रिया को और सुधारने के लिए अभ्यास के दूसरे स्तर में आवश्यक परिवर्तन किया जा सकता है। जैसे ही अभ्यास-स्तर बिना किसी बाधा के सरलतापूर्वक चलने लगता है और प्रत्येक भाग लेने वाले को अपनी-अपनी भूमिका निभाने का अवसर मिल जाता है। दत्त कार्य की जटिलता बढ़ाने की कोशिश की जाती है।

पद 6. इस पद पर अध्यापक इस प्रकार की स्थिति उत्पन्न करता है कि प्रत्येक भागीदार किसी चुनौती का सामना करे तथा कार्य में उसकी रूचि बनी रहे। अध्यापक का यह भी प्रयास रहता है कि नया दिए जाने वाला कार्य (Assignment) ने तो बहुत कठिन हो तथा न ही बहुत सरल।

13.21 अनुरूपण विधि की विशेषताएँ
(Characteristics of simulation Teachnique)

1. अध्यापक शिक्षण में छात्राध्यापक अपने शिक्षण कौशल का मौलिक विकास कर सकते हैं।

2. छात्राध्यापक को कक्षा में शिक्षण के लिए जाने से पहले शिक्षण सम्बन्धी पूर्व अभ्यास (Rehearsai) के लिए वाँछित अवसर मिल जाते हैं।

3. यह प्रविधि छात्राध्यापकों को प्रभावशाली ढंग से पृष्ठपोषण देने की क्षमता रखती है।

4. इस विधि को शैक्षिक अनुसन्धान में प्रयोग किया जा सकता है।

13.22 अनुरूपण विधि के प्रयोग में सावधनियाँ (Precautions in the use of Simulation Techniques)

1. अनुरूपण विधि के प्रयोग के समय प्रवक्ता तथा पर्यवेक्षक उपस्थित रहें।

2. यदि छात्राध्यापक ही पर्यवेक्षक रहेंगे तो अभ्यास में गम्भीरता का आभास रह सकता है।

3. एक ही विषय के छात्राध्यापकों का एक साथ इस विधि का अभ्यास करना चाहिए।

4. इस विधि के अभ्यास के बाद जो चर्चा की जाए, उसकी विशेषता निदानात्मक होनी चाहिए।

5. अच्छे व्यवहार की प्रशंसा की जाए।

6. व्यवहार के रूप में सुधार के लिए सुझाव दिए जाने चाहिए।

7. प्रत्येक छात्राध्यापक को शिक्षक तथा छात्र के रूप में कार्य करने का अवसर दिया जाना चाहिए।

8. पाठ्यवस्तु की पाठ योजना पर छात्राध्यापक स्वामित्व होना चाहिए।

9. अभ्यास के लिए छात्राध्यापक को पाठ योजना छोटी बनानी चाहिए।

10. शिक्षक-व्यवहार के विकास का अनुसरण किया जाना चाहिए तभी छात्राध्यापक इसके अभ्यास में रूचि लेंगे।

14

फ्लैण्डरस का अन्त:क्रिया विश्लेषण
(Flanders Interaction System)

14.1 अन्त:क्रिया विश्लेषण का अर्थ (Meaning of Interaction Analysis)

कक्षा में शिक्षण प्रक्रिया के समय शिक्षक का जो भी व्यवहार और शिक्षक-छात्रों या छात्रों-छात्रों के मध्य जो भी अन्त:क्रिया होती है, उसकी प्रभावपूर्णता का पता लगाने के लिए, उसका वस्तुनिष्ठ मूल्यांकन किया जाता है और परिमाणों के आधार पर सुधार लाने का प्रयास किया जाता है। वस्तुनिष्ठ मूल्यांकन के लिए पहले कक्षा व्यवहार और अन्त:क्रिया का विश्लेषण किया जाता है। यह विश्लेषण ही अन्त:क्रिया विश्लेषण के नाम से जाना जाता है। संक्षेप में, कक्षा व्यवहार का विश्लेषण ही अन्त:क्रिया विश्लेषण है। इसमें पहले कक्षा व्यवहार का निरीक्षण होता है तदुपरान्त उसका विश्लेषण किया जाता है।

इस प्रकार अन्त:क्रिया विश्लेषण एक ऐसी तकनीक है जिसमें कक्षा अन्त:क्रिया और शिक्षक व्यवहार का व्यवस्थित एवं समुचित निरीक्षण और विश्लेषण करने की व्यवस्था होती है।

शिक्षक व्यवहार और अन्त:क्रिया विश्लेषण की लगभग 100 से भी अधिक प्रणालियाँ हैं। इन प्रणालियाँ को दो भागों में बाँटा गया है:

(A) संकेत प्रणालियाँ (Sign Systems),

(B) श्रेणी प्रणालियाँ (Category Systems)

संकेत प्रणाली में शिक्षक व्यवहार की एक सूची बना ली जाती है। निरीक्षक कक्षा शिक्षण के समय शिक्षक द्वारा प्रदर्शित किये गये व्यवहार पर सूची में निशान लगा देता है।

चाहे वह व्यवहार कितनी भी बार दोहराया गया हो। इससे विश्लेषण के समय वांछित या अवांछित व्यवहार को क्रमश: ज्यादा या कम करने के सम्बन्ध में सलाह देने में असुविधा होती है।

श्रेणी प्रणालियों में कक्षा व्यवहार को पहले कुछ इकाइयों में और फिर इन इकाइयों (Units) को कुछ श्रेणियों में बाँट लिया जाता है। निरीक्षक निरीक्षण के समय

व्यवहार विशेष से सम्बन्धित श्रेणी को हर तीन सेकेण्ड में नोट करता जाता है। कौन-सा व्यवहार किस क्रम से व कितनी बार घटित हो रहा है, इसका पूरा रिकॉर्ड रखा जाता है। बाद में विश्लेषण के आधार पर यह मार्गदर्शन किया जा सकता है कि अध्यापक को किस व्यवहार में वृद्धि करनी चाहिए व किस व्यवहार को कितना कम करना चाहिए। फ्लैण्डर की अन्त:क्रिया विश्लेषण प्रणाली श्रेणी प्रणालियों में एक अच्छी प्रणाली मानी जाती है।

14.2 फ्लैण्डर की अन्त:क्रिया विश्लेषण प्रणाली का अर्थ (Meaning of Flander's Interaction Analysis System)

वर्ष 1959 में *एन.ए.फ्लैण्डर* (N.A. Flander) ने मिनीसोटा विश्वविद्यालय में शिक्षक प्रशिक्षण कार्यक्रम के लिए कक्षा के अन्तर्गत होने वाले शिक्षक के व्यवहार का अध्ययन करने के लिए एक तकनीक का विकास किया। इससे कक्षा के भीतर होने वाली अन्त:क्रिया का विश्लेषण किया जाता है। अत: इसे फ्लैण्डर की अन्त:क्रिया विश्लेषण प्रणाली कहा जाता है।

14.3 फ्लैण्डर की अन्त:क्रिया विश्लेषण प्रणाली के उद्देश्य (Objectives of Flander's Interaction Analysis System)

इस प्रणाली के मुख्य उद्देश्य निम्नलिखित हैं:

(i) कक्षा में अन्त:क्रिया के माध्यम द्वारा शिक्षक के व्यवहार की पहचान करना।

(ii) शिक्षण विधियों के सन्दर्भ में उपचारात्मक व्यूह-रचनाओं (Remedial Strategies) का निर्माण करना।

(iii) शिक्षक-व्यवहार के बारे में वस्तुनिष्ठ आँकड़े (Objective Data) और क्रमबद्ध अभिलेख (Systematic Record) एकत्रित करना।

14.4 फ्लैण्डर की अन्त:क्रिया वर्ग पद्धति की धारणाएँ (Assumptions of Flander's Interaction Analysis System)

1. शिक्षक के कक्षा में व्यवहारों का निरीक्षण वस्तुनिष्ठ (Objectively) ढंग से सम्भव है।

2. फ्लैण्डर (Flander) के अनुसार पृष्ठपोषण (Feedback) द्वारा कक्षा-कक्ष व्यवहार (Class-room Behaviour) में परिवर्तन किया जा सकता है।

3. कक्षा-कक्ष (Class-room) में अधिकांश समय कोई-न-कोई बोलता ही रहता है। अत: शाब्दिक व्यवहार की प्रधानता रहती है। इसका निरीक्षण अन्त:क्रिया विश्लेषण विधि द्वारा किया जा सकता है।

4. अधिगम की सम्पूर्ण प्रक्रिया में कक्षा-वातावरण (Class-Climate) बहुत महत्वपूर्ण होता है।

5. अधिगम की प्रक्रिया में छात्र और शिक्षक का परस्पर सम्बन्ध भी बहुत महत्व रखता है।

6. कक्षा में प्रजातान्त्रिक वातावरण छात्रों की निष्पत्तियों (Performances) को विशेष रूप से प्रभावित करता है।

7. शिक्षण में शिक्षक का व्यवहार छात्रों पर बहुत प्रभाव डालता है।

8. अशाब्दिक व्यवहार (Non-verbal Behaviour) की अपेक्षा शाब्दिक व्यवहार (Verbal Beahviour) का अधिक विश्वसनीयता (Reliably) से निरीक्षण किया जा सकता है।

9. कक्षा में प्रजातान्त्रिक व्यवहार (Democractic Behaviour) को अधिक उपयुक्त माना जाता है।

10. निरीक्षकों की त्रुटियों (Errors by Observers) को कम करने की प्रविधियों (Techniques) का विकास कर लिया गया है। उसमें उन व्यवहारों को परिभाषित कर लिया जाता है जिन व्यवहारों का निरीक्षण किया जाता है।

14.5 फ्लैण्डर की अन्तःक्रिया विश्लेषण प्रणाली का विवरण (Description of Flander's Interaction Analysis System)

फ्लैण्डर के अनुसार कक्षा में दो प्रकार का व्यवहार हाता है—शाब्दिक (Verbal) और अशाब्दिक (Non-verbal)। इस प्रणाली का प्रयोग शाब्दिक व्यवहार का विश्लेषण करने के लिए किया जाता है। फ्लैण्डर ने कक्षा के अन्तर्गत होने वाले शाब्दिक व्यवहार को पहले तीन मुख्य इकाइगों में विभाजित करना है

1. शिक्षक वार्ता (Teacher talk)
2. छात्र वार्ता (Pupil talk)
3. मौन या अस्तव्यवस्तता (Silence or confusion)

1. शिक्षक वार्ता (Teacher Talk)

शिक्षक की प्रत्यक्ष या अप्रत्यक्ष रूप से बातचीत के आधार पर इस इकाई को दो उप-इकाइयों में विभाजित किया गया है—अप्रत्यक्षवार्ता और प्रत्यक्षवार्ता।

अप्रत्यक्ष वार्ता में शिक्षक के वे शाब्दिक व्यवहार समाविष्ट हैं जिनसे छात्रों को अधिक-से-अधिक अनुक्रिया करने के लिए प्रोत्साहित करते हैं। अप्रत्यक्ष वार्ता सम्बन्धी व्यवहार को चार श्रेणियाँ प्रदान की हैं:

(1) *छात्रों की भावनाओं को स्वीकार करना (Accepting pupils' feelings)*: इस श्रेणी में छात्रों की भावनाओं को स्वीकृति देने वाले शिक्षक व्यवहार आते हैं।

(2) *प्रशंसा या प्रोत्साहन देना (Praising or Encouraging)*: जिन व्यवहारों से छात्रों की प्रशंसा की जाती है या उन्हें कार्य करने के लिए प्रोत्साहित किया जाता है, इस श्रेणी में आते हैं, जैसे—हाँ, हाँ, शाबाश, अच्छा आदि।

(3) *छात्रों के विचारों को स्वीकारना या प्रयोग करना (Accepting or Using Pupils' Ideas)*: इस श्रेणी में शिक्षक के वे व्यवहार आते हैं जो छात्रों के विचारों को स्वीकार करने या उनका अपने शब्दों में प्रयोग करने के रूप में प्रयोग में लाये जाते हैं। जैसे—बिल्कुल ठीक, तुमने ठीक कहा या शिक्षक स्वयं छात्र के विचार को दोहराता है।

(4) *प्रश्न पूछता (Asking Questions)*: अध्यापक छात्र से जो प्रश्न पूछता है वह इस श्रेणी में आता है।

इसके विपरीत प्रत्यक्ष वार्ता शिक्षक वार्ता की उप-इकाई होती है, जिसमें शिक्षक के उन शाब्दिक व्यवहारों को समाविष्ट किया जाता है जो छात्रों पर अंकुश लगाते हैं और सक्रिय नियन्त्रण पर जोर देते हैं। इस प्रकार के शिक्षक व्यवहार की तीन श्रेणियाँ हैं:

(*i*) *व्याख्यान देना* (*Lecturing*): विषय-वस्तु से सम्बन्धित तथ्यों को समझाने या स्पष्ट करने के लिए अध्यापक भाषण देता है।

(*ii*) *निर्देश देना* (*Giving Direction*): शिक्षक छात्रों को किसी कार्य को करने या न करने के लिए आदेश देता है।

(*iii*) *आलोचना करना* (Criticising or Justifying Authority): शिक्षक छात्रों की क्रियाओं की आलोचना करता है, उन्हें गलत बताया है। शिक्षक कक्षा में जो भी कुछ कर रहा है, वह क्यों कर रहा है यह भी समझाने का प्रयास करता है। ये व्यवहार इस श्रेणी में आते हैं।

2. छात्र वार्ता (Student Talk)

इस इकाई में छात्रों के दो प्रकार के व्यवहार को शामिल किया गया है, अतः इसकी दो श्रेणियाँ हैं–

छात्र वार्ता अनुक्रिया (*Pupil Talk Response*): छात्र शिक्षक द्वारा पूछे गये प्रश्न का उत्तर देते हैं।

छात्र वार्ता स्वोपक्रम (*Pupil talk Initation*): इस श्रेणी के छात्र वार्ता व्यवहार में वार्ता के लिए पहल करते हैं। छात्र स्वयं वार्ता प्रारम्भ करते हैं या स्वेच्छा से बोलते हैं।

3. मौन या अस्तव्यवस्तता (Silence or Confusion)

इस इकाई को श्रेणी का नाम दे दिया गया है क्योंकि इसमें कोई विभाजन नहीं किया गया है। जब कक्षा में मौन या स्तब्धता हो या अराजकता हो और यह समझ में न आये कि कक्षा में क्या हो रहा है, ऐसी स्थिति को इस श्रेणी में माना जाता है।

फ्लैण्डर की उपरोक्त दस श्रेणियों को संक्षेप में निम्न प्रकार से प्रदर्शित कर सकते हैं–

14.6 फ्लैण्डर की दस श्रेणियाँ
(Flander's Ten Categories)

शिक्षक वार्ता

अप्रत्यक्ष वार्ता

(1) भावनाएँ स्वीकृत करना
(2) प्रशंसा या प्रोत्साहन
(3) विचारों को स्वीकृत करना और प्रयोग करना
(4) प्रश्न पूछना

प्रत्यक्ष वार्ता

(5) व्याख्यान
(6) निर्देश देना
(7) आलोचना

(b) छात्र वार्ता

(8) शिक्षक को प्रत्युत्तर देना

(9) छात्र द्वारा वार्ता के लिए पहल करना

(c) (10) मौन या अस्तव्यस्तता

14.7 फ्लैण्डर की अन्त:क्रिया विश्लेषण प्रणाली की प्रक्रिया (Procedure of Flander's Interaction Analysis System)

फ्लैण्डर की अन्त:क्रिया विश्लेषण प्रणाली में कक्षा व्यवहार का विश्लेषण करने के लिए निम्न दो सोपानों का प्रयोग करना पड़ता है:

1. कक्षा में घटित व्यवहार का निरीक्षण एवं अभिलेखन, संकेतन (Encoding)
2. अन्त:क्रिया मैट्रिक्स (Matrix) की रचना एवं व्याख्या, (Decoding)

1. *कक्षा में घटित व्यवहार का निरीक्षण एवं अभिलेखन, संकेतन (Encoding)*: कक्षा के अन्दर जो भी व्यवहार घटित होता है उसका विशेषज्ञ निरीक्षक द्वारा निरीक्षण किया जाता है। कौन-सा व्यवहार किस श्रेणी का है, यह निश्चित कर वह एक प्रपत्र (Sheet) पर उस श्रेणी का नम्बर नोट कर लेता है। इस प्रकार सम्पूर्ण व्यवहार को विभिन्न श्रेणियों के क्रम नम्बरों में नोट कर लेता है। इस प्रकार सम्पूर्ण व्यवहार को विभिन्न श्रेणियों के क्रम नम्बरों में नोट करने की प्रक्रिया को कूट संकेतन कहा जाता है। इसके लिए निम्न बातों को ध्यान में रखना चाहिए:

(i) निरीक्षक को ऐसे स्थान पर बैठना चाहिए जिससे कक्षा की गतिविधि में बिना बाधा पहुँचाए वह हर गतिविधि का भली प्रकार से निरीक्षण कर सके।

(ii) निरीक्षक को अन्त:क्रिया विश्लेषण प्रणाली का पूर्ण ज्ञान होना चाहिए। हर श्रेणी का क्रम नम्बर याद होना चाहिए। उसमें सक्रिय होकर कार्य करने की कुशलता होनी चाहिए।

(iii) हर तीन सेकेण्ड में घटित व्यवहार के श्रेणी नम्बर को आलेख-पत्र (Data-Sheet) पर नोट कर लेना चाहिए। जैसे यदि अध्यापक प्रश्न पूछता है तो आलेख-पत्र पर 4 अंकित करना चाहिए, व्याख्यान देने पर 5, प्रशंसा करने पर 2 और इस प्रकार जो भी व्यवहार घटित हो रहा है उसे हर तीन सेकेण्ड के हिसाब से अंकित करना चाहिए। यदि कोई व्यवहार ज्यादा देर तक घटित हो तो भी हर तीन सेकेण्ड के बाद उसी श्रेणी के नम्बर को पुन:पुन अंकित कर लेना चाहिए। निरीक्षक एक तरह से स्वचालित मशीन (Automatic Machine) की तरह कार्य करने में प्रशिक्षित होना चाहिए।

(iv) श्रेणी नम्बर उसी क्रम में नोट करने चाहिए जिस क्रम में कक्षा में व्यवहार घटित हो रहा है।

(v) यदि यह स्पष्ट न हो कि व्यवहार किस श्रेणी से सम्बन्धित है तो पाँचवीं श्रेणी से जो श्रेणी सबसे दूर हो उसका नम्बर नोट करना चाहिए, जैसे–श्रेणी 8 और 9 के बारे

में संशय हो तो 9 नम्बर नोट करना चाहिए क्योंकि यह पाँचवीं श्रेणी से 8 श्रेणी से अधिक दूर है।

2. *अन्त:क्रिया मैट्रिक्स की रचना और व्याख्या (Construction and Interpretation of Interaction Matrix)*: निरीक्षक के द्वारा कक्षा में घटित व्यवहार से सम्बन्धित श्रेणियों की संख्या को अंकित कर जो आलेख-प्रपत्र (Data-Sheet) तैयार किया जाता है उसके आधार पर उन अंकित की गई श्रेणियों को एक विशेष प्रकार की तालिका में व्यवस्थित कर, इसका विश्लेषण करने का प्रयास किया जाता है कि शिक्षक व्यवहार या कक्षा अन्त:क्रिया कर क्या स्तर रहा, उसमें क्या सुधार किया जाना चाहिए। इस सम्पूर्ण प्रक्रिया को तकनीकी भाषा में विसंकेतन (Decoding) कहा जाता है। विसंकेतन (Decoding) के लिए दो कार्य किये जाते हैं:

(i) अन्त:क्रिया मैट्रिक्स की रचना (Construction of Interaction Matrix)

(ii) अन्त:क्रिया मैट्रिक्स की व्याख्या (Interpretation of Interaction Matrix)

14.8 अन्त:क्रिया मैट्रिक्स की रचना (Construction of Interaction Matrix)

मैट्रिक्स की रचना करने के लिए दस पंक्तियों तथा दस स्तम्भों (Columns) की अर्थात् 10 × 10 की तालिका बनाई जाती है और आलेख प्रपत्र (Record Sheet) पर अंकित श्रेणी नम्बरों को इस तालिका में लिखा जाता है। इसके लिए सबसे पहले श्रेणी नम्बरों को जोड़ों में परिवर्तित किया जाता है। जोड़े बनाने से पूर्व आलेख प्रपत्र पर अंकित नम्बरों के शुरू में और आखिर में 10 का नम्बर लिखा जाता है। दो नम्बरों का एक जोड़ा होता है। एक बार अपने से पहले वाले नम्बर के साथ और एक बार अपने से बाद वाले नम्बर के साथ। इसे हम निम्न उदाहरण से स्पष्ट कर सकते हैं।

मान लीजिए एक निरीक्षक ने आलेख प्रपत्र पर 5, 5, 4, 8, 2, 3, 5, 5, 5, 6, 4, 10, 6, 8 श्रेणी क्रमांक का अंकन किया। इसके जोड़े बनाने से पहले शुरू में व अन्त में 10 नम्बर लिखा जायेगा और फिर जोड़े बनाये जायेंगे।

10 5 5 4 8 2 3 5 5 5 6 4 10 6 8 10

इन जोड़ों का प्रथम अंक पंक्ति (Row) को और द्वितीय अंक स्तम्भ (Columns) को दर्शाता है। उदाहरण के लिए, प्रथम जोड़े में पहला अंक 10 है और दूसरा अंक 5 है। मैट्रिक्स तालिका की 10 वीं पंक्ति के 5 वें स्तम्भ में एक टैली लगाई जायेगी। फिर दूसरे जोड़े को लेंगे, इसका प्रथम अंक 5 है व दूसरा अंक 5 है तो पाँचवीं पंक्ति के पाँचवें स्तम्भ में एक टैली लगाई जायेगी। इस प्रकार से सभी जोड़ों के अकों को मैट्रिक्स में भरा जायेगा। कुल टैली को 'N' से प्रदर्शित करते हैं। N = (n-1)। अर्थात् आलेख प्रपत्र पर अंकित श्रेणी क्रमांकों की कुल संख्या (दोनों तरफ के 10 सहित) से एक कम कुल टैली योग होगा। उपरोक्त उदाहरण में आवृत्तियों (Tallies) का कुल योग (16-1 = 15) 15 होगा। इसे तालिका में निम्न प्रकार प्रदर्शित करेंगे–

14.9 अन्तःक्रिया मैट्रिक्स तालिका (Interaction Matrix Table)

स्तम्भ (Columns)

पंक्तियाँ (Rows)	1	2	3	4	5	6	7	8	9	10	Total
1											×
2			I								1
3					I						1
4								I		I	2
5				I	III	I					5
6				I				I			2
7											×
8		I								I	2
9											×
10					I	I					2
Total	×	1	1	2	5	2	×	2	×	2	(15)

इस तालिका में आवृत्तियों का कुल योग 15 है अतः मैट्रिक्स की रचना ठीक है।

14.10 अन्तःक्रिया गैट्रिक्स की व्याख्या (Interpretation of Interaction Matrix)

अन्तःक्रिया मैट्रिक्स की रचना करने के पश्चात् इसकी व्याख्या की जाती है और कक्षा अन्तः क्रिया व शिक्षक व्यवहार का विश्लेषण किया जाता है। यह विश्लेषण गुणात्मक (Qualitative) और परिमाणात्मक (Quantitative) दोनों प्रकार से किया जाता है जिससे शिक्षकों को वांछित व्यवहार की वृद्धि व अवांछित व्यवहार को कम करने के बारे में उचित सलाह दी जा सके और उन्हें सफल व प्रभावशाली शिक्षक बनाया जा सके। इस व्याख्या के वैसे तो कई तरीके हैं परन्तु दो तरीके सरल, उपयुक्त व तर्कसंगत हैं–

(A) **प्रतिशत रूप में व्यवहार व्याख्या (Interpretation of behaviour as percentage):** इसमें कक्षा व्यवहार की सभी श्रेणियों का प्रतिशत् निकाला जा सकता है और परिमाणीकृत व्यवहार प्रतिशत से तुलना कर शिक्षक व्यवहार की व्याख्या की जा सकती है। व्यवहार प्रतिशत निकालने का तरीका निम्न प्रकार से है–

(i) *शिक्षक वार्ता प्रतिशत्:* इसके लिए पहली सात श्रेणियों की आवृत्ति में सम्पूर्ण आवृत्ति से भाग कर, उसमें 100 का गुणा करके प्रतिशत् निकाला जाता है, जैसे:

$$\text{शिक्षक वार्ता प्रतिशत} = \frac{(1+2+3+4+5+6+7)}{N} \times 100$$

इससे कक्षा के पूर्ण व्यवहार में शिक्षक वार्ता प्रतिशत निकल आता है।

(ii) *छात्र वार्ता प्रतिशत:* इसके लिए आठवीं व नौवीं श्रेणी की आवृत्ति में सम्पूर्ण आवृत्ति से भाग कर 100 का गुणा करके प्रतिशत निकालते हैं, जैसे–

$$\text{छात्र वार्ता प्रतिशत} = \frac{8+9}{N} \times 100$$

इससे कक्षा के पूर्ण व्यवहार में छात्र वार्ता का प्रतिशत निकल आता है।

इसी प्रकार से अप्रत्यक्ष अध्यापक वार्ता, प्रत्यक्ष अध्यापक वार्ता, मौन या अस्तव्यवस्ता आदि सभी का प्रतिशत निकाला जा सकता है।

(B) व्यवहार अनुपात व्याख्या (Interpretation of Behaviour ratio): कक्षा अन्त: क्रिया व शिक्षक व्यवहार में घटित विभिन्न व्यवहारों की पारस्परिक तुलना के सन्दर्भ में इस प्रकार का अनुपात निकाला जाता है, जैसे–कक्षा अन्त:क्रिया में छात्र सक्रियता के अनुपात में शिक्षक सक्रियता का अनुपात क्या रहा? यह जानकारी शिक्षक को अधिक सक्रिय या कम सक्रिय होने से सम्बन्धित सलाह देने में सहायता करती है। इसी प्रकार के अन्य व्यवहारों के सक्रिय होने से सम्बन्धित सलाह देने में सहायता करती है। इसी प्रकार के अन्य व्यवहारों के अनुपात की व्याख्या अध्यापक के शिक्षण में सुधार लाने में सहायक होती है। अलग-अलग व्यवहार अनुपात को निकालने के अलग-अलग सूत्र हैं। कुछ व्यवहार अनुपात निकालने के सूत्र नीचे दिये जा रहे हैं–

(i) पूर्ण कक्षा अन्त:क्रिया में शिक्षक वार्ता अनुपात निम्न सूत्र से निकालते हैं:

$$\text{Teacher Talk Ratio} = \frac{1+2+3+4+5+6+7}{N} \times 100$$

(ii) सम्पूर्ण शिक्षक वार्ता व्यवहार के सन्दर्भ में अप्रत्यक्ष शिक्षक वार्ता व्यवहार का अनुपात का निम्न सूत्र से निकालते हैं:

$$\frac{\text{ITTR (Indirect Teacher Talk Ratio)}}{\text{TTR (Teacher Talk Ratio)}} = \frac{1+2+3+4}{1+2+3+4+5+6+7} \times 100$$

(iii) अप्रत्यक्ष शिक्षक व्यवहार के साथ प्रत्यक्ष शिक्षक व्यवहार का अनुपात:

$$\frac{\text{D (Direct)}}{\text{I (Indirect)}} = \frac{5+6+7}{1+2+3+4} \times 100$$

(iv) प्रत्यक्ष शिक्षक व्यवहार के साथ अप्रत्यक्ष शिक्षक व्यवहार का अनुपात:

$$\frac{I}{D} = \frac{1+2+3+4}{5+6+4} \times 100$$

(v) शिक्षण वार्ता व्यवहार की तुलना में छात्र वार्ता व्यवहार का अनुपात:

$$\frac{PT}{TT} = \frac{8+9}{1+2+3+4+5+6+7} \times 100$$

इसी प्रकार से अन्य व्यवहारों का अनुपात भी निकाला जा सकता है।

कक्षा अन्त:क्रिया के इन विभिन्न व्यवहार अनुपातों का जो मान (Value) आता है उसकी कक्षा अन्त:क्रिया एवं शिक्षक व्यवहार के पूर्व निर्धारित मानदण्ड (Norms) के साथ तुलना करके व्याख्या की जाती है और बताया जाता है कि शिक्षक का वर्तमान व्यवहार वांछित स्तर का था अवांछित स्तर का।

14.11 फ्लैण्डर की अन्त:क्रिया विश्लेषण प्रणाली की विशेषताएँ एवं उपयोगिता (Characteristics and Utility of Flander's Interaction Analysis System)

इस प्रणाली की विशेषताएँ एवं लाभ निम्नलिखित हैं:

1. कक्षा अन्त:क्रिया विश्लेषण और शिक्षक के शाब्दिक व्यवहार का निरीक्षण करने और सुधार लाने में सहायता करने की एक वस्तुनिष्ठ विधि है।

2. इस विधि से किया गया शिक्षक व्यवहार का विश्लेषण शिक्षकों का पृष्ठपोषण करने में सहायक होता है।

3. शिक्षक प्रशिक्षण कार्यक्रमों में इस विधि का प्रयोग छात्राध्यापकों को तत्काल उचित मार्गदर्शन करने और शिक्षण व्यवहारों से परिचित कराने में सहायक होता है।

4. सूक्ष्म-शिक्षण तकनीक में भी शिक्षण कौशलों के अभ्यास में इस एक सहायक प्रविधि के रूप में अपनाया जा सकता है।

5. शिक्षण प्रक्रिया में परिवर्तन लाने एवं सुधार करने के लिए यह एक उपयोगी विधि है।

6. कक्षा के सौहार्द्रपूर्ण, सामाजिक व संवेगात्मक वातावरण को मापने की एक अच्छी तकनीक है।

7. कक्षा में छात्र-सहभागिता बढ़ाने में इस विधि से सहायता मिल सकती है।

8. शिक्षक छात्र सम्बन्ध (Pupil Teaher Relationship) को अच्छा बनाने में सहायता मिल सकती है।

9. शिक्षण व्यवहार के सिद्धान्तों का प्रतिपादन करने में इस तकनीक की सहायता ली जा सकती है।

10. यह कक्षा की गतिविधियों का विश्वसनीय ढंग से पता लगाने की एक अच्छी विधि है।

11. शिक्षक व्यवहार से सम्बन्धित शोध कार्यों में इस तकनीक का प्रयोग किया जा सकता है।

14.12 फ्लैण्डर की अन्त:क्रिया विश्लेषण प्रणाली की सीमाएँ (Limitations of Flander's Interaction Analysis System)

इस प्रणाली में पाये जाने वाले दोष व सीमाएँ निम्न हैं:

1. सम्पूर्ण कक्षा अन्त: क्रिया को दस श्रेणियों में विभाजित किया गया है, जिसमें से 7 श्रेणियाँ शिक्षक वार्ता के लिए और दो श्रेणियाँ छात्र वार्ता के लिए दी गई हैं। यह विभाजन असन्तुलित है।

2. बहुत से कक्षा व्यवहार या क्रियाएँ ऐसी है जो इन श्रेणियों में नहीं आ पाई हैं अत: यह प्रणाली अपने आप में अपूर्ण है।

3. हर विषय की पाठ्य-सामग्री के शिक्षण के लिए एक से ही व्यवहार बताये हैं, जबकि हर विषय के शिक्षण में कक्षा व्यवहार में भिन्नता आ जाती है।

4. इस प्रणाली में शिक्षक के शाब्दिक व्यवहार का निरीक्षण और विश्लेषण हो सकता है, अशाब्दिक व्यवहार का नहीं।

5. इस प्रणाली में शिक्षक-छात्र अन्त:क्रिया की तो व्यवस्था है, परन्तु छात्र-छात्र अन्त: क्रिया को कोई स्थान नहीं है।

6. बहुत-सी शिक्षण सम्बन्धी क्रियाएँ, जैसे–सहायक साधनों का प्रयोग, श्यामपट्ट लेखन, भाषा में वाचन आदि जो कि शिक्षण को प्रभावशाली बनाने में बहुत सहायक होती हैं, उपेक्षित रह गईं हैं।

7. शिक्षक का कक्षा पर प्रभाव कैसा रहा? इसके सम्बन्ध में भी कोई स्पष्ट निर्णय नहीं लिया जा सकता है।

8. व्यवहार नोट करने का तीन सेकेण्ड का समय बहुत कम है।

9. इस प्रणाली के प्रयोग के लिए योग्य, अनुभवी एवं प्रशिक्षित निरीक्षकों का मिलना मुश्किल हो जाता है।

10. इसमें समय, शक्ति व धन का काफी व्यय होता है।

11. इस प्रणाली की चौथी श्रेणी प्रश्न पूछने से सम्बन्धित है। इसमें प्रश्न के प्रकार या पूछने की शैली के बारे में कोई स्पष्टीकरण नहीं है। शिक्षक ने प्रश्न पूछने में ठीक भाषा का प्रयोग किया या नहीं? प्रश्न पूछने का ढंग ठीक था या नहीं? इसके बारे में कुछ पता नहीं लगता।

12. इसी प्रकार पाँचवीं श्रेणी व्याख्यान की है, लेकिन अध्यापक की व्याख्या या भाषण किस स्तर का था? यह ज्ञात नहीं हो पाता।

13. दसवीं श्रेणी में मौन व अस्तव्यस्तता दो क्रियाएँ सम्मिलित कर दी हैं, यह उचित नहीं हैं। दोनों अलग-अलग दो श्रेणियाँ होनी चाहिए।

14. यह भी स्पष्ट नहीं हो पाता कि मौन सार्थक था या निरर्थक? शिक्षण कार्य में सहायक था या बाधक?

15. आठवीं श्रेणी छात्र अनुक्रिया की है। छात्र की अनुक्रिया किस सतर की थी? इस बात की कोई जाँच नहीं हो पाती है।

14.13 अन्तःक्रिया विश्लेषण विधि के प्रयोग के लिए सावधानियाँ (Precautions While Using Interaction Analysis Technique)

अन्तःक्रिया विश्लेषण प्रविधि का प्रयोग करते समय कुछ सावधानियों का प्रयोग अति आवश्यक होता है। ये सावधानियाँ निम्नलिखित हैं:

1. जब तक कोई निरीक्षणकर्ता अन्तःक्रिया विश्लेषण की सम्पूर्ण प्रक्रिया नहीं जानता और इसकी सीमाएँ नहीं जानता, तब तक अन्तःक्रिया विश्लेषण के आँकड़े एकत्रित नहीं किये जाने चाहिए।

2- nksi$k.kka(Observations) या दो मैट्रिक्स (Matrices) की परस्पर तुलना की जानी चाहिए जिससे उन पर नियन्त्रण किया जा सके और वांछित-अवांछित शिक्षण व्यवहारों की तुलना की जा सके।

3. वांछित तथा अवांछित शिक्षण व्यवहारों का पता लगाया जाना चाहिए ताकि कारण और प्रभाव (Cause and Effect) का सम्बन्ध ज्ञात किया जा सके।

4. मैट्रिक्स के निरीक्षण के पश्चात् जिन प्रश्नों के उत्तर पूछने होते हैं, उनका विकास प्रेक्षण आरम्भ होने से पूर्व ही कर लिया जाना चाहिए।

15

पारस्परिक वर्ग प्रणाली तथा विनिमयात्मक विश्लेषण

(R.C.S. and Transactional Analysis)

15.1 पारस्परिक वर्ग प्रणाली का अर्थ (Meaning of Reciprocal Category System—RCS)

पारस्परिक वर्ग प्रणाली का निर्माण फ्लोरीडा विश्वविद्यालय (अमरीका) के रिचर्ड ओबर (Richar Ober) ने किया। उन्होंने फ्लैण्डर्स की अन्तःक्रिया विश्लेषण प्रणाली में संशोधन किया। इस प्रणाली में होने वाली विभिन्न प्रकार की छात्रवार्ताओं की ओर विशेष ध्यान दिया गया है।

जैसा कि इस प्रणाली के नाम से प्रकट होता है, यह पारस्परिकता के सिद्धान्त पर आधारित है। इस सिद्धान्त की मुख्य अवधारणा यह है कि कक्षा में शिक्षक के प्रत्येक शाब्दिक व्यवहार के लिए व्यावहारिक या सैद्धान्तिक स्तर पर छात्रों के अनुरुप (Corresponding) व्यवहार होता है। इस प्रणाली में शाब्दिक व्यवहार के नौ वर्ग हैं जिनका प्रयोग शिक्षक या छात्र दोनों के लिए किया जा सकता है। ये नौ पारस्परिक वर्ग शिक्षक और छात्र दोनों के व्यवहारों पर समान रूप से ध्यान देते हैं। जब शिक्षक की वार्ता को वर्गीकृत करते हैं तब एक अंक वाली संख्याओं द्वारा उन्हें अंकित किया जाता है। छात्र वार्ता को वर्गबद्ध करने के लिए दो अंकों वाली संख्याओं का प्रयोग होता है। अंतिम, दसवाँ वर्ग जो मौन एवं अस्तव्यस्तता को दर्शाता है, उसको लेकर कुल 19 वर्ग बनते हैं। वर्ग 10 का प्रयोग शिक्षक और छात्र दोनों के लिए समान रूप से किया जाता है। ऑबर को वर्गों और उनके लिए निर्धारित वर्ग-संख्याओं का संक्षिप्त विवरण सारणी 15.1 में प्रस्तुत किया गया है–

सारणी 15.1: पारस्परिक वर्ग प्रणाली (RCS)

वर्ग संख्या शिक्षकवार्ता के लिए (Category No. for Teacher Talk)	*शाब्दिक व्यवहार विवरण (Verbal Behaviour Description)*	*वर्ग संख्या छात्रवार्ता के लिए छात्र (Category Talk)*
(1)	(2)	(3)
1.	*स्जीवता लाना* (*Warms*)—वातावरण को अनौपचारिक बनाना–परिस्थिति से उत्पन्न तनाव को दूर करना; दूसरे की क्रियाओं, व्यवहारों, विचारों और/या योगदानों की प्रशंसा करना या उन्हें प्रोत्साहित करना; ऐसे हास-परिहास करना जिससे तनाव दूर हो किन्तु किसी को चोट न लगे; मित्रवत् दूसरे की भावाभिव्यक्ति को स्पष्ट करना (ये भाव स्वीकारात्मक या नकारात्मक हो सकते हैं); दूसरे के भावों का पुनः स्मरण या उसकी भविष्यवाणी भी इस में सम्मिलित हैं।	11
2.	*स्वीकृति प्रदान करना* (*Accepts*): क्रियाओं, व्यवहारों, आलोचनाओं और/या योगदानों को स्वीकारना; इनको धनात्मक पुनर्बलन प्रदान करना।	12
3.	*दूसरे के योगदानों का विस्तार करना* (*Amplifies the Contributions of another*): छात्रों द्वारा निर्मित क्रियाओं, व्यवहारों, आलोचनाओं या विचारों का स्पष्टीकरण माँगना/या उनके योगदानों को विकसित करना।	13
4.	*प्रकाश में लाना* (*Elicits*): विषयवस्तु या पढ़ाई जानेवाली प्रक्रिया के सम्बन्ध में प्रश्न पूछना या जानकारी के लिए अनुरोध करना। प्रश्न एवं अनुरोध का उद्देश्य यह रहता है कि दूसरे उत्तर दें (अनुक्रिया करें।)	14
5.	*अनुक्रिया करना* (*Responds*): छात्रों के प्रश्नों का उत्तर देना। विषवस्तु की जानकारी देना। अपने प्रश्न का स्वयं उत्तर देना।	15
6.	*स्वोपक्रम करना* (*Initiates*): विषय, विषयवस्तु या पढ़ाई जानेवाली प्रक्रिया के सम्बन्ध में स्वतः तथ्य और सूचना देना या टिप्पणी करना; अपने विचारों को व्यक्त करना; भाषण देना (ऐसे प्रश्न जिनके उत्तर की अपेक्षा नहीं की जाती।)	16

(क्रमशः)

(1)	(2)	(3)
7.	*निर्देश देना (Directs)*: ऐसे निर्देश, अनुदेश एवं आज्ञा या कार्य देना जिन्हें दूसरों से पूरा करने की अपेक्षा की जाती है।	17
8.	*शुद्ध करना (Corrects)*: दूसरों को यह बताना कि उसका उत्तर या व्यवहार अनुचित अथवा गलत है।	18
9.	*वातावरण को शान्त (औपचारिक) बनाना* [*"Cools (Formalizes) the climate"*]– दूसरे के व्यवहारों को सुधारने या अनुचित से उचित बनाने के उद्देश्यों से दिये गए वक्तव्य; कक्षा में थोड़ी-बहुत मात्रा में तनाव उत्पन्न करने की प्रवृत्ति (जैसे चिल्लाकर दूसरे को चुप कर देना, परिस्थिति पर नियन्त्रण प्राप्त करने के लिए अधिकार का उपयोग करना, दूसरे के विचारों या टिप्पणियों को अस्वीकारना या उनकी आलोचना करना।)	19
10.	मौन या अस्तव्यस्तता (Silence or confusion): विराम, अल्पावधि के लिए मौन और कक्षा का वह कालांश जिसमें निरीक्षणकर्ता अस्तव्यस्तता के कारण कक्षा-सम्प्रेक्षण को समझ नहीं पाता।	10

15.2 प्रक्रियाएँ (Process)

पारस्परिक वर्ग-प्रणाली के प्रयोग में सिद्धहस्तता प्राप्त करने के लिए तीन मूलभूत प्रक्रियाओं को करना पड़ता है। आँकड़े एकत्रित करना, आँकड़े तैयार करना, आँकड़ों की व्याख्या करना। आँकड़े एकत्रित करने की प्रक्रिया तुलनात्मक दृष्टि से सरल है। वर्गों की जानकारी या ज्ञान से और अंकन की प्रणाली को समझ लेने से यह कार्य सम्भव होता है। आँकड़ों की तैयारी के अन्तर्गत बहुत-सी कार्य-विधियाँ आती हैं जैसे–व्यवहार के प्रारूपों को अलग करना और मूल आँकड़ों को खासतौर से निर्मित तालिका प्रारूपों में स्थानान्तरित करना। आँकड़ों की व्याख्या अन्तःक्रिया के परिमाणात्मक आँकड़ों के परीक्षण और विश्लेषण द्वारा की जाती है।

15.3 पास्परिक वर्ग प्रणाली की विशेषताएँ (Characteristics of RCS)

पारस्परिक वर्ग प्रणाली की निम्नलिखित मुख्य विशेषताएँ हैं:

1. कक्षागत अन्तःक्रियाओं के सामाजिक-संवेगात्मक पक्षों का इसके द्वारा सुव्यवस्थित एवं सुसंगठित निरीक्षण सम्भव होता है।

2. इससे शिक्षकों को शिक्षण-व्यूहरचना के नियोजन में सहायता मिलती है क्योंकि इससे उनको शिक्षण के प्रारूप-संगठन के लिए सुझाव मिलते हैं।

3. शिक्षण के वास्तविक अंगों पर वस्तुनिष्ठ प्रतिपुष्टि एकत्रित करने के लिए यह एक विधि प्रदान करती है।

4. यह शिक्षक को उद्देश्यों और व्यूहरचनाओं से सम्बन्धित परिमाणात्मक आँकड़ों पर आधारित युक्ति-युक्त मूल्यांकन की ओर बढ़ती है।

5. इसके द्वारा शिक्षक-निर्मित निरीक्षण-प्रणाली के विकास में प्रोत्साहन मिलता है।

6. यह कक्षा में व्याप्त सामाजिक-संवेगात्मक वातावरण के प्रति शिक्षकों में जागरूकता विकसित करने का अच्छा साधन है।

7. इस प्रणाली का सबसे बड़ा गुण है कि शिक्षक की गोपनीयता को बनाए रखती है और दूसरे के द्वारा निरीक्षित होने के तनाव से शिक्षक को मुक्त रखती है क्योंकि शिक्षक अपने द्वारा पढ़ाए गए पाठ को ऑडियो या विडियो-प्रणाली पर टेप कर सुविधानुसार एकांत में बैठ अपने शिक्षण का इस प्रणाली के अनुसार अंकन एवं व्याख्या कर सकता है।

8. यह प्रणाली पारस्परिकता के सिद्धान्त पर आधारित है।

15.4 पारस्परिक वर्ग प्रणाली की उपयोगिताएँ (Uses of RCS)

1. यह प्रणाली अध्यापक कथन तथा छात्र कथन पर समान रूप से ध्यान देती है।

2. इस प्रणाली में सामाजिक-भावात्मक वातावरण के सन्दर्भ में कक्षा में शाब्दिक अन्तः क्रिया को सम्भव बनाया जाता है।

3. यह प्रणाली सामाजिक–भावात्मक वातावरण के विशेष सन्दर्भ में कक्षा में शाब्दिक अन्तःक्रिया के निरीक्षण को सम्भव बनाती है।

4. इस प्रणाली में स्वीकारात्मक एवं नकारात्मक पुनर्बलन व्यवहारों को महत्व दिया जाता है।

5. इस प्रणाली में छात्रों तथा अध्यापकों के सजीव, शान्त एवं उत्साह पूर्ण व्यवहारों को महत्व दिया जाता है।

6. यह प्रणाली अध्यापक प्रतिभावों की नीतियों में सहायक सिद्ध होती है।

7. यह प्रणाली कक्षा-अन्तःक्रिया को प्रभावशाली बनाती है।

8. यह प्रणाली विधिवत् एवं वस्तुनिष्ठ पृष्ठपोषण करके शिक्षण को प्रभावशाली बनाती है।

9. यह प्रणाली अध्यापकों के प्रशिक्षण में वैज्ञानिक ढंग से अत्यन्त उपयोगी सिद्ध हो सकती है।

15.5 पारस्परिक वर्ग प्रणाली की सीमाएँ (Limitations of RCS)

1. यह प्रणाली कक्षा-अन्तःक्रिया अथवा अध्यापक-छात्र व्यवहार को पूर्ण रूप से प्रस्तुत नहीं करती है।

2. इस प्रणाली में शिक्षण व्यवहार की गुणवत्ता का मूल्यांकन करना सम्भव नहीं है।

3. यह प्रणाली बौद्धिक क्रियाओं पर बल नहीं देती है।

4. इस प्रणाली में प्रबन्ध सम्बन्धी कौशलों का अभाव है।

15.6 समतुल्य वार्ता वर्ग (श्रेणी) (Equivalent Talk Category: ETC)

बैंटले तथा *मिलर* (*Bentley* and *Miller*) ने 1970 में प्रतिपादन किया। इस प्रणाली का प्रतिपादन पारस्परिक वर्ग प्रणाली (RCS) पर किए गए विस्तृत शोधनों का प्रतिफल है।

15.7 समतुल्य वार्तावर्ग के आधार (Basis of ETC)

इस वर्ग के निम्नलिखित आधार हैं:

1. चिन्तन की शिक्षण एक महत्वपूर्ण शैक्षिक क्रियाकलाप है।

2. चिन्तन की योग्यता के विकास के लिए शिक्षण की व्यूहरचनाएँ बहुत महत्वपूर्ण है।

3. शिक्षण में जहाँ इस प्रणाली के वर्गों का प्रयोग होता है, वहाँ छात्रों के चिन्तन-स्तर में सुधार होता है।

4. आत्म-निरीक्षण (Self-Observation) मूल्यांकन का सर्वाधिक उपयुक्त उपागम है। शिक्षक दूसरों द्वारा निरीक्षित होने की तुलना में आत्मनिरीक्षण द्वारा अधिक सरलता और तत्परता से अपने व्यवहारों में परिवर्तन करते हैं।

5. अधिकांश कक्षा-शिक्षकों द्वारा अल्प समय में अल्प-प्रशिक्षण द्वारा समतुल्य वार्ता श्रेणियों को सीखा जा सकता है।

6. स्कूल में पढ़ाए जाने वाले अनेक विषयों में इसका प्रयोग सरलतापूर्वक किया जा सकता है।

समतुल्य वार्ता वर्ग की विशेषताएँ (Characteristics of ETC.)

1. इस प्रणाली में भी पारस्परिक श्रेणी-प्रणाली के समान ही शाब्दिक, व्यवहारों को 10 वर्गों में वर्गीकृत किया गया है।

2. शिक्षक एवं छात्रावार्ता दोनों को समान महत्व दिया गया है।

3. दस वर्ग, कक्षा में जो कुछ भी चलता है उसका पूर्ण वर्णन करने में असमर्थ हैं, किन्तु इस प्रणाली में समतुल्यता के सिद्धान्त का पालन करने के कारण कक्षा में चलने वाली अन्तःक्रियाओं में से अधिकांश का वस्तुनिष्ठ वर्णन सम्भव है।

4. दस वर्गों का निर्माण इसलिए किया गया है कि कक्षा में चलने-वाले व्यवहारों का अंकन, वर्गीकरण और उनका परिमाणात्मक विवेचन किया जा सके।

5. दसों वर्गों का प्रयोग शिक्षकवार्ता या छात्रवार्ता को वर्गीकृत करने के लिए किया जा सकता है।

6. शिक्षक-वार्ता के लिए एक अंकवाली संख्याओं और छात्रवार्ता के लिए दो अंकवाली संख्याओं का प्रयोग किया जाता है।

7. इस प्रणाली में कोई मानक (Standard) प्रस्तुत नहीं किया जाता है।

8. शिक्षण व्यवहार पर न कोई निर्णयात्मक विचार व्यक्त किये जाते हैं।

9. इस प्रणाली में केवल इतना ही किया जाता है कि शाब्दिक व्यवहारों को वर्गीकृत कर दिया जाए।

10. उसका परिमाणात्मक प्रस्तुतीकरण इसलिए किया जाए कि शिक्षण की व्यूहरचनाओं का अध्ययन शिक्षण-कार्यों और सिद्धान्तों के सन्दर्भ में किया जा सके।

11. इन वर्गों में जिन पाँच विशिष्ट प्रकार के शाब्दिक व्यवहारों को सर्वाधिक महत्व दिया गया है ये हैं-(i) सूचनाओं का प्रस्तुतीकरण, (ii) प्रश्न पूछना, (iii) प्रश्नों का उत्तर देना, (iv) प्रतिक्रिया करना, और (v) संरचना करना। इन्हीं बिन्दुओं का ध्यान में रखते हुए समतुल्य श्रेणी-प्रणाली में निम्नलिखित दस श्रेणियों का विकास किया गया है, जिनका सारांश 15.2 में प्रस्तुत किया गया है-

सारणी 15.2: समतुल्य वार्ता वर्ग (ETC)

शिक्षक संकेत	*शाब्दिक व्यवहार विवरण*	*छात्र-संकेत*
1.	*सूचना प्रस्तुतीकरण (Present Information)*: अप्रार्थित सूचना पाठ से सम्बन्धित भाषण एवं व्याख्या; प्रदर्शन; वर्णन; महत्त्वपूर्ण टिप्पणियाँ; भाषागत प्रश्न।	11
2.	*प्रश्न करना—सीमित चिन्तन (Question—Restricted Thinking)*: ऐसे प्रश्न पूछना जिनका उत्तर सीमित चिन्तन द्वारा दिया जा सकता है–तथ्यात्मक ज्ञान या साधारण प्रत्यास्मरण, मान्य या पूर्वनिश्चित सही उत्तर; पहले सीखे हुए तथ्य; निम्नस्तर का संज्ञान।	12
3.	*प्रश्न करना—विस्तृत चिन्तन (Question—Expanded Thinking)*: ऐसे प्रश्न पूछना जिनके उत्तर के लिए विस्तृत चिन्तन करना पड़े–खुली अनुक्रियाएँ; सम्प्रत्ययों, सिद्धान्तों और सामान्यीकरणों का निर्माण एवं प्रयोग; नियमों और प्रक्रियाओं के प्रयोग द्वारा हल निकालना; 'तुम कैसे, क्यों और क्या सोचते हो' का उत्तर देना; उच्चस्तर का संज्ञान।	13
4.	*अनुक्रिया करना—सीमित चिन्तन (Respond—Restricted Thinking)*: अनुक्रिया जो सीमित चिन्तन के फलस्वरूप होती है–तथ्यात्मक ज्ञान, मान्य या पूर्व-निश्चित सही उत्तर; पहले सीखे हुए तथ्य; निम्नस्तर का संज्ञान।	14
5.	अनुक्रिया करना—विस्तृत चिन्तन (Respond—Expanded Thinking): ऐसी अनुक्रियाएँ जो विस्तृत चिन्तन के फलस्वरूप होती हैं; सम्प्रत्ययों, नियमों और प्रक्रियाओं के प्रयोग द्वारा हल निकालना; 'तुम कैसे, क्या और क्यों करते हो' का उत्तर देना; उच्चस्तर का संज्ञान।	15
6.	प्रतिक्रिया करना—सहभाग के स्तर को बनाए रखना (React—Maintain Level of Participation)–कक्षा में वर्तमान चिन्तन-स्तर को बनाए रखनेवाला शाब्दिक व्यवहार, संज्ञानता के उसी स्तर या निम्नस्तर पर वार्ता चालू रखने, विस्तृत करने, या संक्षिप्त करने के लिए आमन्त्रित करना।	16
7.	*प्रतिक्रिया करना—सहभाग-स्तर का विस्तार करना (React—Extend Level of Participation)*: कक्षा में वर्तमान चिन्तन-स्तर को विस्तृत करनेवाले शाब्दिक व्यवहार और अधिक सूचना के लिए अनुरोध; सिद्धान्त या आँकड़े उत्पन्न करना; उन विचारों पर पुनः विचार जिनमें और अधिक जटिल चिन्तन की आवश्यकता हो; जान-बूझकर दूसरों के द्वारा दिये गए विचारों का उपयोग करना ताकि चिन्तन का स्तर ऊँचा उठ सके।	17

(क्रमशः)

शिक्षक संकेत	शाब्दिक व्यवहार विवरण	छात्र-संकेत
8.	*प्रतिक्रिया करना—सहभाग स्तर को समाप्त करना (React—Terminate Level of Participation)*: वह शाब्दिक व्यवहार जिसके द्वारा कक्षा में चल रहे विषय या विचारों को समाप्त कर दिया जाता है–टीका-टिप्पणी द्वारा या बीच में पड़कर अनुक्रियाओं को समाप्त कर देना; ऐसे संकेत जिनके द्वारा यह ज्ञात हो कि विचार-तारतम्य समाप्त हो गया; परिवर्तन या नये प्रकरण का प्रारम्भ; नये अधिगम को पुराने अधिगम से जोड़ते समय होनेवाली (सम्बन्ध स्थापित करनेवाली) क्रियाएँ।	18
9.	*संरचना—अधिगम क्रियाएँ (Structure—Learning Activities)*: निर्देश जिनके द्वारा अधिगम-क्रियाऐं संगठित की जाती हैं–आज्ञाएँ, परिचालन, दत्तकार्य।	19
10.	*संरचना—विराम-मौन (Structure—Pause-Silence)*: नियोजित तारतम्य को बढ़ावा देनेवाली शाब्दिक अभिव्यक्तियों का अभाव।	

15.8 समतुल्य वार्ता वर्ग प्रणाली की विशेषताएँ एवं लाभ (Characteristics and Advantages of ETC)

शिक्षण-व्यवहार के निरीक्षणकर्ताओं को इस प्रणाली से निम्नलिखित लाभ हैं:

1. संज्ञानात्मक स्तर के विषयों से सम्बन्धित शिक्षण-व्यूहरचनाओं का नियोजन करने हेतु यह चरों का समूह प्रदान करती है।

2. व्यहूरचना, सहभाग और विषयवस्तु की गुणात्मक विशेषताओं से संबंधित अनुदेशन के आयामों के लिए यह प्रतिपुष्टि के साधन के रूप में कार्य करती है।

3. वास्तविक कक्षागत अन्त:क्रियाओं का निरीक्षण और वर्णन करने के निमित्त यह प्रणाली एक सुसंगठित संदर्भ के रूप में कार्य करती है।

4. यह कक्षा में होनेवाली घटनाओं के प्रति तीव्र सजगता जागृत करती है। यह प्रणाली निरीक्षणकर्ता में कक्षा सम्बन्धी क्रियाकलापों की समझ बढ़ाती है।

15.9 समतुल्य वार्ता वर्ग प्रणाली की न्यूनताएँ (Limitations of ETC)

1. समतुल्य वार्ता-वर्ग शिक्षण-व्यवहार का कोई मानक प्रस्तुत नहीं करता और उसके विषय में कोई निर्णयात्मक कथन नहीं करता।

2. इस प्रणाली में केवल संज्ञानात्मक शाब्दिक व्यवहारों का ही विश्लेषण किया जाता है।

3. इस प्रणाली में सामाजिक-संवेगात्मक अन्त:क्रियाओं को कोई महत्व नहीं दिया गया है।

15.10 फ्लैण्ड अन्तःक्रिया प्रणाली, पारस्परिक और समतुल्य वार्ता वर्ग-प्रणलियों की तुलना (Comparison of Flanders Interaction, RCS and ETC Systems)

फ्लैण्ड अन्तःक्रिया प्रणाली (Flander Interactive Systems)	*पारस्परिक वार्ता वर्ग प्रणाली (Equivalent Category System)*	*समतुल्य वार्ता वर्ग प्रणाली*
1. इस प्रणाली में 10 श्रेणियाँ हैं– 7 शिक्षक वार्ता, 2 छात्र-वार्ता और 1 मौन के लिए निर्धारित है।	इसमें भी 10 श्रेणियाँ है जिनमें से प्रथम 9 श्रेणियाँ शिक्षक और छात्र दोनों ही की वार्ताओं के लिए प्रयुक्त होती है तथा श्रेणी 10 मौन के लिए।	इसमें भी 10 श्रेणियाँ है जिनमें से प्रथम 9 समतुल्यता के आधार पर शिक्षक और छात्र दोनों के लिए प्रयुक्त होती हैं तथा श्रेणी 10 मौन के लिए।
2. इस प्रणाली में छात्रों के व्यवहार का मूल्यांकन करने की क्षमता अत्यन्त सीमित है।	छात्र-व्यवहार के मूल्यांकन की क्षमता का इसमें विस्तार किया गया है, अतः यह इस दृष्टि से अधिक सक्षम है।	इसमें भी छात्र-व्यवहार के मूल्यांकन की क्षमता का विस्तार किया गया है तथा यह छात्रों के व्यवहार का अच्छा प्रतिनिधित्व करती है।
3. सैद्धान्तिक स्तर पर कक्षाओं में जितनी शाब्दिक अन्तःक्रियाओं की बात सोची जा सकती है, उनमें से बहुत ही सीमित-व्यवहार श्रेणियों को लिया गया है। छात्र-वार्ता का बहुत सीमित समावेश है।	इसमें भी शिक्षण-व्यवहार की सीमित श्रेणियों को ही लिया गया है किन्तु शिक्षक और छात्रों को इसमें समान महत्त्व दिया गया है, अतः शाब्दिक व्यूहरचनाओं के सन्दर्भ में यह कुछ विस्तृत है।	इसमें छात्र और शिक्षकों के लिए समान श्रेणियाँ निर्धारित हैं और शाब्दिक अन्तःक्रियाओं का विस्तृत न्यादर्श (Sample) लिया गया है, अतः इसमें शाब्दिक व्यूह-रचनाओं के सन्दर्भ में भी सीमा-विस्तार हुआ है।
4. शिक्षक कक्षा में जितनी अधिगम परिस्थितियों की योजनाएें निर्मित कर सकता है उनमें से बहुत थोड़ी परिस्थितियों को इसमें समाविष्ट किया है।	कक्षागत अधिगम-परिस्थितियों में से पर्याप्त को इसमें समाविष्ट किया गया है।	इसमें भी अधिगम-परिस्थितियों का पर्याप्त समावेश किया गया है।
5. इसमें कक्षागत सामाजिक-संवेगात्मक क्रियाओं के साथ संज्ञानात्मक पक्ष की ओर भी ध्यान केन्द्रित किया गया है, किन्तु किसी भी क्रिया की गुणात्मकता पर बिल्कुल ध्यान नहीं दिया गया।	इस प्रणाली का केन्द्रबिन्दु सामाजिक संवेगात्मक व्यवहार है, किन्तु संज्ञानात्मक पक्ष की ओर भी यह ध्यान देता है। इस प्रणाली में पुनर्बलन आदि को अधिक महत्त्व दिया गया है।	इसमें संज्ञानात्मक अन्तःक्रियाओं में गुणात्मक सुधार करने पर विशेष बल दिया गया है। चिन्तन के स्तर का विस्तार करने का प्रयास किया जाता है।

(क्रमशः)

फ्लैण्डर्स अन्तःक्रिया प्रणाली (Flanders Interactive Systems)	पारस्परिक वार्ता वर्ग प्रणाली (Equivalent Category System)	समतुल्य वार्ता वर्ग प्रणाली
6. यह शिक्षक प्रभाव के वांछित प्रारूप का विकास करने में सहायक होता है।	इसमें शिक्षक को सामाजिक-संवेगात्मक शिक्षण व्यूहरचनाओं के विकास में सहायता निलती है।	इसमें संज्ञानात्मक शिक्षण व्यूहरचना के विकास में सहायता मिलती है।
7. इसमें निरीक्षण एक सुनिश्चित समय तक किया जाता है।	इसमें भी निरीक्षण एक सुनिश्चित समय तक ही किया जाता है।	इसमें निरीक्षण के लिए समय-सीमा निश्चित नहीं रहती।
8. इसमें शिक्षक-व्यवहार के परिमाणात्मक पक्ष पर अधिक बल दिया गया है तथा गुणात्मक पक्ष की अवहेलना की गई है।	इसमें शिक्षक व्यवहार के गुणात्मक पक्ष पर भी थोड़ा ध्यान दिया गया है।	इसमें भी शिक्षक-व्यवहार के गुणात्मक पक्ष पर थोड़ा ध्यान दिया गया है।
9. इस प्रणाली में शिक्षण अधिगम प्रक्रिया के एक महत्त्वपूर्ण अंग 'विषयवस्तु' पर कोई विचार नहीं किया जाता।	यह भी 'विषय-वस्तु' अन्तःक्रिया विश्लेषण प्रणाली है।	इसमें संज्ञानात्मक पक्ष पर बल देने की बात है फिर भी 'विषयवस्तु' की ओर ध्यान नहीं के बराबर दिया गया है।

15.11 विनिमयात्मक विश्लेषण (Transactional Analysis)

15.12 विनिमयात्मक विश्लेषण का अर्थ (Meaning of Transactional Analysis)

डॉ. झीक बर्ने (Dr. Berne) ने विनिमयात्मक विश्लेषण का प्रतिपादन किया। इसका अर्थ कक्षा के शिक्षण अधिगम सन्दर्भ में दो या दो से अधिक व्यक्तियों में विचारों, भावनाओं तथा क्रियाओं का आदान-प्रदान है। यह एक ऐसी प्रणाली है जिसके अन्तर्गत अध्यापक तथा छात्रों में व्यवहार के विनियम का विश्लेषण किया जाता है।

15.13 विनिमयात्मक विशलेषण का प्रयोग (Use of Transactional Analysis)

T.A. का प्रयोग निम्नकार्यों के लिए किया जाता है:

1. अध्यापकों के पूर्व सेवा प्रशिक्षण में।
2. अध्यापकों के सेवा प्रशिक्षण में।
3. आत्म सम्मान के निर्माण में।
4. छात्र को अभिप्रेरणा देने में।
5. स्टाफ को प्रोत्साहन देने में।
6. व्यवहार परिमार्जन के लिए।

15.14 अध्यापक प्रशिक्षण में विनिमयात्मक विश्लेषण (TA in Teacher Training)

विनिमयात्मक विश्लेषण में मुख्य सोपान निम्न प्रकार से है:

1. शाब्दिक तथा अशाब्दिक व्यवहार का अवलोकन (Observation of the Verbal and Non-Verbal Behaviour): कक्षा-कक्ष में अध्यापक के सम्पूर्ण व्यवहार का अवलोकन किया जाता है। वह किस प्रकार से बोलता है। आवाज का स्तर कैसा है अर्थात् ऊँचा, तेज आदि बोलने चालने का ढंग कैसा है। उसके आसन (Postures) कैसे है।

2. अध्यापक की अहं-अवस्था (Ego State of the Teacher): अध्यापक का स्वभाव शान्त तथा संवेगात्मक है अथवा सामान्य है। खुले विचार हैं। स्पष्टता का प्रयोग है आदि।

बर्ने ने अध्यापकों तथा छात्रों के उन शब्दों, आवाजों, हाव-भाव तथा अभिवृत्तियों की एक सूची तैयार की है जो अहं अवस्थाओं को सूचित करती है जिनसे व्यक्ति विनिमय के समय गुजर रहा होता है शिक्षक की विभिन्न अहं अवस्थाओं के लाभों तथा हानियों का सारांश नोट किया जाता है।

अध्यापक का सकारात्मक प्रभाव वांछित प्रशिक्षण प्रदान करता है। प्रोत्साहन देता है तनाव तथा चिन्ता से मुक्त करता है। उचित विकास में सहायता करता है। अध्यापक का नकारात्मक व्यवहार उसे ढीला बना देता है। छात्र अत्यधिक स्वतन्त्रता ले लेते हैं। अध्यापक को कम महत्व देते हैं अनुशासनहीनता का भय रहता है।

विनिमयात्मक विश्लेषण की अंकन प्रक्रिया (Encoding Procedure of TA) फ्लैंडर्स की तकनीकी की दस वर्ग प्रणाली पर आधारित है।

इकाई IV

अभिक्रमित अनुदेशन सामग्री का निर्माण: रेखीय तथा शाखीय (उदाहरण सहित): अन्य शिक्षण तकनीकें

DEVELOPING PROGRAMMED INSTRUCTIONAL MATERIAL (WITH EXAMPLES): LINEAR AND BRANCHING: OTHER INSTRUCTIONAL TECHNOLOGIES

16

अभिक्रमित अनुदेशन सामग्री का निर्माण

(Developing Programme Instructional Material)

16.1 भूमिका (Introduction)

अभिक्रमित अनुदेशन के अर्थ, गहत्व, उपयोगिता तथा सीमाओं के बारे में एक पूर्व अध्याय में चर्चा की जा चुकी है। जहाँ पर इसके निर्माण के विभिन्न पक्षों पर समीक्षा की जा रही है। इस सन्दर्भ में विद्वानों ने अभिक्रमित निर्माण के अपने-अपने दृष्टिकोण से विभिन्न सोपान बनाए हैं। यह सोपान निश्चित नहीं हैं। स्थिति के अनुसार इनमें परिवर्तन होता रहता है।

16.2 अभिक्रमित अनुदेशन अथवा अध्ययन सामग्री के निर्माण के भाग (Parts of Development of Programmed Instructional Material)

अभिक्रमित अध्ययन की रचना एक उच्चस्तरीय विशिष्ट कार्य है। इसकी रचना को दस प्रमुख भागों में विभाजित किया जाता है। ये भाग निम्नलिखित हैं:

I. प्रकरण या इकाई का चयन (Selection of Topic or Unit)
II. छात्रों के पूर्व ज्ञान, अनुभव आदि सम्बन्धी सूचनाएँ लिखना। (Defining Entering Behaviour of the Students)
III. उद्देश्यों को व्यावहारिक रूप में लिखना (Writing the Objectives in Behavioural Terms)
IV. विषय-वस्तु की रूपरेखा का निर्माण (Preparing Outline of the Content or Programme)
V. मापदण्ड परीक्षा का निर्माण। (Construction of Criterion Test)

VI. रचना या अभिक्रम लेखन। (Construction of forms of the programme).
VII. प्रारम्भिक ड्राफ्ट का लिखना।
VIII. परीक्षण (Administration of Test)
IX. मूल्यांकन तथा वैधीकरण (Evaluation and Validation)

अभिक्रमित अनुदेशन की निदेशिका तैयार करना (Preparation of a manual of the programme)

सोपान I. प्रकरण या शार्षक का चयन: प्रोग्राम बनाने के लिए जिस भी प्रकरण या शीर्षक का चयन किया जाये, उसके चयन के समय निम्न बातों का ध्यान रखा जाना चाहिए:

1. प्रस्तावना प्रकरण या शीर्षक पर पहले से कोई प्रोग्राम उपलब्ध तो नहीं है?
2. क्या वह प्रकरण अन्य किसी विधि से प्रभावशाली रूप से नहीं पढ़ाया जा सकता है?
3. क्या यह प्रकरण छात्रों के दृष्टिकोण से अधिक सरल, तार्किक तथा मनोवैज्ञानिक बनाकर प्रस्तुत किया जा सकता है? जिससे यह अधिक रूचिकर, उपयोगी तथा उपयुक्त लगे।
4. क्या यह छात्रों की पाठ्यक्रम सम्बन्धी आवश्यकताओं को पूरा करता है?
5. क्या प्रोग्राम बनाने वाले व्यक्ति को इस प्रकरण का पूर्ण ज्ञान है?
6. क्या प्रकरण में स्वत: तार्किक तारतम्य है, वह ज्यादा लम्बा तो नहीं है तथा उसमें निश्चित समय सीमा के अन्तर्गत प्रभावशाली शिक्षण की सम्भावनाएँ हैं?
7. क्या प्रकरण का स्वरूप समुचित व्यवस्था के योग्य हैं?

सोपान II. छात्रों के पूर्व ज्ञान, अनुभव आदि सम्बन्धी सूचनाएँ लिखना: प्रोग्राम बनाने से पूर्व, जिन छात्रों के लिए प्रोग्राम बनाया जा रहा है–उन छात्रों की आयु, लिंग, सामाजिक, आर्थिक, मानसिक स्तर, रूचि, योग्यताओं, पृष्ठभूमि तथा पूर्वानुभव आदि से सम्बन्धित सूचनाएँ एकत्रित करनी चाहिए तथा तदनुसार ही प्रोग्राम की आयोजना करनी चाहिए।

सोपान III. उद्देश्य को व्यावहारिक रूप में लिखना: इसके अन्तर्गत उद्देश्यों का प्रतिपादन किया जाता है और उन्हें व्यावहारिक भाषा में लिखा जाता है। इसके लिए कार्य–विवरण (Task-Description) तथा कार्य–विश्लेषण (Task-Analysis) दोनों ही क्रियाएँ की जाती हैं। उद्देश्यों को लिखते समय कार्यपरक–क्रियाओं (Action Verbs) का चयन तथा प्रयोग करना चाहिए। व्यावहारिक उद्देश्य वस्तुनिष्ठ मानदण्ड परीक्षाओं (Objective Centered Criterion Test) के निर्माण में सहायक होते हैं।

सोपान IV: विषय–वस्तु की रूपरेखा का निर्माण: छात्रों के पूर्व अनुभवों, पूर्वज्ञान तथा पूर्व व्यवहारों एवं निर्धारित उद्देश्यों के अनुरूप विषय–वस्तु की रूपरेखा बनाई जाती है। इस रूपरेखा के निर्माण में यह आवश्यक है कि उसके अन्तर्गत वह सारी विषय–वस्तु आ जाये, जिसका प्रोग्राम बनाना है। विषय–वस्तु की रूपरेखा तार्कित अथवा मनोवैज्ञानिक आधारों पर बनानी चाहिए। विषय–वस्तु की रूपरेखा का निर्माण करते समय विषय–विशेषज्ञों की भी सहायता ली जा सकती है।

सोपान V: मानदण्ड परीक्षा का निर्माण: इसके अन्तर्गत छात्रों के अन्तिम व्यवहारों के मूल्यांकन के लिए मानदण्ड परीक्षा का निर्माण किया जाता है। इस परीक्षण में विशिष्ट

उद्देश्यों के अनुरूप वस्तुनिष्ठ प्रश्नों को पूछा जाता है। इसमें उन सभी व्यवहारों एवं कौशलों का मूल्यांकन किया जाता है जिन्हें सिखाने के लिए प्रोग्राम बनाया गया है। यही परीक्षण मानदण्ड कहलाते हैं। इन परीक्षाओं का उद्देश्य यह जानना होता है कि छात्र अधिगम के उद्देश्यों तथा मानदण्डों तक पहुँचे या नहीं। यदि पहुँचे तो किस सीमा तक पहुँचे, यदि नहीं पहुँचे तो क्यों और कैसे उन तक पहुँच सकते हैं?

ध्यान रहे कि प्रत्येक अनुदेशन उद्देश्य के लिए कम से कम 3 या 4 प्रश्न अवश्य परीक्षण में होने चाहिए। इन्हें करने के लिए उचित निर्देश एवं आदेश स्पष्ट रूप से दिये जाने चाहिए। यदि सम्भव हो तो इन मानदण्ड परीक्षाओं की विश्सनीयता एवं वैधता का परीक्षण भी किया जाना चाहिए।

सोपान VI. सोपान रचना या अभिक्रम लेखन तथा फ्रेम: इस पद के अन्तर्गत वास्तविक प्रोग्राम या अभिक्रम को लिखा जाता है। लिखने से पूर्व अनेक प्रकार के निर्णय लिये जाते हैं, जैसे–

1. प्रोग्राम किस विधि से लिखा जाये (लीनियर, ब्राचिंग या मैथेटिक्स आदि)?
2. सीखने वाले के पूर्व व्यवहार/पूर्व अनुभव कैसे हैं?
3. अनुदेशन उद्देश्य कौन-कौन से निर्धारित किये गये हैं।
4. विषय-वस्तु की प्रकृति क्या है?

प्रोग्राम लिखने के नियम (Principles of Writing a Programme)

प्रोग्राम लिखते समय अभिक्रमित अध्ययन के मूलभूत सिद्धान्तों का सदैव ध्यान रखना चाहिए। विशेष रूप से निम्नांकित तीन बातों का ध्यान रखना चाहिए:

1. *बोधगम्य फ्रेमों (Frames) की रचना:* इस पद में विषय-वस्तु को फ्रेम (छोटे-छोटे वाक्यों के रूप) में लिखा जाता है। फ्रेम के तीन अंग होते हैं–

(i) *उद्दीपन:* अनुक्रिया या अनुक्रिया उत्पन्न करने की परिस्थिति के रूप में वह अंग जो विषय-वस्तु छात्रों के सामने प्रस्तुत करता है ताकि छात्रों की अनुक्रिया करने की प्रेरणा मिल सके।

(ii) *अनुक्रिया:* पद को पढ़ने पश्चात् छात्र किसी न किसी प्रकार की अनुक्रिया अवश्य करता है।

(iii) *पुनर्बलन या प्रतिपुष्टि:* छात्र अपनी अनुक्रिया को सही अनुक्रिया से मिलान करता है और पुनर्बलना या प्रतिपुष्टि प्राप्त करता है।

2. *फ्रेमों के प्रकार:* सामान्यत: प्रोग्राम में चार प्रकार के फ्रेम सम्मिलित रहते हैं–

(i) *शिक्षण फ्रेम:* इन फ्रेमों के माध्यम छात्रों के समक्ष नवीन विषय-वस्तु प्रस्तुत की जाती है। ये फ्रेम किसी भी प्रोग्राम में लगाया 60% से 70% होते हैं।

(ii) *अभ्यास फ्रेम:* नई विषय-वस्तु/नया ज्ञान सिखाने के पश्चात् ज्ञान को स्थायी बनाने के लिए अभ्यास फ्रेमों का निर्माण किया जाता है। छात्र इनका प्रयोग करके सीखे गये ज्ञान का बारम्बार प्रयोग कर अभ्यास करते हैं। ऐसे फ्रेम 20% से 25%तक रखे जा सकते हैं।

(iii) *परीक्षण फ्रेम:* छात्रों द्वारा सीखे गये ज्ञान के परीक्षण हेतु परीक्षण फ्रेमों का निर्माण किया जाता है। इनका उद्देश्य सीखे हुए ज्ञान का मूल्यांकन करना होता है। ये 10% से 15% तक रखे जा सकते हैं।

3. *छात्रों के उत्तरों को निर्देशित करने के लिए फ्रेमों में उपक्रमक को तथा अनुबोधकों का प्रयोग*: प्रोग्राम इस प्रकार लिखा जाना चाहिए जिससे कि छात्र अधिक से अधिक सही अनुक्रिया करें। जब छात्र उचित अनुक्रिया करने में सफल नहीं होते तब उपक्रमक (Primes) तथा अनुबोधक (Prompts) का प्रयोग किया जाता है। उपक्रमक के अन्तर्गत सहायक शब्द तथा पूरक सूचनाओं का प्रयोग प्रस्तावना किया जाता है, जिससे छात्रों को सही अनुक्रिया के लिए संकेत मिलता है इनका प्रयोग पदों में विशेष रूप से किया जाता है। अनुबोधक एक प्रकार के विशेषण संकेत होते हैं जो छात्रों की गलत अनुक्रियाओं को कम करके छात्रों को सही अनुक्रिया तक पहुँचने में सहायता देते हैं। इनका सम्बन्ध विषय-वस्तु के विवरण, उपयुक्तता तथा अनुक्रिया की प्रकृति से होता है।

प्रोग्राम में पहले अधिक अनुबोध दिये जाते हैं फिर क्रमशः इन्हें कम करते हुए प्रोग्राम के अन्त में पूर्णरूपेण इन्हें हटा दिया जाता है। इस प्रक्रिया को विलुप्तीकरण (Fading) कहा जाता है।

4. *फ्रेमों को उचित क्रम प्रदान करना*: फ्रेम तैयार करने के पश्चात् उन्हें सुनिश्चित तारतम्य में व्यवस्थित किया जाता है। इन्हें व्यवस्थित करते समय 'मनोवैज्ञानिक से तार्किक क्रम की ओर' शिक्षण सूत्र का उपयोग करना चाहिए। फ्रेमों की उचित क्रम प्रदान करने के लिए तीन प्रमुख विधियाँ हैं।

***VII. प्रारम्भिक ड्राफ्ट को लिखना*:** उपर्युक्त प्रकार से पद व फ्रेम बनाने के पश्चात् पूरा प्रोग्राम लिखना चाहिए।

सम्पादन करना: तैयार प्रोग्राम के मूल ड्राफ्ट का सतर्कतापूर्वक सम्पादन करना चाहिए। सम्पादन के समय तीन प्रमुख बातें ध्यान देने योग्य हैं–

1. यह देखा जाना चाहिए कि विषय-वस्तु में किसी प्रकार की तकनीकी त्रुटि तो नहीं है। इस स्तर पर विषय-विशेषज्ञों की मदद ली जा सकती है।

2. प्रोग्राम विशेषज्ञों की सहायता से यह देखा जाता है कि मूल ड्राफ्ट में प्रोग्राम अनुदेशन की तकनीकियों, पद रचनाओं, फ्रेमों को उचित क्रम देने में अथवा मूल ड्राफ्ट की शैली-भाषा में कोई त्रुटि तो नहीं है।

3. भाषा विशेषज्ञों की सहायता से तैयार मूल ड्राफ्ट में व्याकरण की अशुद्धियाँ, स्पैलिंग की त्रुटियाँ तथा अनुपयुक्त एवं अस्पष्ट भाषा आदि का पता लगाकर उन्हें ठीक किया जाता है। अनुदेशन निर्देशों का अस्पष्टता भाषा की अनिश्चितता, दिये गये उदाहरणों की अनुपयुक्तता आदि कमियों को भी ठीक किया जाता है और मूल ड्राफ्ट में आवश्यकतानुसार परिवर्तन किये जाते हैं।

***VIII. परीक्षण (Try-out)*:** प्रोग्राम निर्माण का यह अन्तिम कार्य होता है, जिसके अन्तर्गत तैयार संशोधित प्रोग्राम ड्राफ्ट का परीक्षण एवं मूल्यांकन किया जाता है। इसमें निम्नलिखित क्रियाएँ सम्पादित की जाती हैं।

1. *व्यक्तिगत परीक्षण (Individual Testing or Try-out)*: इसमें प्रोग्राम को 4–5 छात्रों पर प्रशासित किया जाता है और यह पता लगाया जाता है कि तैयार प्रोग्राम ड्राफ्ट में पद, आकार, भाषा, प्रत्यय, उपक्रमक तथा अनुबोधक आदि से सम्बन्धित क्या-क्या कमियाँ हैं। इसके अतिरिक्त छात्रों की प्रतिक्रियाएँ भी नोट की जाती हैं और आवश्यकतानुसार परिवर्तन तथा परिमार्जन प्रोग्राम में किया जाता है।

2. *लघु समूह परीक्षण* (*Small Group Try-out*): परिवर्तित तथा परिमार्जित प्रोग्राम पुनः 10–20 छात्रों के समूह पर प्रशासित किया जाता है। छात्रों से इस ड्राफ्ट में जरूरी परिवर्तनों तथा सुधार हेतु सुझाव माँगे जाते हैं। इनकी प्रतिक्रियाएँ एवं लिये गये समय को भी नोट किया जाता है और इन सभी आधारों पर प्रोग्राम में पुनः संशोधन तथा परिमार्जन किया जाता है।

3. *क्षेत्र परीक्षण* (*Field Testing*): प्रोग्राम को अन्तिम रूप देने के लिए प्रोग्राम को एक प्रतिनिधि न्यादर्श (Sample) पर पुनः प्रशासित किया जाता है और छात्रों की बड़े पैमाने पर की गई प्रतिक्रियाओं तथा दिये सुझावों के आधार पर ड्राफ्ट में पुनः संशोधन किया जाता है। इस परीक्षण के आधार पर प्रोग्राम की उपयुक्तता तथा वैधता स्थापित की जाती है।

IX. मूल्यांकन तथा वैधीकरण (***Evaluation and Validation***): क्षेत्र परीक्षण में प्राप्त आँकड़ों के आधार पर निम्नलिखित तत्त्वों का मूल्यांकन तथा वैधीकरण किया जाता है:

1. *प्रोग्राम की त्रुटि-दर* (*Error Rate*): यह ज्ञात करने के लिए निम्न सूत्र का प्रयोग किया जाता है—

Programme Error Rate (In percentage) =

$$\frac{\text{Total No. of Errors (त्रुटियों का सम्पूर्ण योग)} \times 100}{\begin{array}{c}\text{Total No. of Responses} \times \text{No. of Students}\\ \text{(पदों की संख्या} \times \text{छात्रों की संख्या)}\end{array}}$$

रेखीय प्रोग्राम में त्रुटि दर 5%–10% तथा शाखात्मक प्रोग्राम में 20% तक हो सकती है।

2. *अभिक्रम घनत्व* (*Programme Density*): इससे प्रोग्राम के कठिनाई स्तर का पता लगाया जाता है। यह ज्ञात करने के लिए निम्न सूत्र का प्रयोग किया जाता है—

TTR (Type Token Ratio) =

$$\frac{\begin{array}{c}\text{Total No. of Different Types of Responses in a Programme}\\ \text{(विभिन्न प्रकार की अनुक्रियाओं की संख्या)}\end{array}}{\begin{array}{c}\text{Total No. of Responses Required in a Programme}\\ \text{(कुल अनुक्रियाओं की संख्या)}\end{array}}$$

TTR का मूल्य 0.25 से 0.33 के मधय रहना चाहिए।

3. *तारतम्य प्रवाह* (*Sequence Progression*): तारतम्य प्रवाह स्केलोग्राम (Scalogram) की सहायता से देखा जाता है। मानदण्ड परीक्षण के प्राप्तांकों के आधार पर 'स्केलोग्राम' तालिका बनाई जाती है। इस तालिका के आधार पर प्रोग्राम का तारतम्य प्रवाह देखा जाता है। यदि तालिका देखने पर पता चलता है कि पाठ्यक्रम में क्रम व्यवस्था उचित नहीं है तो प्रोग्राम में सुधार लाने का प्रयास करना पड़ता है।

वैधीकरण के प्रकार (Types of Validation)

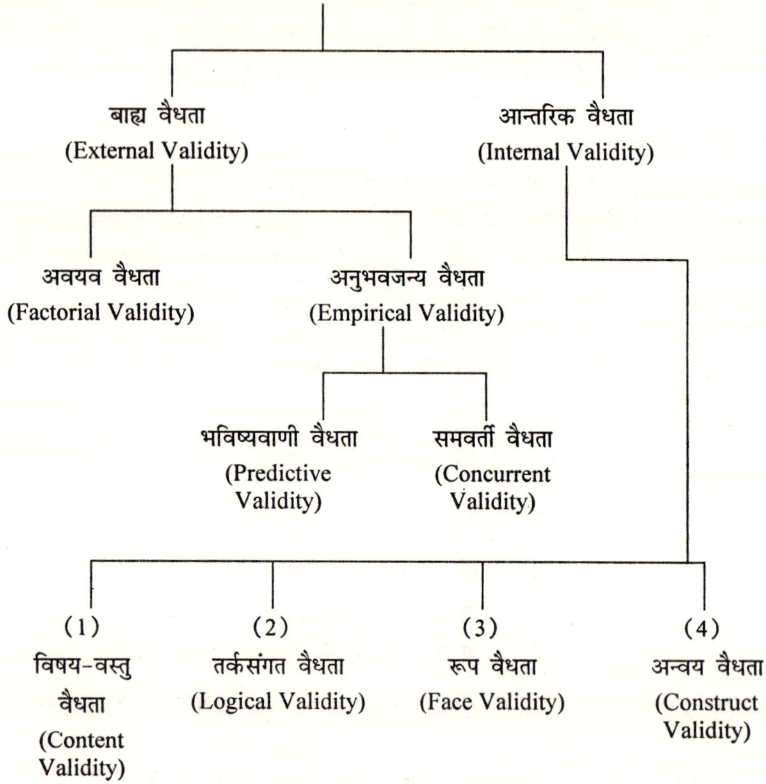

अभिक्रमित अनुदेशन की निदेशिका तैयार करना: प्रोग्राम निर्माण के पश्चात् यह आवश्यक हो जाता है कि प्रोग्राम के कार्यान्वयन के लिए वांछित नियमों आदि का सम्पूर्ण उल्लेख दिया जाए जिससे छात्रों को अपनी गतिविधियों के बारे में पूरी जानकारी मिल सके। निर्देश (Instructions) स्पष्ट होने चाहिए। अनुदेशिका में मुख्यत: निम्न बातों का उल्लेख रहता है:

1. अभिक्रमित अनुदेशन की पाठ्यवस्तु सम्बन्धी सूचनाएँ
2. छात्रों के पूर्व व्यवहारों की सूची
3. अनुदेशन के मूल्यांकन के मापदण्ड
4. बाह्य तथा आन्तरिक मानदण्डों सम्बन्धी प्रदत्त (Data)
5. अनुदेशन सामग्री सम्बन्धी व्यवहारिकता की सूचनाएँ
6. अनुदेशन सामग्री के प्रयोग सम्बन्धी सूचनाएँ
7. अनुदेशन सामग्री पर व्यय सम्बन्धी सूचनाएँ

16.3 अभिक्रमित अधिगम पाठ अथवा मॉड्यूल (Module) (उदाहरण)

16.4 प्रोग्राम 1: भारत का संविधान (Constitution of India)

कक्षा: सातवीं

विषय: सामाजिक ज्ञान

मॉडल: भारत का संविधान

निर्देश–प्रस्तुत अधिगम सामग्री को कुछ विशिष्ट अधिगम अनुभव इकाइयों (फ्रेम्स) में विभक्त करने का प्रयास किया गया है। आप इस सामग्री को ध्यान से पढ़े। प्रत्येक फ्रेम अथवा पद में प्रश्नों के उत्तर नीचे दिये गये हैं। उत्तर देने के पश्चात् आप अपने उत्तर की जाँच करें। यदि उत्तर ठीक नहीं है तो पुन: पाठ को पढ़ें तथा उत्तर दें। यह परीक्षण नहीं है, स्व-अधिगम है।

प्रोग्राम: भारत का संविधान

पद 1: भारत का संविधान बनाने के लिए भारत की संविधान सभा की स्थापना की गई थी। भारत का संविधान 26 नवम्बर, 1949 को पारित किया गया। संविधान 26 जनवरी, 1950 को लागू हुआ। संविधान बनाने में लगभग तीन वर्ष लगे।

प्रश्न 1. संविधान सभा की स्थापना क्यों की गई?

प्रश्न 2. संविधान किस तिथि को पारित किया गया?

प्रश्न 3. संविधान कब लागू हुआ?

प्रश्न 4. संविधान बनाने में कितना समय लगा?

उत्तर–1. भारत का संविधान बनाने के लिए।

2. 26 नवम्बर 1949।

3. 26 जनवरी, 1950

4. लगभग तीन वर्ष।

पद 2: संविधान की प्रस्तावना का विशेष महत्त्व है, पर यह संविधान का अंग नहीं है। भारत का संविधान जनता के प्रतिनिधियों द्वारा बनाया गया। यह इस बात का सूचक है कि सत्ता भारत के लोगों में निहित है।

प्रश्न 1. क्या संविधान की प्रस्तावना संविधान का अंग है?

प्रश्न 2. भारत का संविधान किसने बनाया?

प्रश्न 3. भारत का संविधान किस बात का सूचक है?

उत्तर–1. नहीं।

2. जनता के प्रतिनिधियों ने।

3. भारत में सत्ता जनता के हाथों में है।

पद 3: संविधान में भारत को ऐसा समाज बनाने का संकल्प लिया गया है, जो

समाजवादी, पंथनिरपेक्ष, लोकतंत्रात्मक तथा गणराज्य हो। इस समाज में सामाजिक, आर्थिक और राजनैतिक न्याय का अधिकार होगा। सभी को अपने विचार, अभिव्यक्ति, विश्वास, धर्म तथा उपासना की स्वतन्त्रता होगी।

प्रश्न 1. संविधान में दर्शाये गये समाज का क्या रूप है?

प्रश्न 2. संविधान में किन-किन अधिकारों की बात कही गई है?

प्रश्न 3. समाज में किस प्रकार की स्वतन्त्रता होगी?

उत्तर–1. समाजवादी, पंथनिरपेक्ष, लोकतांत्रिक, राजनैतिक तथा गणराज्य।

2. सामाजिक, आर्थिक, राजनैतिक तथा न्याय।

3. विचार, अभिव्यक्ति, धर्म, उपासना, विश्वास।

16.5 प्रोग्राम 2: (जीव विज्ञान)
जीव विद्या में वनस्पतियों तथा पशुओं के विभिन्न वर्ग (कक्षा 11)
(Programme No. 2 Biology: Taxonomic Categories—Class XI)

फ्रेम 1. हम अपने चारों ओर बहुत प्रकार के पशु और पौधे देखते हैं। ये सब विभिन्न प्रकार अथवा मात्रा के भेद और समानता का प्रदर्शन करते हैं। मनुष्य इन अनगिनत जीवित वस्तुओं को किसी श्रेणी में डालने की आवश्यकता अनुभव करता है। पशुओं और पौधों के विभिन्न भागों को क्रम में रखने और वर्ग में करने की विधि को श्रेणी विभाजन कहते हैं।

1. सब पशु विभिन्न प्रकार अथवा मात्रा के .... और .... का प्रदर्शन करते हैं।
2. जीवित प्राणी या पौधों का अध्ययन श्रेष्ठतर रूप से किया जा सकता है, यदि उन्हें किसी .... में बाँट दिया जाए।
3. .... एक विधि है जिससे जीवित प्राणी या पौधों को वर्गों में बाँट सकते हैं।

उत्तर–1. भेद, समानता।

2. श्रेणी।

3. श्रेणी विभाजन।

फ्रेम 2. जीवित प्राणी या पौधों को निश्चित विशिष्ट गुण के अनुरूप श्रेणियों में रखा जाता है। पहले उन्हें बड़े वर्गों में नियुक्त करते हैं। जैसे संसार के सभी जीवित प्राणी या पौधों को दो वर्गों में भाग और प्रतिभाग किय गये हैं।

इन सब अलग वर्गों को श्रेणियाँ (Categories) कहते हैं। इन श्रेणियों को अलग स्थितियों में अलग नाम दिये जाते हैं। उदाहरण—Kingdom Phylun, Class, Order.

1. जीवित प्राणी या पौधों का निश्चित विशिष्ट गुणों के अनुरूप वर्गों में रखने से .... रचित होती है।
2. .... और...........श्रेणियों के नाम हैं।

उत्तर–1. श्रेणी।

2. Kingdom, Phylum, Class, Order.

फ्रेम 3. वर्गीकरण करते समय इन श्रेणियों को निश्चित अनुक्रम में रखा जाता है। कुछ श्रेणियाँ दूसरी श्रेणियों से ऊँची होती है।

ऊँची श्रेणी हैं–*e.g.*, Kingdom, Phylum। हर ऊँची श्रेणी में सारी छोटी श्रेणियाँ होती हैं।

1. क्या किसी निश्चित अनुक्रम के अनुरूप श्रेणियों को रखा जाता है?
2. जीवित प्राणी या पौधों को श्रेणियों में रखने में कौन-सी श्रेणी का अध्ययन पहले किया जाता है?
3. नीचे दी गई श्रेणियों का अध्ययन करें–

   Kingdom, Phylum, Class

   (a) यदि Kingdom............सबसे ऊँची श्रेणी है तो सबसे छोटी श्रेणी कौन-सी है?

   (b) Phylum श्रेणी में .... श्रेणी भी आती है।

   (c) क्या Kindom श्रेणी में सब श्रेणियाँ आती हैं?

उत्तर–1. हाँ।

2. ऊँची।

3. (a) श्रेणी, (b) Class, (c) हाँ

फ्रेम 4. वनस्पतियों तथा पशुओं को तर्कानुसार श्रेणियों में बाँटने को Hierarchy कहते हैं।

नीचे दी गई नीचे आती हुई व्यवस्था (अर्थात् पहली श्रेणी, सबसे ऊँची श्रेणी है) में श्रेणियों की सूची का ध्यान से अध्ययन करें।

Kingdom, Phylum, Class, Order, Family, Genus, Species.

ये श्रेणियाँ hierarchy रचित करती हैं।

(i) यदि विभिन्न श्रेणियों को क्रम में रखा जाए तो वह .... की रचना करती है।

(ii) लिखिए कि अनुक्रम के अनुरूप श्रेणियों को रखने से hierarchy रचित होती है या नहीं।

(iii) Order, Kingdom, Phylum, Genus, Class.

ऊपर दी गई श्रेणियों से hierarchy की रचना करो।

(iv) आपके द्वारा बनाई गई hierarchy से नीचे दिये गये प्रश्नों के उत्तर दें–

( ) .... सबसे ऊँची श्रेणी है।

(इ) .... सबसे नीची श्रेणी है।

उत्तर–(i) Hierarchy

(ii) नहीं।

(iii) Kingdom, Phylum, Class, Order, Genus.

(iv) (a) Kingdom, (b) Genus.

16.6 अभिक्रमित शैलियाँ अथवा प्रकार (Styles or Types of Programming)

(1) रेखीय अथवा बाह्य शैली अभिक्रमण (Linear or Extrinsic Programming)

(2) शाखात्मक अथवा आन्तरिक शैली अभिक्रमण (Branching or Intrinsic Programming)

(3) मैथेटिक्स शैली अभिक्रमण (Mathetics Programming)

(4) नियम उदाहरण अभिक्रमण (Rule System Programming)

(5) कम्प्यूटर सह-अनुदेशन अभिक्रमण (Computer Assisted Programming)

(6) अधिगमकर्ता निर्यंत्रित शैली अभिक्रमण (Learner Controlled Instruction)

16.7 रेखीय अभिक्रमण अथवा बाह्य अभिक्रमण (Linear Programming or Extrinsic Programming)

16.8 रेखीय प्रोग्राम का अर्थ (Meaning of Linear Programming)

रेखीय अभिक्रमण के प्रतिपादक बी.एफ. स्किनर (1955) थे। यह प्रोग्रामिंग Operent Conditioning पर आधारित है, जिसके अनुसार मानव व्यवहार को एक निश्चित दिशा दी जा सकती है तथा इच्छित व्यवहार सिखाया जा सकता है। इस हेतु मानव के मार्ग में आने वाली क्रियाओं को छोटे-छोटे सार्थक भागों में विश्लेषित करना होता है। इन भागों का सहारा लेकर प्रत्येक पद पर पुनर्बलन देकर छात्र को वांछित व्यवहार सिखाया जा सकता है। वास्तव में रेखीय प्रोग्रामिंग वह प्रोग्रामिंग है जिसमें प्रत्येक छात्र एक रेखीय क्रम में निश्चित पदों को पार करता हुआ आगे बढ़ता जाता है।

इसके मुख्य तत्त्व नीचे दिये जा रहे हैं:

1. एक समय में विषय-वस्तु का छोटा-सा अंश ही छात्रों के सामने प्रस्तुत किया जाता है।
2. छात्र अनुक्रिया करके उत्तर देते हैं।
3. छात्र अपने उत्तर को सही उत्तर से मिलान करके पुनर्बलन प्राप्त करता है।
4. उसे आगे क्या करना है—यह निर्देश प्राप्त होता है।

चित्र 16.1 से स्पष्ट है कि फ्रेम तथा सीखने का पथ व्यवस्थित एवं रेखीय है। इसलिए इस प्रकार की प्रोग्रामिंग रेखीय कहलाती है। इसमें सीखने वाले को समान फ्रेमों तथा समान क्रम से गुजरना होता है। समग्र अनुदेश्न प्रक्रिया पूर्ण नियन्त्रित होती है और यह नियन्त्रण प्रोग्रामर, प्रोग्राम बनाने वाले का होता है। इसलिए रेखीय प्रोग्रामिंग को बाह्य (Extrinsic) प्रोग्रामिंग भी कहा जाता है।

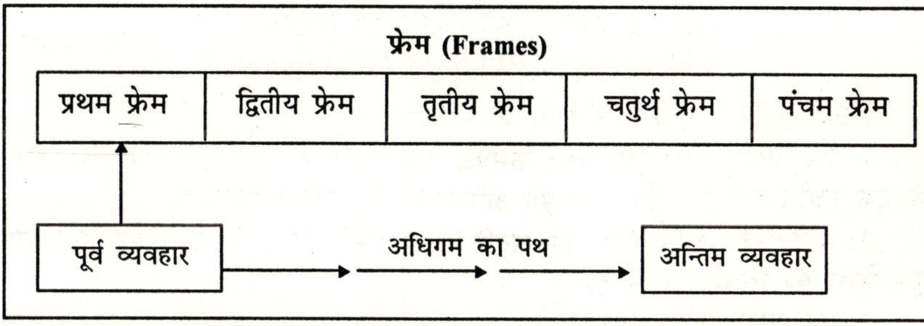

चित्र 16.1: रेखीय अभिकरण में फ्रेमों की व्यवस्था

रेखीय अभिक्रमण का शाब्दिक अर्थ एक सीधी रेखा का अभिक्रमण है। इसमें छात्र प्रथम पद से अन्तिम पद तक सीधी रेखा की भाँति चलता है। इसके अतिरिक्त सभी छात्र एक जैसे ही पथ पर चलकर एक पद से दूसरे पद की ओर बढ़ते हैं, जब तक सारा प्रोग्राम पूर्ण नहीं कर लेते। इसमें छात्र की सही अनुक्रिया को अधिगम प्रक्रिया का एक वांछित अंग माना जाता है। इस अभिक्रमण शैली का मुख्य उद्देश्य विषय-वस्तु को इस प्रकार प्रस्तुत करना है कि छात्र कम से कम गलती करें। स्किनर के अनुसार किसी भी पद को पढ़ने पर छात्रों को 10% से अधिक गलती नहीं करनी चाहिए।

16.9 रेखीय प्रोग्रामिंग की प्रक्रिया (Process of Linear Programming)

रेखीय प्रोग्रामिंग के अन्तर्गत छात्रों को शिक्षण सामग्री का एक छोटा-सा पद अंश प्रस्तुत किया जाता है। फिर उसके बाद छात्र उसे अच्छी तरह समझकर सम्बन्धित प्रश्न का उत्तर देता है। छात्र को उसका उत्तर सही या गलत होने का ज्ञान बताया जाता है। यदि उसका उत्तर सही है तो उसे पुनर्बलन मिलता है। फिर वह अगले पद की ओर आगे बढ़ जाता है। इस तरह एक पद के पश्चात् प्रश्न, प्रश्न के पश्चात् उत्तर-पुनर्बलन और फिर दूसरा पद, प्रश्न, पुनर्बलन चलता चला जाता है, जब तक कि वह अन्तिम व्यवहार तक नहीं पहुँच जाता।

16.10 रेखीय अभिक्रमित अनुदेशन के पद (Frames of Linear Programme)

(1) प्रस्तावना पद (Introductory Frames) इन पदों का कार्य पूर्व व्यवहारों से नए व्यवहारों को सम्बन्धित करना है।

(2) शिक्षण पद (Teaching Frames) इन पदों का मुख्य लक्ष्य शिक्षण करना होता है।

(3) अभ्यास पद (Practice Frames) इन पदों का लक्ष्य सीखे हुए ज्ञान का अभ्यास करना होता है।

(4) परीक्षण पद (Testing Frames) इन पदों का लक्ष्य छात्रों का मूल्यांकन करना होता है।

16.11 रेखीय अभिक्रमण की विशेषताएँ
(Characteristic of Linear Programming)

इसकी प्रमुख विशेषताएँ नीचे दी जा रही हैं:

1. *एक रेखीय मार्ग*: इसमें छात्र क्रमबद्ध रूप में विभिन्न छोटे-छोटे पदों के माध्यम से एक रेखीय मार्ग पर गति करते हुए अन्तिम व्यवहार तक पहुँचता है।

2. *प्रतिपोषण*: इसमें छात्र की अनुक्रिया की जाँच कर सही अनुक्रिया के लिए पृष्ठपोषण की व्यवस्था होती है।

3. *एक समान पथ*: सभी छात्रों के लिए समान पथ होता है, जिस पर चलकर अन्तिम लक्ष्य तक पहुँचते हैं।

4. *उद्बोधों का प्रयोग*: इसमें शुरू में अधिगम को सरल बनाने के लिए उद्बोध (Prompts) या संकेतों (Cues) का प्रयोग किया जाता है, जिन्हें बाद में धीरे-धीरे हटा दिया जाता है।

5. *नियन्त्रित अनुक्रिया*: अनुक्रिया तथा उसके क्रम पर नियन्त्रण रखा जाता है।

6. *छात्र-त्रुटि की बहुत कम सम्भावना*: इस अभिक्रमण में शिक्षण सामग्री का निर्माण तथा प्रस्तुतीकरण इस प्रकार किया जाता है कि छात्र की त्रुटि की सम्भावना लगभग खत्म हो जाती है।

7. *मनोविज्ञान सिद्धान्त आधारित*: यह मनोविज्ञान के अधिगम सिद्धान्तों पर आधारित है।

8. *स्व-अध्ययन*: यह स्व-अध्ययन के लिए पथ-प्रशस्त करता है जिससे विभिन्न मानसिक स्तरों के छात्रों को अपनी-अपनी गति के अनुसार सीखने के अवसर प्राप्त होते हैं।

9. *स्पष्ट करने की क्षमता*: यह अभिक्रमण कठिन सम्प्रत्ययों को सरलता एवं सुगमता से स्पष्ट करने में सक्षम है।

10. *सक्रिय छात्र*: अधिगम के समय छात्र सक्रिय, क्रियाशील तथा तत्पर हो जाते हैं।

11. *पुनर्बलन*: इसमें छात्र की प्रत्येक सही अनुक्रिया को पुनर्बलित किया जाता है, जिससे अधिगम प्रक्रिया अधिक प्रभावशाली हो जाती है।

12. *प्रभावी विधि*: परम्परागत शिक्षण की तुलना में यह विधि ज्यादा प्रभावशाली होती है।

16.12 रेखीय अभिक्रमित अनुदेशन की अवधारणाएँ
(Assumptions of Linear Programming)

इस अनुदेशन की निम्नलिखित अवधारणाएँ हैं:

1. छात्रों की सही अनुक्रियाओं (Responses) अथवा व्यवहारों को प्रेरित करने तथा गलत अनुक्रियाओं को छोड़ देने में वे अधिक सीखते हैं।

2. छात्र तत्पर रहने से अधिक सीखते हैं।

3. जब पाठ्य-वस्तु को छोटे-छोटे पदों में प्रस्तुत किया जाता है तथा पद का आकार छात्रों के लिए बोधगम्य होता है तो वे अधिक सीखते हैं।

4. अध्ययन के समय छात्र कम से कम त्रुटियाँ करने पर अधिक सीखता है।

5. पाठ्य-वस्तु की क्रमबद्ध व्यवस्था छात्रों के अनुकूल होने पर अधिगम अधिक होता है।

6. छात्रों को उनकी क्षमताओं तथा अध्ययन गति के अनुकूल जब समय की स्वतन्त्रता भी दी जाती है तो वे अधिक सीखते हैं।

16.13 रेखीय अभिक्रमित अनुदेशन का प्रयोग (Application of Linear Programming)

रेखीय अभिक्रमित अनुदेशन का प्रोग्राम प्रायः निम्नलिखित में विशेष प्रभावशील सिद्ध हो सकता है:

1. धीमी गति से सीखने वाले छात्रों के लिए।
2. छोटी आयु के छात्रों के लिए।
3. एक जैसे छात्रों के समूह के लिए।
4. अधिगम की जाने वाली विषय-वस्तु की उत्तरोत्तर व्यवस्था का अनुसरण करने में।
5. तत्कालिक पृष्ठपोषण उपलब्ध होने पर।
6. छात्रों के अपर्याप्त अशाब्दिक व्यवहार होने पर।
7. विशिष्ट तथा कठिन शब्दावली के अधिगम पर।
8. कम अभिप्रेरित होने पर।
9. स्व-अध्ययन की व्यवस्था होने पर।

रेखीय अभिक्रमण की सीमाएँ (Limitations of Linear Programming)

1. *छात्रों की व्यक्तिगत भिन्नता की अवहेलना*: इसमें सभी छात्रों के लिए एक ही क्रम दिया होता है। छात्रों की व्यक्तिगत आवश्यकताओं को ध्यान में नहीं रखा जाता है।

2. *उच्च उद्देश्यों की प्राप्ति में अक्षम*: इससे उच्च उद्देश्यों की प्राप्ति सम्भव नहीं है।

3. *तथ्यात्मक पाठ्य-सामग्री के शिक्षण में कम उपयोगिता*: यह तथ्यात्मक पाठ्य-वस्तुओं के शिक्षण में कम उपयोगी है। यह व्याख्यात्मक पाठ्य-वस्तुओं के लिए ही होता है।

4. *छात्रों की बन्धित अनुक्रियाएँ*: इसमें अधिगम नियन्त्रित परिस्थितियों में होता है अतः छात्रों को अनुक्रियाओं हेतु आजादी नहीं है।

5. *सुधारात्मक शिक्षण के लिए निर्माण में कठिनाई*: इसका निर्माण करना सरल नहीं है। कई बार प्रशिक्षण लेने के बाद भी अच्छा अभिक्रमण तैयार करना कठिन हो जाता है।

6. *उपयोगिता का अभाव*: इसके द्वारा सुधारात्मक शिक्षण (Remedial Teaching) सम्भव नहीं है।

7. *प्रतिभाशाली छात्रों की कम रूचि*: प्रतिभाशाली छात्र इसमें कम रूचि लेते हैं।

8. *सृजनात्मकता का अभाव*: इस विधि के अनुसार छात्रों की सृजनात्मकता को बढ़ावा नहीं मिल पाता।

9. *सामाजिक अभिप्रेरणा का अभाव*: इसमें छात्रों को सामाजिक प्रेरणा नहीं मिल पाती।

16.14 शाखीय अथवा आन्तरिक प्रोग्रामिंग
(Branching of Intrinsic Programming)

16.15 अर्थ (Meaning)

शाखीय प्रोग्रामिंग के प्रतिपादक *श्री नौर्मन ए. क्राउडर* थे। इसमें प्रभावशाली शिक्षण के अनेक सिद्धान्तों का प्रयोग किया जाता है। इसमें समस्त अनुक्रियाएँ छात्र द्वारा नियन्त्रित होती हैं अतः इसे आन्तरिक (Intrinsic) प्रोग्रामिंग भी कहा जाता है।

इस प्रकार के अभिक्रमण को शाखीय (Branching) अभिक्रमण इसलिए कहा जाता है क्योंकि इसमें सभी छात्र रेखीय अभिक्रमण की भाँति एक पद से दूसरे पद तक बढ़ने के लिए एक ही पथ नहीं अपनाते, वरन् वे अपने-अपने उत्तरों पर आधारित अलग-अलग (शाखीय) रास्ते अपनाते हुए अन्तिम पद तक पहुँचते हैं। इसमें सभी पदों को प्रस्तुत करने का कोई निश्चित क्रम नहीं होता। इसमें अनुक्रियाओं पर नियन्त्रण छात्रों द्वारा होता है। अतः छात्र अपनी योग्यता के अनुसार अनुक्रिया करता है।

16.16 शाखीय प्रोग्रामिंग की प्रक्रिया (Process of Branching Programming)

शाखीय प्रोग्रामिंग में एक या दो पैरा में या एक पूरे पेज पर एक फ्रेम दिया जाता है। यह रेखीय प्रोग्रामिंग की तुलना में काफी बड़ा होता है। छात्र एक-एक करके सभी फ्रेमों से गुजरते हैं। एक फ्रेम के पश्चात् उसे सम्बन्धित बहु-निर्वचनीय वस्तुनिष्ठ प्रश्नों के उत्तर देने होते हैं। उसे दिये गये उत्तरों में से एक सही उत्तर का चुनाव करना पड़ता है। यदि उसका उत्तर सही है तो वह आगे बढ़ता है पर यदि उत्तर सही नहीं हो तो उसे उपचारात्मक निर्देश प्रदान किये जाते हैं। इस हेतु उसे मूल अंश या विशिष्ट रूप से तैयार की गयी उपचारात्मक श्रृंखला की ओर जाने का निर्देशन दिया जाता है और बाद में पुनः इस पद पर आने तथा उत्तर देने को कहा जाता है। यह क्रिया तब तक चलती रहती है जब तक कि छात्र सही उत्तर नहीं दे देता। केवल सही उत्तर मिलने पर ही उसे अगले पद पर अग्रसर होने के लिए कहा जाता है। इसे आगे चित्र के माध्यम से स्पष्ट किया गया है:

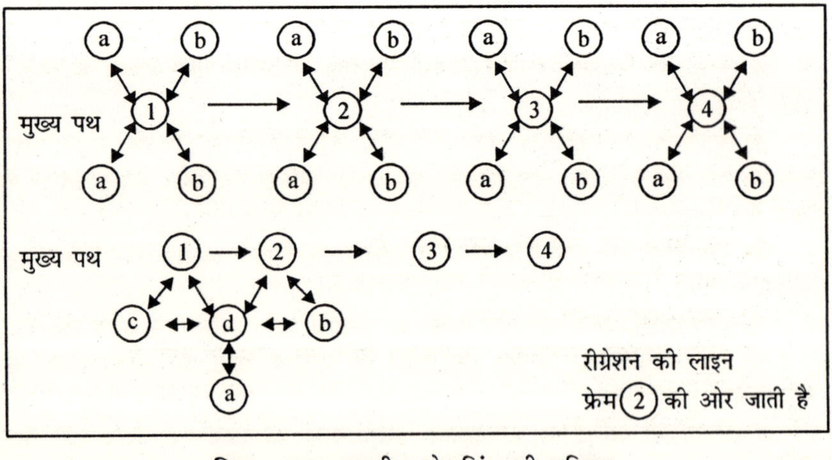

चित्र 16.2: शाखीय प्रोग्रामिंग की प्रक्रिया

शाखीय प्रोग्रामिंग में कमजोर छात्र की अपेक्षा एक प्रतिभाशाली छात्र अन्तिम व्यवहार तक जल्दी पहुँचता है।

अभिक्रमण की इस शैली में छात्रों की त्रुटियाँ करने की अपेक्षा उनके निदान पर अधिक बल दिया जाता है।

16.17 शाखीय अभिक्रमित अनुदेशन में सोपान (Steps in Branching Programme)

शाखीय अभिक्रमित में नीचे लिखे सोपानों का अनुसरण किया जाता है:

1. प्रकरण का चयन (Selection of Topic)
2. अवधारणाएँ (Assumptions)
3. पाठ्यवस्तु का विश्लेषण (Analysis of the Content)
4. पदों की रचना करना (Constructing Frames)
5. पदों का परीक्षण करना (Try-Out of Frames)
6. मूल्यांकन (Evaluation)
7. निर्देशिका तैयार करना (Preparing Manual)

16.18 शाखीय अभिक्रमण की विशेषताएँ (Characteristics of Branching Programming)

इनकी प्रमुख विशेषताएँ इस प्रकार हैं:

1. शाखीय अभिक्रमण में रेखीय अभिक्रमण की तुलना में प्रत्येक पाठ या फ्रेम में अधिक शिक्षण सामग्री आती है।

2. इस अभिक्रमण में छात्रों की आवश्यकतानुसार विभिन्न पदों पर होकर अन्तिम पद तक पहुँचने की स्वतन्त्रता होती है।

3. इस अभिक्रमण में छात्रों के समक्ष बहु-विकल्प वाले प्रश्न दिये जाते हैं।

4. यह अभिक्रम छात्रों की सम्भावित त्रुटियों के आधार पर शिक्षण सामग्री के निर्माण पर बल देता है।

5. गलत अनुक्रिया करने पर छात्र को उसे सही करने के लिए अवसर दिया जाता है। वह अगले पद पर तब तक नहीं पहुँचता जब तक वह अपने पहले मुख्य पद का सही उत्तर नहीं दे पाता।

6. इसमें प्रत्येक फ्रेम अति स्पष्ट तथा बड़ा बनाना पड़ता है।

7. यह अभिकरण छात्रों की तार्किक शक्ति के विकास में महत्त्वपूर्ण भूमिका निभाता है।

8. इस अभिक्रम में अधिगमकर्ता की रूचि बराबर बनी रहती है।

9. यह छात्रों द्वारा नियन्त्रित अभिक्रमण है।

10. इसमें पृष्ठपोषण तुरन्त देने की व्यवस्था है।

11. यह छात्र-केन्द्रित अभिकरण है।

12. यह अभिक्रम परम्परागत ट्यूटोरियल विधि पर आधारित होता है।

13. यह अभिक्रम विभेदीकरण क्षमता, सृजनात्मकता तथा समस्या-समाधान योग्यता के विकास में सहायक होती है।

14. इसमें गलतियाँ, अधिगम प्रक्रिया में बाध नहीं बन पातीं क्योंकि यह अभिक्रम यह मानकर चलता है कि गलतियों से भी सीखा जाता है और गलतियाँ ठीक करने की इसमें व्यवस्थित प्रणाली होती है।

15. इस प्रकार के अभिक्रम द्वारा तैयार सामग्री, पुस्तकों तथा शिक्षण-मशीनों, दोनों में उपयोगी होती है।

16.19 शाखीय अभिक्रम की सीमाएँ (Limitations of Branching Programming)

1. यह छोटी कक्षाओं के लिए कम उपयोगी है।
2. इसमें पूर्ण विषय-वस्तु को समाहित करना कठिन हो जाता है।
3. यह अपेक्षाकृत महँगा अभिक्रम है।
4. इस अभिक्रम के निर्माण के लिए कुशल तथा प्रशिक्षित एवं योग्य शिक्षकों की जरूरत पड़ती है।
5. इसमें बहु-विकल्प वाले प्रश्नों को करने के लिए अनेक बार, छात्र बिना विषय-वस्तु को समझे या बिना पढ़े, केवल अनुमान के आधार पर ही उत्तर दे देते हैं।
6. इसमें हर वर्ष (या निश्चित समयान्तराल के पश्चात्) संशोधन की आवश्यकता होती है।

16.20 मैथेटिक्स प्रोग्रामिंग (Mathetics Programming)

16.21 मैथेटिक्स प्रोग्रामिंग का अर्थ (Meaning of Mathetics Programming)

मैथेटिक्स प्रोग्रामिंग विकसित करने का श्रेय थॉमस एफ. गिलबर्ट को है। मैथेटिक्स शब्द यूनानी भाषा के 'मैथीन' शब्द से निकला है जिसका अर्थ है–सीखना। मैथेटिक्स का तात्पर्य–समूह के जटिल व्यवहार के विश्लेषण एवं पुनर्निर्माण हेतु पुनर्बलन के सिद्धान्तों के उस सुव्यवस्थित प्रयोग से है जो विषय-वस्तु में निपुणता बताती है।

यह विधि यद्यपि थोड़ी जटिल प्रकृति की है, पर यह कठिन कौशलों की प्राप्ति में, वांछित व्यवहार लाने में तथा विषय-वस्तु पर पूर्ण अधिकार अर्जित करने में बहुत उपादेय मानी गयी है।

मैथेटिक्स अभिक्रमण में अभिक्रम की यूनिट 'पद' न होकर 'अभ्यास' (Exercise) होती है। इसमें पाठ्य-वस्तु को एक कड़ी के रूप में रखा जाता है, जिसमें अन्तिम पद को प्रथम पद के रूप में प्रस्तुत किया जाता है (अवरोही श्रृंखला या Retrogressive Chaining)।

प्रारम्भ में मैथेटिक्स गणित के क्षेत्र में प्रयुक्त किया गया था, परन्तु अन्य विषयों में भी इसका प्रयोग किया जा सकता है।

इस अधिक्रम की तीन अवस्थाएँ होती हैं:

1. प्रदर्शन (Demonstration)
2. अनुबोध (Prompting)
3. उन्मुक्ति (Release)

प्रदर्शन में छात्रों के अधिगम व्यवहार को प्रदर्शित किया जाता है।

अनुबोधन अवस्था में अधिगम व्यवहार को उत्पन्न करने के लिए अनुबोधनों की व्यवस्था की जाती है।

मैथेटिक्स का निर्माण कठिन होता है, इसके लिए अभिक्रमिक में विशिष्ट योग्यता होनी चाहिए। इसमें सीखी जाने वाली विषय-वस्तु के अन्तिम पद से शुरू करके, प्रथम पद तक पहुँचना सामान्य बालकों के लिए थोड़ा मुश्किल हो जाता है।

16.22 मैथेटिक्स की प्रमुख विशेषताएँ तथा सम्बन्धित कार्य-प्रणाली (Chief Charactristics of Mathetics)

1. मैथेटिक्स प्रोग्रामिंग में अन्य अनुदेशात्मक प्रारूप की भाँति शिक्षण-सामग्री के विस्तृत विश्लेषण से अधिगम प्राप्त होता है।
2. इसमें अधिगम की इकाई फ्रेम (Frame) न होकर अभ्यास या समस्या होती है।
3. इसमें अवरोही श्रृंखला (Backward or Retrogresive) सिद्धान्त का उपयोग किया जाता है।
4. अवरोही श्रृंखला के अन्तर्गत तीन मूलभूत सोपानों (प्रदर्शन, अनुबोधन तथा उन्मुक्ति) का समावेशन होता है।
5. इस अभ्यास या समस्या का समाधान खोजना ही छात्रों को पुनर्बलन प्रदान करता है।

16.23 मैथेटिक्स प्रोग्राम की प्रक्रिया (Process of Mathetics Programme)

उपुर्यक्त के आधार पर मैथेटिक्स प्रोग्राम की प्रक्रिया निम्न प्रकार व्यक्त की जा सकती है:

1. इसमें सर्वप्रथम नैपुण्य पद की तलाश की जाती है जो प्राय: श्रृंखला के अन्तिम पद के रूप में होता है।

2. इसके पश्चात् प्रोग्रामर छात्रों के समक्ष निपुणता प्राप्त कराने वाले सभी पद प्रस्तुत करता है।

3. तत्पश्चात् छात्रों को नैपुण्य पद से सम्बन्धित अनुक्रिया करने के लिए आवश्यक अनुबोधन प्रदान करता है जिससे कि वे निपुणता के अन्तिम स्तर तक पहुँच सकें।

4. इसके बाद अन्तिम नैपुण्य पद तक पहुँचने से पूर्व अन्य सभी पदों को छात्रों के सामने रखा जाता है।

5. छात्रों को अनुबोधन (Prompts) दिये जाते हैं, वे अनुक्रिया करते हैं फिर उन्हें नैपुण्य पद का अभ्यास करने के लिए कहा जाता है।

6. इसके बाद छात्रों के सम्मुख अन्तिम नैपुण्य पद से ठीक पहले के पद से भी एक पद पूर्व तक ले जाने वाले पदों को प्रस्तुत किया जाता है।

7. इस प्रकार छात्र अनुक्रिया करते रहते हैं। सबसे अन्त में पहले पद के प्रति अनुक्रिया करना पड़ती है। इस प्रकार धीरे-धीरे उल्टी तरफ से चलकर निपुणता प्राप्त की जाती है। इसे निम्न प्रकार से प्रदर्शित किया जा सकता है:

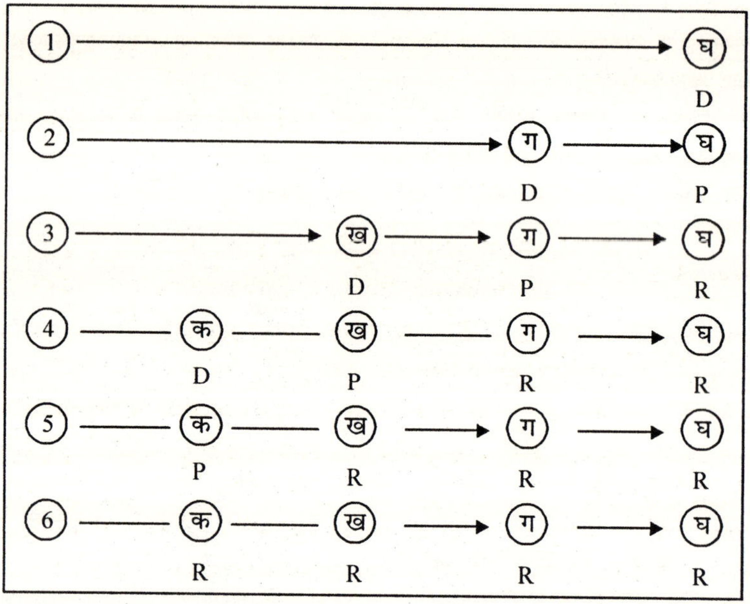

यहाँ D= छात्र द्वारा निष्पादित तथा प्रदर्शित, P= अनुबोधक, R= अनुक्रिया के लिए उन्मुक्ति।

चित्र 16.3: मैथेटिक्स प्रोग्राम की प्रक्रिया

16.24 रेखीय और शाखात्मक अभिक्रमों की तुलना (Comparison of Linear and Branching Programming)

तुलना के लिए प्रयुक्त तत्त्व (Element under Comparison)	*रेखीय अभिक्रम (Linear Programming)*	*शाखात्मक अभिक्रम (Branching Programming)*
1. प्रतिपादक	बी.एफ. स्किनर	एन.ए. क्राउडर
2. पृष्ठभूमि तत्त्व	क्रिया प्रसूत अनुबन्धन	मिश्रित (Eelectic)
3. पद-आकार	लघु, 15 से लेकर 25 शब्द	विस्तृत, एक और दो पैराग्राफ से लेकर और पृष्ठ तक कम
4. पदों की संख्या	अधिक	कम
5. प्रस्तुतीकरण		
(a) पुस्तकीय प्रारूप	सामान्य पुस्तक जिसमें पुस्तकों के पृष्ठ सामान्य क्रम से ही होते हैं।	प्रकीर्ण पुस्तक (Scrambled book) जिसमें पढ़ने में एक के बाद एक पृष्ठों को नहीं पढ़ा जाता।
(b) शिक्षण मशीन	सरल, कम खर्चीला	जटिल, अधिक खर्चीला
6. अनुक्रिया-प्रकार	पुनः स्मरण, संरचनात्मक	बहुविकल्प, चयनात्मक
7. अनुक्रिया नियन्त्रण	अभिक्रमक द्वारा नियन्त्रित	अधिगमकर्ता द्वारा नियन्त्रित
8. पुनर्बलन	सही अनुक्रिया का ज्ञान	अन्ततः सही अनुक्रिया करना।
9. त्रुटि-उपचार	त्रुटियों के लिए किसी उपचार का सुझाव नहीं दिया जाता।	अन्ततः सही अनुक्रिया करना, त्रुटियों के बाद उपचारात्मक अनुदेशन मिलता है।
10. त्रुटि दर	सामान्यता 5% से कम	सामान्यतया 20%

(क्रमशः)

तुलना के लिए प्रयुक्त तत्त्व (Element under Comparison)	रेखीय अभिक्रम (Linear Programming)	शाखात्मक अभिक्रम (Branching Programming)
11. उपयोग अथवा उपयुक्तता	(i) निम्न कक्षाएँ	(i) उच्च कक्षाएँ
	(ii) ज्ञान तथा बोध उद्देश्य	(ii) उच्चस्तरीय उद्देश्य
	(iii) सामान्य तथा कम बुद्धिमान छात्र	(iii) प्रतिभाशाली तथा सृजनशील छात्र
	(iv) पत्राचार शिक्षा	(iv) पत्राचार शिक्षा में उपचारात्मक अनुदेशन
	(v) तथ्यों, परिभाषाओं और मूल कौशलों के शिक्षण में अधिक उपयोगी	(v) तथ्यों, परिभाषाओं तथा मूल कौशलों से परे विस्तृत सामग्री एवं उच्चस्तरीय ज्ञान, बोध और कौशलों के लिए अधिक उपयोगी
	(vi) कम खर्च	(vi) अधिक खर्च

16.25 अभिक्रमित अध्ययन के क्षेत्र में भारत में शोध तथा प्रयोग

अभिक्रमित अध्ययन के क्षेत्र में भारत में शोध तथा प्रयोग का अवलोकन करने पर बड़ी हैरानी होती है कि 1960 तथा 1970 के दशकों में इस दिशा में कुछ कार्य अवश्य हुआ, परन्तु उसके पश्चात् इस क्षेत्र में कोई विशेष रूचि नहीं रही। अब यह विधि केवल बी.एड. तथा इसी प्रकार के पाठ्यक्रमों तक ही सीमित है। कक्षा-कक्ष में इसका उपयोग नहीं के बराबर है।

1965 के एन.सी.ई.आर.टी., नई दिल्ली के मनोविज्ञान विभाग ने इस दिशा में कुछ कार्यशालाओं, सेमीनारों तथा सिम्पोजियम आदि का आयोजन किया। परिणामस्वरूप विभिन्न विषयों पर भिन्न-भिन्न भारतीय भाषाओं में अभिक्रमित अध्ययन प्रकाश में आने लगे। क्षेत्रीय शिक्षा महाविद्यालय अजमेर में गणित के 'सैट थ्योरीज' आदि इस प्रकार की सामग्री के निर्माण का प्रयास किया गया।

एम.एस. यूनीवर्सिटी बड़ौदा ने सर्वप्रथम एम.एड. स्तर पर शैक्षिक शिल्प विज्ञान एवं अभिक्रमित अध्ययन पाठ्यक्रम प्रारम्भ किये।

सन् 1963 में जी.वी. शाह ने बीजगणित में कुछ सामग्री अभिक्रमित अध्ययन के आधार पर निर्मित की तथा इसके अनुसार छात्रों को पढ़ाया।

1966 में शर्मा तथा देसाई ने पृथक्-पृथक् रूप से विभिन्न विषयों में अभिक्रमित अध्ययन सामग्री का निर्माण किया तथा उनकी प्रभावशीलता का मूल्यांकन किया।

1971 में शाह ने चार तथा 1972 में कृष्णमूर्ति ने सात प्रकार की अभिक्रमित अध्ययन प्रणालियों पर शोध कार्य किया।

यद्यपि अभिक्रमित अध्ययन/अनुदेशन के अनेक लाभ हैं, परन्तु यह कहा जा सकता है कि स्कूलों तथा महाविद्यालयों की कक्षाओं में इसका प्रयोग नहीं के बराबर है।

17

व्यक्तिगत अनुदेशन प्रणाली: ऑडियो ट्यूटोरियल प्रणाली, सहकारी अधिगम, अनुरूपण शिक्षण तथा शैक्षिक खेल

(Personalised System of Instruction: Audio-Tutorial System, Co-operative Learning. Simulation and Games)

17.1 व्यक्ति अनुदेशन प्रणाली

17.2 व्यक्ति अनुदेशन का महत्त्व
(Significance of Individual Instruction)

शिक्षा शास्त्रियों तथा मनोवैज्ञानिकों ने अनुभव किया है कि व्यक्तिगत अनुदेशन सामूहिक अनुदेशन की अपेक्षा अधिक प्रभावशाली होता है। परन्तु सामूहिक शिक्षण की अनुदेशनात्मक सुगमता, मितव्ययता तथा अन्य लाभों के कारण व्यक्तिगत अनुदेशन का प्रचलन अधिक नहीं हो पाया है। फिर भी व्यक्तिगत अनुदेशन की उपादेयता एवं लाभों का पलड़ा इतना भारी पड़ता है कि इसको लागू करने का मोह शिक्षाशास्त्री नहीं छोड़ पाते।

17.3 व्यक्तिगत अनुदेशन का अर्थ एवं परिभाषा
[Meaning and Definition of Personalised System of Instruction (PSI)]

एफ.एस. केलर ने 1963 में अपने तीन अन्य सहयोगियों जे.सी. शेरमैन, आर.ए.जी. और सी.एम. बोरी के सहयोग से वैयक्तिक अनुदेशन-प्रणाली को जन्म दिया जिसमें सामूहिक अनुदेशन की उपादेयता एवं लाभों को अपनाते हुए छात्रों को व्यक्तिशः अनुदेशन प्रदान किया जा सकता है। इसी प्रणाली को वैयक्तिक अनुदेशन प्रणाली (Personalised System of Instruction: PSI) कहते हैं। इस प्रणाली के प्रतिपादक के नाम पर इसे केलर-योजना (Keller Plan) भी कहते हैं। इस प्रणाली का सर्वप्रथम प्रयोग केलर और उनके सहयोगियों ने कोलम्बिया विश्व-विद्यालय में सन् 1963 में किया।

वैयक्तिक अनुदेशन प्रणाली (PSI) छात्र उन्मुख (Student Oriented) अनुदेशन है। इसमें अन्य शिक्षण-विधियों एवं प्रणालियों की तुलना में अनुदेशन का वैयक्तीकरण करने पर अधिक बल दिया जाता है। अनुदेशन को अधिगमकर्ता की व्यक्तिगत योग्यता, रूचि एवं आवश्यकता के अनुरूप बनाने की चेष्टा की जाती है। ग्रीन (Green, 1974) ने वैयक्तिक अनुदेशन-प्रणाली का वर्णन इन शब्दों में किया है "वैयक्तिक अनुदेशन-प्रणाली को यह नाम इसलिए दिया गया है क्योंकि इसमें प्रत्येक छात्र को एक व्यक्ति के रूप में दूसरे व्यक्ति अपनाते हैं। एक छात्र और एक शिक्षक आमने-सामने बैठकर शिक्षण एवं अनुदेशन की प्रक्रिया में भाग लेते हैं, चाहे कक्षा में छात्रों की संख्या 50 क्यों न हो। यह प्रणाली ऐसी पाठ्यचर्या के लिए उपयुक्त है जिसमें छात्र से यह आशा की जाती है कि वह एक सुपरिभाषित ज्ञान के अंश या कौशल को अर्जित करेगा।... वैयक्तिक अनुदेशन-प्रणाली का शिक्षक प्रत्येक छात्र से यह आशा करता है कि वे अपनी अधिगम-सामग्री को भलीभाँति सीखेंगे। वह शिक्षक ऐसा करने वाले छात्रों को उच्च अंक एवं श्रेणी प्रदान करने के लिए तैयार रहता है। वह इस बात की चिन्ता नहीं करता कि छात्र का कक्षा में सापेक्षिक स्थान क्या है तथा क्या था। वह इस उद्देश्य की प्राप्ति का उत्तरदायित्त्व स्थान, उपकरण और व्यक्तिगत मानव-शक्ति की सामान्य सीमाओं के अन्तर्गत स्वीकार करता है।"

17.4 वैयक्तिक अनुदेशन-प्रणाली के उद्देश्य (Objectives of PSI)

वैयक्तिक अनुदेशन-प्रणाली अनुदेशन के निम्नलिखित उद्देश्यों की पूर्ति के लिए प्रयुक्त होती है:

(i) उत्तम वैयक्तिक-सामाजिक सम्बन्ध की स्थापना (Developing Good Personal Social Relations): वर्तमान परम्परागत अनुदेशन-प्रणाली में शिक्षक और छात्रों के बीच वैयक्तिक सामाजिक सम्बन्धों का अभाव रहता है। किन्तु इस अनुदेशन-प्रणाली में शिक्षक और छात्र के बीच की दूरी को दूर कर प्रत्येक छात्र का शिक्षक के साथ व्यक्तिगत सम्बन्ध स्थापित करने की चेष्टा की जाती है। अधिगम और शिक्षक के अन्तर्गत आनेवाली समस्याओं को व्यक्तिगत आधार पर सुलझाया जाता है।

(ii) प्रतिपुष्टि की बारम्बारता की वृद्धि करना (Enhancing Repeatedly Feed-back): इस प्रणाली में शिक्षक प्रत्येक छात्र को उसके शैक्षिक क्रियाकलापों, अधिगम-प्रयासों एवं उपलब्धि पर व्यक्तिगत रूप में बार-बार प्रतिपुष्टि प्रदान करता है और प्रत्येक छात्र से उसी उपलब्धि की विशेषताओं एवं न्यूनताओं पर चर्चा करता है।

(iii) अधिगम में पुनर्बलन की बारम्बारता में वृद्धि करना (Increasing reinforcement in Learning): वर्तमान परम्परागत शिक्षण-पद्धति में कक्षाओं में पुनर्बलन का अभाव रहता है। छात्रों को थोड़ा बहुत पुनर्बलन प्रदान किया जाता है, वह भी अव्यवस्थित रीति से होता है। किन्तु इस प्रणाली में प्रत्येक छात्र को समयानुकूल प्रतिपुष्टि प्रदान करने के कारण पुनर्बलन की बारम्बारता स्वयं बढ़ जाती है। प्रत्येक छात्र को उसके अधिगम की कमियों को देखते हुए उपचारात्मक सुझाव देने से भी उन्हें उच्चकोटि का पुनर्बलन प्राप्त होता है।

(iv) शिक्षण में व्याख्यान के प्रति आस्था की कमी करना (Reducing faith in Lecturing in Teaching): इस विधि में छात्रों को जानकारी एवं ज्ञान प्रदान करने के निमित्त व्याख्यान-विधि पर कम भरोसा किया जाता है और सम्प्रेषण की अन्याय विधियों के उपयोग पर अधिक बल दिया जाता है।

(v) वैयक्तिक मूल्याँकन पर बल देना (Laying Emphasis on Individual Assessment): वर्तमान मूल्यांकन-प्रणाली में छात्रों की उपलब्धि एवं कार्यों का मूल्यांकन दूसरे छात्रों की तुलना में एक सुनिश्चित काल-अवधि में पढ़ाई गई सामग्री पर प्रतियोगितात्मक वातावरण में किया जाता है, किन्तु इस प्रणाली में मूल्यांकन एक सुनिश्चित स्तर एवं उद्देश्य पर आधारित होता है तथा प्रत्येक छात्र के लिए समय की एक ही पाबन्दी नहीं रहती। नैपुण्य के निर्धारित स्तर तक पहुँचने के लिए उसको उसकी योग्यता और गति के अनुरूप सीखने और दक्षता प्राप्त करने के लिए समय दिया जाता है। इस प्रकार के मूल्यांकन में व्यक्ति की पूर्व-प्रगति से वर्तमान प्रगति की तुलना की जाती है न कि दूसरे छात्रों की प्रगति से।

17.5 वैयक्तिक अनुदेशन प्रणाली की क्रियाविधि (Process of PSI)

इस प्रणाली में पूरे पाठ्यक्रम की विषयवस्तु को ऐसी छोटी-छोटी इकाइयों में विभाजित कर लिया जाता है जिन्हें छात्र लगभग एक सप्ताह में भलीभाँति सीख लें। इस अवधि में सीखे गए विषय या कौशल का उनके सभी व्यावहारिक उद्देश्यों के संदर्भ में बीस-पच्चीस मिनट में सम्पन्न कर लिया जाता है। इस प्रणाली में अधिगम-सामग्री के अन्तर्गत सभी छात्रों के लिए एक पाठ्य-पुस्तक और प्रत्येक विषयवस्तु की एक इकाई के लिए अध्ययन-निर्देशिका रहती है। प्रत्येक अध्ययन-निर्देशिका में चार बातें अवश्य रहती हैं:

(i) इकाई की भूमिका,
(ii) इकाई के व्यवहारपरक उद्देश्य,
(iii) इकाई की अध्ययन-प्रक्रिया,
(iv) पाठ्यपुस्तक के अतिरिक्त सहायक सामग्री और परीक्षण के प्रश्न।

इकाई की अध्ययन-प्रक्रिया में यह स्पष्ट शब्दों में लिखा रहता है कि क्या पढ़ना है? कहाँ से अध्ययन-सामग्री प्राप्त करनी है? कितनी बातें कठस्थ करनी आवश्यक हैं? विषय के किन-किन बिन्दुओं को समझाना आवश्यक है? विषय-वस्तु की प्रत्येक इकाई के लिए लगभग चार समानान्तर तत्परता-परीक्षण (readiness test) होते हैं।

इन प्राथमिक तैयारियों के पश्चात् इस प्रणाली की नीति और रीति छात्रों को समझायी जाती है। प्राथमिक निर्देश देने के पश्चात् प्रथम-इकाई-निर्देश-पुस्तिका प्रत्येक छात्र को दी जाती है और छात्र अध्ययन प्रारम्भ कर देते हैं। निर्देशक या शिक्षक बारी-बारी से प्रत्येक छात्र यह अनुभव करता है कि उसने व्यावहारिक उद्देश्यों की पूर्ति कर ली है, तब वह तत्परता-परीक्षण लेता है। परीक्षण की समाप्ति के पश्चात् उत्तर-पत्र का अंकन छात्र की उपस्थिति में शिक्षक करता है। परीक्षण पर अंक प्रदान करते समय शिक्षक मौखिक रूप से छात्र को समझाता रहता है कि उसे इतने अंक क्यों किये जा रहे हैं। छात्र जब परीक्षण को बिना किसी सम्प्रत्ययात्मक त्रुटि के पूरा कर लेता है, तब उसे अगली इकाई की निर्देश-पुस्तिका अध्ययन के लिए दी जाती है। यदि छात्र परीक्षण को पूर्ण सफलतापूर्वक नहीं कर पाता तो उसे उसी इकाई को दोहराने, पढ़ने और समझने के लिए कहा जाता है। उसका ध्यान उन अधिगम-बिन्दुओं या विषय-बिन्दुओं की ओर आकृष्ट किया जाता है

जिनको समझना परीक्षण में सफल होने के लिए आवश्यक है। पुनः अध्ययन और शिक्षक द्वारा प्राप्त वैयक्तिक सहायता के आधार पर छात्र इकाई पर अधिकार प्राप्त कर लेता है। उसे पुनः परीक्षण देना पड़ता है। इस बार उसी विषयवस्तु पर नवीन परीक्षण दिया जाता है या पुराना परीक्षण या आवश्यकतानुसार उसी समय निर्मित परीक्षण उसे दिया जाता है। जैसे ही वह इकाई-परीक्षण में निर्धारित स्तर के अंकों के साथ उत्तीर्ण होता है, उसे दूसरी इकाई का अध्ययन करने की अनुमति प्रदान कर दी जाती है।

एक दो इकाइयाँ समाप्त हो जाने पर या थोड़ी प्रगति हो जाने पर शीघ्र सीखने वाले कुछ छात्रों को अनुकर्ताओं (Proctor) के रूप में चुन लिया जाता है। ये अनुकर्ता, शिक्षक को अध्ययनरत प्रत्येक छात्र के साथ वैयक्तिक सम्पर्क स्थापित करने और परीक्षण, प्रशासन एवं अंकन करने में भी सहायता प्रदान करते हैं। अनुकर्ताओं को अनुकर्ता-निर्देशपत्र (Proctor's guide sheet) दिये जाते हैं, जिनमें उनके कर्त्तव्यों और अतिरिक्त अध्ययन-सामग्रियों का उल्लेख रहता है। अनुकर्ताओं को उनके अतिरिक्त परिश्रम, अध्ययन में रूचि एवं नियमितता के लिए पुरस्कृत किया जाता है। प्रत्येक अनुकर्ता को छात्रों के एक छोटे समूह को दायित्व दिया जाता है।

इस प्रणाली में अधिगम एवं उपलब्धि में दक्षता की कसौटियाँ प्रारम्भ में ही सुनिश्चित कर दी जाती हैं। सामान्यतः यह कसौटी $\frac{80}{80}$ स्तर की होती है। इसका तात्पर्य यह है कि इस प्रणाली में 80% छात्रों को कम से कम 80% अधिगम-उद्देश्यों को अवश्य ही प्राप्त करना चाहिए। प्रत्येक छात्र को उसकी उपलब्धि के आधार पर ही अंक या श्रेणियाँ प्रदान की जाती हैं। छात्रों ने अधिगम करने के पश्चात् उसे किस सीमा तक धारण किया है, उसका मूल्यांकन करने के लिए ही बीच-बीच में पुनरीक्षण-परीक्षणों (Review Tests) का प्रयोग किया जाता है। छात्रों को प्रेरणा देने या उनके अधिगम का संवर्धन करने के लिए इस प्रणाली में कुछ अन्य कार्यक्रमों जैसे-बाह्य विद्वानों के व्याख्यान, औद्योगिक प्रतिष्ठानों का भ्रमण, प्रयोगात्मक कार्यों आदि का प्रयोग किया जाता है।

17.6 वैयक्तिक अनुदेशन-प्रणाली की विशेषताएँ (Characteristics of PSI)

वैयक्तिक अनुदेशन-प्रणाली के उद्देश्यों एवं कार्यविधि के वर्णन से इस प्रणाली की कुछ विशेषताएँ स्पष्ट दिखाई देती हैं:

1. इसमें प्रत्येक छात्र को अपनी-अपनी गति से सीखने का अवसर मिलता है।

2. शिक्षण-अधिगम-व्यवस्था की आवश्यकता के अनुसार अनेक माध्यमों एवं अनेक शिक्षण-सहायक-सामग्रियों का प्रयोग सरलता से किया जा सकता है।

3. शीघ्र सीखने वाले छात्रों को अनुकर्ता के रूप में अतिरिक्त उत्तर-दायित्व प्रदान कर उन्हें सीखने और सिखाने का अवसर प्रदान किया जाता है।

4. प्रत्येक छात्र को अधिगम की दक्षता के स्तर तक पहुँचाने का प्रयास इस प्रणाली की अपनी प्रमुख विशेषता है।

5. जब तक छात्र दी गई शिक्षण-अधिगम-इकाई में दक्षता प्राप्त नहीं कर लेता, उसे दूसरी इकाई सीखने के लिए नहीं दी जाती।

6. शिक्षक-छात्र के बीच चलने वाले संवाद, सम्प्रेषण तथा मौखिक कार्य के स्थान

पर लिखित कार्यों को प्राथमिकता देना प्रणाली की एक अतिरिक्त विशेषता है।

वैयक्तिक अनुदेशन-प्रणाली के लाभ (Advantages of PSI)

वैयक्तिक अनुदेशन-प्रणाली के अनेक लाभ हैं। उनमें से कुछ प्रमुख लाभों का उल्लेख यहाँ किया जा रहा है:

(i) प्रत्येक छात्र अपनी मनोवैज्ञानिक, बौद्धिक, सामाजिक एवं आर्थिक परिस्थिति, रूचि एवं अभिक्षमता के साथ इस प्रणाली की कक्षा का अंग समझा जाता है।

(ii) प्रत्येक छात्र अपनी योग्यता और अधिगम-गति के अनुसार विषयवस्तु को सीखता है, न कि शिक्षक की गति के साथ। इस प्रणाली में अधिगम में स्वगति के सिद्धान्त (Self-pacing) को सबसे अधिक महत्त्व दिया गया है।

(iii) शैक्षिक तकनीकी एवं मनोविज्ञान की परीक्षित विधियों, जैसे–दक्षता-स्तर अधिगम (Mastery learning), धनात्मक पुर्नबलन (Positive reinforcement), परिणामों की जानकारी (Knowledge of results), तत्काल प्रतिपुष्टि (Immediate feedback), सतत् रचनात्मक मूल्यांकन (Continuous formative evaluation) आदि का प्रयोग-बाहुल्य रहता है।

(iv) शैक्षिक तकनीकी के जटिल एवं बहूमूल्य माध्यमों या उपकरणों की इसमें आवश्यकता नहीं पड़ती।

(v) अनुकर्ताओं एवं शिक्षकों के सहयोग एवं निर्देश के कारण प्रणाली का शैक्षिक वातावरण सहयोग एवं सहकारिता से परिपूरित रहता है।

(vi) दण्ड और नकारात्मक पुनर्बलकों का प्रयोग नहीं किया जाता और धनात्मक पुनर्बलकों एवं पुरस्कारों का समुचित प्रयोग होता है, जिसके फलस्वरूप छात्रों की अभिप्रेरणा का स्तर सदैव ऊँचा रहता है।

(vii) इस प्रणाली में लिखित कार्य एवं लिखित निर्देशों तथा तत्परता-परीक्षणों पर अधिक बल दिये जाने के कारण छात्रों के लिखने-पढ़ने की क्षमता में वृद्धि होती है।

(viii) प्रत्येक छात्र की अधिगम-तत्परता के आधार पर ही इस प्रणाली में उसके भावी अधिगम की व्यवस्था की जाती है।

(ix) छात्रों का अधिगम और उनमें हुए व्यावहारिक परिवर्तन स्पष्टतया दिखाई पड़ते हैं। शिक्षक, अधिगम को सरल एवं सुगम बनानेवाले साधन के रूप में कार्य करता है, न कि एक अधिनायक के रूप में जिसके कथन ब्रह्मवाक्य माने जाते हैं।

(x) इस प्रणाली का सर्वाधिक महत्त्वपूर्ण लाभ यह है कि अधिगमकर्ता, सीखने की विधि सीख जाता है; और इस प्रकार वह अधिगम के क्षेत्र में स्वावलम्बी बन जाता है।

17.7 वैयक्तिक अनुदेशन-प्रणाली: कुछ सावधानियाँ (PSI: Some Precautions)

वैयक्तिक अनुदेशन-प्रणाली की विशेषताओं एवं लाभों को देखते हुए शिक्षक एवं संस्थाएँ इसे सोत्साह अपनाने की सोचते हैं; किन्तु इसे प्रयोग करने के पूर्व हमें उन सावधानियों को ध्यान में रखना चाहिये जिनके अभाव में यह विफल हो जायेगी:

(i) यदि शिक्षण का उद्देश्य दक्षता के स्तर तक पहुँचना न हो तब इस प्रणाली का प्रयोग नहीं करना चाहिए।

(ii) पर्याप्त पाठ्य-पुस्तकों या सहायक सामग्रियों के अभाव में इसका प्रयोग व्यर्थ हो जायेगा।

(iii) त्वरित गति से परिवर्तित होनेवाले विषयों के शिक्षण के लिए यह अनुपयुक्त है।

(iv) कक्षाओं में छात्रों की संख्या अधिक होने पर तथा सहायकों एवं समय के अभाव में भी इसका प्रयोग अनुचित होगा।

(v) पढ़-लिख न सकनेवाले नासमझ छात्रों के लिए इसका प्रयोग अनुचित होगा।

(vi) शिक्षकों में इसके प्रयोग के लिए उत्साह और शक्ति के अभाव की स्थिति में भी यह व्यर्थ सिद्ध होगा।

(vii) यदि शिक्षक विषय-वस्तु के शिक्षण-उद्देश्यों को व्यवहारपरक सटीक उद्देश्यों के रूप में नहीं लिख सकते, तो उनके लिए इस प्रणाली का प्रयोग फलप्रसू नहीं होगा।

(viii) यदि शिक्षक अपनी वर्तमान शिक्षण-विधि से सन्तुष्ट हैं, और किसी नये प्रयोग से घबराते हैं, तब इस प्रणाली का प्रयोग अहितकर होगा क्योंकि वे इसे अपनी सुविधानुसार परिवर्तित कर लेंगे और PSI के स्थान पर यह SLI (Some-thing like it) बनकर रह जायेगा।

17.8 वैयक्तिक अनुदेशन-प्रणाली की वर्तमान स्थिति (Current Status of PSI)

वैयक्तिक अनुदेशन-प्रणाली की सफलता और लोकप्रियता पाश्चात्य जगत में दिन-प्रतिदिन बढ़ती जा रही है। इसकी प्रभावकारिता, व्यावहारिकता एवं वैधता को ज्ञात करने के लिए अनेक अनुसंधान भी हुए हैं। रस्किन (Ruskin, 1974) ने इससे सम्बन्धित प्रकाशित दो सौ से भी अधिक अनुसंधान-पत्रों की समीक्षा करते हुए यह दर्शाया कि इस प्रणाली का छात्रों की शैक्षिक उपलब्धि, अधिगम-धारणा, अधिगम स्थानान्तरण आदि पर धनात्मक प्रभाव पड़ता है। उन्होंने इस प्रणाली की अधिगम की एक प्रभावकारी विधि कहकर सम्बोधित किया है। इसके अतिरिक्त अनुदेशन की यह प्रणाली छात्रों में अनुदेशन, शिक्षण, अधिगम आदि के प्रति धनात्मक अभिवृत्ति का विकास करती है। अनुदेशन की यह प्रणाली आजकल महाविद्यालयों में पढ़ाए जानेवाले सभी विषयों के शिक्षण के लिए अपनाई जा रही है। इसकी सफलता को देखते हुए स्कूल-स्तर पर भी इसके प्रयोग में निरन्तर वृद्धि हो रही है। बहुत-सी संस्थाएँ इस प्रणाली को संस्थागत स्तर पर अपना रही हैं।

भारतीय परिवेश में यह प्रणाली उपयुक्त शिक्षकों, साधनों एवं नवीन प्रयोग के लिए प्रोत्साहन के अभाव में कहाँ तक सफल होगी, यह बताना अभी कठिन है।

17.9 ऑडियो-ट्यूटोरियल प्रणाली (Audio-Tutorial System ATS)

17.10 ऑडियो-ट्यूटोरियल प्रणाली का अर्थ (Meaning of Audio-Tutorial System)

ए.टी. प्रणाली के प्रवर्त्तक पोक्टलीपनेट (Postlettnait) थे जिन्होंने यह शिक्षण-अधिगम प्रणाली ऑडियो टेप के माध्यम से वर्ष 1961 में चलाई। इस प्रणाली में अध्यापक एक ट्यूटर की भूमिका निभाता है। इस प्रणाली में अध्यापक छात्रों को आवश्यक निर्देश अभिप्रेरणा तथा वांछित सुविधाएँ प्रदान करता है। छात्रों का मार्गदर्शन करता है। छात्र अभिगम अपने प्रयासों से सीखते हैं। मौटे तौर पर हम कह सकते हैं कि यह क्रिया छात्र आधारित है। इसमें मुख्य पात्र छात्र है। एक प्रकार से शिक्षण-अधिगम क्रिया में छात्र एक 'हीरो (Hero)' अर्थात् मुख्य-पात्र की भूमिका निभाता है।

ऑडियो ट्यूटोरियल प्रणाली एक ऐसी शिक्षण-अधिगम प्रणाली है। जिसमें छात्रों के लिए इस प्रकार के वांछित अनुभवों तथा गतिविधियों की व्यवस्था की जाती है जो वे अपनी गति (Pace) तथा आवश्यकतानुसार टूयूटर के मार्गदर्शन में कर सकें।

पोस्टलीयबेर ने इस प्रणाली का प्रयोग सर्वप्रथम जीव विज्ञान के कमजोर छात्रों पर किया। उन्होंने ऑडियो टेप पर पूरक (Supplementary) व्याख्यान दिया। कुछ समय के पश्चात् छात्रों को विभिन्न प्रकार के अधिगम अनुभवों के टेप दिए। शुरू में तो इन टेपों के साथ कुछ रेखाचित्र (Graphs) तथा फोटोग्राफ सम्मिलित किए गए परन्तु कालान्तर में अन्य अधिगम सामग्री भी कुछ समय गुजरने के पश्चात् बोस्टलीनेट ने साप्ताहिक अधिगम किट (Supplementary Learning Kit) तैयार की।

संक्षेप में ऑडियो-ट्यूटोरियल में तीन मुख्य तत्व शामिल किए–

(1) पूरक व्याख्यान (Supplementary Sectuses)

(2) ऑडियो प्रोग्राम (Audio Programming)

(3) साप्ताहिक अधिगम किट (Weekly Learning Kits)

17.11 ऑडियो-ट्यूटोरियल प्रणाली की प्रमुख विशेषताएँ (Main Features of Audio-Tutorial System)

1. *ऑडियो टेप का प्रयोग* (*Use of Audio-Tapes*): अनुदेशन के लिए इस प्रणाली में ऑडियो टेप छात्रों को प्रदान किए जाते हैं।

2. *नियोजित अनुदेशन* (*Planned Instrcuction*): छात्रों को विशिष्ट रूप से अधिगम सामग्री दी जाती है। सभी अधिगमों सम्बन्धी व्यूहरचना का विवरण छात्रों को प्रदान किया जाता है।

3. *स्वगति* (*Self-pacing*): छात्र अपनी गति से आवश्यकता अनुसार अधिगम करते हैं। आवश्यकतानुसार अधिगम सम्बन्धी अनुदेशनों का स्वयं पालन करते हैं।

4. *अनुदेशक की सहायता* (*Assistance by the tutor*): अनुदेशक सक्रिय रहता है तथा छात्रों की आवश्यकतानुसार सहायता करता है।

5. *समय की अवधि* (Time Duration): इस प्रणाली में समय की विशिष्ट अवधि रहती है।

6. *अधिगम किट* (Learning Kit): पूरे सप्ताह के अधिगम के लिए पोस्टलीयवेट ने ऑडियो-ट्यूटोरियल किट तैयार की ताकि छात्र अपनी गति के साथ कार्य पूरा कर सकें। छात्र इस किट की सहायता से किसी भी औपचारिक सत्र (Formal Session) में सम्मिलित हुए बिना अपना कोर्स पूरा कर सकें।

7. *अधिकतम परिणाम* (*Maximum Output*): ट्यूटर भरपूर प्रयास करता है कि अध्ययन केन्द्र पर अधिकतम शिक्षण-अधिगम प्राप्त करने के लिए अधिगम सामग्री जैसे ऑडियो टेप की उचित व्यवस्था हो तथा उसका अधिकतम प्रयोग किया जाए। ट्यूटर छात्रों को आवश्यक अभिप्रेरणा तथा निर्देशन प्रदान करता है।

8. *इकाइयाँ* (*Units*): पाठ्यवस्तु की इकाइयाँ इस ढंग से निर्मित की जाती हैं कि छात्र उन्हें भली प्रकार समझ सकें।

9. *अन्य अधिगम व्यूहरचनाएँ* (Other Learning Strategies): अधिगम की अन्य व्यूहरचनाएँ जैसे दोहराना, अभ्यास करना, तथा सम्बन्ध स्थापित करना तथा ध्यान लगाना आदि प्रयोग में लायी जाती हैं।

17.12 ऑडियो-ट्यूटोरियल प्रणाली के अध्ययन सत्र (Study Sessions or Teaching-Learning Sessions)

ऑडियो-ट्यूटोरियल प्रणाली में प्रायः तीन मूलभूत अध्ययन सत्र होते हैं:

I. स्वतन्त्र अध्ययन सत्र (Independent Study Session)
II. सामान्य सभा सत्र (General Assembly Session)
III. लघु सभी सत्र (Small Assembly Session)

I. स्वतन्त्र अध्ययन सत्र (Independent Study Session): इस सत्र की निम्नलिखित विशेषताएँ हैं:

1. ऑडियो टेपों पर अनुदेशन प्रदान करना।

2. अधिगम केन्द्रों पर बूथों (Boths) की व्यवस्था करना। इस बूथों में निम्न प्रकार की सामग्री की व्यवस्था की जाती है:

(i) एक टेप रिकॉर्डर, (ii) एक चलचित्र प्रक्षेपक, (iii) एक केन्द्रीय मेज जिस पर प्रदत्त कार्य के लिए उपयुक्त सामग्री रखी जाती है।

4. छात्र को एक कार्ड दिया जाता है जिसमें उसके आने-जाने का समय भरा जाता है।

5. प्रत्येक छात्र को सप्ताह भर में कार्य के लिए व्यवहारात्मक उद्देश्यों की एक श्रृंखला प्रदान की जाती है।

6. *सत्र का आरम्भ*-प्रत्येक छात्र उद्देश्यों को ध्यान में रख कर टेपों में रिकॉर्ड की गई टिप्पणियों को सुनकर अपना सत्र आरम्भ करता है।

7. छात्र टेपों को बारम्बार सुन सकते हैं।

8. टेप सुनने के पश्चात् छात्र ट्यूटर द्वारा निर्मित अध्ययन सामग्री के किसी खण्ड पर व्यावहारिक क्रियाएँ करते हैं।

9. छात्र विभिन्न प्रकार की क्रियाएँ करते हैं, जैसे:

(i) पत्र-पत्रिकाओं के लेखों को पढ़ना।
(ii) संदर्भ विश्वकोषों तथा सन्दर्भ पुस्तकों की सहायता लेना।
(iii) चलचित्रों को देखना।
(iv) अध्ययन-निर्देशिका तथा सामान्य सामग्री को पढ़ना।
(v) मान्य प्राप्त पाठ्य-पुस्तकों में से समस्याओं का हल करना।

10. अध्ययन केन्द्र पर नियुक्त अनुदेशक से सहायता लेना।

11. छात्रों को अधिगम की समस्याओं पर विचार-विमर्श के अवसर प्रदान किए जाते हैं।

12. गैस्ट भाषणों की व्यवस्था करना।

13. स्वतन्त्र अध्ययन सत्र में आवश्यकता अनुसार छात्रों की उपलब्धि का मूल्यांकन करना।

14. स्वतन्त्र अध्ययन सत्र का आयोजन सप्ताह में प्रायः एक बार किया जाना।

15. स्वतन्त्र अध्ययन सत्र का छात्रों के लिए अनिवार्य न होना।

II. सामान्य सभा सत्र (General Assembly Session): सामान्य सभा सत्र की निम्नलिखित विशेषताएँ हैं:

1. सामान्य सभा सत्र में सभी भाग ले सकते हैं।
2. सामान्य सत्र में मेहमान वक्ताओं के विचार सुनाए जाते हैं।
3. सामान्य सत्र में कम्प्यूटर द्वारा संचालित कार्यक्रम आयोजित किए जाते हैं।

4. स्वतन्त्र अध्ययन सत्र के अधिगम परिणामों का मूल्यांकन किया जाता है।

5. इस सत्र में उपस्थिति अनिवार्य नहीं है।

III. लघु सभा सत्र (Small Assembly Session—SAS): लघु सभा सत्र की निम्नलिखित महत्त्वपूर्ण विशेषताएँ हैं:

1. *छोटा समूह*: अधिगमकर्ताओं का अनुदेशन के साथ छः से आठ का समूह होता है।

2. *अनुवर्ती कार्य (Follow–up work)*: लघु सत्रों का आयोजन स्वतन्त्र अध्ययन सत्रों में किए गए कार्य के पश्चात् अनुवर्ती कार्य के लिए प्रायः किया जाता है।

3. *निर्देशन* (*Guidance*): कोर्स अनुदेशक शिक्षण-अधिगम संसाधनों से छात्रों को वैयक्तिक तथा सामूहिक निर्देशन प्रदान करता है।

4. *चर्चा* (*Discussion*): कोर्स अनुदेशक स्वतन्त्र अध्ययन सत्रों में पूरी की गई अधिगम इकाइयों पर चर्चा की व्यवस्था करता है।

5. *छात्रों के प्रश्नोत्तर* (*Students' Questions*): स्वतन्त्र अध्ययन सत्र में किए गए छात्र के प्रश्नोत्तर की व्यवस्था की जाती है।

6. *छात्रों द्वारा व्याख्यान* (*Students' Lectures*): लघु सभा सत्रों में विषय वस्तु से सम्बन्धित प्रकरणों का छात्र संक्षेप में व्याख्यान दे सकते हैं।

7. *मौखिक उत्तर* (*Oral Response*): विषय की बोध परीक्षा के लिए यह प्रावधान भी रहता है कि छात्र मौखिक रूप से भी उत्तर दे सकें।

8. *लिखित परीक्षा* (*Written Test*): समूह की लिखित परीक्षा का आयोजन किया जाता है।

9. *कमियों को दूर करना* (*Removing Gaps*): अधिगम में जो कमियाँ रह गई हों उन्हें लघु सत्र में पूरा किया जाता है।

10. *ज्ञान को स्थिर करना (Fixing Knowledge)*: लघु सत्र में छात्रों को वांछित अवसर प्रदान किए जाते हैं जिनसे वे स्वतन्त्र अध्ययन सत्रों के दौरान प्राप्त अधिगमों को स्थिर कर सकें।

17.13 ऑडियो-ट्यूटोरियल प्रणाली के लाभ (Advantages of Audio-Tutorial System)

ऑडियो-ट्यूटोरियल प्रणाली जब पूरे नियोजन तथा वैज्ञानिक ढंग से चलाई जाए तो निम्नलिखित लाभ प्राप्त किए जा सकते हैं:

1. *स्वगति* (*Self-pacing*): अधिगमकर्ता इस प्रणाली में अपनी गति के अनुसार अधिगम करते हैं।

2. *स्वतन्त्र कार्य* (*Independent Work*): अधिगमकर्ताओं पर किसी समय सारणी का कोई प्रतिबन्ध नहीं रहता।

3. *कम-व्यय* (*Economical*): ऑडियो ट्यूटोरियल प्रणाली को कक्षा शिक्षण (Class Teaching) की परम्परागत विधि की तुलना में आर्थिक दृष्टि से शैक्षिक अधिकारियों तथा छात्रों के लिए प्रायः अधिक लाभप्रद माना जाता है।

4. *दूरवर्ती शिक्षा में लाभदायक (Useful in Distance Education)*: ऑडियो-ट्यूटोरियल प्रणाली उन सभी छात्रों के लिए उपयोगी हो सकती है जो नियमित कक्षाओं के अवसर प्राप्त नहीं कर सकते।

5. *प्रभावशाली* (*Effective*): ऐसा माना जाता है कि वह प्रणाली परम्परागत कक्षा शिक्षण प्रणाली की अपेक्षा अधिक प्रभावशाली है क्योंकि इसमें छात्रों के समूह लघु होते हैं।

6. *करके सीखना* (*Learning by Doing*): भाषणों आदि के स्थान पर इस विधि में सीखने वाले छात्र स्वयं कार्य करते हैं।

7. *व्यक्तिगत अन्तरों का समाधान* (*Solution of Individual Differences*): इस प्रणाली में छात्रों के व्यक्तिगत अन्तरों के अनुसार अधिगम परिस्थितियों का प्रावधान किया जा सकता है।

8. *पुनर्बलन* (*Reinforcement*): छात्रों को उनकी प्रगति के बारे में सतत् पुनर्बलन मिलता रहता है।

17.14 ऑडियो-ट्यूटोरियल प्रणाली की सीमाएँ (Limitations of Tutorial System)

1. *अधिक समय (Time Consuming)*: इस प्रणाली के क्रियान्वयन के लिए अधिक समय की आवश्यकता पड़ती है।

2. *विभिन्न प्रकार की शिक्षण-अधिगम सामग्री (Variety of Teaching-Learning Material)*: इस प्रणाली को लागू करने में अनेक प्रकार की शिक्षण-अधिगम सामग्री की आवश्यकता होती है। जो प्राय: हमारे स्कूलों में उपलब्ध नहीं होती है।

3. *अध्ययन केन्द्रों का प्रावधान (Provision of Study Centres)*: इस प्रणाली के अन्तर्गत अनेक अध्ययन केन्द्रों की व्यवस्था चाहिए जोकि बहुत कठिन कार्य हैं।

4. *प्रशिक्षित अनुदेशक (Trained-Tutors)*: ऑडियो प्रणाली लागू करने के लिए विशिष्ट प्रकार के अनुदेशकों की आवश्यकता पड़ती है। परन्तु हमारी अध्यापक प्रशिक्षण संस्थाओं में इस प्रकार की कोई व्यवस्था नहीं है।

5. *खर्चीली (Costly)*: इस प्रणाली की व्यवस्था करने में बहुत खर्च आता है।

6. *नए प्रयोगों का परम्परागत विरोध (Traditional Oppostion to New Innovations)*: प्राय: यह अनुभव किया गया है कि जब भी कोई नया प्रयोग किया जाता है उसका विरोध किया जाता है तथा उसमें खामियाँ ही देखी जाती हैं।

उपसंहार (Summing up): हमारे देश में शिक्षा के लिए संसाधनों की बहुत कमी है। स्कूलों में स्थान, अध्यापक तथा शिक्षण-अधिगम सामग्री तथा अन्य सुविधाओं का अत्यन्त अभाव है। ऐसी परिस्थिति में यह प्रणाली लागू करना सम्भव प्रतीत नहीं होता है।

17.15 सहकारी अधिगम (Co-operative Learning)

17.16 सहकारी अधिगम का अर्थ (Meaning for Co-operative Learning)

जैसा कि सहकारी अधिगम की नामावली से प्रतीत है कि यह अधिगम सहकारिता के सिद्धान्त पर आधारित है। यह एक ऐसा अधिगम है जो कि 'एक अधिगमकर्ता सबके लिए' तथा 'सभी अधिगमकर्ता प्रत्येक अधिगमकर्ता के दृष्टिकोण को अपनाता है। इसमें अधिगमकर्ताओं के समूह में उनकी संख्या कम रहती है। बीसवीं सदी के अन्तिम दशक में इस प्रणाली का आविर्भाव हुआ।

वर्ष 1991 में *जॉनसन* तथा *स्मिथ* (*Johnson and Smith*) ने सहकारी अधिगम की संकल्पना प्रस्तुत की। इस अधिगम में समूह का प्रत्येक केवल अधिगम के लिए ही जिम्मेदार नहीं है अपितु क्रियात्मक तथा निर्मात्मक वातावरण के लिए भी।

आर.ई. सलेविन (R.E. Slavin) ने 1995 में इस प्रकरण पर एक महत्त्वपूर्ण रचना की "Co-operative Learning: Theory, Research and Practice"

सहकारी अधिगम के दो मूल मन्त्र है–

(1) सहयोग, (2) स्वयं अधिगम

17.17 सहकारी अधिगम के मुख्य सिद्धान्त (Main Principles of Co-operative Learning)

सहकारी अधिगम निम्न सिद्धान्तों पर आधारित है:

(1) अभ्यास द्वारा अधिगम (Learning by Practice)

(2) अनुकरण द्वारा अधिगम (Learning by Invitation)

(3) करके द्वारा अधिगम (Learning by Doing)

17.18 सहकारी अधिगम की प्रक्रिया (Process of Co-operative Learning)

सहकारी अधिगम की प्रक्रिया के प्राय: निम्नलिखित सोपान होते हैं:

1. शिक्षक लगभग 15 मिनट कक्षा में पढ़ाता है।
2. पढ़ाने के पश्चात् कक्षा में तीन-चार छात्रों के समूह बना देता है।
3. अध्यापन समूह को अभ्यास के लिए कार्य देता है।
4. कार्य करने के लिए समय अविधि निश्चित की जाती है। यह अवधि 3 से 10 मिनट तक हो सकती है।
5. छात्र अपने समूहों में निम्न प्रकार की गतिविधियाँ करते हैं:

   (i) प्रश्नोत्तरी।
   (ii) सिद्धान्तों का स्पष्टीकरण।
   (iii) समस्या समाधान।
   (iv) लिखित विषय-वस्तु की व्याख्या करना।
   (v) पूर्व अध्ययन किए गए पाठ का प्रत्यास्मरण (Recall) करना।
   (vi) विश्लेषणात्मक तथा सर्जनात्मक चिन्तन का अभ्यास करना।
   (vii) सहपाठियों को प्रश्नों का उत्तर देने में सहायक होना।
   (viii) सहपाठियों की अधिगम में सहायता करना।
   (ix) सहपाठियों के विचारों में साझेदारी बनना।
   (x) सामूहिक गतिविधियों में असफलता के लिए जवाबदेही का अनुभव करना।
   (xi) समूह में वाँछित वातावरण निर्माण करना।
   (xii) प्रत्येक सदस्य को अधिगम के लिए प्रेरित करना।
   (xiii) समूह के छात्रों द्वारा परस्पर जानकारी बाँटना।

17.19 सहाकारी अधिगम के प्रकार (Types of Co-operative Learning)

सहकारी अधिगम दो प्रकार से व्यवस्थित किया जा सकता है:

1. कक्षा के अन्तर्गत सहकारी अधिगम।
2. कक्षा के बाहर सहकारी अधिगम–पाठान्तर क्रियाओं के लिए।

17.20 सहकारी अधिगम के मूल तत्त्व (Essential Elements of Co-operative Learning)

जॉनसन और स्मिथ ने 1991 में सहकारी अधिगम के निम्नलिखित तत्त्वों का उल्लेख किया है:

1. छात्रों के समूह के विशिष्ट अधिगमों का निर्धारण करना (Determining Clear-Cut Objectives of the Group of Students): सहकारी अधिगम प्रणाली की सफलता के लिए आवश्यक है कि अध्यापक स्पष्ट शब्दों में प्राप्त किये जाने वाले उद्देश्यों का वर्णन किया जाए। पाठ्यक्रम की समाप्ति पर जो कौशल तथा योग्यताएँ छात्रों में अपनी चाहिए, उनका स्पष्ट उल्लेख किया जाए।

2. सभी छात्रों द्वारा लक्षित परिणामों को स्वयं समझना (Perceiving Objectives of the group as their own objectives): इसका अर्थ है कि प्रत्येक अधिगम के उद्देश्य सांझे समझे। छात्र यह अनुभव करें कि उद्देश्य उन पर थोपे नहीं गए है अपितु उनके अपने हैं। ऐसा समझने पर उन्हें कार्य करने की अभिप्रेरणा मिलेगी।

3. कार्य–पूर्ति निर्देशों की स्पष्ट तथा पूर्ण श्रृंखला (Clear and Complete set of Task Completion Directions): अध्यापक निम्न प्रकार के सही शब्दों में स्पष्ट निर्देश कार्य करने से पहले दें:

(i) छात्रों को क्या करना है।
(ii) छात्रों को कार्य किस क्रम से करना है।
(iii) छात्रों को कार्य किन सामग्रियों से करना है।
(iv) लक्ष्य विधि लक्षित योग्यताएँ तथा कौशलों सम्बन्धी उनके स्वामित्त्व के सबूत में उन्हें क्या उत्पन्न करना है।

4. विभिन्न प्रकार के छात्रों के समूह (Heterogeneous Group of Learners): छात्रों के समूह घुटों के आधार पर नहीं बनाने चाहिए। शैक्षिक योग्यता प्रथम आधार हो फिर क्रमशः जातीय, वंश तथा लिंग आधार हो। इससे छात्रों में अधिगम सम्बन्धी मित्रता बढ़ती है।

5. छात्रों को सकारात्मक सामाजिक अन्तःक्रिया सम्बन्धी व्यवहारों तथा अभिवृत्तियों में व्यस्त रखना (Engaging Students in Positive Social Interaction and Behaviour): अध्यापक यह आश्वस्त करे कि छात्रों में इस प्रकार की योग्यताओं के निर्माण में लगे रहें नेतृत्व, विश्वास, रचनात्मक आलोचना, प्रोत्साहन, समझौता आदि।

6. आमने–सामने सकारात्मक अन्तःप्रक्रिया (Face-to-face Positive Interaction): एक समूह के रूप में मिलकर कार्य करने के लिए छात्रों को कुछ परस्पर क्रियाशील योग्यताओं का प्रयोग करना चाहिए। छात्र एक प्रकार से इस प्रकार के भावों का विकास करें 'डूबो या तरों' (Sink or Swim)।

7. संसाधनों के समान अवसर प्रदान करना (Providing Equality of Resources): समूह के प्रत्येक सदस्य को शिक्षण–अधिगम सामग्री तथा मार्गदर्शन आदि के समान अवसर मिलते हैं।

8. सकारात्मक परस्पर निर्भरता (Positive Inter Dependence): समूह के सदस्य पारस्परिक निर्भरता के मूल्यों को अनुभव करें। उदाहरणार्थ यदि वे लक्ष्यों को पूरा करने में वे असफल हैं तो यह असफलता उन सभी की है।

9. वांछित सूचना तक पहुँचना (Providing Access to Desired Information): इस प्रकार की शिक्षण-अधिगम व्यूह-रचना की जाए जिससे प्रत्येक छात्र वह सूचना प्राप्त कर सके जिसकी उद्देश्य की प्राप्ति के लिए आवश्यकता है।

10. कार्यों को पूरे करने के अवसर प्रदान करना (Providing opportunities to Complete the Tasks): छात्रों के सम्मुख अनेक प्रकार के सूचना सम्बन्धी कार्य होते है। छात्रों को इसके लिए उचित अवसर दिए जाने चाहिए। उदाहरणार्थ ये कार्य इस प्रकार हैं:

(i) अर्थ की व्याख्या करना।

(ii) अनुवाद करना।

(iii) सम्बन्ध जोड़ना।

(iv) दत्त सामग्री को व्यवस्थित करना।

(v) अर्थ देना।

(vi) अध्ययन की गई जानकारी की सम्बन्धता तथा उपयोग्यता को आँकना।

11. अधिगम के लिए पर्याप्त समय देना (Providing Sufficient Time for Learning): इस बात पर विशेष का ध्यान दिया जाए कि छात्रों को उद्देश्यों की प्राप्ति के लिए उचित समय दिया जाए। कई क्षेत्रों जैसे सकारात्मक कौशलों तथा अभिवृत्तियों के विकास में समय लगता है। वे कुछ दिनों में ही उभर कर सामने आते हैं।

12. व्यक्तिगत जवाबदेही पर बल (Emphasising Individual Accountability): सहकारी अधिगम प्रणाली में यह आवश्यक है कि छात्र अपने उत्तरदायित्व को समझ कर सभी क्रियाओं में रूचि ले तथा समूह की सफलता तथा असफलता के लिए स्वयं को उत्तरदायी समझे।

13. सामूहिक शैक्षिक सफलता हेतु सार्वजनिक प्रशंसा एवं पुरस्कार (Public Recognition and Rewards for Group Academic Achievement): इस प्रणाली में उच्च शैक्षिक उपलब्धि प्राप्त करने वाले छात्रों के लिए पुरस्कार देने की सार्वजनिक व्यवस्था भी है।

14. कार्यपूर्ति के पश्चात् चिन्तन करना (Reflecting on the Task Performed): कार्यों के क्रियान्वयन के पश्चात् निम्न बातों पर समूह के रूप में चिन्तन किया जाता है:

(i) समूह के छात्रों ने अपने सामूहिक लक्ष्यों को कितनी अच्छी तरह प्राप्त किया।

(ii) छात्रों ने एक दूसरे की विषय संसाधनों तथा कार्य गतिविधियों को समझ कर एक दूसरे की किस प्रकार सहायता की।

(iii) प्रत्येक छात्र एवं पूरे समूह को समूह के रूप में सहायता हेतु छात्रों ने सकारात्मक व्यवहारों तथा अभिवृत्तियों का किस प्रकार प्रयोग किया।

(iv) अधिक सफलता प्राप्त करने के लिए अगली बार छात्रों को क्या करने की आवश्यकता है?

17.21 सहकारी अधिगम की सीमाएँ (Limitations of Co-operative Learning)

1. सहकारी अधिगम विधि के नियोजन तथा क्रियान्वयन में अधिक समय का (Time-Consuming) का लगना।
2. सहकारी अधिगम विधि का सीमित उपयोग।
3. कुछ छात्रों की क्रियाओं तथा चिन्तन में प्रभुता (Dominance)।
4. स्थान की समस्या।
5. वांछित शिक्षण–अधिगम सामग्री की समस्या।
6. इस विधि में प्रशिक्षित शिक्षकों का अभाव।
7. जवाबदेही की समस्या।
8. सहयोग का अभाव।
9. व्यक्तिगत पहल पर अंकुश।
10. विभिन्न वर्गों का प्रतिरोध (Resistance)

1 अध्यापकों का प्रतिरोध

1. आत्मविश्वास का अभाव
2. प्रशिक्षण की कमी
3. छात्रों की क्षमता में अविश्वास
4. समय के अपव्यय का भय
5. छात्रों का नियन्त्रण खाने का भय
6. पाठ्यक्रम को समय पर पूरा न करने का भय
7. पाठ्य सामग्री की उपलब्धता का भय
8. पर्याप्त स्वतन्त्रता न होने का भय
9. मूल्यांकन का भय
10. नवाचार की उचित जानकारी का न होना (Innovation)
11. नयी पद्धति के लिए अध्यापकों की उदासीनता

2 अधिकारियों का प्रतिरोध

(i) नयी संरचना विकसित करने में अभिप्रेरणा तथा उत्साह का अभाव
(ii) नयी प्रणाली के ज्ञान का वाँछित अभाव
(iii) नयी प्रणाली सम्बन्धी अध्यापकों की उदासीनता
(iv) अध्यापकों को नई प्रणाली में अभिप्रेरित करने में कठिनाई

3 छात्रों द्वारा प्रतिरोध

(a) नयी प्रणाली के ज्ञान की कमी
(b) व्याख्यान विधि में परम्परागत आस्था।
(c) सहयोग की भावना की कमी।
(d) अध्यापक की भूमिका पर आलोचक
(e) स्वयं प्रयास में निष्ठा की कमी
(f) जवाबदेही में विश्वास की कमी

4 अभिभावकों द्वारा प्रतिरोध

1. छात्रों के सर्वांगीण विकास में भय
2. नयी प्रणाली सम्बन्धी अज्ञानता
3. समय की बर्बादी
4. खर्चीली प्रणाली

17.22 सहकारी अधिगम के उपयोग तथा लाभ
(Uses and Advantages of Co-operative Learning)

1. मनोवैज्ञानिक लाभ (Psychological Advantages)

(i) सुरक्षा की भावना का होना
(ii) छात्रों में आत्मविश्वास का होना।
(iii) छात्रों में स्वाभिमान की भावना के विकास का होना
(iv) छात्रों में सकारात्मक अभिवृत्ति (Positive Attitude) के विकास का होना
(v) छात्रों को अत्यधिक चिन्ता का न होना।

2. शैक्षिक लाभ (Educational Advantages)

(i) प्रणाली का अधिगमकर्ता केन्द्रित होता।
(ii) छात्रों की सक्रिय भागेदारी
(iii) उच्च स्तरीय कौशलों का निर्माण
(iv) सुगमता से कार्य सीखना
(v) छात्रों पर उत्तरदायित्त्व
(vi) परस्पर क्रियाशीलता
(vii) बेहतर कार्य सम्पादन
(viii) कक्षा-परिणामों में सुधार लाना
(ix) अधिगम संबधी वातावरण में सुधार लाना
(x) नियोजित अधिगम कार्य।
(xi) बेहतर निर्देशन
(xii) छात्रों द्वारा स्व-अध्ययन की प्रवृत्ति का विकास

3. सामाजिक लाभ (Social Advantages)

(i) परस्पर सहयोग की कला का विकास
(ii) नेतृत्व कौशल का विकास
(iii) सामाजकिता के गुणों का विकास
(iv) सामाजिक समायोजन (Social Adjustment) में बढ़ोतरी

17.23 सहकारी अधिगम प्रणाली सम्बन्धी सुझाव
(Suggestions for the Success of Co-operative Learning)

1. समूहों का छोटा आकार रखना।
2. समूहों में समरूपता होना।
3. उचित सामूहिक कार्य।
4. सामूहिक क्रियाकलापों में समय के अनुसार परिवर्तन करना।
5. समूह निर्माण में शीघ्रता में परिवर्तन न करना।
6. वांछित विषयों का चयन।
7. सामूहिक भावना को बढ़ावा देना।
8. छात्रों में पारस्परिक विश्वास को बढ़ावा देना।
9. छात्रों की पारस्परिक निर्भरता पर बल देना।
10. जवाबदेही के उचित मापदण्ड निर्धारित करना।
11. तुरन्त पृष्ठपोषण प्रदान करना।
12. व्यक्तिगत ग्रेडों की व्यवस्था न करना।
13. उचित विषय-वस्तु का चयन करना।
14. प्रत्येक स्तर पर प्रभावी मार्गदर्शन की व्यवस्था करना।
15. उपयुक्त शिक्षण-अधिगम सामग्री की व्यवस्था करना।

17.24 उपसंहार (Conclusion)

भारत में स्कूलों में शिक्षण अधिगम सामग्री के अभाव, स्थान की कमी तथा विभिन्न प्रकार की सुविधाओं के अभाव के कारण सहकारी अधिगम प्रणाली को लागू करना अत्यन्त कठिन कार्य प्रतीत होता है। सहकारिता अधिगम प्रणाली शिक्षा में कार्यरत विभिन्न वर्गों से बहुत आशाएँ रखती हैं। परन्तु वर्तमान स्थिति में विद्यमान स्थिति को देखते हुए इसे अपनाना सम्भवत: सम्भव नहीं है। अत: नए नवाचार प्राय: शैक्षिक दस्तावेजों तथा पुस्तकों तक ही सीमित रह जाते हैं। विकसित देश जिनके पास विस्तृत साधन हैं वे ही इस प्रकार की प्रणाली से लाभ उठा सकते हैं।

17.25 अनुरूपित शिक्षण तथा शैक्षिक खेलें (Simulated Teaching and Educational Games)

अनुरूपित शिक्षा (Simulated Teaching)

नोट: अध्याय तीन देखें।

17.26 शैक्षिक खेलें (Educational Games)

17.27 खेल प्रविधि का अर्थ (Meaning of Playway Method)

शैक्षिक खेलप्रविधि यह प्रविधि है जिसमें दो या दो से अधिक निर्णायकों के मध्य लेने की स्वतन्त्र क्रिया है तथा जिसमें सीमित विषय-वस्तु से अपेक्षित उद्देश्यों को प्राप्त करने का प्रयास किया जाता है। परन्तु शिक्षा के क्षेत्र में इसका अलग से अर्थ लिया जाता है। शिक्षा में शैक्षिक खेल को भूमिका निर्वाह प्रविधि (Role Playing) भी कहा जाता है।

शैक्षिक खेल विधि में छात्रों को वास्तविक जीवन की परिस्थितियों का अनुभव प्रदान करने का प्रयास किया जाता है।

शैक्षिक खेल की निम्नलिखित दो विशेषताएँ हैं:

1. यह प्रविधि एक काल्पनिक आविष्कार है जिसमें भाग लेने वाले छात्र दूसरों का रूप धारण करके विशिष्ट स्थिति में उन जैसा व्यवहार करने का प्रयास करते हैं।

2. खेल प्रविधि में स्वाभाविक अभिनय करना होता है अथवा स्वाभाविक निर्वाह निभाना होता है।

एक प्रकार से माना जाता है कि सम्राट चन्द्रगुप्त II जिसे न्याय की मूर्ति कहा जाता है, बचपन में अपने साथियों के साथ इस प्रकार के शिक्षाप्रद खेल खेलते थे जो कि सम्राट बनाने पर वास्तविक जीवन में खेले गए।

कुछ लेखक वर्तमान परिस्थिति में कम्प्यूटर पर खेले जाने वाले खेलों को इसी श्रेणी में लेते हैं। अत: शैक्षिक खेलों का क्षेत्र विशाल होता जा रहा है।

17.28 शैक्षिक खेलों के उद्देश्य (Objectives of Educational Games)

1. छात्रों को काल्पनिक परिस्थिति में वास्तविक स्थिति के अनुभव प्रदान करना।
2. शैक्षिक खेलों द्वारा मूल्यों का विश्लेषण करना तथा निर्णय करना सिखाना।

17.29 शैक्षिक खेलों के उदाहरण (Examples of Educational Games)

1. शैक्षिक संस्थाओं में छात्र परिषद्/संघ के चुनावों द्वारा प्रजातन्त्र जीवन के मूल्यों से परिचित कराना।

2. मॉनीटियर पद्धति से वास्तविक जीवन में नेतृत्व के गुणों का विकास कराना।
3. प्रतिनिधियों के चुनाव होने पर अपनी भूमिकाएँ निर्वाह के अनुभव प्रदान कराना।
4. राज्य के मुख्य मन्त्री की भूमिका निभाना।
5. पंचायत के पंच की भूमिका निभाना।
6. अभिभावकों की भूमिका निभाना।
7. अध्यापक की भूमिका निभाना
8. किसी कार्यालय के अध्यक्ष की भूमिका निभाना।

17.30 शैक्षिक खेल प्रक्रिया (Process of Educational Games)

शैक्षिक खेल की प्रक्रिया बहुत लचीली होती है। प्राय: इसके छ: सोपान होते हैं:

प्रथम सोपान: इसमें खेल का नियोजन किया जाता है। छात्रों ने खेल में जो भूमिका निभानी होती है, वह सूची तैयार की जाती है।

दूसरा सोपान: इसमें कौशलों को निश्चित किया जाता है। छात्रों को उनकी भूमिका दी जाती है।

तीसरा सोपान: भूमिका निर्वाह का कार्यक्रम तैयार किया जाता है कि कौन छात्र खेल को आरम्भ करेगा तथा कौन समाप्त करेगा।

चौथा सोपान: इस प्रकार के रिकॉर्ड तैयार किए जाएँ जिससे निरीक्षण तथा मूल्यांकन किया जा सके।

पांचवा सोपान: छात्र अपनी भूमिका निर्वाह करते हैं।

छठा सोपान: छात्रों की भूमिकाएँ अदा करने के आधार पर अध्यापक अपने कार्यक्रम में सुधार करता है।

17.31 शैक्षिक खेलों के लाभ (Advantages of Educational Games)

1. छात्रों को प्रेरित करने के साधन।
2. शिक्षण समस्याओं का विश्लेषण करना।
3. दैनिक जीवन में व्यवहार समस्याओं में अन्त:दृष्टि का विकास करना।
4. कक्षीय व्यवहार का अनुसरण करना।
5. सिद्धान्त तथा व्यवहार में सम्बन्ध स्थापित करना।
6. प्रयोगशाला अनुभवों का ज्ञान प्राप्त करना।
7. छात्रों के आनन्द को बढ़ावा देना।
8. छात्रों की विज्ञय वस्तु में रोचकता बढ़ाना।

17.32 शैक्षिक खेलों की सीमाएँ (Limitations of Educational Games)

1. पर्याप्त खेलों का अभाव।
2. खेलों के लिए पर्याप्त सामग्री का अभाव।
3. शैक्षिक खेल विधि में प्रशिक्षित अध्यापकों का अभाव।
4. अध्यापकों की शैक्षिक खेलों के प्रति उदासीनता।
5. खेलों में समय का अपव्यय।
6. शैक्षिक खेलों में समय की बर्बादी।

18

कम्प्यूटर सहायक अधिगम अथवा कम्प्यूटर सह–अधिगम

(Computer Assisted Instruction)

18.1 कम्प्यूटर का कमाल (Wonders of Computer)

संसार के किसी भी कोने में एक कमरे के अन्दर बैठकर पुस्तकालय, चिड़ियाघर तथा संग्रहालय आदि देखने की कल्पना करें तथा उन स्थानों पर कैसे पहुँचा जाए, इसकी जानकारी लीजिए। संसार के दूसरे भाग में बैठे व्यक्ति से बातचीत करने की कल्पना कीजिए। आप या कोई भी परस्पर एक-दूसरे की बातचीत को देख सकता है। आधुनिक संसार में यह सब कम्प्यूटर प्रौद्योगिकी के द्वारा ही सम्भव हुआ है।

कम्प्यूटर अब ज्यादा से ज्यादा उन्नत हो रहा है तथा वह अलग-अलग उद्देश्यों, जैसे–सम्प्रेषण, विज्ञापन, उद्योग, प्रकाशन, शिक्षण-अधिगम, अनुसंधान, चिकित्सा इत्यादि जैसे क्षेत्रों में प्रयोग हो रहा है।

विद्यालयी शिक्षा में कम्प्यूटर का प्रभाव बहुरूपीय तथा क्रान्तिकारी होने जा रहा है। शिक्षा के क्षेत्र में यह सभी कार्यविधियों को प्रभावित करता जा रहा है। यही नहीं, इसमें कुछ पूर्णतः अप्रत्याशित दृश्यों तथा तथ्यों को भी सम्मुख लाने की क्षमता है।

18.2 कम्प्यूटर प्रौद्योगिकी द्वारा शिक्षा में क्रान्ति (Revolution in Education by Computer Technology)

बहुसूचना माध्यमों, इण्टरनेट तथा डिजिटल नेटवर्क जैसी प्रौद्योगिकी (तकनीकी) शिक्षा पर गहरी छाप छोड़ सकती है। इस क्षेत्र में कम्प्यूटर आधारित शिक्षा का भी बहुत महत्त्वपूर्ण स्थान है। बच्चों को उन्नत कौशल युक्त बनाने के लिए कम्प्यूटर सहायता-प्राप्त अधिगम आवश्यक है। इसके प्रयोग से बाल-केन्द्रित शैक्षिक क्षेत्रों के सपने पूरे होने की आशा है।

कम्प्यूटर सहायता-प्राप्त अधिगम में सीखने वाले के अधिगम कौशल को बढ़ाने के लिए शिक्षक और छात्र के बीच अन्योन्य क्रिया अधिक होती है। शिक्षक और छात्र वेबसाइट के साथ अधिगम वातावरण के साथ परिचित होते हैं। वेबसाइट अधिगम वातावरण छात्र को स्वतन्त्र सीखने वाला बनाती है।

कम्प्यूटर सहायता-प्राप्त अधिगम एक सामान्य मंच उपलब्ध कराता है जहाँ शिक्षक और छात्र दोनों साथ बैठकर अधिगम वातावरण की खोज करते हैं।

शिक्षा नीति, 1986 एवं 1992–शिक्षा नीति में यह कल्पना की गई है कि कम्प्यूटर शिक्षा बालकों को एक माइक्रो-कम्प्यूटर क्रान्ति के लिए तैयार करेगी तथा कम्प्यूटर शिक्षा से बच्चे अधिक सक्षम और रचनात्मक होंगे।

कम्प्यूटर सहायता-प्राप्त अधिगम में शिक्षक अपने शिक्षण-अधिगम को बहुत प्रभावशाली बना सकता है। उदाहरण के तौर पर यदि कोई शिक्षक छात्रों को सूर्य के वैज्ञानिक सिद्धान्तों के बारे में बताना चाहता है, तो वह नई प्रौद्योगिकी का प्रयोग कर उपरोक्त सिद्धान्तों को एनीमेटिड ग्राफिक के माध्यम से आसानी से ऐसा करता है। अनेक ऐसे सॉफ्टवेयर उपलब्ध हैं जो इस समस्या को कम्प्यूटर की सहायता से हल कर सकते हैं, जिसे छात्र आसानी से समझ सकते हैं तथा अध्ययन में रुचि लेंगे।

एक शिक्षक मल्टीमीडिया कम्प्यूटरों का प्रयोग करके अपने व्याख्यान को अधिक प्रभावी बना सकता है। वह चित्र, ग्राफ, चार्ट आदि को आसानी से दिखा सकता है।

कम्प्यूटर तकनीक के प्रयोग से शिक्षक छात्रों के प्रश्न करने पर रुक सकता है, पीछे जा सकता है, आगे जा सकता है। सूक्ष्म में कह सकते हैं कि आवश्यकता के अनुरूप उनकी जिज्ञासा के अनुसार सामग्री प्रदर्शित कर सकता है।

कम्प्यूटर सहायता-प्राप्त अधिगम में शिक्षक और छात्र 'वेबसाइट' के साथ अधिगम वातावरण के प्रति एक साथ परिचित होते हैं। 'वेबसाइट' अधिगम छात्र को एक स्वतन्त्र सीखने वाला बनाती है।

कम्प्यूटर प्रणाली के प्रयोग में शिक्षक और छात्र, दोनों ही विषय की मूल अवध ारणाओं की तलाश करते हैं।

कम्प्यूटर द्वारा उच्च कोटि की शैक्षणिक सामग्री प्रभावी शिक्षकों से ग्राफ द्वारा तैयार करवाकर उसकी सी.डी. बनाई जा सकती है जिसे हजारों शिक्षक तथा लाखों छात्र अपने अध्ययन कार्यों में प्रयोग कर सकते हैं।

18.3 कम्प्यूटर सह-अधिगम का अर्थ अथवा कम्प्यूटर समर्थित अधिगम (Meaning of Computer Assisted Learning or Computer Related Learning), कम्प्यूटर की सहायता से अनुदेशन (Computer Assisted Instruction), कम्प्यूटर की सहायता से प्रशिक्षण (Computer Assisted Training), कम्प्यूटर आधारित अधिगम (Computer Based Learning), कम्प्यूटर प्रबन्धित अनुदेशन (Computer Managed Instruction-CMI)

कम्प्यूटर सह-अधिगम एक ऐसी अधिगम प्रणाली है जिसमें एक छात्र और आवश्यक अधिगम सामग्री (सीखी जाने वाली सामग्री) से युक्त कम्प्यूटर के माध्यम से उपयोगी अन्तःक्रिया इस उद्देश्य से चलती रहती है जिसे छात्र को अपनी योग्यता और गति के अनुसार वैयक्तिक रूप से स्व-अधिगम प्राप्त करते हुए वांछित अधिगयात्मक उद्देश्यों की प्राप्ति सम्भव हो सके।

18.4 शिक्षण/अनुदेशन में कम्प्यूटर का उपयोग (Use of Computer in Teaching/Instruction)

कम्प्यूटर का प्रयोग शिक्षण देने में दो प्रकार से किया जा सकता है:

(i) कम्प्यूटर को बारीकी से बनाई हुई एक शिक्षण मशीन की भाँति प्रयोग किया जा सकता है जो कि शैक्षिक सामग्री को छात्र के समक्ष प्रस्तुत करती है और उसके प्रत्युत्तर को अर्थ प्रदान करती है। इसे हम कम्प्यूटर सहायक शिक्षण (CAT) कहते हैं।

(ii) कम्प्यूटर का प्रयोग शिक्षक को शैक्षिक प्रक्रिया को प्रशासित करने में सहायता देना है जो·वह छात्र को योग्यताओं का मापन कराकर और एक शिक्षण संबंधी कोर्स को प्रस्तावित करके करता है। इसे कम्प्यूटर प्रशासित शिक्षण (CMT) कहते हैं।

CAT की सबसे साधारण विधि यह है कि छात्र एक टेलीटाइपराइटर (Teletypewriter) के सामने बैठता है जो बिजली से चलने वाले टाइपराइटर की भाँति ही होता है। कम्प्यूटर द्वारा सूचना टाइप की जाती है और छात्र अपने प्रत्युत्तर की-बोर्ड (Key-board) पर टाइप करता है। इस प्रकार कम्प्यूटर एक बड़ी संख्या में छात्रों को शिक्षण देने में प्रयोग किया जाता है। प्रत्येक छात्र को टेलीटाइपराइटर देकर दोनों प्रकार का शिक्षण दिया जा सकता है। इस विधि में लाभ यह है कि छात्र को व्यक्तिगत रूप से शिक्षण मिल जाता है। विभिन्न योग्यता वाले छात्र अपनी गति से शिक्षण ग्रहण करते हुए आगे बढ़ सकते हैं। कम्प्यूटर एक साथ अनेक छात्रों के शिक्षण के लिए प्रयोग होता है। प्रत्युत्तर छात्र अपनी ही गति से देते हैं। यह उन्हें अपनी गति और अपनी उपलब्धि दोनों के अनुसार प्रगति करने के अवसर प्रदान कर देता है। इसमें दूसरा लाभ यह है कि इससे तुरन्त परिणामों का पता छात्र को लग जाता है। तीसरे यह छात्र के ध्यान को पूरे समय के लिए अपनी ओर केन्द्रित रखता है, जैसा कि एक शिक्षक उस समय जब वह प्रत्येक छात्र को अलग अलग शिक्षण प्रदान कर रहा होता है।

18.5 कम्प्यूटर सह-अधिगम की क्रियाविधि

चित्र 18.1 देखें।

18.6 कम्प्यूटर सहायक अनुदेशन के उपयोग (Use of Computer Assisted Instruction)

1. यह शिक्षक तथा छात्रों के लिए तथ्यों तथा सूचनाओं की प्राप्ति का एक महत्त्वपूर्ण स्रोत है।

2. यंत्र निर्मित पाठ-योजना न सिर्फ रुचिकर होगी बल्कि सहज रूप से संक्षिप्त एवं परिणाम अभिमुख भी होगी।

3. छात्रों को उनकी गति तथा समय के अनुसार स्वयं सीखने के अवसर मिलते हैं।

4. छात्रों को वस्तुनिष्ठ तथा विशिष्ट पोषण उनकी अधिगम प्रक्रिया में प्राप्त होता है।

5. यंत्र के द्वारा भूगोल से संबंधित शीर्षक जीवंत हो उठता है जो पारम्परिक विधि से सम्भव नहीं। स्पष्ट, रुचिकर तथा जीवंत उपकरणों की सहायता से विशेषकर कमजोर विद्यार्थियों के अधिगम स्तर को बढ़ाया जा सकता है, साथ ही यन्त्रों की मदद से उनकी अवधारणा को स्पष्ट भी किया जा सकता है।

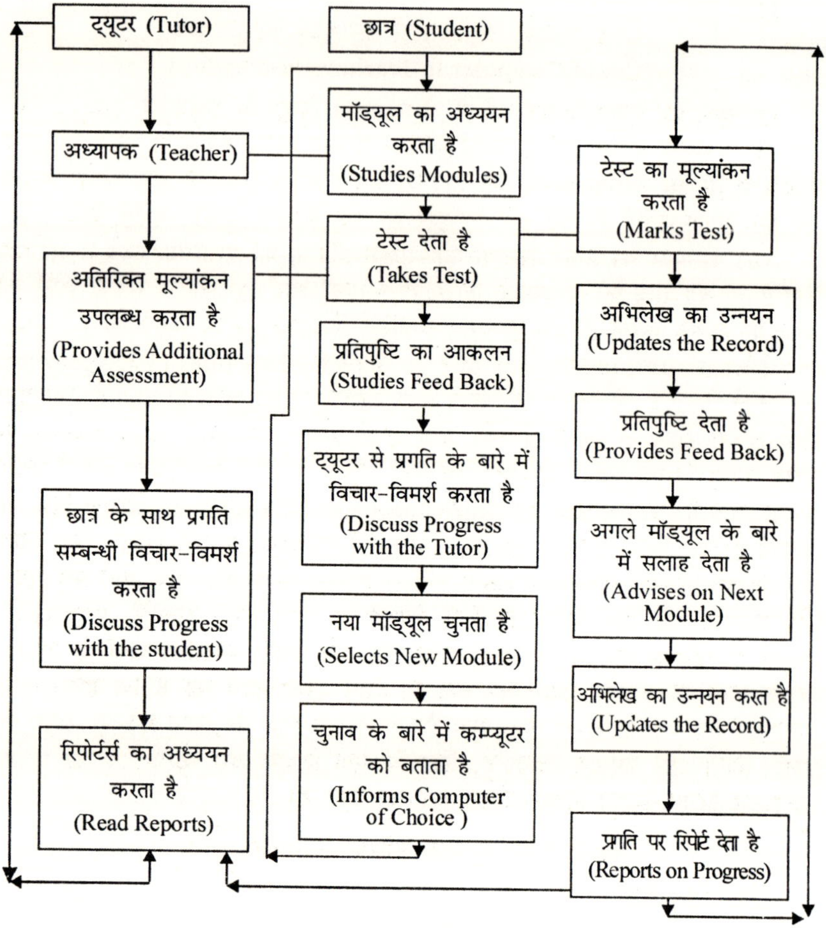

चित्र 18.1: कम्प्यूटर सह-अधिगम का सामान्य मॉडल

6. इस तकनीक के प्रयोग से विशेषकर मानचित्रों एवं आकृतियों के रेखांकन में काफी समय की बचत होती है और इस समय का सदुपयोग शीर्षकों से संबंधित और अधिक क्लिप्सों को दिखाकर किया जा सकता है।

7. सांख्यिकी ग्राफों की सहायता से विभिन्न पक्षों के तुलनात्मक अध्ययन के द्वारा अर्थशास्त्र को सरल तथा अधिक ग्राह्य बनाया जा सकता है।

8. सांख्यिकी ग्राफों को देखकर विद्यार्थी अपनी समझ से विभिन्न पक्षों का आंकलन कर सकता है, जो विद्यार्थी के सोचने-विचारने की क्षमता को बढ़ाने में सहायक होगा।

9. उबाऊ भाषण व पटन की तुलना में सी.डी. में उपलब्ध क्लिप/एनीमेशन की मदद से इतिहास शिक्षण के स्तर में अभिवृद्धि की जा सकती है।

10. प्रोजेक्ट में कम्प्यूटर को प्रयोग में लाते हुए विषयों तथा भाषाओं के शिक्षण की एक समृद्ध योजना है!

11. भाषा के शिक्षण से संबंधित विषयों को परिणाम अभिमुख बनाने के लिए ध्वनि, ग्राफिक्स, विषय-वस्तु तथा चित्रों की सहायता से निर्धारित पाठ के लिए मल्टीमीडिया प्रभाव को कार्य में लाया जा सकता है।

12. यह प्रोजेक्ट शिक्षण अधिगम प्रक्रिया में नवाचारों के लिए शिक्षकों को प्रोत्साहित करता है, पाठों के निर्माण में नवीनता का समावेश करने के प्रति शिक्षकों की अभिरुचि में अभिवृद्धि करनी होगी।

13. कम्प्यूटर के द्वारा शिक्षण एवं अधिगम के अन्तर्गत विद्यार्थियों में व्याख्यान सुनने के प्रति उत्साह पाए जाने के साथ नये तरीकों की खोज एवं प्रयोग को महत्त्व देते हुए विद्यार्थियों की समझ के अनुरूप नई सरल शिक्षण विधि का सूत्रपात किया जाता है।

14. अंग्रेजी जिसमें विद्यार्थियों का स्तर काफी निराशाजनक है और जिस पर विशेष ध्यान देने की आवश्यकता है, प्रौद्योगिकी के उपयोग से सुधार लाया जा सकता है।

15. गणितीय आकृतियों, जैसे–शंकु, बेलन, दीर्घवृत्त, परवलय आदि के चित्रांकन में ब्लैकबोर्ड की बजाय प्रौद्योगिकी के उपयोग से गणित जैसे विषयों के शिक्षण को और अधिक सटीक बनाया जा सकता है।

16. त्रिपरिमाप अवधारणा की मदद से प्रौद्योगिकी का प्रयोग अधिक प्रभावी बनाया जा सकता है।

17. गणितीय अवधारणा जिसे समझने के लिए कल्पना शक्ति की आवश्यकता होती है के स्तर में वृद्धि की जा सकती है।

18. सहज से कठिन, मूर्त से अमूर्त शिक्षण मॉड्यूलों को कम्प्यूटर की मदद से प्रभावी ढंग से निर्मित किया जा सकता है।

19. अधिगम प्रक्रिया के अधिक प्रभावी होने पर आसानी से निगरानी रखी जा सकती है साथ ही उपचारी उपायों को भी तत्काल उपलब्ध कराया जा सकता है।

20. खेल-खेल में सीखने के निमित्त मॉड्यूलों में कठिन विषयों पर प्रश्नोत्तरी सुविध शामिल करने से विषयों को अच्छी तरह से समझा जा सकेगा।

21. कम्प्यूटर द्वारा छात्रों को अभ्यास (Drill and Practice) के अवसर प्रदान होते हैं।

22. समय सारणी बनाने में कम्प्यूटर उपयोगी है।

23. कम्प्यूटर मूल्यांकन प्रक्रिया में सहायक है।

24. स्टाफ के वेतन बिल बनाने में कम्प्यूटर सफलतापूर्वक प्रयोग किया जाता है।

25. कम्प्यूटर विभिन्न शिक्षा संस्थानों में प्रशासनिक समस्याओं के लिए महत्त्वपूर्ण योगदान देता है।

26. विषय की विशालता तथा गंभीरता तक सुगमता से पहुँचा जा सकता है।

27. संसार-भर के छात्रों तथा शिक्षकों के साथ पारस्परिक विचार-विमर्श हो सकता है।

18.7 कम्प्यूटर सह-अधिगम की सीमाएँ (Limitations of Computer Assisted Learning)

1. कम्प्यूटर सह-अधिगम बहुत खर्चीला है।
2. कम्प्यूटर में प्रयुक्त मृदु उपागम (Software) बहुत कठिनाई से उपलब्ध होते हैं।
3. हजारों स्कूलों में बिजली नहीं है, अतः कम्प्यूटर का प्रयोग ही नहीं हो सकता है।

4. कम्प्यूटरों के जल्दी-जल्दी खराब होने का भय रहता है तथा इनके मरम्मत की समस्या खड़ी हो जाती है।

5. विद्युत उपकरण के रूप में कम्प्यूटर बालकों के लिए खतरनाक भी सिद्ध हो सकता है।

6. कम्प्यूटर द्वारा सम्पन्न अधिगम कार्य में बालक स्वयं ही अधिगम कार्य करते हैं तथा उन्हीं का नियन्त्रण रहता है। इस कारण यह भय बना रहता है कि वे समय को बर्बाद कर सकते हैं और मनमर्जी का आचरण भी कर सकते हैं।

7. कम्प्यूटर द्वारा सम्पन्न अधिगम व्यवस्था एक मशीन के रूप में ही है।

8. कम्प्यूटर अधिगम से बालकों का भावनात्मक तथा संवेगात्मक विकास नहीं हो पाता। मानवीय मूल्य जैसे-प्रेम, सौहार्द्र, सहानुभूति आदि केवल अध्यापक-छात्र के पारस्परिक सम्बन्ध से ही पनपते हैं।

उपसंहार—वर्तमान परिस्थितियों में औपचारिक अधिगम व्यवस्था में कम्प्यूटर सह-अधिगम को लागू करना कठिन प्रतीत होता है। शिक्षण अधिगम प्रक्रिया में कम्प्यूटरों का उपयोग होने वाले शैक्षणिक लाभों की तुलना में बहुत खर्चीला दिखाई देता है।

18.8 अध्यापक तथा कम्प्यूटर सह-अधिगम का उपयोग (Role of the Teacher in Computer Assisted Learning)

शिक्षण अधिगम प्रक्रिया में कम्प्यूटर की पहुँच वेबसाइट तथा भौतिक पुस्तकालय से आवश्यक सामग्री को ढूँढ़ने में अध्यापक के उत्तरदायित्व को बढ़ाती है। इसके साथ-साथ शिक्षण की गुणवत्ता भी बढ़ाती है। उपलब्ध बहुसंचार माध्यमों की खोज से शिक्षक को अपने पाठ को प्रभावशाली तरीके से पढ़ाने के लिए नये परिवर्तनकारी विचार प्राप्त होते हैं। अभिलेखों का डेटाबेस रखने से अध्यापक सूचना को विभिन्न रूपों में प्रदान करेगा और इससे धीमे सीखने वाले का ध्यान केन्द्रित करायेगा।

विज्ञान का कोई पाठ, जैसे हृदय की कार्यप्रणाली, मानव प्रजनन प्रणाली, मानव शरीर की संरचना, जिसके लिए चित्र आवश्यक हैं, को पढ़ाने के लिए चार्ट की सहायता से शिक्षक मानव शरीर की वास्तविक क्रिया को नहीं दर्शा सकता। अतः हम छात्र का निश्चित अधिगम विकसित नहीं कर सकते, किन्तु यह कम्प्यूटर के प्रयोग से शिक्षण अधिगम में सम्भव है।

सी.डी. रोम्स तथा वेबसाइटों से सम्बद्ध सूचना के प्रयोग से सामाजिक विज्ञान का अधिगम अधिक रुचिपूर्ण बनाया जा सकता है। ग्राफिकल प्रस्तुतीकरण तथा फ्लोचार्टों के प्रयोग द्वारा हम गणित तथा अन्य विज्ञान विषयों के प्रति छात्रों की रुचि उत्पन्न कर सकते हैं। शिक्षण अधिगम में कम्प्यूटर के प्रयोग से हम समय की बचत कर सकते हैं और तुरन्त मूल्यांकन सम्भव है क्योंकि शिक्षक विशेष द्वारा तैयार बनी-बनाई सामग्री कम्प्यूटर पर उपलब्ध है। बहुसूचना माध्यमों के द्वारा सार्वभौमिक अधिगम से परिचय कराने से ग्रामीण बच्चों की शहरी बच्चों का मुकाबला करने की मनोवृत्ति बदल सकती है।

शिक्षण अधिगम प्रक्रिया में कम्प्यूटर सहायता-प्राप्त अधिगम के प्रयोग से धीमे सीखने वाले और उच्च स्थान प्राप्तकर्ता के बीच स्वयं अधिगम कौशलों के विकास द्वारा खाई को कम किया जा सकता है। रजिस्टर और कार्यालय के काम में कम्प्यूटर के प्रयोग से

समयबद्ध परिणाम प्राप्त हो सकते हैं। आँकड़ों के नवीनीकरण में समय बचता है। अभिलेखों का रख-रखाव आसान हो जाता है।

18.9 विद्यालयों में कम्प्यूटर प्रयोग के लिए लक्ष्य तथा प्रावधान की सुविधाएँ (Objectives and Provisions of Computer Facilities in Schools)

मध्यवर्ती लक्ष्य	*संकेतक*	*प्रथम वर्ष के लिए संदर्भिका*
उपलब्ध प्रौद्योगिकी	विद्यालयों में बहुसूचना माध्य कम्प्यूटरों और इंटरनेट की उपलब्धता। छात्र बहुसूचना माध्यम कम्प्यूटरों और इंटरनेट का परियोजनाओं और आबंटनों के लिए सक्रिय उपयोग करेंगे।	वर्तमान प्रौद्योगिकी पर आधारित न्यूनतम 10 m/m के कम्प्यूटर और कम से कम एक इंटरनेट कनेक्शन। प्रारम्भिक प्रति कक्षा छात्र कम्प्यूटर अनुपात 4:1 होगा। सभी 6 से 9 कक्षाओं के छात्र प्रति सप्ताह कम से कम कम्प्यूटर पर कार्य के दो घण्टे मिलेंगे।
अध्यापक प्रशिक्षण	शिक्षकों की अधिकाधिक संख्या सीखेगी के आधारभूत कुशलताओं के लिए कम्प्यूटर का कैसे प्रयोग किया जाए, जैसे-लेखन, स्प्रैड शीट पैदा करना, शक्ति बिन्दु प्रस्तुति, बहुसंचार माध्यम, सी.डी. रोम पर कार्य करना, इंटरनेट सर्फिंग, ई-मेल भेजना, खोजो इंजन का प्रयोग। शिक्षक कम्प्यूटर प्रौद्योगिकी का पाठ्यचर्या से एकीकरण सीखेंगे।	स्कूल वर्ष के अन्त तक शत-प्रति-शत शिक्षक कम्प्यूटर साक्षर होंगे। वर्ष के अन्त तक पचास प्रतिशत शिक्षक बहुसंचार माध्यम कम्प्यूटर तथा इंटरनेट का प्रयोग शिक्षण के लिए करेंगे।
पाठ्यचर्या एकीकरण	सभी विषय क्षेत्रों की पाठ्यचर्या में प्रौद्योगिकी का अधिकाधिक समावेश होगा। पाठ-योजनाओं का बढ़ता प्रतिशत् बहुसंचार माध्यम ओर इंटरनेट का प्रयोग करेंगे।	दो वर्षों में अंग्रेजी, विज्ञान, गणित तथा समाज विज्ञान की पाठ्चर्या में कम से कम तीस प्रतिशत् पाठों में प्रौद्योगिकी का समावेश होगा। सभी प्रशिक्षित शिक्षक कम से कम तीस प्रतिशत पाठों को बहुसंचार माध्यम और इंटरनेट का समावेश करके पढ़ायेंगे।

(भारतीय आधुनिक शिक्षा, जुलाई 2001, रा.शै.अनु. और प्रशि. परि. नई दिल्ली)

18.10 विद्यालयों में कम्प्यूटर शिक्षा की रूपरेखा (An Outline of Computer Education in Schools)

विद्यार्थियों के लिए कम्प्यूटर शिक्षा के स्तर को मोटे तौर पर निम्नलिखित छः वर्गों में बाँटा जा सकता है:

1. मूल प्रक्रियाएँ और अवधारणाएँ।

2. सम्बन्धित प्रौद्योगिकी के सामाजिक, नैतिक तथा मानवीय मूल्य।
3. प्रौद्योगिकी उत्पादकता उपकरण।
4. प्रौद्योगिकी संचार उपकरण।
5. प्रौद्योगिकी अन्वेषण उपकरण।
6. प्रौद्योगिकी समस्या समाधान और निर्णय करने के उपकरण।

मूल संक्रियाएँ और अवधारणाएँ

1. छात्रों द्वारा प्रौद्योगिकी प्रणालियों की प्रकृति और संक्रिया को समझना।
2. छात्रों को प्रौद्योगिकी के उपयोग में निपुण बनाना।

सामाजिक, नैतिक और मानवीय मूल

1. छात्रों द्वारा सम्बन्धित के नैतिक, सांस्कृतिक और सामाजिक मूल को समझना।
2. छात्रों द्वारा प्रौद्योगिकी प्रणाली, सूचना और सॉफ्टवेयर का जिम्मेदारीपूर्ण उपयोग।
3. छात्रों में प्रौद्योगिकी उपयोग के प्रति सकारात्मक विचार उत्पन्न करना जो जीवन पर्यन्त अधिगम में सहायक हो।

प्रौद्योगिकी उत्पादकता उपकरण

1. छात्र प्रौद्योगिकी उपकरणों का उपयोग अधिगम अभिवृद्धि में उत्पादकता बढ़ाने में और सृजनात्मक का प्रोत्साहन में करें।

2. छात्र उतपादकता उपकरणों का उपयोग प्रौद्योगिकी वृद्धि वाले मॉडल निर्माण में, प्रकाशन और दूसरे सृजनात्मक कार्य उत्पादित करने में करें।

प्रौद्योगिकी संचार उपकरण

1. छात्र दूरसंचार का उपयोग विशेषज्ञों, समकक्ष व्यक्तियों तथा दूसरे श्रोताओं से बातचीत करने में करें।

2. छात्र विभिन्न प्रकार के माध्यम और प्रारूप का उपयोग सूचना और विचारों को बहुत से श्रोताओं के पास प्रभावशीलता से संचारित करने में करें।

प्रौद्योगिकी अन्वेषण उपकरण

1. छात्र दूरसंचार का उपयोग विशेषज्ञों, समकक्ष व्यक्तियों तथा दूसरे श्रोताओं से बातचीत करने में करें।

2. छात्र प्रौद्योगिकी उपकरण का उपयोग तथ्य प्रक्रिया और रिपोर्ट करने में करें।

3. छात्र नये सूचना संसाधनों का और प्रौद्योगिकीय नवाचारों का, जो विशिष्ट कार्यों के लिए उपयुक्त हों, चुनाव और मूल्यांकन करें।

प्रौद्योगिकी समस्या समाधान और निर्णय करने के उपकरण

1. छात्र प्रौद्योगिकी संसाधनों का उपयोग समस्या समाधान और सूचनात्मक निर्णय करने में करें।

2. छात्र प्रौद्योगिकी का उपयोग वास्तविक जगत की समस्या समाधान के लिए रणनीतियाँ विकसित करने में करें।

कक्षा 1 से 3 तक

- कम्प्यूटरों से परिचय
- कम्प्यूटरों के आवश्यक अंगों से परिचय
- वस्तुओं/फलों/सब्जियों को पहचानना
- अंकों को सीखना
- अक्षरों को सीखना
- रंगों को पहचानना
- ड्राइंग सीखना
- आकारों को पहचानना
- आवाज पहचानना
- विण्डोज पर कार्य करना
- वर्ड पैड के साथ शब्द प्रक्रिया को जानना
- पी.सी. लोगों में प्रोग्रामिंग की जानकारी

कक्षा 4 से 5 तक

- कम्प्यूटर क्रिया विधियाँ
- विण्डोज के साथ कार्य करना।
- एम.एस. वर्ड के साथ कार्य करना
- समय सारणी बनाना (एक्सेल)
- पी.सी. लोगों में प्रोग्रामिंग
- बहुमाध्यम (मल्टीमीडिया) और इंटरनेट का परिचय
- विभिन्न विषयों को जो कि कक्षा में पढ़ाये जाते हैं उनको अन्त:क्रिया शैक्षिक सॉफ्टवेयर द्वारा सीखना।
- विभिन्न कम्प्यूटर आधारित क्रियाकलापों द्वारा सृजनात्मक कौशलों को विकसित करना।
- अंत:क्रिया क्विज प्रतियोगिता तथा बालसभा द्वारा सम्प्रेषण कौशल विकसित करना।
- प्रदर्शनी के लिए मॉडल विकसित करना।
- ग्रीष्मकालीन शिविर।

कक्षा 6 से 8 तक

- विण्डोज 95/98
- फाइल्स और फोल्डर्स
- नेटवर्किंग
- डिस्क–ऑपरेटिंग उपकरण
- पावर पाइंट
- एक्सैस
- अन्त:क्रिया शैक्षिक सॉफ्टवेयर द्वारा विभिन्न विषय, जो कि कक्षा में पढ़ाये जाते हैं, को सीखना।

- दूसरे स्कूलों को ई-मेल
- इंटरनेट क्लब बनाना
- बहुमाध्यम (मल्टीमीडिया) टीम बनाना
- अंतर/अंतरा-स्कूल कम्प्यूटर क्विज प्रतियोगिता
- प्रस्तुतीकरण की प्रस्तुति
- कम्प्यूटर पर प्रोजेक्ट कार्य
- ब्राउजिंग ऑफ लाइन

कक्षा 9 से 10 तक

- वीडियो कान्फ्रैंसिंग और आई.एस.डी.एन.का परिचय
- कम्प्यूटर वायरस
- एक्सैस प्रोग्रामिंग
- मल्टीमीडिया एप्लीकेशन्स
- एक स्कूल मैगजीन का प्रकाशन (पेजमेकर और कॉरल ड्रा का उपयोग)
- एल्पेरिदम्स/कलन विधि/फ्लोचार्ट को उनके गणितीय सी.बी.एस.ई. पाठ्यक्रम कम्प्यूटरिंग के आधार पर बनाने के योग्य बनाना
- गणित और विज्ञान विषय (भौतिकी, रसायन, जीव विज्ञान) के शैक्षिक पाठ्यक्रम के द्वारा सीखना।
- कम्प्यूटर हार्डवेयर का प्रदर्शन

मूल संक्रियाएँ और अवधारणाएँ

1. छात्रों द्वारा प्रौद्योगिकी प्रणालियों की प्रकृति और संक्रिया को समझना।
2. छात्रों को प्रौद्योगिकी के उपयोग में निपुण बनाना।

सामाजिक, नैतिक और मानवीय मूल्य

1. छात्रों द्वारा संबंधित प्रौद्योगिकी के नैतिक, सांस्कृतिक और सामाजिक मूल्य को समझना।
2. छात्रों द्वारा प्रौद्योगिकी प्रणाली, सूचना और सॉफ्टवेयर का जिम्मेदारीपूर्ण उपयोग।
3. छात्रों में प्रौद्योगिकी उपयोग के प्रति सकारात्मक विचार उत्पन्न करना जो जीवनपर्यंत अधिगम में सहायक हो।

प्रौद्योगिकी उत्पादकता उपकरण

1. छात्र प्रौद्योगिकी उपकरणों का उपयोग अधिगम अभिवृद्धि में उत्पादकता बढ़ाने में और सृजनात्मक का प्रोत्साहन में करे।

2. छात्र उत्पादकता उपकरणों का उपयोग प्रौद्योगिकी वृद्धि वाले मॉडल निर्माण में, प्रकाशन में और दूसरे सृजनात्मक कार्य उत्पादित करने में करें।

18.11 कम्प्यूटर साक्षरता तथा स्कूली शिक्षा
(Computer Literacy and Studies in Schools)

क्लास परियोजना का प्रारंभः कम्प्यूटर साक्षरता को सन् 1980 के मध्य से ही विशेष उपयोगी समझा जा रहा है। क्लास (Computer Literacy and Studies in

Schools) कार्यक्रम संयुक्त रूप से सूचना प्रौद्योगिकी मंत्रालय (तत्कालीन इलेक्ट्रॉनिक्स विभाग) एवं शिक्षा विभाग, मानव संसाधन विकास मंत्रालय द्वारा संयुक्त रूप से जारी किया गया था। इसका आंशिक प्रभाव ही रहा तथा परियोजना केवल 2,600 विद्यालयों तक सीमित रह गई। इसका कारण यह है कि कम्प्यूटर साक्षरता को पाठ्यक्रम का अनिवार्य हिस्सा नहीं समझा गया। शिक्षकों को यह अधिक फलदायक नहीं दिखा तथा पाठ्यचर्या आधारित शैक्षिक सॉफ्टवेयर भी उपलब्ध नहीं कराए गए।

संशोधित परियोजना: क्लास 2000

भारत सरकार की 1998 की सूचना प्रौद्योगिकी की कार्यान्वयन परियोजना में काफी संख्या में विद्यालयों में कम्प्यूटर प्रदान करने की संस्तुति की गई। इसके अनुवर्तन में मानव संसाधन विकास मंत्रालय अपना नया कार्यक्रम क्लास 2000 के नाम से प्रारम्भ किया।

इस परियोजना के मुख्यत: तीन तत्त्व हैं:

- 10,000 विद्यालयों में कम्प्यूटर साक्षरता प्रदान करना।
- 1,000 विद्यालयों में कम्प्यूटर-सहायता अधिगम प्रदान करना।
- 100 स्मार्ट विद्यालयों में कम्प्यूटर आधारित अधिगम प्रदान करना।

इसका अर्थ यह हुआ कि विद्यालयी कम्प्यूटरिंग के तीनों विकासात्मक चरण विभिन्न विद्यालयों में एकसाथ परस्पर अपवर्जक तत्त्वों के रूप में विद्यमान रहेंगे।

कम्प्यूटर तथा विद्यालय चुनौतियाँ

शिक्षा में सूचना प्रौद्योगिकी के प्रयोग के अधिगम के अधोरेखित कुछ मुख्य सामान्य सिद्धांत हैं जो शिक्षकों को चुनौती देते हैं। ये निम्नलिखित हैं:

- सीखने की प्रक्रिया को उन्नत करने के लिए रूपरेखा बनाना।
- सूचना शिक्षण उद्देश्यों तथा शिक्षाशास्त्र की सहभागिता तक पहुँच।
- अध्यापकों एवं प्राचार्यों के लिए व्यावसायिक विकास के अवसरों तक पहुँच।
- मूल्यों द्वारा संचालित न कि प्रौद्योगिकी संचालित अभिवृत्तियों का विकास।

18.12 भारत में सुपर कम्प्यूटर का विकास (Development of Super Computer in India)

भारत में प्रथम सुपर कम्प्यूटर क्रे-एक्स-MP/16 1987 में अमेरिका से आयात किया गया था। इसे नई दिल्ली के मौसम केन्द्र में स्थापित किया गया था। भारत में सुपर कम्प्यूटर का युग 1980 के दशक में उस समय शुरू हुआ जब संयुक्त रज्य अमेरिका ने भारत को दूसरा सुपर कम्प्यूटर के-एक्स MP16 देने से इनकार कर दिया। भारत में पूणें में 1988 में सी-डैक (C-DAC) की स्थापना की गई जो कि भारत में सुपर कम्प्यूटर की तकनीक के प्रतिरखा अनुसंधान तथा विकास के लिए कार्य करता है। डी.आर.डी.ओ. ने PACE (Process for Aerodynamic Computations and Evaluation) विकसित किया है। पेस की गति अमेरिका सुपर कम्प्यूटर 'के' की गति के लगभग बराबर है। इससे पहले नेशनल एयरोनोटिक्स लि. (NAL) बंगलौर में भारत का प्रथम सुपर कम्प्यूटर 'फ्लोसॉल्वर' विकसित किया गया था। भारत के प्रथम स्वदेशी बहुउद्देश्यीय सुपर कम्प्यूटर 'परम' को सी-डैक पुणे में 1990 में विकसित किया गया। इसकी क्षमता एक गीगाफ्लॉप्स की है तथा

यह विश्व का सबसे लंबा कम्प्यूटर है। इसके अतिरिक्त भारत के कई संस्थानों में सुपर कम्प्यूटर का विकास किया गया है, जैसे बंगलौर के विज्ञान संस्थान द्वारा मल्टी माइक्रो, आई.आई.टी. मुंबई द्वारा 'मारव' तथा 'भाभा एटॉमिक रिसर्च सेंटर' ने भी एक सुपर कम्पयूटर तैयार किया है। भारत का अत्याधुनिक सुपर कम्प्यूटर 'परम 10000' है, जिसे सी-डैक ने विकसित किया है। परम-10000 की गति 100 गीगीफ्लॉप्स है अर्थात् यह एक सेकेंड में 1 खरब गणनाएँ कर सकता है। सी-डैक में टेराफ्लॉप्स क्षमता वाले सुपर कम्प्यूटर का विकास कार्य चल रहा है। सी-डैक ने सुपर कम्प्यूटर में उपयोग हेतु पारस (PARAS) नामक ऑपरेटिंग सिस्टम सॉफ्टवेयर विकसित किया है। इस सुपर कम्प्यूटर में ओपन फ्रेम डिजाइन का तरीका अपनाया गया है। इसके कई उपयोग हैं:

1. मौसम विज्ञान और भूकम्प विज्ञान आदि का पूर्वानुमान करना।
2. तेल एवं प्राकृतिक गैस में भंडारों का कम्प्यूटर मॉडल तैयार करना।
3. दूरसंवेदी आंकलन।
4. अस्पतालों को चिकित्सा संबंधी नवीनतम जानकारियाँ उपलब्ध कराना।
5. भौगोलिक सूचनाओं में संशोधन।
6. रक्षा क्षेत्र में प्रमुख कार्य निष्पादित करना तथा मिसाइल एवं वायुयानों का डिजाइन तैयार करना।
7. नाभिकीय अस्त्रों की परीक्षण संबंधी जानकारी प्राप्त करना।
8. उपग्रहों एवं एस.एल.वी. के डिजाइन बनाना तथा आई.आर.एस. से प्राप्त आँकड़ों का विश्लेषण।

18.13 उपसंहार: कम्प्यूटर प्रौद्योगिकी द्वारा शिक्षा में क्रांति (Summary: Revolution in Education by Computer Technology)

बहुसूचना माध्यमों, इंटरनेट तथा डिजिटल नेटवर्क जैसी प्रौद्योगिकी (तकनीकी) शिक्षा पर गहरी छाप छोड़ सकती है। इस क्षेत्र में कम्प्यूटर आधारित शिक्षा का भी बहुत महत्त्वपूर्ण स्थान है। बच्चों को उन्नत कौशल युक्त बनाने के लिए कम्प्यूटर सहायता-प्राप्त अधिगम आवश्यक है। इसके प्रयोग से बाल-केन्द्रित शैक्षिक क्षेत्रों के सपने पूरे होने की आशा है।

कम्प्यूटर सहायता-प्राप्त अधिगम में सीखने वाले के अधिगम कौशल को बढ़ाने के लिए शिक्षक और छात्र के बीच अन्योन्य क्रिया अधिक होती है। शिक्षक और छात्र वेबसाइट के साथ अधिगम वातावरण के साथ परिचित होते हैं। वेबसाइट अधिगम वातावरण छात्र को स्वतंत्र सीखने वाला बनाती है।

कम्प्यूटर सहायता-प्राप्त अधिगम एक सामान्य मंच उपलब्ध कराता है जहाँ शिक्षक और छात्र दोनों साथ बैठकर अधिगम वातावरण की खोज करते हैं।

कम्प्यूटर सहायता-प्राप्त अधिगम में शिक्षक अपने शिक्षण-अधिगम को बहुत प्रभावशाली बना सकता है। उदाहरण के तौर पर यदि कोई शिक्षक छात्रों को सूर्य के वैज्ञानिक सिद्धांतों के बारे में बताना चाहता है, तो वह नई प्रौद्योगिकी का प्रयोग कर उपरोक्त सिद्धान्तों को एनीमेटिड ग्राफिक के माध्यम से आसानी से ऐसा कर सकता है। अनेक ऐसे सॉफ्टवेयर उपलब्ध हैं जो इस समस्या को कम्प्यूटर की सहायता से हल कर सकते हैं, जिसे छात्र आसानी से समझ सकते हैं तथा अध्ययन में रूचि लेंगे।

एक शिक्षक मल्टीमीडिया कम्प्यूटरों का प्रयोग करके अपने व्याख्यान को अधिक प्रभावी बना सकता है। वह चित्र, ग्राफ, चार्ट आदि को आसानी से दिखा सकता है।

कम्प्यूटर तकनीक के प्रयोग से शिक्षक छात्रों के प्रश्न करने पर रूक सकता है, पीछे जा सकता है, आगे जा सकता है। सूक्ष्म में कह सकते हैं कि आवश्यकता के अनुरूप उनकी जिज्ञासा के अनुसार कम्प्यूटर सहायता-प्राप्त अधिगम में शिक्षक और छात्र 'वेबसाइट' के साथ अधिगम वातावरण के प्रति एक साथ परिचित होते हैं। 'वेबसाइट' अधिगम छात्र को एक स्वतंत्र सीखने वाला बनाती हैं।

कम्प्यूटर-प्रणाली के प्रयोग में शिक्षक और छात्र दोनों ही विषय की मूल अवधारणाओं की तलाश करते हैं।

कम्प्यूटर द्वारा उच्च कोटि की शैक्षणिक सामग्री प्रभावी शिक्षकों से ग्राफ द्वारा तैयार करवा कर उसकी सी.डी. बनाई जा सकती है जिस हजारों शिक्षक तथा लाखों छात्र अपने अध्ययन कार्यों में प्रयोग कर सकते हैं।

मोटे-तौर पर कम्प्यूटर का शिक्षा में उपयोग निम्न प्रकार से किया जाता है:

1. कम्प्यूटर आधारित अधिगम (Computer Based Learning)
2. ऑन लाइन शिक्षा (On Line Education) अर्थात् घर में बैठे-बिठाए देश-विदेश से शिक्षा प्राप्त करना।
3. शैक्षिक शोध कार्य (Educational Research Work)
4. शैक्षिक प्रशासनिक कार्य (Educational Administrative Work)
   (i) शुल्क आदि का इकट्ठा करना।
   (ii) परीक्षा फल का प्रबन्धन। (Management of Examination)
5. इन्टरनेट द्वारा पुस्तकालय सेवाएँ (Library Service Through Internet)
6. शैक्षिक परियोजनाएँ तैयार करना (Preparing Projects)
7. उपचारात्मक शिक्षण/अधिगम (Remedial Teaching Learning)
8. सूचनाएँ एकत्रित करना (Collecting Information)
9. शैक्षिक गेम्स (Educatinal Games)
10. छात्रों के विभिन्न प्रकार के अभिलेख रखना (Keeping Different Records of Students)
11. अध्यापकों के स्थानान्तरण तथा स्थायीकरण आदि अभिलेख रखना (Maintaining Teacher's Records of Transfer and Making them Permanent etc.)
12. शिक्षण-अधिगम प्रक्रिया व्यक्ति आधारित (Individualised) बन जाती है।

इकाई V
शिक्षण तकनीकी, अनुदेशन तकनीकी तथा व्यावहारिक तकनीकी
(TEACHING TECHNOLOGY, INSTRUCTIONAL TECHNOLOGY AND BEHAVIOURAL TECHNOLOGY)

19

शिक्षण तकनीकी
(Teaching Technology)

19.1 शिक्षण तकनीकी का अर्थ (Meaning of Teaching Technology)

शिक्षण तकनीकी शैक्षिक तकनीकी का वह महत्त्वपूर्ण अंग है जो शिक्षण कला को अधिक स्पष्ट, सरल, वस्तुनिष्ठ तथा वैज्ञानिक बनाती है। छात्रों और शिक्षकों में वैज्ञानिक दृष्टिकोण विकसित करती है, साथ ही यह शिक्षण की प्रक्रिया को अधिक प्रभावशाली, मनोवैज्ञानिक, व्यावहारिक तथा प्रयोगात्मक बनाती है जिससे छात्र, शिक्षक और समाज सभी लाभान्वित होते हैं।

जब मनोविज्ञान के सिद्धान्त (कैसे पढ़ाया जाये), समाजशास्त्र के सिद्धान्त (क्या पढ़ाया जाये) तथा दर्शनशास्त्र के सिद्धान्त (क्यों पढ़ाया जाये) मिलकर यह निर्धारित करते हैं कि प्रभावशाली शिक्षण कैसे किया जाये तभी शिक्षण तकनीकी का जन्म होता है।

शिक्षण तकनीकी की आवश्यकता: *ऑलीवर* (*Oliver, 1969*), *ब्राह्म (Braham, (1972)* तथा *Mitchell (1972)* ने इसी शिक्षण तकनीकी की आवश्यकता पर बल देते हुए कहा है कि आज के युग में ऐसी शिक्षण तकनीकी की आवश्यकता है जो शिक्षण प्रक्रिया को दिन-प्रतिदिन अधिक व्यवस्थित एवं संगठित बनाती जाए। बदलते हुए परिवेश में यह तकनीकी शिक्षक को उसके उत्तरदायित्व को निभाने में शिक्षा एवं शिक्षण को अधिक उपादेय तथा प्रभावशाली बनाने में मदद करने के लिए एक प्रमुख आधार स्तम्भ की भाँति कार्य करती है।

19.2 शिक्षण तकनीकी की विषय-वस्तु (Content of Teaching Technology)

डेविस (*Davies*) तथा *रॉबर्ट ग्लेसर* (*Robert Glaser, 1962*) ने शिक्षण तकन्नीकी की पाठ्य-वस्तु को निम्नलिखित चार भागों में विभाजित किया है:

1. शिक्षण का नियोजन (Planning): इसके अन्तर्गत शिक्षण पाठ्य-वस्तु का विश्लेषण, शिक्षण बिन्दु खोजना, उद्देश्यों को पहचानना तथा उन्हें उपयुक्त विधियों से लिखना सम्मिलित है।

2. शिक्षण की व्यवस्था (Organization): इसके अन्तर्गत शिक्षण विधियाँ तथा युक्तियाँ एवं प्रविधियाँ तथा शिक्षण सहायक सामग्री के चयन तथा प्रयोग से सम्बन्धित विषय सामग्री आती है।

3. शिक्षण का मार्गदर्शन (Leading): इस विषय के अन्तर्गत यह सामग्री आती है जिससे शिक्षक को यह बताया जाता है कि कक्षा के अन्दर किस प्रकार से सीखने के लिए छात्रों में प्रेरणा उत्पन्न की जाये और कैसे उनकी रूचि को शिक्षण के प्रति पूरे घण्टे/कालांश (Period) तक बनाये रखा जाये।

4. शिक्षण का नियंत्रण (Controlling): शिक्षण तकनीकी का यह वर्ग, यह देखता है कि सीखने के उद्देश्यों को किस सीमा तक प्राप्त किया गया है। अतः इस भाग के अन्तर्गत मापन एवं मूल्यांकन विषय का अध्ययन किया जाता है। मूल्यांकन के आधार पर शिक्षण सोपानों में वांछित परितवर्तन भी किया जाता है।

शर्मा, कुलश्रेष्ठ तथा मिश्रा (1980) ने शिक्षण तकनीकी के अन्तर्गत निम्नांकित विषय-वस्तु का उल्लेख किया है:

1. शिक्षण नियोजन (Planning Teaching)
2. शिक्षण व्यवस्था (Organizing Teaching)
3. शिक्षण मार्गदर्शन (Leading Teaching)
4. शिक्षण नियन्त्रण (Controlling Teaching)
5. शिक्षण प्रतिमान तथा सिद्धान्त (Teaching Model and Theories)
6. शिक्षण उपागम, युक्तियाँ, प्रविधियाँ (Teaching Approaches, Strategies and Techniques)
7. शिक्षण में नवीन धारणाएँ (Innovations in Teaching)
8. सीखने के सिद्धान्त (Principles of Teaching)
9. शिक्षण प्रक्रिया तथा शिक्षण छात्र सम्बन्ध (Teaching Process and Teaching Students Relation)
10. स्मृति स्तर से चिन्तन स्तर तक का शिक्षण (From Memorisation to Reflection)
11. अन्तःक्रिया विश्लेषण (Interaction Analysis)
12. शिक्षक व्यवहार परिमार्जन (Improving Teaching Behaviour)
13. शिक्षण प्रयोग (Experimental Projects)
14. पाठ योजनाओं का निर्माण (Construction of Lesson Plans)

19.3 शिक्षण तकनीकी से लाभ (Merits of Teaching Technology)

1. शिक्षण तकनीकी ज्ञानात्मक, प्रभावात्मक तथा मनोगत्यात्मक (Cognitive, Affective and Psychomotor) पक्षों के अध्ययन में सहायता देती है।

2. शिक्षण तकनीकी के माध्यम से शिक्षण के दो प्रमुख तत्त्वों–पाठ्य-वस्तु तथा कक्षा-सम्प्रेषण में उपयुक्त सम्बन्ध स्थापित किया जाता है।

3. शिक्षण-प्रक्रिया को उन्नतशील बनाने के लिए शिक्षण तकनीकी के माध्यम से सामाजिक, दार्शनिक, मनोवैज्ञानिक तथा वैज्ञानिक ज्ञान का व्यावहारिक उपयोग किया जाता है।

4. शिक्षण तकनीकी, कक्षा व्यवहार के निरीक्षण, विश्लेषण, व्याख्या, मूल्यांकन एवं सुधार के लिए उचित प्रयास करती है।

5. शिक्षण तकनीकी हमें नवीन तथा अधिक उपादेय एवं सुगठित शिक्षण सिद्धान्तों (Teaching Theories) तथा शिक्षण प्रतिमानों (Teaching Models) के निर्माण हेतु प्रेरित करती है।

6. शिक्षण तकनीकी, शिक्षण के नियोजन, व्यवस्था, मार्गदर्शन तथा नियन्त्रण में तारतम्य स्थापित करती है।

7. शिक्षण तकनीकी शिक्षण को अधिक व्यावहारिक तथा प्रयोगात्मक विषय बनाने के लिए दिशा-निर्देश प्रदान करती है।

8. शिक्षण तकनीकी के माध्यम से शिक्षण की प्रक्रिया को (स्मृति स्तर से लेकर चिन्तन स्तर तक) अधिक प्रभावशाली बनाया जाता है।

9. शिक्षण तकनीकी, शिक्षक को उचित शिक्षण नीतियाँ, शिक्षण विधियाँ तथा शिक्षण युक्तियाँ अपनाने के लिए प्रेरित करती है।

10. यह शिक्षकों को अपने छात्रों के व्यवहारों को नियन्त्रित करना सिखाती है साथ ही उन्हें आवश्यकतानुसार परिमार्जित भी करती है।

11. शिक्षण में विभिन्न उपागमों के माध्यम से शिक्षण कौशल विकसित किये जा सकते हैं।

12. शिक्षण तकनीकी शिक्षण अधिगम को छात्र-प्रधान (Student Centred) प्रक्रिया बनाती है।

13. शिक्षा तकनीकी से शिक्षक कक्षा में एक व्यवस्थापक के रूप में कार्य करता है।

14. शिक्षण का एक क्रिया (Phenomenon) के रूप में अध्ययन किया जा सकता है।

15. शिक्षण तकनीकी द्वारा सृजनात्मक (Creative) छात्र बनाये जा सकते हैं।

19.4 शैक्षिक तकनीकी तथा शिक्षण तकनीकी (Educational Technology and Teaching Technology)

शैक्षिक तकनीकी व्यापक शैक्षिक तकनीकी प्रणाली की एक उप-प्रणाली है। शैक्षिक तकनीकी व्यापक है। वह सम्पूर्ण शिक्षा जगत से सम्बन्ध रखती है, जबकि शिक्षण तकनीकी शिक्षक के कक्षा शिक्षण सम्बन्धी कार्यों व विभिन्न क्रियाओं तक ही सीमित है। शिक्षण एक कला एवं विज्ञान दोनों ही है। शिक्षण के कौशल को अधिक निखार लाने, अधिक प्रभावशाली, विश्वसनीय और वस्तुनिष्ठ बनाने के लिए सामान्य दार्शनिक व मनोवैज्ञानिक सिद्धान्तों, विधियों, सामग्री आदि का प्रयोग करते हैं। शिक्षण तकनीकी ही अधिगम उद्देश्यों को प्रभावशाली बनाने के लिए इन सभी नियमों, सिद्धान्तों, विधियों एवं सामग्री आदि का उचित चयन, नियोजन, आयोजन या संगठन, नियन्त्रण एवं मूल्याँकन करती है अर्थात् शिक्षण तकनीकी शिक्षक कार्य को आवश्यक सैद्धान्तिक और क्रियात्मक

आधार प्रदान कर अधिक से अधिक प्रगति की ओर ले जाने का कार्य करती है और शैक्षिक तकनीकी उपरोक्त सभी नियमों, सिद्धान्तों, विधियों, सामग्री आदि सभी तत्त्वों से सम्बन्धित नवीन खोजों, अन्वेषणों एवं अनुसन्धान कार्य आदि की व्यवस्था करती है जिससे समयानुसार नवीन से नवीन शिक्षण पद्धति शिक्षा के विकास कार्य के लिए प्रयोग में लाई जा सके तथा शिक्षण तकनीकी को शिक्षण के स्मृति-स्तर (Memory level) से लेकर बोध-स्तर (Understanding level) और चिन्तन स्तर (Reflective level) तक पहुँचाया जा सके और शिक्षा के ज्ञानात्मक, भावात्मक एवं क्रियात्मक (Cognitive, Affective and Psycho-motor Objectives) उद्देश्यों को भली-भाँति प्राप्त किया जा सके।

19.5 प्रभावी शिक्षण तकनीकी के आधारभूत तत्त्व (Basic Elements of Successful Teaching Technology)

चार्ट 19.1 देखें।

19.6 शिक्षण व्यूहरचना (Teaching Strategy)

19.7 शिक्षण व्यूह-रचना का अर्थ (Meaning of Teaching Strategy)

स्टोन्स और मॉरिस के अनुसार, शिक्षण की व्यूह-रचना शिक्षण का एक ऐसा प्रारूप है जिसमें अपेक्षित व्यवहार परिवर्तन की संरचना शिक्षण के उद्देश्यों के सन्दर्भ में शामिल की जाती है तथा उसे कार्यान्वित करने के लिए आवश्यक सूक्तियों की रूपरेखा उसमें सम्मिलित की जाती है। इस व्यूह-रचना में वे सभी क्रिया-क्लाप आ जाते हैं जो सुनियोजित होते हैं तथा मिलकर ऐसा साधन प्रस्तुत करते हैं जिससे शैक्षिक उद्देश्यों को प्राप्त करने में सुविधा मिलती है। दूसरे, शब्दों में शिक्षण व्यूह-रचना शैक्षिक क्रियाकलापों का एक समुच्चय या समग्र है।

स्ट्रेटेजी (Strategy) का शाब्दिक अर्थ युद्ध की ऐसी व्यूह-रचना से है जिसके क्रियान्वयन से सेना के विभिन्न अंगों को किसी विशेष उद्देश्य की प्राप्ति के लिए यथास्थान नियुक्त किया जाता है। शिक्षण के क्षेत्र में शिक्षण-व्यूह का अर्थ उस कार्यविधि (Line of Action) से है जिसो अनुसरण करके शिक्षण के उद्देश्यों को प्राप्त किया जाता है।

19.8 शिक्षण व्यूह-रचना को प्रभावित करने वाले कारक (Factors Influencing Teaching Strategy)

1	2	3	4	5	6
शिक्षा-संस्था का शैक्षिक दर्शन	अधिगम के उद्देश्य	शिक्षक द्वारा मान्य अधिगम के सिद्धान्त	व्यूह-रचना द्वारा सम्पन्न किया जाने वाला कार्य	निरीक्षण तथा प्रतिपुष्टि की योजनाएँ	प्रतिपुष्टि के सन्दर्भ में व्यूह-रचना में परिवर्तन एवं सुधार की सम्भावनाएँ

चार्ट 19.1: प्रभावी शिक्षण तकनीकी के आधारभूत तत्त्व
(Basic Elements of Successful Teaching Technology)

1	2	3	4	5	6	7	8	9
किसने	**किसे**	**क्यों**	**कहाँ**	**क्या**	**कैसे**	**कब**	**कौन-सी**	**कितना**
पढ़ाना है? अध्यापक ने। अत: उसे अपनी क्षमताओं तथा सीमाओं को जानना होगा।	पढ़ाना है? छात्रों को। अत: उसे अपने छात्रों की विभिन्नताओं, क्षमताओं तथा सीमाओं को समझना होगा।	पढ़ाना है? अध्यापक पढ़ाने के लक्ष्यों को अच्छी प्रकार समझे।	पढ़ाना है? स्कूल में अत: स्कूल के अर्थ को अच्छी प्रकार समझ लेना चाहिए।	पढ़ाना है? विभिन्न विषयों को पढ़ाना है। इसलिए अध्यापक अपने विषयों के बारे में पूरी जानकारी तथा दक्षता रखें।	पढ़ना है? इसका सम्बन्ध पढ़ाने की विभिन्न पद्धतियों तथा युक्तियों आदि से है। अध्यापक को इनसे भली-भाँति परचित होना चाहिए।	पढ़ाना है? इसका सम्बन्ध छात्रों में पढ़ने के प्रति प्रेरणा तथा उत्साह बढ़ाने से है।	सहायक सामग्री पढ़ाने की विषय-वस्तु को कैसे रूचिकर तथा प्रभावी बनाया जा सकता है इसका सम्बन्ध शिक्षण सहायक सामग्री के उचित प्रयोग से है तथा प्रशन आदि से भी।	प्रभावी शिक्षण है? पढ़ाने का मूल्यांकन कैसे करता है? इसका सम्बन्ध छात्रों के मूल्यांकन से है।

19.9 शिक्षण व्यूह-रचना (Teaching Strategy), शिक्षण-विधि (Teaching Method) तथा शिक्षण युक्ति (Teaching Tactics)

शिक्षण व्यूह-रचना एक विस्तृत अवधारणा है। इसके अन्तर्गत शिक्षण-विधि तथा शिक्षण युक्ति सम्मिलित हैं। शिक्षण विधि में इसी बात की ओर ध्यान दिया जाता है कि पाठ्य-वस्तु का प्रस्तुतीकरण किस प्रकार से किया जाता है। दूसरी ओर शिक्षण व्यूह-रचना में पाठ्य-वस्तु, शिक्षण के उद्देश्य, छात्रों के व्यवहार, उनकी क्षमताओं, रूचियों, आवश्यकताओं, मानसिक स्तर आदि सभी पक्षों पर ध्यान दिया जाता है। *डेवीज* के विचार में शिक्षण व्यूह-रचना, शिक्षण-विधियों की तुलना में अधिक व्यापक होती है।

शिक्षण युक्तियों से अभिप्राय शिक्षकों की उन सभी क्रियाओं से है जो वह शिक्षण व्यूह-रचना के समुचित विकास और शिक्षण-विधियों को क्रियान्वित करने के लिए करता है। शैक्षिक युक्तियाँ शाब्दिक तथा अशाब्दिक दोनों ही प्रकार की हो सकती हैं। एक शिक्षण-विधि में अनेक शिक्षण युक्तियों का प्रयोग किया जाता है।

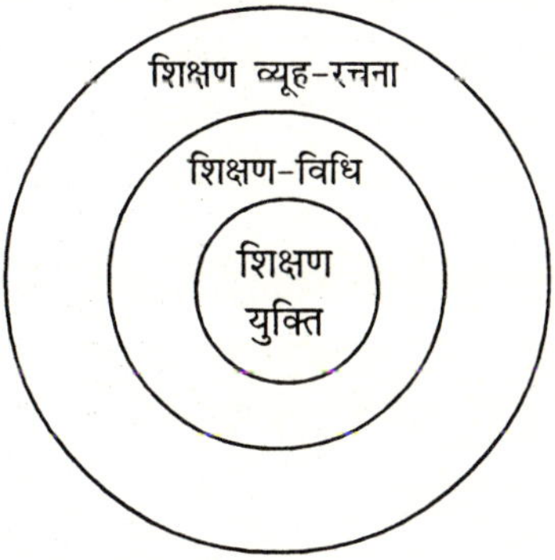

चित्र 19.1: शिक्षण व्यूह-रचना, शिक्षण-विधि तथा शिक्षण युक्ति का सम्बन्ध

शिक्षण व्यूह-रचना तथा शिक्षण-विधि में अन्तर

1. शिक्षण व्यूह-रचना में शैक्षिक उद्देश्यों को महत्त्व दिया जाता है, जबकि शिक्षण-विधि में पाठ्य-वस्तु के प्रस्तुतीकरण को।

2. शिक्षण व्यूह-रचना में व्यवहारों तथा उद्देश्यों पर विशेष ध्यान दिया जाता है, जबकि शिक्षण-पद्धतियों में कार्य तथा प्रस्तुतीकरण को।

3. शिक्षण व्यूह-रचनाओं में सूक्ष्म उपागम/आयाम (Micro-Approach) पर बल दिया जाता है। दूसरी ओर शिक्षण-विधियों में सम्पूर्ण उपागम/आयाम (Macro-Approach) पर।

4. शिक्षण व्यूह-रचना में शिक्षण को विज्ञान माना जाता है, जबकि शिक्षण-विधि को कला।

5. शिक्षण व्यूह-रचना का मानदण्ड शैक्षिक उद्देश्यों की प्राप्ति है, जबकि शिक्षण-विधियों का मानदण्ड पाठ्य-वस्तु का स्वामित्व माना जाता है।

6. शिक्षण व्यूह-रचना का लक्ष्य समुचित अधिगम परिस्थितियों को उत्पन्न करना है, जबकि शिक्षण-विधियों का लक्ष्य प्रभावशाली प्रस्तुतीकरण करना है।

7. शिक्षण व्यूह-रचना को आधुनिक मानव व्यवस्था सिद्धान्त (Modern Human Organizaton Theory) की देन मानते हैं तथा शिक्षण-विधियों को परम्परागत मानव व्यवस्था सिद्धान्त (Traditional Human Organization Theory)

8. एक शिक्षण व्यूह-रचना में कई शिक्षण-विधियाँ हो सकती हैं, परन्तु शिक्षण-विधि में कोई शिक्षण व्यूह-रचना नहीं हो सकती है।

शिक्षण व्यूह-रचना तथा शिक्षण युक्ति में इस प्रकार भेद किया जाता है। एक शिक्षक व्याख्यान शिक्षण व्यूह-रचना में अनेक युक्तियों का प्रयोग कर सकता है।

19.10 शिक्षण व्यूह-रचना के आधारभूत तत्त्व (Basic Elements of Affective Teaching Strategy)

1	2	3	4	5
गत्यात्मक शिक्षण-विधियों का चयन करना	आत्म-अनुशासन तथा सामाजिक अनुशासन को प्रोत्साहित करना	सहयोग के वातावरण का निर्माण करना	प्रयोगात्मक अभिवृत्ति का विकास करना	मूल्यांकन के नवीन सम्प्रत्ययों को अपनाना

19.11 शिक्षण व्यूह-रचना के प्रकार (Types of Teaching Strategies)

शिक्षण व्यूह-रचना के प्रकारों का वर्गीकरण कई प्रकार से किया जा सकता है, परन्तु यहाँ मुख्य प्रकारों का ही उल्लेख किया जा रहा है।

शिक्षण व्यूह-रचना का वर्गीकरण

चार्ट 19.2 देखें।

19.12 शिक्षण के कुछ प्रकारों का संक्षिप्त विवरण (A Brief Description of Some Types of Teaching)

1. उद्देश्यों के आधार पर शिक्षण: उद्देश्यों के आधार पर शिक्षण तीन प्रकार का हो सकता है–

(i) *ज्ञानात्मक शिक्षण*: इस शिक्षण का मुख्य उद्देश्य ज्ञानात्मक पक्ष अथवा व्यवहार (ज्ञान, समझ, प्रयोग, विश्लेषण, संश्लेषण और मूल्यांकन आदि) को विकसित एवं पुष्ट करना होता है।

(ii) *भावात्मक शिक्षण*: इसमें भावात्मक पक्ष को विकसित करने को प्रमुखता दी जाती है। भावात्मक एवं संवेगात्मक शक्तियों एवं व्यवहारों का उन्नयन, परिमार्जन आदि शिक्षण की प्रक्रिया का प्रमुख अंग बन जाता है।

(iii) *क्रियात्मक शिक्षण*: इस प्रकार के शिक्षण में व्यवहार-परिवर्तन की ओर विशेष ध्यान दिया जाता है। इस प्रकार के शिक्षण में किसी कौशल को या किसी कार्य को करने की विशिष्ट विधि को सिखाने की ओर बल दिया जाता है।

चार्ट 19.2: शिक्षण व्यूह-रचना का वर्गीकरण

एकतन्त्रीय शिक्षण व्यूह-रचनाएँ
(Autocratic Teaching Strategies)

1. व्याख्यान व्यूह-रचना (Lecture Strategy)
2. पाठ-प्रदर्शन व्यूह-रचना (Lesson Demonstration Strategy)
3. अनुवर्ग व्यूह-रचना (Tutorial Strategy)
4. अभिक्रमित अनुदेशन व्यूह-रचना (Programmed Instruction Strategy)

लोकतान्त्रिक शिक्षण व्यूह-रचनाएँ
(Democratic Teaching Strategies)

1. परिचर्या व्यूह-रचना (Discussion Strategy)
2. प्रायोजन शिक्षण व्यूह-रचना (Project Teaching Strategy)
3. अन्वेषण शिक्षण व्यूह-रचना (Heuristic Teaching Strategy)
4. दत्त कार्य व्यूह-रचना (Assignment Strategy)
5. मस्तिष्क उद्वेलन व्यूह-रचना (Brain Storming Strategy)
6. प्रश्नोत्तर व्यूह-रचना (Question–Answer Strategy)
7. खोज व्यूह-रचना (Discovery Strategy)
8. अनुरूपता अथवा अनुकरणीय व्यूह रचनाएँ (Role Playing or Simulation Strategies)
9. संभागिता अनुभव (Participatory Experience)
10. समीक्षा (Review)
11. गृह-कार्य (Home Assignment)
12. कम्प्यूटर द्वारा अनुदेशन (Computer Aided Instruction)
13. स्वतन्त्र अध्ययन (Independent Study)
14. पथ-प्रदर्शकविहीन समूह (Leaderless Group)

2. शिक्षण की क्रिया की दृष्टि से: शिक्षण एक गत्यात्मक संप्रत्यय एवं प्रक्रिया है तथा शिक्षण के समय अनेक प्रकार की क्रियाएँ होती हैं। इन क्रियाओं के आधार पर शिक्षण निम्नलिखित तीन प्रकार का हो सकता है:

(i) *बतलाना:* शिक्षण के इस प्रकार के अन्तर्गत किसी संप्रत्यय, सिद्धान्त, विषय या वस्तु के बारे में बताना आदि आता है।

(ii) *दिखाना या प्रदर्शन करना:* किसी कार्य, प्रक्रिया या कौशल को करके दिखाना प्रदर्शनात्मक शिक्षण के अन्तर्गत आता है।

(iii) *कार्य करना:* शिक्षण के इस रूप में कौशलों एवं क्रियात्मक पक्ष के विकास को प्रमुखता दी जाती है।

3. शिक्षण के स्तरों की दृष्टि से: शिक्षण एक अविच्छिन्न एवं सातत्ययुक्त प्रक्रिया है। यह प्रक्रिया किसी व्यक्ति में विभिन्न मानसिक स्तरों पर समान हो सकती है। उदाहरणस्वरूप, शिक्षण की प्रक्रिया विचारहीनता के निम्न स्तर से चलकर तर्क के विचारपूर्ण स्तर तक पहुँच सकती है। इस आधार पर शिक्षण तीन प्रकार का हो सकता है।

(i) *स्मृति स्तर का शिक्षण*: इस प्रकार के शिक्षण में केवल इस बात का प्रयास किया जाता है कि दी गई सूचनाओं को अच्छी तरह याद रखा जा सके।

(ii) *बोध स्तर का शिक्षण*: इस प्रकार के शिक्षण में यह प्रयास किया जाता है कि केवल किसी तथ्य को याद न रखा जाये अपितु उसे समझ भी लिया जाये अर्थात् संप्रत्ययों का अर्थ, उनमें अन्तर्निहित विचार, उनकी प्रकृति आदि को अच्छी प्रकार ग्रहण किया जाये।

(iii) *चिन्तन स्तर का शिक्षण*: इस प्रकार के शिक्षण में रटने या समझने तक ही इसे सीमित नहीं रखा जाता अपितु इस बात की चेष्टा की जाती है कि जिज्ञासा, रुचि, अनुसन्धान, धैर्य आदि का भी विकास हो ताकि किसी समस्या को वैज्ञानिक दृष्टि से समझा जा सके और तर्कपूर्ण ढंग से सुलझाया जा सके।

4. शासन और प्रशासन के अनुसार: देश की शासन-प्रणाली अथवा शिक्षा-व्यवस्था ीक प्रणाली का शिक्षण के स्वरूप पर अत्यधिक प्रभाव पड़ता है। जिस प्रकार की प्रशासनिक प्रणाली में शिक्षण दिया जाता है, यह उसी प्रकार का रूप धारण कर लेता है। प्रशासन के आधार पर शिक्षण सामान्यतया तीन प्रकार का हो सकता है–

(i) *एकतान्त्रिक शिक्षण अथवा तानाशाही शिक्षण*: जिस प्रकार एकतन्त्र शासन-प्रणाली में सभी को राजा या तानाशाह की आज्ञा का पालन करना अनिवार्य होता है, उसी प्रकार इस शिक्षण में शिक्षक की इच्छानुसार ही छात्रों को चलना पड़ता है और इसमें उसी की प्रधानता रहती है। छात्रों का स्थान गौण होता है। शिक्षण के समय छात्र एक मौन श्रोता के रूप में बैठा रहता है और शिक्षक अधिक सक्रिय रहता है।

(ii) *प्रजातान्त्रिक शिक्षण*: यह शिक्षण मानवीय सम्बन्धों, व्यवस्था, सिद्धान्तों आदि पर आधारित रहता है। इसमें छात्रों को अपनी रूचि, योग्यता आदि के अनुसार ही सीखने के लिए प्रोत्साहित किया जाता है। इसमें शिक्षक और छात्र को अधिक-से-अधिक पारम्परिक अन्तःक्रियाएँ करने की छूट दी जाती है। शिक्षक एक मित्र, निर्देशक अथवा पथ-प्रदर्शक के रूप में कार्य करता है। छात्र एवं शिक्षक दोनों ही मिलकर समस्याओं का समाधान सामूहिक रूप से परस्पर अन्तःक्रिया के सहारे करते हैं।

(iii) *हस्तक्षेप-रहित शिक्षण अथवा मुक्त शिक्षण*: इसमें छात्र को अत्यधिक महत्त्व दिया जाता है। शिक्षण में शिक्षण में शिक्षक की अपेक्षा छात्र अधिक सक्रिय रहते हैं। शिक्षक का कार्य एक ऐसी अपूर्ण अथवा बाधायुक्त परिस्थिति को प्रस्तुत करना है जिसे छात्र पूर्ण कर सकें और बाधाओं को दूर कर लक्ष्य तक पहुँच सकें। छात्रों को सर्जनात्मक क्षमताओं के विकास के लिए अधिक अवसर दिया जाता है। इस शिक्षण में छात्र को क्या सीखना है, क्या करना है तथा कैसे करना है, यह छात्र पर ही छोड़ दिया जाता है अर्थात् प्रत्येक छात्र को अपने ढंग से सोचने, समझने और सीखने की पूरी स्वतन्त्रता रहती है।

5. शिक्षण की व्यवस्था की दृष्टि से: व्यवस्था की दृष्टि से शिक्षण तीन प्रकार का हो सकता है:

(i) *औपचारिक शिक्षण*: इसमें शिक्षण सोद्देश्यपूर्ण होता है। शिक्षण आयु, समय एवं स्थान के अनुसार एक सुनिश्चित पाठ्यक्रम के आधार पर चलता है।

(ii) *अनौपचारिक शिक्षण*: इस प्रकार के शिक्षण का स्वरूप औपचारिक शिक्षण से भिन्न होता है। पाठ्यक्रम, समय, स्थान एवं आयु से बँधा हुआ नहीं होता। शिक्षण के पीछे कोई अभिप्राय या योजना भी नहीं होती। शिक्षण ग्रहण करने वाला भी अपने आप अनपेक्षित रीति से ज्ञान, विचार या कोई विश्वास ग्रहण कर लेता है।

(iii) *निरौपचारिक शिक्षण:* इसमें शिक्षण निश्चित उद्देश्यों के आधार पर संगठित किया जाता है, किन्तु इसमें किसी पाठ्यक्रम, समय, स्थान एवं आयु का बन्धन नहीं रहता।

19.13 शिक्षण से सम्बन्धित संप्रत्यय (Concepts Related to Teaching)

ग्रीन महोदय ने शिक्षण से सम्बन्धित इन संप्रत्ययों के अन्तर और सम्बन्धों को स्पष्ट करते हुए कहा है कि यदि यह सत्य है कि शिक्षण एक ऐसी प्रक्रिया है जिसका मुख्य उद्देश्य बुद्धि की अभिव्यक्ति को विकसित करना है, तब अनुदेशन इस दृष्टि से उसके बहुत नजदीक है और प्रतिपादन उससे दूर। शिक्षण के इन विभिन्न रूपों के सम्बन्धों को चित्रात्मक ढंग से ग्रीन के अनुसार अंकित चित्र 19.2 द्वारा प्रस्तुत किया जा सकता है।

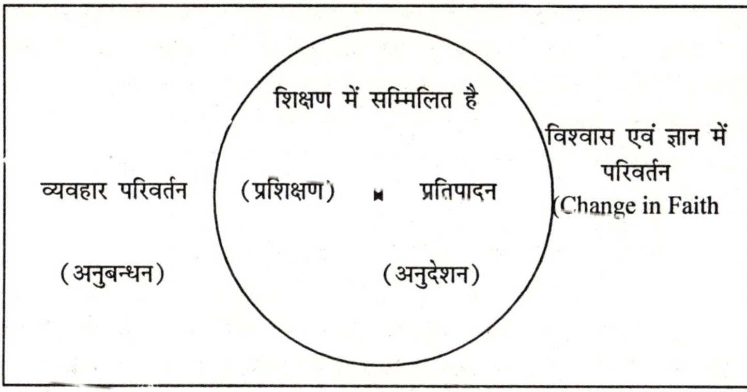

चित्र 19.2: शिक्षण के विभिन्न धटको का परस्पर सम्बन्ध

ऊपर दिये गये विश्लेषण से यह स्पष्ट होता है कि शिक्षण के विभिन्न रूप अलग-अलग पहचाने जा सकते हैं, परन्तु उनमें एक प्रकार का पारिवारिक सादृश्य भी है। उन्हें हम एक अखण्ड एवं अविच्छिन्न (ब्वदजपदनउ) वृत्त की परिधि में विभिन्न स्थानों पर रख सकते हैं। उनको विभिन्न स्थितियों पर रखने के पीछे यह अभिप्राय है कि वे कितनी मात्रा में बुद्धि की अभिव्यक्ति अथवा तर्क के उपयोग का सहारा लेते हैं–बुद्धि की अभिव्यक्ति व्यवहार में हो या विश्वास में। इस विश्लेषण से हमारा तात्पर्य यही है कि हम यह तर्क दें कि अनुबन्धन या प्रतिपादन, शिक्षण का रूप नहीं है। यहाँ केवल यही स्पष्ट करना है कि ये कभी शिक्षण का रूप ग्रहण करते हैं और कभी नहीं। यहाँ हमारा तात्पर्य यह भी नहीं है कि हम शिक्षण के रूपों में एकदम स्पष्ट विभेद करते हैं। हमारा उद्देश्य इतना ही है कि हम यह समझें कि ये कि शिक्षण असफल रहा? सम्भवत: यह सोचना उचित नहीं है। ऐसी दशा में हमें यह जानने की आवश्यकता होगी कि उसने इस तथ्य को क्यों स्वीकार नहीं किया? यह सम्भव है कि उस छात्र के पास शिक्षक से अधिक उचित तर्क हों। वह यह कह सकता है कि मैं यह मानता हूँ कि कोलम्बस ने अमेरिका की खोज की। इसके लिए अनेक प्रमाण हैं, परन्तु यह भी सत्य है कि कोलम्बस के पहले भी किसी यूरोपवासी ने अमेरिका की धरती पर पैर रखा। कोलम्बस की यात्रा के पहले कई स्काडेनेवियन यात्रियों ने अमेरिका की यात्राएँ की जिसके अनेक प्रमाण हैं। यह बात दूसरी है कि उनकी यात्राओं का ऐतिहासिक दृष्टि से कोई दूरगामी प्रभाव नहीं पड़ा। यदि आप ऐतिहासिक परिणामों को ही महत्त्व देते हैं

तब तो आपकी यह बात सत्य है कि कोलम्बस ने अमेरिका की खोज की, परन्तु बात यदि अमेरिका पहले पहुँचने और उसे खोजने की है, तब शिक्षक की कही हुई बात ठीक नहीं है। इस प्रकार का तर्कयुक्त उत्तर शिक्षक को चौंका सकता है, परन्तु यह शिक्षण की असफलता का संकेत नहीं है, अपितु यह शिक्षण की सफलता का सूचक है। यदि शिक्षक का उद्देश्य छात्रों के मन और मस्तिष्क में केवल इस विश्वास का प्रतिपादन करना होता कि "अमेरिका की खोज कोलम्बस ने की", तब छात्र का यह उत्तर प्रतिपादन की असफलता का स्पष्ट सूचक है क्योंकि प्रतिपादन की क्रिया में हम छात्र को केवल सही उत्तर बता देना मात्र ही अपना उद्देश्य समझते हैं। सही उत्तर के पीछे सही तर्क या अच्छे तर्क हैं, यह नहीं बताते। इसके विपरीत शिक्षण एक ऐसी प्रक्रिया है जिसमें मुख्य उद्देश्य केवल सही उत्तर तक पहुँचना न होकर एक ऐसे उत्तर तक पहुँचना होता है जिसकी आधारशिला तर्कयुक्त हो। यदि हम गहराई से सोचें तब हम पायेंगे कि अनेक शिक्षक, शिक्षण करते समय छात्रों को सही उत्तर तक पहुँचाने का प्रयास तो करते हैं, परन्तु वे सही उत्तर तक पहुँचने के लिए तर्क एवं युक्ति को नहीं समझते ऐसे शिक्षक शिक्षण के स्थान पर प्रतिपादन में ही लगे हुए कहे जा सकते हैं।

संप्रत्यय क्यों एक-दूसरे से घुले-मिले हैं और क्यों इनको कभी-कभी पर्यायवाची या समानार्थी समझ लिया जाता है।

19.14 शिक्षण तथा प्रशिक्षण (Teaching and Training)

छात्रों के व्यवहारों में परिवर्तन, परिमार्जन, परिष्करण तथा सुधार लाना तथा उनके व्यवहारों में सुनिश्चितता लाना शिक्षण का एक महत्त्वपूर्ण उद्देश्य होता है। प्रशिक्षण का मुख्य उद्देश्य प्रशिक्षणार्थियों में परिवर्तन लाकर वांछित कौशलों तथा दक्षताओं को विकसित करना है।

शिक्षण किसी भी तथ्य अथवा वस्तु के सैद्धान्तिक पक्षों तथा ज्ञान के प्रतिपादन से सम्बन्धित होता है। प्रशिक्षण का सीधा तथा स्पष्ट सम्बन्ध व्यवहार परिवर्तन तथा दक्षता विकास से होता है।

शिक्षण ज्ञान प्रदान करता है तथा प्रशिक्षण उसे आगे मार्ग दर्शाकर कौशल उत्पन्न करने पर ध्यान देता है।

शिक्षण एक प्रकार से पूँजी एकत्रित करने का कार्य करता है और प्रशिक्षण उस पूँजी के प्रभावी निवेश करने में दक्षता एवं कौशल विकसित करता है।

शिक्षण कार्य सम्पन्न करने के लिए आधार प्रदान करता है तथा प्रशिक्षण उस आधार पर ठोस भवन का निर्माण करता है।

शिक्षण प्रशिक्षण के लिए मार्ग प्रशस्त करता है और प्रशिक्षण शिक्षण का प्रभाव उपयोग करता है।

ग्रीन महोदय ने शिक्षण तथा प्रशिक्षण के अर्थ को इस प्रकार स्पष्ट किया है, "वांछित व्यवहार के प्रशिक्षण में बुद्धि के प्रकटीकरण की मात्रा का अनुपात जितना अधिक होगा उतनी सरलता से शिक्षण और प्रशिक्षण को एक-दूसरे के स्थान पर प्रयुक्त किया जा सकता है। वांछित व्यवहार में जिस अनुपात में बुद्धि का प्रकटीकरण नहीं होता है, उस अनुपात में हम प्रशिक्षण पद का प्रयोग कर सकते हैं, परन्तु शिक्षण का नहीं।"

19.15 शिक्षण तथा अनुदेशन (Teaching and Instruction)

शिक्षण तथा अनुदेशन में बहुत घनिष्ठ सम्बन्ध है, किन्तु ये दोनों पर्यायवाची या एक ही अर्थ में प्रयुक्त नहीं होते हैं।

शिक्षण विभिन्न क्रियाओं की एक ऐसी व्यवस्था है जो पूर्व निर्धारित लक्ष्य केन्द्रित होती है। इन लक्ष्यों की प्राप्ति के लिए शिक्षक तथा छात्रों के मध्य अन्तःक्रिया सम्पन्न होती है। अनुदेशन भी वह क्रिया है जो छात्रों को किसी उद्देश्य की ओर प्रेरित करती है, परन्तु इसमें शिक्षण की भाँति शिक्षक तथा छात्रों में पारस्परिक अन्तःक्रिया सम्पन्न नहीं होती है।

अनुदेशन का उद्देश्य छात्र को किसी विचार, प्रक्रिया, प्रणाली या विषय के बारे में सम्बन्धित ज्ञान प्रदान करता है जबकि ज्ञान प्रदान करना शिक्षण के विभिन्न उद्देश्यों में से एक है।

हम यह कह सकते हैं कि शिक्षण में अनुदेशन निहित है, परन्तु मात्र अनुदेशन को शिक्षण नहीं कहा जा सकता है क्योंकि छात्र के व्यवहार में परिवर्तन लाना ही शिक्षण का उद्देश्य है।

व्यवहार तीन प्रकार का होता है—ज्ञानात्मक, भावात्मक तथा क्रियात्मक। शिक्षण प्रक्रिया में छात्रों के व्यवहार के इन तीनों पक्षों का विकास किया जाता है जबकि अनुदेशन द्वारा केवल ज्ञानात्मक पक्ष का विकास ही सम्भव हो सकता है।

इसके अतिरिक्त एक प्रक्रम के रूप में शिक्षण और अनुदेशन में बहुत ही स्पष्ट अन्तर है। शिक्षण की प्रक्रिया हमेशा छात्र और शिक्षक की उपस्थिति में परस्पर क्रिया के रूप में होती है अर्थात् छात्र के समक्ष शिक्षक उपस्थित रहता है, किन्तु अनुदेशन में शिक्षक की उपस्थिति अनिवार्य नहीं है। शिक्षक का स्थान एक अभिक्रम, शिक्षण-मशीन, कम्प्यूटर, रेडियो, टेलीविजन आदि ले सकते हैं। इस प्रकार जब कभी शिक्षण होगा तो उसमें अनुदेशन भी निहित होता है, किन्तु अनुदेशन में शिक्षण का निहित होना सर्वत्र सम्भव नहीं है।

शिक्षण एवं अनुदेशन में अन्तर
(Difference Between Teaching and Instruction)

शिक्षण	अनुदेशन
1. शिक्षण में अनुदेशन निहित होता है।	1. अनुदेशन में शिक्षण निहित नहीं है, परन्तु इसमें अधिगम निहित होता है।
2. शिक्षण में पारस्परिक अन्तःक्रिया प्रमुख है।	2. अनुदेशन में शिक्षण तथा छात्र के मध्य पारस्परिक अन्तःक्रिया नहीं होती है।
3. शिक्षण में छात्रों के तीनों पक्षों अर्थात् ज्ञानात्मक, कौशलात्मक तथा भावात्मक पक्षों का विकास किया जाता है।	3. अनुदेशन में केवल ज्ञानात्मक पक्ष का विकास किया जाता है।
4. शिक्षण पर सामाजिक, दार्शनिक, राजनैतिक, मनोवैज्ञानिक तथा वैज्ञानिक सिद्धान्तों का स्पष्ट प्रभाव पड़ता है।	4. अनुदेशन के सिद्धान्त मुख्यतः भौतिक विज्ञान के अदा, प्रदा तथा प्रक्रिया पर आधारित होते हैं।
5. शिक्षण के लिए शिक्षण का होना अनिवार्य है।	5. अनुदेशन में शिक्षक का होना अनिवार्य नहीं है। यह मशीनों के द्वारा भी दिया जा सकता है।
6. शिक्षण में अनुबन्धन, प्रशिक्षण, अनुदेशन तथा प्रतिपादन एक सतत् रूप में समावेशित होते हैं।	6. अनुदेशन के लिए प्रशिक्षण पूर्व आवश्यकता है।
7. शिक्षण स्मृति स्तर से चिन्तन स्तर तक किसी प्रकार का भी हो सकता है।	7. अनुदेशन में सोचने, विचार करने तथा सामान्यीकरण करने की योग्यता की आवश्यकता होती है।

20

अनुदेशन तकनीकी तथा व्यवहार तकनीक
(Instructional Technology and Behaviour Technology)

20.1 अनुदेशन तकनीकी (Instructional Technology)

अनुदेशन तकनीकी का अर्थ (Meaning of Instructional Technology): सामान्यतया शिक्षण तकनीकी तथा अनुदेशन तकनीकी में कोई अन्तर नहीं किया जाता। अनुदेशन तकनीकी को भली-भाँति समझने के लिए इसकी विशेषताओं पर ध्यान देना होगा जो कि निम्नलिखित हैं:

1. अनुदेशन तकनीकी के माध्यम से ज्ञानात्मक (Cognitive) उद्देश्यों को अधिक प्रभावशाली विधि से प्राप्त किया जा सकता है।
2. अनुदेशन तकनीकी का प्रमुख कार्य है सूचनाएँ प्रदान करना।
3. अनुदेशन तकनीकी, मनोविज्ञान, दर्शन तथा विज्ञान के सिद्धान्तों तथा भाविष्कारों का उपयोग करती है।
4. इसके माध्यम से अनुदेशन सिद्धान्तों का निर्माण किया जाता है।
5. यह तकनीकी पाठ्य-वस्तु का विश्लेषण कर विषय के विभिन्न प्रकरणों में तारतम्य बनाये रखता है।
6. यह पाठ्य-वस्तु तथा इसके तत्त्वों के तार्किक क्रम पर बहुत ध्यान देती है।
7. यह शिक्षण व सीखने की प्रक्रिया को प्रेरित करने में सहायक है।
8. इसके द्वारा उद्देश्यों की प्राप्ति का मूल्यांकन करके शिक्षण प्रक्रिया को आवश्यकतानुसार सुधारा जा सकता है।
9. शिक्षण को प्रभावशाली बनाने के लिए शिक्षण तकनीकी मानवीय तथा अमानवीय दोनों साधनों का उपयोग करती है।
10. छात्रों को इस तकनीकी के प्रयोग से अपनी गति के अनुसार सीखने के अवसर मिलते हैं।
11. अनुदेशन तकनीकी में सही उत्तरों का पुनर्बलन होता है।
12. यह कक्षागत परिस्थितियों में Terminal Behaviour का मूल्यांकन करती है।
13. यह शिक्षकों के अभाव में भी शिक्षण प्रक्रिया जारी रखती है।

ऊपर के विवरण से स्पष्ट है कि अनुदेशन तकनीकी ज्ञानात्मक पक्ष पर जोर देती है, परन्तु शिक्षण तकनीकी ज्ञानात्मक पक्ष के अतिरिक्त प्रभावात्मक तथा मनोगत्यात्मक पक्षों पर भी बल देती है।

अभिक्रमित अनुदेशन (Programmed Instruction) इसका मुख्य पक्ष है।

मैकमरिन (McMurin) के अनुसार, "अनुदेशन तकनीकी का प्रयोग कोमल एवं कठोर शिल्प के लिए ही नहीं वरन् इन विधियों के मूल में निहित सिद्धान्तों की व्यवस्था के लिए भी किया जाता है।" अत: इसमें अनुदेशन सिद्धान्त तथा अनुदेशन तकनीकी दोनों ही गुम्फित रूप में प्रदर्शित होते हैं।

20.2 अनुदेशन तकनीकी की मान्यताएँ (Assumptions of Instructional Technology)

1. छात्रों को उनकी आवश्यकता और गति के अनुसार पढ़ने का अधिकार है।
2. शिक्षण की प्रक्रिया शिक्षक के बिना भी सम्पादित की जा सकती है।
3. शिक्षण की प्रक्रिया में सीखने के व्यवहारों को नियन्त्रित तथा परिमार्जित किया जा सकता है।
4. किसी भी विषय-वस्तु को छोटे-छोटे तत्वों में विभाजित किया जा सकता है और उन तत्वों को स्वतन्त्र रूप रो प्रस्तुत किया जा सकता है।
5. इन तत्वों को इस प्रकार से तार्किक क्रम (Logical Arrangement) में बाँधा जा सकता है, जिससे कि वांछित सीखने की बाह्य परिस्थितियाँ उत्पन्न हो सकें।
6. मानव का प्रत्येक व्यवहार संगठित प्रणाली के अंगों के रूप में कार्य करता है।
7. मानवीय विकास के लिए पृष्ठपोषण (Cybernatic) का सिद्धान्त अत्यन्त महत्वपूर्ण है।
8. अनुदेशन में कुछ सूचनाएँ दी जानी आवश्यक हैं।

20.3 अनुदेशन तकनीकी की विशेषताएँ (Characteristics of Instructional Technology)

1. अनुदेशन तकनीकी, मनोविज्ञान, दर्शन तथा विज्ञान के सिद्धान्तों तथा आविष्कारों का उपयोग करती है।
2. यह पाठ्य-वस्तु तथा इसके तत्वों के तार्किक क्रम पर बहुत ध्यान देती है।
3. अनुदेशन तकनीकी के माध्यम से ज्ञानात्मक (Cognitive) उद्देश्यों को अधिक प्रभावशाली विधि से प्राप्त किया जा सकता है।
4. छात्रों को इस तकनीकी के प्रयोग से अपनी गति के अनुसार सीखने के अवसर मिलते हैं।
5. अनुदेशन तकनीकी में सही उत्तरों का पुनर्बलन होता है।
6. यह कक्षागत परिस्थितियों में (Terminal Behaviour) का मूल्यांकन करती है।
7. यह शिक्षण व सीखने की प्रक्रिया को प्रेरित करने में सहायक है।
8. शिक्षण को प्रभावशाली बनाने के लिए शिक्षण तकनीकी मानवीय तथा अमानवीय दोनों साधनों का उपयोग करती है।
9. इसके माध्यम से अनुदेशन सिद्धान्तों का निर्माण किया जाता है।
10. यह तकनीकी पाठ्य-वस्तु का विश्लेषण कर विषय के विभिन्न प्रकरणों में तारतम्य बनाये रखती है।

11. इसके द्वारा उद्देश्यों की प्राप्ति का मूल्यांकन करके शिक्षण प्रक्रिया का आवश्यकतानुसार सुधारा जा सकता है।

12. अनुदेशन तकनीकी का प्रमुख कार्य है ज्ञानात्मक सूचनाएँ प्रदान करना।

13. यह शिक्षकों के अभाव में भी शिक्षण प्रक्रिया जारी रखती है।

20.4 अनुदेशन तकनीकी की विषय-वस्तु (Content of Instructional Technology)

1. अनुदेशन तकनीकी का अर्थ, स्वरूप, मान्यताएँ तथा विशेषताएँ।

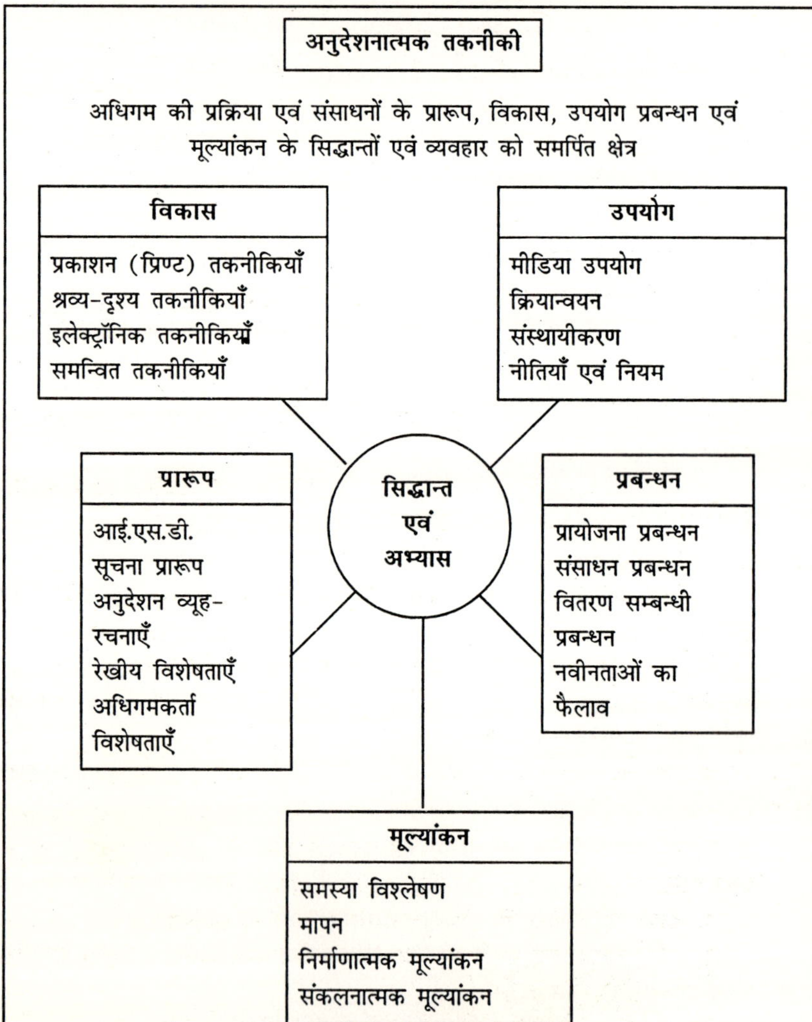

चित्र 20.1: अनुदेशनात्मक तकनीकी के पक्ष (एसोसिएशन फॉर एजूकेशनल कम्यूनिकेशनल एण्ड टेक्नोलॉजी, 1994)

2. अभिक्रमित अनुदेशन (Programmed Instruction) की उत्पत्ति तथा विकास।

3. अभिक्रमित अनुदेशन के प्रकार, उनकी विशेषताएँ, सिद्धान्त, संरचनाएँ तथा आधारभूत मान्यताएँ एवं उपयोग।

4. अभिक्रमित अनुदेशन सामग्री निर्माण।

5. अभिक्रमित अनुदेशन सामग्री निर्माण करने के विभिन्न सोपान तथा उनका दर्शन।

6. अभिक्रमित अनुदेशन के क्षेत्र में शोध एवं प्रयोग तथा नवीन विचारधाराएँ।

20.5 अनुदेशन तकनीकी के सोपान (Steps of Instructional Technology)

1. अनुदेशन सामग्री के उद्देश्यों के अनुसार का चयन करना।

2. विभिन्न विधियों, प्रविधियों, युक्तियों तथा श्रव्य-दृश्य का प्रयोग करके पाठ को प्रस्तुत करना।

3. मूल्यांकन करना।

4. सुधार के लिए सुझाव प्रदान करना।

20.6 व्यवहार तकनीकी (Behavioural Technology)

व्यवहार तकनीकी का अर्थ (Meaning of Behaviour): व्यवहार तकनीकी दो शब्दों से मिलकर बनी है: (1) व्यवहार (Behaviour) तथा (2) तकनीकी (Technology)। व्यवहार व्यक्ति की गति को कहा जाता है। *स्किनर (Skinner)* के अनुसार व्यवहार मानव की गति या किसी सन्दर्भ संरचना में उसका अंश है जिसे व्यक्ति बाह्य उद्देश्यों या शक्ति क्षेत्रों से प्राप्त करता है।

अत: व्यवहार तकनीकी वह विज्ञान है जो शिक्षा के क्षेत्र में शिक्षकों के व्यवहारों का वैज्ञानिक विधियों द्वारा अध्ययन करता है और आवश्यकतानुसार उनके व्यवहारों का परिमार्जन करता है।

व्यवहार तकनीकी के क्षेत्र में सर्वाधिक कार्य अमीडन, फ्लैण्डर्स, स्किनर, ओबर तथा एण्डरसन (Amidon, Flanders, Skinner, Ober and Anderson) ने किया है।

व्यवहार तकनीकी का प्रमुख उद्देश्य सीखने की प्रक्रिया का परिमार्जन करना है जिससे कि छात्रों में सरलता से वांछित उद्देश्यों के अनुकूल व्यवहार परिवर्तन किया जा सके। यह तकनीकी शाब्दिक तथा अशाब्दिक (Verbal and Non-Verbal) दोनों प्रकार के व्यवहारों का अध्ययन तथा परिमार्जन करती है।

व्यवहार तकनीकी इस बात पर बल देती है कि किस प्रकार से सीखने और सिखाने के मनोवैज्ञानिक सिद्धान्तों का प्रयोग किया जाये, जिससे कि छात्रों में अपेक्षित परिवर्तन आ जाये। दूसरे शब्दों में व्यवहार तकनीकी हमें यह बताती है कि:

1. छात्रों के व्यवहार में अपेक्षित परिवर्तन कैसे किया जाये?

2. शिक्षकों के कक्षा सम्बन्धी व्यवहार में कैसे सुधार लाया जाये?

20.7 व्यवहार तकनीकी की मान्यताएँ (Assumptions of Behaviour Technology)

1. व्यवहार का निरीक्षण किया जा सकता है।

2. व्यवहार का मापन किया जा सकता है।
3. व्यवहार Quantificable होता है।
4. व्यवहार के सामाजिक, मनोवैज्ञानिक एवं दार्शनिक आधार होते हैं।
5. व्यवहार में परिमार्जन किया जा सकता है।
6. व्यवहार सुधार के लिए दण्ड तथा पुरस्कार दोनों ही महत्त्वपूर्ण हैं।

व्यवहार तकनीकी की प्रक्रिया (Proces of Behavioural Technology)

व्यवहार तकनीकी की प्रक्रिया को निम्नलिखित प्रकार से प्रदर्शित किया जा सकता है:

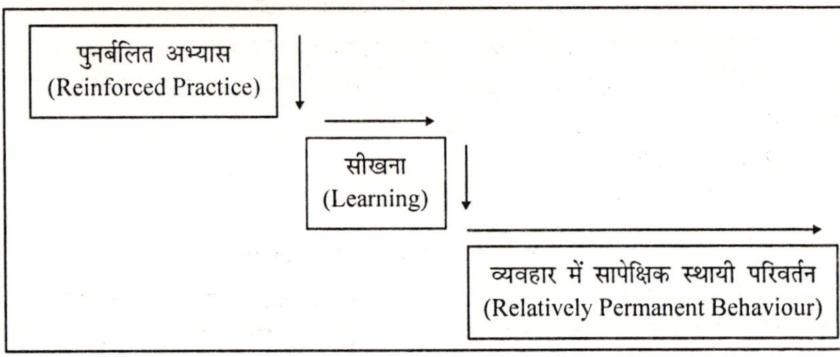

20.8 व्यवहार तकनीकी की विशेषताएँ (Characteristics of Behaviour Technology)

1. व्यवहार तकनीकी का ध्येय कक्षा में व्यवहार में वांछित परिवर्तन लाना है।

2. यह मनोविज्ञान केन्द्रित विचारधारा है।

3. व्यवहार तकनीकी शाब्दिक एवं अशाब्दिक दोनों प्रकार के कक्षा में व्यवहारों का अध्ययन करती है।

4. शिक्षण का वैज्ञानिक ढंग से मूल्यांकन करती है।

5. यह मनोवैज्ञानिक सिद्धान्तों का शिक्षण और प्रशिक्षण के क्षेत्रों में प्रयोग करती है।

6. यह ज्ञानात्मक तथा क्रियात्मक (दोनों ही तरह के) उद्देश्यों की पूर्ति में सहायक है।

7. यह सीखने के आपरेण्ट कण्डीशनिंग तथा पुनर्बलन आदि विभिन्न सिद्धान्तों पर आधारित है।

8. यह व्यक्तिगत विभिन्नताओं पर ध्यान देती है।

9. यह शिक्षण के सिद्धान्तों के विकास में सहायक है।

20.9 व्यवहार तकनीकी की विषय-वस्तु (Content of Behavioural Technology)

व्यवहार तकनीकी के अन्तर्गत निम्नलिखित प्रकरणों का अध्ययन किया जाता है:

1. शिक्षण तथा शिक्षक व्यवहार का अर्थ तथा विशेषताएँ।
2. व्यवहार के सिद्धान्त तथा मान्यताएँ।

3. कक्षा अन्त:प्रक्रिया अध्ययन विधियाँ।
4. विभिन्न कक्षागत व्यवहारों का अध्ययन, व्याख्या तथा मूल्यांकन एवं मापन।
5. माइक्रोटीचिंग तथा मिनीटीचिंग।
6. सीमुलेटेड शिक्षण।
7. टी.समूह प्रशिक्षण।
8. टीम टीचिंग।
9. शिक्षक व्यवहार प्रतिमान।

20.10 विभिन्न प्रकार की शैक्षिक तकनीकियों का तुलनात्मक अध्ययन (Comparative Study of Different Types of Educational Technologies)

	तुलनात्मक बिन्दु	*शिक्षण तकनीकी (Teaching Technology)*	*अनुदेशन तकनीकी (Instructional Technology)*	*व्यवहार तकनीकी (Behavioural Technology)*
1.	प्रवर्तक (Exponent)	मौरीसन, हर्बार्ट, डेवीज, हंट आदि।	ब्रूनर, ग्लेजर, आसुबेल, स्किनर आदि।	स्किनर, एमीडन, फ्लेण्डर, ओबर आदि।
2.	उद्देश्य (Objectives)	ज्ञानात्मक, भावात्मक तथा क्रियात्मक उद्देश्यों का विकास।	केवल ज्ञानात्मक उद्देश्य का विकास।	क्रियात्मक उद्देश्यों के साथ ही ज्ञानात्मक एवं भावात्मक उद्देश्यों का विकास।
3.	प्रणाली (Approach)	पाठ्य-वस्तु एवं सम्प्रेषण (Content and Communication)	मशीन (Machine)	व्यवहार (Behaviour)
4.	तत्त्व (Components)	पाठ्य-वस्तु एवं सम्प्रेषण तथा शिक्षक एवं छात्र प्रमुख तत्त्व	पाठ्य-वस्तु की संरचना तथा संगठन एवं प्रस्तुतीकरण। (छात्र अधिक सक्रिय तत्त्व हैं।)	सम्प्रेषण, छात्र एवं शिक्षकों के बीच सक्रिय अन्त:क्रिया, विश्लेषण प्रमुख तत्त्व हैं।
5.	आधार (Foundations)	मनोविज्ञान, समाजशास्त्र, दर्शन एवं वैज्ञानिक आधार।	मनोवैज्ञानिक तथा वैज्ञानिक आधार।	मनोविज्ञान एवं (Cybernatics) के सिद्धान्त।
6.	व्यवस्था (Organization)	शिक्षक एवं छात्र दोनों के मध्य।	दृश्य-श्रव्य, अन्य युक्तियों और व्यक्तियों द्वारा।	शिक्षक द्वारा।
7.	प्रमुख लक्ष्य (Aim)	प्रभावशाली शिक्षण।	सूचना देना।	व्यवहार परिवर्तन।

(क्रमशः)

तुलनात्मक बिन्दु		शिक्षण तकनीकी (Teaching Technology)	अनुदेशन तकनीकी (Instructional Technology)	व्यवहार तकनीकी (Behavioural Technology)
8.	पाठ्य-वस्तु (Content)	शिक्षण प्रतिमान तथा सिद्धान्त, शिक्षण युक्तियाँ, शिक्षण का नियोजन, व्यवस्था, मार्गदर्शन तथा नियन्त्रण।	कार्य-विश्लेषण, उद्देश्य, पुनर्बलन, युक्तियाँ तथा परीक्षण।	शिक्षक व्यवहार के सिद्धान्त, व्यवहार निरीक्षण, प्रविधि, विश्लेषण एवं शिक्षक व्यवहार में सुधार।
9.	शिक्षण सतर (Levels of Teaching)	स्मृति, बोध एवं चिन्तन।	स्मृति।	स्मृति तथा बोध।
10.	शिक्षक का स्थान (Place of Teacher)	प्रबन्धक (Manager) के रूप में।	सहायक के रूप में।	गौण।
11.	सिद्धान्त (Principle)	शिक्षण-कला व सीखने के सिद्धान्त।	लागत प्रक्रिया उत्पादन सिद्धान्त।	सीखने के सिद्धान्त-ऑपरेण्ट कण्डीशनिंग, पुनर्बलन एवं पृष्ठ-पोषण आदि।
12.	उदाहरण (Examples)	स्मृति, बोध तथा चिन्तन स्तर पर शिक्षण, शिक्षण-व्यवस्था।	स्वतः शिक्षा, लीनियर तथा ब्रांचिंग अभिक्रमित अध्ययन मैथेटिक्स (Mathetics), पत्राचार पाठ्यक्रम तथा ओपिन यूनीवर्सिटी (Correspondence Courses and Open University System)	माइक्रोटीचिंग तथा मिनीटीचिंग, सीमुलेटड सामाजिक कौशल शिक्षण अन्तः क्रिया विश्लेषण, अध्यापक प्रशिक्षण, टीम टीचिंग आदि।
13.	महत्त्व (Significance)	1. शिक्षण को अधिक प्रभावशाली तथा उद्देश्यपूर्ण बनाने में सहायक। 2. शिक्षण सिद्धान्तों का विकास करना।	1. अनुदेशन सिद्धान्त का विकास करना। 2. अनुदेशन प्रक्रिया को उसके ध्येयों के साथ सम्बन्धित करना।	1. शिक्षक-व्यवहार के सिद्धान्त का विकास करती है व्यवहार में सुधार लाती है।
14.	शैक्षिक उपयोग (Educational Implications)	कक्षा शिक्षण को उद्देश्यपूर्ण तथा प्रभावशाली बनाना।	स्वतः शिक्षा, दूरवर्ती एवं पत्राचार पाठ्यक्रम तथा उपचारात्मक शिक्षण (Remedial Teaching) में उपयोगी है।	प्रभावशाली शिक्षक बनाने में अत्यन्त उपयोगी है।